Theory of Criminal Compensation

형사보상론

김정환 지음

박영사

이 저서는 2016년 정부(교육부)의 재원으로 한국연구재단의 지원을 받아 수행된 연구임(NRF－2016S1A6A4A01018059)

형법은 법률요건으로서의 범죄와 이것에 결합되는 법률효과로서의 형벌을 가설적 명제의 형태로 규정하고 있는데, 가설적 명제를 구체적으로 실현하기 위해서는 개별사건에 대해 범죄라는 법률요건이 존재하는지 아닌지를 검토해 범죄가 존재한다고 인정된 때에 형의 양정을 거쳐 형벌권을 행사하는 일련의 과정이 필요하다. 이것이 형사절차이다. 범죄자가 처벌되는지 여부는 형사절차가 종료되고 나서 확정된다. 범죄의 종류는 물론, 범죄를 행했는지 여부도 형사절차가 끝나야 분명해지는 것이다. 형법의 성격이 가설적이라고 하는 것도 이 때문이다.

무죄추정의 원칙은 형법의 가설적 성격과 결합되어 있는데, 한편으로 형사사법기관이 개인의 인권을 존중하도록 요구하지만 다른 한편 개념상으로 형사사법기관의 오판수행을 전제로 한다. 국가가 무죄추정의 원칙에 따라 형사사법권을 행사하는 과정에서 개인을 구금할 수 있는데 결과적으로 무고한 국민을 구금한 것으로 밝혀진다면, 비록 국가의 형사사법기관이 적법하게 권한을 수행하였더라도 구금으로 인해 국민이 입은 손해에 대해 국가는 마땅히 책임을 져야 한다.

국민이 수사 후 기소되지 않거나 재판에서 무죄임이 밝혀진 경우에 수사나 재판에서 받은 피해를 국가로부터 보전받는 제도가 형사보상이다. 형사보상은 전제주의나 집단주의 사고에서는 존재할 수 없는 제도로서, 국가(형사사법)기관의 기능을 인정하면서도 한계를 인정할 때 존재한다. 국민 개인의 자유와 권리를 보장하기 위해 국가가 존재한다는 국민주권을 기본원리로 하는 대한민국의 헌법질서하에서 형사보상이 인정되는 것은 자명하다.

대한민국에서 형사보상제도는 사법제도의 발전과 같이 발전하였다. 1948. 7. 17. 제헌헌법에서 구금되었던 피고인의 형사보상청구권을 기본권으로 인정하였고, 형사보상청구권을 구체적으로 실현하기 위해 「형사보상법」이 1958. 8. 13. 제정되어 1959. 1. 1.부터 시행되고 있다. 형사보상법은 2011. 5. 23. 명칭을 「형사보상 및 명예회복에 관한 법률」로 바꾸는 등 2020년까지 10차례 개정되었는데, 2000년대 이후에 활발히 사용되고 있다. 특히 헌법재판의 발달에 따른 법률의 위헌결정과 과거의 잘못된 유죄판결에 대한 재심재판을 통한 파기가 형사보상의 활발한 사용을 이끌었다.

　　개인적으로는 형사보상을 2010년 우연히 접하게 되었다. 2010년 법무부에서 발간하는 형사법 개정 연구 자료집의 출간에 참여하면서 형사보상과 인연을 맺고, 독일과 일본의 형사보상제도에 대해서 조사를 하면서 형사보상의 의미에 대해서 알게 되었다. 이후 지난 10년간 연구의 한 부분으로 형사보상을 연구하였고, 형사보상의 역사와 본질(2010), 형사보상에 있어 일액보상금의 제한(2011), 형사보상에 있어서 보상대상의 확대－압수에 대한 형사보상의 도입(2015), 형사보상법에서 명예회복제도의 의미와 개선방향(2018), 북한 형사보상제도의 존부 확인을 통한 북한 형사소송제도의 이해(2019), 형사보상법 제정의 과정과 논의(2019), 형사보상에 있어서 구상권 도입의 필요성(2019), 형사보상에서 국가배상법의 구상권 규정의 준용 필요성(2019) 등의 형사보상과 관련된 논문을 발표하였다. 그리고 발표한 논문을 바탕으로 2020년 '형사보상론'을 저술하게 되었다.

　　국내에 형사보상에 관한 전문서적이 없는 상황에서 형사보상의 의미와 발전과정 등을 책으로 알리는 것이 사회와 법학의 발전에 조금이나마 도움이 될 수 있을 것이라 생각하여 '형사보상론'의 저술을 시작하였다. '형사보상론'은 제1장 형사보상의 의의에서 시작되어, 제2장에서 형사보상의 역사적 발전이, 제3장에서 형사보상법의 제정과 개정이 서술된다. 제3장에서는 1958년 형사보상법의 제정 당시에 논의되었던 내용이 대한민국의 발전과 함께 이후 법률개정을 통해서 실현되어 왔음을 확인할 수 있는데, 형사보상법은 '형사보상의 확대'라는 방향으로 개정되어 왔음을 확인할 수 있다. 그리고 제4장 형사보상법에 따른 형사보상에서 현행 형사보상제도가 형사보상의 대상에 따라 피고인보상, 피의자보상, 그 외의 경우로 나뉘어 설명되고, 제5장에서 외국의 형사보상제도가 형사보상법의 모범이 되었던 독일과 일본의 경우를 중심으로 설명된 후, 마지막으로 제6장에서 형사보상의 개선과제가 '형사보상의 확대'라는 방향성에서 제시된다.

　　비록 '형사보상론'은 저자의 능력과 상황의 한계로 인하여 부족한 부분이 많지만, 형사보상에 대한 연구가 활발하지 않은 상황에서 '형사보상론'이 형사보상제도의 연구와 활용에 기점이 되는 자료로서 활용되어 형사보상에 대한 학문연구의 진보 속에 의미를 잃기를 기대한다.

　'형사보상론'의 저술과 출간에 많은 도움을 받았다. 한국연구재단의 재정적 지원이 있었기에 저술을 시작하고 마무리할 수 있었다. 저술과정에서 부산대학교 법학전문대학원 재학 중인 홍승규 군이 꼼꼼하게 전체의 내용을 교정해 주었고, 동경대학교 법학부에 유학 중이던 고준성 변호사가 일본 형사보상제도의 내용을 교정해 주었다. 형사보상론의 의미를 이해한 박영사의 조성호 이사와 김선민 이사가 출간을 도와주었다. 도와주신 모든 분들께 진심으로 감사를 드린다.

2020년 4월

김정환

차 례
CONTENTS

제 1 장 형사보상의 의의

제 2 장 형사보상의 역사적 발전

제 3 장 형사보상법의 제정과 개정

제4장 형사보상법에 따른 형사보상

제 6 장   형사보상의 개선과제

/ 형사보상의 의의 /

제 1 절 · 개념과 본질

Ⅰ. 개념

국민이 수사 후 기소되지 않거나 재판에서 무죄임이 밝혀진 경우에 수사나 재판에서 받은 일정한 피해를 국가로부터 보전받는 제도가 형사보상이다. 대한민국헌법(이하 '헌법'이라 한다) 제28조는 "형사피의자 또는 형사피고인으로서 구금되었던 자가 법률이 정하는 불기소처분을 받거나 무죄판결을 받은 때에는 법률이 정하는 바에 의하여 국가에 상당한 보상을 청구할 수 있다"고 하여 형사보상을 국민의 기본권으로 규정하고 있다.[1]

형사사법의 적정한 실현을 위해서는 아직 유죄가 확정되지 않아 종국적으로는 무죄로 밝혀질 가능성이 있는 피의자나 피고인에 대해서도 구금이 필요할 수 있으므로 그 구금이 헌법과 법률이 정한 적법한 절차와 방식에 따라 이루어졌다면 수사나 재판 결과 무죄로 판명되어 석방되더라도 그 구금 자체를 불법한 것이었다 할 수 없다.[2] 그러나 국가가 형사사법권을 행사하는 과정에서 비록 불법을 저지르지는 않

---

1 피고인의 형사보상청구권은 1948. 7. 17. 제정된 제헌헌법 제24조에서 "형사피고인으로서 구금되었던 자가 무죄판결을 받은 때에는 법률의 정하는 바에 의하여 국가에 대하여 보상을 청구할 수 있다."고 규정한 이래 오늘에 이르고 있고, 피의자의 형사보상청구권은 1987. 10. 29. 개정된 현행헌법에서 신설한 것이다.

2 검사는 수사기관으로서 피의사건을 조사하여 진상을 명백히 하고, 죄를 범하였다고 의심할

았더라도 결과적으로 무고한 사람을 구금한 것으로 밝혀진다면, 그 구금으로 인해 개인이 입은 손해에 대해 국가는 마땅히 책임을 져야 하고 그 개인은 국가에 대해 자신이 입은 손해의 보상을 청구할 수 있어야 한다. 바로 이것이 형사보상제도가 '유럽인권보호협약'이나 '시민적 및 정치적 권리에 관한 국제규약'에 규정될 정도로 보편적인 제도인 이유이며,3 국민 개인의 자유와 권리를 보장하기 위해 국가가 존재한다는, 국민주권을 기본원리로 하는 우리 헌법질서 하에서도 자명한 결론이다.4

전단적인 국가형벌권에 대항하여 근대인권사상의 발달과 함께 발달한 형사보상제도는 일제강점기에 도입되어 대한민국의 사법발전과 함께 발전하였다. 1948. 7. 17. 제헌헌법에서 구금되었던 자의 형사보상청구권을 기본권으로 인정하였고 형사보상청구권을 구체적으로 실현하기 위해 「형사보상법」을 제정한 것은 1958. 8. 13. 이다. 형사보상법 제정 당시 한 법학자는, "인권의 보장과 옹호를 생명으로 하는 民主共和國의 立法機關인 大韓民國國會活動으로서는 晩時之歎을 금할 바 없으나 정치적 경제적 亂脈相을 이루고 있는 오늘의 우리의 현실에 비추어 생각할 때 가벼운 안도감과 비굴하나마 한줄기의 기쁨을 느끼지 않을 수 없다"고 평가하였다.5 이후 형사보상법은 2011. 5. 23. 명칭을 「형사보상 및 명예회복에 관한 법률」(이하 '형사보상법'이라 한다)으로 바꾸는 등 2020년 현재까지 10차례 개정되었고, 형사사법의 발전에 발맞추어 형사보상청구의 활용도 확대되고 있다.6

만한 상당한 이유가 있는 피의자에게 증거 인멸 및 도주의 염려 등이 있을 때에는 법관으로부터 영장을 발부받아 피의자를 구속할 수 있으며, 나아가 수집·조사된 증거를 종합하여 객관적으로 볼 때, 피의자가 유죄판결을 받을 가능성이 있는 정도의 혐의를 가지게 된 데에 합리적인 이유가 있다고 판단될 때에는 피의자에 대하여 공소를 제기할 수 있으므로 그 후 형사재판 과정에서 범죄사실의 존재를 증명함에 충분한 증거가 없다는 이유로 무죄판결이 확정되었다고 하더라도 그러한 사정만으로 바로 검사의 구속 및 공소제기가 위법하다고 할 수 없고, 그 구속 및 공소제기에 관한 검사의 판단이 그 당시의 자료에 비추어 경험칙이나 논리칙상 도저히 합리성을 긍정할 수 없는 정도에 이른 경우에만 그 위법성을 인정할 수 있다(대법원 2002. 2. 22. 선고 2001다23447 판결).
3 제2장 제1절 Ⅲ 참조.
4 헌재 2010. 10. 28. 선고 2008헌마514, 2010헌마220(병합) 중 재판관 조대현, 재판관 김종대의 의견.
5 김기두, 刑事補償法制定의 意義, 사상계 1958.10, 137면.
6 현황은 제4장 제6절 참조.

Ⅱ. 존재배경[7]

부당한 형사절차의 집행으로 인한 국민의 피해에 대한 구제방안으로서 국가배상제도를 떠올려 볼 수 있지만, 국가배상은 피해자인 국민이 국가기관의 고의·과실을 입증해야 하는 문제가 있다. 실질적으로 형사보상제도가 탄생한 이유 중에는 공무원의 고의·과실을 요건으로 하지 않기 위한 측면이 있다.

하지만 형사보상제도의 필요성은 형사절차의 특이성에 보다 밀접히 결부되어 있다.

형법은 법률요건으로서의 범죄와 이것에 결합되는 법률효과로서의 형벌을 가설적 명제의 형태로 규정하고 있다. 이 가설적 명제를 구체적으로 실현하기 위해서는 개별사건에 대해 범죄라는 법률요건이 존재하는지 아닌지를 검토해, 범죄가 존재한다고 인정된 때에는 형의 양정을 거쳐 형벌권을 행사하는 일련의 과정이 필요한데, 이것이 형사절차이다. 따라서 범죄가 처벌되는지 여부는 형사절차가 종료되고 나서 확정된다. 범죄혐의자가 범한 범죄의 종류는 물론, 범죄를 범했는지 여부도 형사절차가 끝나야 분명해지는 것이다. 형법의 성격이 '가설적'이라고 하는 것도 이 때문이다. 또한 '무죄추정의 원칙'도 결국 이러한 가설적 성격과 결합되어 있다. 그 결과 국민이 범인으로서 수사기관의 수사를 받거나 기소되었으나, 심리의 결과 무죄로 되는 경우는 필연적으로 나타날 수밖에 없다. 물론 무고한 국민을 범인으로서 수사하거나 더 나아가 기소하는 일은 피해야 하며 특히 강제처분의 대상으로 삼아 구금하는 경우는 없어야 하지만 형사절차의 기능을 생각해 본다면, 이러한 경우를 완전히 방지하는 것은 불가능하다.

한편, 수사기관의 판단과 법원의 판단이 일치해 유죄판결이 선고된 경우에도, 법원이 하는 유죄판결이 과연 객관적 진실에 부합하는지는 보증할 수 없다. 어떠한 증거에 의해서 어떤 사실을 인정할 것인지는 형사소송에 있어서의 가장 중요한 문제이며, 이를 도모하는 방법에 대하여 인류는 오랜 시간 지혜를 모아왔다. 자유심증주의의 채용도, 상소·재심제도의 확립도 전부 그 산물이다. 그러나 인권사상의 고양과 함께 적어도 무고한 자에게 유죄를 인정하는 것은 방지하려 하고 있음에도, 오판을 완전히 방지하는 방법은 도출되지 않았다. 이것이 오판가능성의 첫 번째 원인

---

7 김정환, 형사보상의 역사와 본질, 서울법학 제18권 제2호, 2010, 57~59면의 내용을 수정·보완.

이다.

다음으로 시간적인 제약으로부터 오는 문제가 있다. 법원이 판결하는 시점에 범죄의 유무를 판가름할 증거가 완전하게 모아져 있다고는 할 수 없다. 유죄판결이 확정된 후에 유죄를 부정하는 증거가 나타날 가능성도 있다. 오판가능성의 두 번째 원인이 여기에 있다. 실제로는 범죄자가 아니더라도, 범죄의 혐의로 인하여 신체구속의 강제처분을 받거나 법원에 의해서 형의 집행을 받게 되는 것 역시 어느 정도 필연적이다.

비록 이러한 문제점을 이유로 국가가 법질서를 유지하기 위한 형사절차 그 자체를 중단할 수는 없을지라도 잘못된 소추, 잘못된 재판을 받은 자가 입는 피해는 다른 무엇과도 비교할 수 없이 중대하고 통절하다. 국가배상제도와는 별도로 국가기관의 고의·과실을 요건으로 하지 않는 형사보상이라는 제도를 마련한 것은 이러한 형사사법절차의 특성으로 인한 것이다.

이렇게 본다면 형사보상은 행위시에는 위법하다고 할 수 없었더라도 사후적으로 볼 때는 위법한 국가(형사사법기관)의 행위로 인한 피해를 구제하는 제도라 할 수 있다.

Ⅲ. 본질[8]

1. 개관

형사보상제도가 도입된 초창기에는, 부당한 사법작용에 의해 발생한 손해를 국가가 배상해야 하는 법률상 의무가 존재하는지 여부가 논의되었다. 국가는 그러한 손해를 받은 자를 구제할 의무를 부담하는 것에 불과하다는 사고도 있었다. 형사보상이 단순히 '구제의무'에 지나지 않는다면, 어떠한 구제수단을 선택할지는 국가의 자유이므로 그 수여에 여러 가지 조건을 붙이는 것이 가능하고 반드시 실제로 생겨난 손해에 걸맞은 구제수단을 선택할 필요도 없게 된다. 이러한 사고에서는 보상금액의 상한을 설정하는 것이 논리적으로 가능하다.

---

8 김정환, 형사보상의 역사와 본질, 서울법학 제18권 제2호, 2010, 68~78면의 내용을 수정·보완.

그러나 오늘날 형사보상의 본질에 관한 논의는 이러한 사고의 연장선이 아니다. 형사보상청구권이 국민의 권리로서 헌법상 규정되어 있기 때문이다(헌법 제28조).[9] 그 결과 오늘날에는 형사보상의 법적 성질과 관련하여, 형사보상이란 공평의 견지에서 국가가 행하는 조절보상이라고 보는 '공평설'과, 국가의 사법작용이 위법하기 때문에 위법한 처분에 대한 법률적 의무로서 국가가 형사보상을 해야 한다는 '법률의무설'이 논의되고 있다.[10] 공평설은 국가의 책임이 없어도 형사보상이 가능하다는 점과 형사보상을 국가의 위법행위에 대한 손해배상이라고 볼 경우 국가기관의 형사사법권 행사에 대한 정당방위를 허용할 여지가 있다는 점을 논거로 형사보상을 공법상의 손실보상에 가깝게 이해하는 반면, 법률의무설은 객관적·사후적 국가기관의 위법을 이유로 하는 보전제도라는 점을 논거로 형사보상을 공법상 손해배상의 성질을 가진다고 이해하는 점에서 양자는 논거와 결론에 차이를 보인다.[11]

2. 국가의 구제의무(은사)가 아닌 법률상 의무[12]

형사보상을 국가의 '구제의무'로 볼 것인지 아니면 '법률상의 의무'로 볼 것인지가 형사보상의 본질에 대한 출발점이다. 형사보상을 국가의 구제의무로 본다면, 국가는 피해를 받은 자를 구제할 것인지에 대하여 자유재량을 가지게 되고, 실제로 발생한 피해에 합당한 보전을 할 필요성도 없게 된다.

형사절차란 범죄의 혐의가 있다고 여겨진 경우에 과연 그것이 진실로 존재하는지를 확정하는 제도인 점에 주목해 본다면 형사절차의 개시와 진행은 어느 정도의 혐의를 전제로 하지만, 피혐의자는 처음부터 가정적 범인에 지나지 않고 그가 진범인지 아닌지는 형사절차의 종결에 의해 확정될 예정이다. 따라서 형사절차가 각 단계에 상응하는 상당한 혐의에 근거하여 진행됐다면 그 결과 피혐의자에게 유죄가

---

9 특히 제헌헌법부터 제7차 개정헌법까지는 형사보상청구를 "법률이 정하는 바에 의하여 국가에 보상을 청구할 수 있다."고 규정하였으나, 1980. 10. 27. 제8차 개정헌법에서 "법률이 정하는 바에 의하여 국가에 정당한 보상을 청구할 수 있다."고 문언을 일부 수정함으로써 형사보상청구의 내용이 '정당한' 보상임을 분명히 밝히고 있다.

10 이은모·김정환, 형사소송법(제7판), 2019, 949면 참조.

11 신동운, 신형사소송법(제4판), 2012, 1721면.

12 여기서 법률상 의무란 '법률의무설'을 의미하는 것이 아니라, 구제의무설 혹은 은사설에 대응하는 개념으로서 위의 공평설과 법률의무설을 포괄하는 개념이다.

선고된 경우는 물론 피혐의자가 무죄로 밝혀진 경우 역시 형사절차는 올바르게 기능했다고 할 수 있으며, 이 경우 제도를 적절히 운용한 국가의 보전책임은 존재하지 않는다는 결론도 가능할 수 있다. 또한 법관이 무고한 자에게 유죄를 선고했더라도 그 재판이 증거에 따라 성실하게 이루어졌다면 도의적인 책임과는 별론으로 법률적인 책임은 추궁할 수 없으므로 국가 역시 보상을 해야 할 이유는 없다는 것이, 형사보상을 법률상의 의무로서 인정하지 않는 유력한 논거이자, 1808년의 프랑스 치죄법에서 형사보상을 거부한 이유였다.[13]

그러나 이처럼 형사보상을 국가의 구제의무 혹은 은사라고 이해하는 관점은, 형사보상청구권을 국민의 기본권으로서 규정한 헌법 제28조와 조화될 수 없다. 이는 형사보상이 법률상 의무라는 것을 명확히 나타내기 때문이다.

3. 법률상 의무의 논증방식

그렇다면 형사보상을 헌법에서 법률상 의무로 규정하는 이유는 무엇인지가 설명되어야 하는데, 이와 관련하여 다음 네 가지 관점이 주장되고 있다.

첫 번째 관점은, 형사보상을 '국가배상제도'로서 이해하는 것이다. 이 관점에서는 형사절차의 운용과 관련하여 '사회적 과실'이 존재하는 이상 국가배상청구권을 인정하는 것과 동일한 사고방식에 따라 국가의 배상책임을 인정해야 한다고 논증한다.[14] 그런데 이에 따르면 우발사고의 경우, 불가항력의 경우, 피해자의 악의의 경우에는 국가의 책임이 부정되고, 또 피해자의 과실이 형사사법기관의 과오에 영향을 미쳤다면 국가의 책임이 감경될 뿐더러, 피해자가 국가로부터 형사보상을 받으려면 국가의 과실을 증명해야 한다는 결론에 이르게 된다.

두 번째 관점은, 형사보상을 '손실보상제도'로서 이해하는 것으로서 주로 실무의 입장이다. 우선 헌법재판소에 의하면 "형사소송에서 비용보상은 '형사사법절차에 내재하는 불가피한 위험성으로 인해 물질적·정신적 손해를 입은 피고인에게 그 위

---

13 Goldschmidt, Rechtsgrund und Rechtsnatur der staatlichen Entschädigungspflicht gegenüber unschuldig Verhaften und Bestrafen, 1910, 114면(타카다 타쿠지(高田卓爾), 형사보상법(復刻版), 법률학전집 44-3, 有斐閣, 1990, 27면 재인용).
14 R. Garraud·P. Garraud, Traité théorique et pratique d'instruction criminelle et de procédure pénale, tom. V, 1928, 665면(타카다 타쿠지(高田卓爾), 전게서, 28면 재인용).

험에 관한 부담을 지우지 않기 위해서 국가의 고의·과실 여부를 불문하고 국가가 그 손해를 보상해주는 것'으로 손실보상의 성격"이며,[15] "형사보상은 형사사법절차에 내재하는 불가피한 위험으로 인한 피해에 대한 보상으로서 국가의 위법·부당한 행위를 전제로 하는 국가배상과는 그 취지 자체가 상이하므로 형사보상절차로서 인과관계 있는 모든 손해를 보상하지 않는다고 하여 반드시 부당하다고 할 수는 없"다고 한다.[16] 다음으로 법원실무도 "형사보상은 일종의 손실보상청구권으로서 손해의 입증도 필요 없으므로 국가배상과는 그 성격이 다르다."고 본다.[17] 법무부 또한 "형사보상은 국가의 무과실 행위에 대하여 공평의 관점에서 손실을 보상하는 것"이라고 본다.[18] 이 관점에서는 공공의 이익을 위해 수용된 토지의 소유자나 공공사업의 수행에 의해 손해를 받은 자 등에 대한 보상과 마찬가지로, 무고한 혐의자에 대한 형사절차의 개시·운영 역시 형사사법기관이 범죄 억제라는 공공의 이익을 달성하는 과정에서 개인의 자유와 권리에 대한 손해를 초래한 경우라는 점에 주목하고 이로부터 보상의 필요를 도출한다. 사회전체에 이익을 위해 무고한 혐의자 혼자서 어떤 공공의 의무를 부담하게 하지 않는 것이 훌륭한 형사사법이라는 것이다. 또한 형사보상을 손실보상으로 파악하면, 형사보상 이외에 국가의 위법행위에 대한 손해배상청구권도 주장할 수 있게 되어 시민의 권리구제에 충실하다는 점도 지적한다.[19] 이러한 까닭에 독일에서도 형사보상제도가 법제화될 당시, 국가권력의 합법적 행사에 의해 재산적 손해로부터 보상하는 국가의 손실보상의무로 보는 것이 통설이었다.[20]

　세 번째 관점은, 무고한 혐의자에 대한 형사절차의 개시·운용은 일반적으로 형사사법기관의 과실에 의한 것이 아니라 인간의 불완전성, 증거의 자연적·숙명적인 불충분성에서 비롯된 것이므로 형사사법기관의 과오를 '사업상의 위험의 일종'으로 보아야 한다는 입장이다.[21] 즉 노동사고가 산업 활동에 내재하는 위험으로서 존재하

15　헌재 2012. 3. 29. 선고 2011헌바19.

16　헌재 2010. 10. 28. 선고 2008헌마514, 2010헌마220(병합).

17　법원행정처, 법원실무제요 형사[Ⅱ], 2014, 745면.

18　헌재 2010. 10. 28. 선고 2008헌마514, 2010헌마220(병합) 법무부장관 의견요지 참조. 다만 법무부는 형사보상이 재산권의 수용 등에 따른 손실보상과는 구별된다고 보았다.

19　신동운, 신형사소송법(제4판), 2012, 1722면.

20　타카다 타쿠지(高田卓爾), 형사보상법(復刻版), 법률학전집 44-3, 有斐閣, 1990, 30면.

21　R. Garraud·P. Garraud, Traité théorique et pratique d'instruction criminelle et de procédure pénale, tom. Ⅴ, 1928, 666면(타카다 타쿠지(高田卓爾), 형사보상법(復刻版), 법률학전집 44-3,

듯 형사사법의 과오 역시 형사절차에 내재된 위험이므로 그로부터 비롯된 손해는 형사사법을 운용하는 국가가 보상해야 한다는 것이다. 이러한 시각에서 보면 불가항력과 피해자의 악의만이 국가의 책임을 면제하는 사유가 되고, 우발사고나 피해자의 과실을 이유로는 국가의 면책을 인정할 수 없게 된다.

네 번째 관점은, 형사보상이 객관적 위법성을 이유로 하여, 형사사법기관의 고의·과실이라는 귀책사유를 요구하지 않는 특수한 책임이라고 이해한다.22 이 관점에서는 범죄 억제라는 공공의 이익을 달성할 목적이었더라도 국가가 범죄를 범하지 않은 자를 구속하거나 유죄로 판결할 권리를 갖는 것은 아니므로, 존재하지 않는 국가의 집행권을 형사사법기관이 행사한 것은 그 자체로서 객관적으로 위법한 행위라고 논증한다. 이 객관적 위법성은 형사사법기관의 고의·과실이 없다는 사정을 이유로 제거되는 것이 아니므로 무고한 자에 대한 구금이나 유죄판결은 그것이 형사사법기관의 고의·과실에 의한 경우이든 아니든 그에 따른 손해를 국가가 책임져야 한다는 것이다.

4. 국가배상 및 손실보상과 구별

(1) 국가배상

헌법 제29조 제1항에 따르면, 국민이 공무원의 직무상 불법행위로 손해를 받은 경우에는 국가나 공공단체에 국가배상을 청구할 수 있도록 규정하고 있는데, 이를 구체화한 법으로 국가배상법이 존재한다. 국가나 지방자치단체는 공무원 또는 공무를 위탁받은 사인이 직무를 집행하면서 고의 또는 과실로 법령을 위반하여 타인에게 손해를 입힌 때에는 그 손해를 배상하여야 하고(국가배상법 제2조 제1항 본문), 이때 공무원에게 고의 또는 중대한 과실이 있으면 국가나 지방자치단체는 그 공무원에게 구상(求償)할 수 있다(국가배상법 제2조 제2항). 대법원은, 공무원의 위법행위가 고의·중과실에 기한 경우에는 비록 그 행위가 그의 직무와 관련된 것이더라도 그 행위는 본질에 있어서 기관행위로서의 품격을 상실하여 국가 등에게 그 책임을 귀속시킬 수 없으므로 공무원 개인에게 불법행위로 인한 손해배상책임을 부담시키되,

有斐閣, 1990, 28면 재인용).

22 Goldschmidt, Rechtsgrund und Rechtsnatur der staatlichen Entschädigungspflicht gegenüber unschuldig Verhaften und Bestrafen, 1910, 109면 이하(타카다 타쿠지(高田卓爾), 형사보상법(復刻板), 법률학전집 44−3, 有斐閣, 1990, 29면 재인용).

다만 그 행위가 객관적으로 공무원의 직무집행으로 보일 때에는 피해자인 국민을 두텁게 보호하기 위하여 국가 등이 공무원 개인과 중첩적으로 배상책임을 부담하는 것이라고 하여,23 국가배상을 민사상 손해배상으로 본다.24 따라서 국가배상에서는 그 증명책임이 이를 청구하는 국민에게 있으므로, 국민이 공무원의 고의 또는 과실을 증명하여야 한다.25

특히 형사사법기관으로서 판사와 검사가 한 행위에 대해 국가배상을 인용하는 경우는 극히 이례적이지만, 다음의 경우에는 판례가 국가배상을 인정한 바 있다.

우선, 판사가 재판에서 법령의 규정을 따르지 아니한 잘못이 있더라도 바로 그 재판상 직무행위가 국가배상법 제2조 제1항에서 말하는 위법한 행위로 되어 국가의 손해배상책임이 발생하는 것은 아니고, 판사가 위법 또는 부당한 목적을 가지고 재판을 하였거나 법이 판사의 직무수행상 준수할 것을 요구하고 있는 기준을 현저하게 위반하는 등 판사가 그에게 부여된 권한의 취지에 명백히 어긋나게 이를 행사하였다고 인정할 만한 특별한 사정이 있어야만 국가배상책임이 인정된다. 이러한 법리는 헌법재판관의 재판사무에 대해서도 통용되므로 헌법재판소 재판관이 청구기간 내에 제기된 헌법소원심판청구 사건에서 청구기간을 오인하여 각하결정을 한 경우, 이에 대한 불복절차 내지 시정절차가 없는 때에는 국가배상책임이 인정된다.26

---

23 대법원 1996. 2. 15. 선고 95다38677 전원합의체 판결.

24 반면 국가배상책임은 공익과 관련이 있고 국가배상의 원인행위는 행정작용이므로, 국가배상책임은 공법상 책임으로 보는 것이 행정법학자의 일반적 견해이다(박균성, 행정법강의, 2017, 박영사, 485면).

25 어느 부동산이 법령에 의하여 국가의 소유로 되었음을 이유로 보존등기를 촉탁하는 담당공무원은 등기의 대상이 되는 부동산에 관하여 법령이 정한 국유화 사유가 존재하는지 여부를 확인할 주의의무가 있으나 보존등기의 근거가 되는 국유화 사유가 결과적으로 인정되지 않아서 그 부동산에 관한 등기 행위가 위법하게 되었다고 하더라도 그것만으로 곧바로 담당공무원에게 과실이 있다고 할 수는 없고, 동일한 업무를 담당하는 평균적인 공무원이 갖추어야 할 통상의 주의만 기울였으면 그 부동산에 관하여 법령에 정한 국유화 사유가 존재하지 않는다는 것을 알 수 있었음에도 이를 간과한 채 보존등기를 마친 경우에 과실을 인정할 수 있는데, 이에 대한 증명책임은 불법행위로 인한 손해배상을 구하는 원고에게 있다(대법원 2014. 10. 15. 선고 2012다100395 판결).

26 대법원 2003. 7. 11. 선고 99다24218 판결. 다만 동 판결이 언급하였듯 헌법재판소 2001. 9. 27. 선고 2001헌아3 결정을 계기로 헌법소원심판청구인이 적법한 기간 내에 심판청구를 제기하였음에도 기간 도과 후의 심판청구라 하여 각하한 경우는 결정에 영향을 미칠 중요사항에 관하여 판단을 누락한 것으로서 헌법재판소법 제40조 제1항에 의하여 준용되는 민사소송법 제451조 제1항 제9호 소정의 재심사유로 불복할 수 있게 됐다.

다음으로, 검사가 구속기소한 피고인에 대하여 재판에서 범죄사실의 존재를 증명함에 충분한 증거가 없다는 이유로 무죄판결이 확정된 경우에 그 구속 및 공소제기에 관한 검사의 판단이 그 당시의 자료에 비추어 경험칙이나 논리칙상 도저히 합리성을 긍정할 수 없는 정도에 이른 경우에는 그 위법성이 인정되어 국가배상책임이 인정된다. 예를 들어 강도강간의 피해자가 제출한 팬티에 대한 국립과학수사연구소의 유전자검사결과 피해자의 팬티에서 피고인이나 피해자의 남편과 다른 남자의 유전자형이 검출되었다는 감정결과를 검사가 공판과정에서 입수하였으나 검사가 피고인의 무죄를 입증할 수 있는 결정적인 증거에 해당하는 위 국립과학수사연구소의 감정서를 법원에 제출하지 아니하고 은폐한 행위는 위법하므로 국가배상책임이 인정된다.[27]

(2) 손실보상

손실보상은 공공사업의 시행과 같이 적법한 공권력의 행사에 기인한 재산상의 특별한 희생에 대하여 전체적인 공평부담의 견지에서 인정되는데,[28] 공익을 위해서 개인에게 부과된 특별한 희생에 대해서 정의와 공평의 견지에서 사회전체의 공평부담으로 하여 조절적 보상을 하는 것이다.[29] (행정상) 손실보상의 특징은 다음과 같다.[30] 첫째, 공공필요로 행해진 공권력행사에 의해 야기된 결과의 조절작용으로서 '공법'에 특유한 제도이다. 둘째, 공권력행사가 공법적 근거하에 이루어진 '적법한 작용'으로 발생한 결과의 조절작용이다. 셋째, 재산권의 침해에 대한 보상이라는 측면에서 기능을 한다.

헌법 제23조 제3항은 공공필요에 의한 재산권의 수용·사용 또는 제한 및 그에 대한 보상은 법률로써 하되, 정당한 보상을 지급하도록 규정하고 있다. 여기서 정당한 보상의 의미와 관련하여 합리적 이유가 있는 경우에는 완전보상을 하회하는 보상을 할 수 있다는 상당보상설도 있으나, 손실보상은 재산권보장·공평부담·상실된 가치의 보전이라는 관점에서 완전보상이어야 한다는 완전보상설이 타당하다. 대법원도 "헌법 제23조 제3항에 따른 정당한 보상이란 원칙적으로 피수용재산의 객관적

---

27 대법원 2002. 2. 22. 선고 2001다23447 판결.
28 대법원 2013. 6. 14. 선고 2010다9658 판결.
29 석종현, 손실보상법론, 2005, 93면.
30 홍정선, 행정법원론(상), 2017, 821면.

인 재산가치를 완전하게 보상하여야 한다는 완전보상을 뜻하는 것"으로 본다.[31]

　　헌법 제23조 제3항의 보상을 구체화한 개별 법률 가운데 대표적인 것이 바로 「공익사업을 위한 토지 등의 취득 및 보상에 관한 법률」인데, 동법 제1조는 그 입법목적이 공익사업에 필요한 토지 등을 협의 또는 수용에 의하여 취득하거나 사용함에 따른 손실의 보상에 관한 사항을 규정함으로써 공익사업의 효율적인 수행을 통하여 공공복리의 증진과 재산권의 적정한 보호를 도모하는 것임을 명시하고 있다.

5. 소결(제3의 손해전보)[32]

　　형사보상의 본질에 대한 논의는 형사보상의 내용(혹은 범위)과 관련된다.[33] 형사보상에 대한 이해에 따라 보상의 내용(혹은 범위)이 달라지기 때문이다. 형사보상을 국가배상으로 이해한다면, 국가배상법에 정한 바와 같이, 생명·신체에 대한 침해와 물건의 멸실·훼손으로 인한 손해에는 동법 제3조 제1항부터 제3항의 기준에 따라 배상하고, 그 밖의 손해(정신적 고통에 의한 손해가 이에 포함된다)도 동조 제4항에 따라 불법행위와 상당인과관계가 있는 범위 내의 손해를 기준으로 하여 배상하게 된다. 반면 형사보상을 손실보상으로 이해한다면, 손실보상과 관련하여 공공필요에 의한 재산권의 수용·사용·제한에 대하여는 법률이 정하는 바에 의하여 정당한 보상을 지급하도록 규정한 헌법 제23조 제3항의 해석이 문제가 되지만, '정당한 보상'을 가장 넓은 의미로 해석하는 완전보상설에 의하더라도 시장가격에 의한 완전한 시가보상과 부대적 손실(예컨대 영업상 손실의 보상, 이전료보상 등)의 보상 이상은 그 내용이 아닌바, 정신적 고통은 보상되지 않는다는 결론에 이른다.

　　국가배상제도는 공무원의 고의 또는 과실에 의한 위법한 행위로 발생한 타인의 손해를 배상하는 제도로서 기본적으로 사법상의 불법행위제도를 근간으로 발전되었다.[34] 반면 행정상 손실보상제도는 공공의 필요에 의하여 적법하게 개인의 재산권

31　대법원 2001. 9. 25. 선고 2000두2426 판결.
32　김정환, 형사보상에 있어 일액보상금의 제한, 형사법연구 제23권 제1호, 2011, 347면의 내용을 수정·보완.
33　김정환, 형사보상의 역사와 본질, 서울법학 제18권 제2호, 2010, 75면.
34　김성수, 일반행정법(제2판), 2004, 583면.

이 침해되는 경우 재산권주체의 특별한 희생에 대한 공평부담의 시각에서 조절적인 보상을 실시하는 것이다.35 이를 기초로 하여 형사보상제도를 생각해 보면, 형사보상은 국가기관의 고의나 과실에 의한 위법행위를 전제로 하지 않고, 기본권 주체인 국민 개인의 기본권이 침해된 경우에 행하는 전보제도라는 측면에서 국가배상제도가 아니라 손실보상제도라고 이해할 수 있다. 법원실무 역시 형사보상제도는 공무원의 고의·과실을 요건으로 하지 않는 일종의 '손실보상청구권'으로서 국가배상과는 성격이 다르다는 입장을 취하고 있다.36 그런데 형사보상의 경우 결과적으로 무고한 국민이 신체상의 자유 등을 침해당한 것이므로, 첫째 국가기관의 적법한 행위에 의하여 발생한 손해라고 말하기 어렵고, 둘째 재산형의 집행에 대한 보상 이외의 경우에는 재산상의 침해가 아니라 주로 신체상의 침해가 문제된다. 따라서 형사보상제도를 손실보상으로 이해하기는 어렵다.

결론적으로 형사보상제도의 본질을 국가배상제도나 손실보상제도와 독립적인 '제3의 손해전보제도'로 이해하는 것이 바람직하다.

그 이유는 첫 번째, 형사사법의 특성 혹은 형사절차의 특성 때문이다. 범죄를 처벌하여 사회질서를 유지함을 그 목적으로 하는 형사사법제도에 있어서, 범죄가 있어 처벌되는지 여부는 형사절차가 종료되어야 확정된다. 형법의 성격이 가설적이라고 하는 것도 이 때문이며, '무죄추정의 원칙'도 이러한 가설적 성격과 결합되어 있는 것이다. 그렇기에 범죄의 혐의로 수사기관의 수사를 받은 후 재판에 기소되었으나, 심리의 결과 무죄로 확정되는 경우는 필연적으로 생긴다. 물론 무고한 자가 범인으로서 수사의 대상이 되고 기소되는 것은 피해야 하고, 더욱이 강제처분의 대상이 되어 신체의 구속을 받는 경우는 없어야 한다. 그러나 형사절차의 특성을 생각해 본다면, 이러한 경우를 완전하게 방지하는 것은 불가능하다. 심지어 공판절차에서도 오판의 가능성은 존재한다. 증거법과 관련하여 많은 제도와 개념들이 발전되어 왔으나 완벽한 사실인정의 방법이란 여전히 존재하지 않으며, 재판은 시간적 제약하에서 이루어지기 때문에 판결 시점 이후에 증거가 나타날 수도 있다. 따라서 실제로는 범죄자가 아님에도, 법원에 의해서 형의 집행을 받게 되는 무고한 자가 생겨나는 것 또한 어느 정도 필연적이다. 이는 과거나 현재에 항상 마찬가지이며, 그 정

35 김성수, 일반행정법(제2판), 2004, 637면.
36 법원행정처, 법원실무제요 형사[Ⅱ], 2014, 745면.

도의 차이만 있을 뿐 본질적인 변화는 없다.

두 번째로, 형사보상의 탄생과 발전과정이 국가배상이나 손실보상과 다르다는 점이다. 역사적으로 국가배상제도나 손실보상제도는 재산권에 대한 보장수단으로서 민법상의 개념으로 등장하였지만, 형사보상제도는 그렇지 않다. 먼저 국가배상제도를 살펴보면, 공무원의 불법행위나 공공시설의 하자로 인한 손해배상을 국가의 책임으로 인정한 것은 19세기 후반부터인데, 처음에는 민법상의 손해배상제도로부터 출발하였다. 예컨대 독일에서는 19세기 후반 산업화에 따라 생활배려와 사회보장에 대한 국가의 임무가 늘어나자 독일민법 제31조와 제89조에서 국고책임을, 제839조에서 공무원개인책임을 인정하였다.[37] 프랑스의 경우에도 사법상의 손해배상제도에 대한 국가배상책임의 독자성이 인정된 것은 1873년 관할재판소의 Blanco판결을 계기로 하였다고 한다.[38] 다음으로 손실보상제도를 보면, 그 선구는 봉건제도 붕괴와 중앙집권 확립을 앞서 이뤄낸 프랑스였다. 즉, 프랑스의 1789년 인간과 시민의 권리선언 제17조는 "재산권은 신성불가침의 권리이므로 합법적으로 확인된 공공필요가 명백히 요구하고 정당한 사전보상의 조건하에서가 아니라면 결코 침해될 수 없다"고 하였고, 1804년 나폴레옹 민법 제545조에서 수용보상은 정당하고 사전적이어야 함을 규정하였다.[39]

반면 형사보상의 탄생과 발전과정을 살펴보면,[40] 재산권의 침해에 대한 보상수단의 성격을 찾아보기는 어렵다. 형사보상제도가 본격적으로 등장한 시점은 국가배상제도나 손실보상제도의 등장시점과 비슷한 19세기 후반이지만 당시부터 이 제도들과 독립적으로 입법이 이루어졌다. 형사보상제도는 유럽대륙에서 국가기관의 직권적인 소추절차에 의한 형사절차가 확립된 이후 발생되었다.[41] 독일의 프리드리히

---

37 김도창·김철용, 우리나라와 서독의 국가배상법의 비교고찰, 국가배상제도의 제문제(법무자료 제141집), 1991, 262면.

38 박균성, 프랑스 행정법상의 행정상 손해전보책임의 근거, 국가배상제도의 제문제(법무자료 제141집), 1991, 330면.

39 김훈, 프랑스 도시계획법제에 관한 연구, 경희대학교 박사학위논문, 2000, 10면.

40 이에 대해서는 김정환, 형사보상의 역사와 본질, 서울법학 제18권 제2호, 2010, 61~65면 참조.

41 형사보상은 유럽대륙에서 탄생하고 발전한 제도이다. 형사소추가 일반 공중 또는 사인(私人)에게 맡겨져 있던 시대에는, 국가에게 형사보상의 책임이 문제되지 않았다. 형사보상의 제도가 생기게 된 것은 국가기관의 직권에 의한 형사소추절차가 확립된 이후이다. 그러나 이러한 형사절차가 확립되었다 하더라도 전제국가에서는, 단순히 통치의 객체에 지나지 않은 시민에 대해 통치 권력의 주체인 국가가 통치권의 발동인 형사절차의 시행에 의해 생긴 손실을 보상

대왕(Friedrich der Große)이 1766년 「소송의 단축에 대한 신 조례」에서 "범죄의 혐의에 의해 심문을 받고 그 혐의의 증명이 가능하지 않아 심문을 정지당한 자에게 후에 범죄사실이 전혀 발견되지 않은 경우에는 소송비용의 전부를 회복해주어야 하고, 동시에 심문에 의하여 입은 손해를 배상하기 위해서 심문절차가 처음 계속된 재판소의 수수료 적립금으로부터 사건의 상황 및 신분의 차등에 따라 적합하게 정한 보상금액을 지불하는 것으로 한다."고 규정하기에 이르렀다.42 이후 1880년대부터 산업혁명의 결과로서 사회적 입법이 진보함에 따라 유럽의 각국에서 형사보상제도의 도입이 사회적 문제로 되었고, 오스트리아에서는 1892년에 재심보상법이 제정되면서, 프랑스에서는 1895년에 치죄법이 개정되면서 재심보상이 인정되었다.43 그 후 19세기까지는 재심보상만을 인정하는 입법이 많았으나, 20세기에 들어와서는 미결구금보상도 인정하는 입법이 증가해, 독일에서는 1904년에, 오스트리아에서는 1918년에 각각 미결구금보상법이 제정되었다.

이러한 배경에서 형사보상제도를 국가배상제도나 손실보상제도와 독립적으로 이해하는 것은, 우리 형사보상법 규정에 비추어 보아도 타당하다. 형사보상법 제4조 제2항에서는 형사보상금액을 산정할 때 "정신상의 고통"도 고려하도록 하고 있는데, 이는 형사보상을 손실보상으로 이해하는 경우 설명하기 어렵게 된다. 한편 형사보상법 제5조에서는 형사보상을 받을 자가 다른 법률에 의하여 손해배상을 받는 것을 허용하고 있는데, 이에는 국가배상도 포함된다. 이 규정은 형사보상을 국가배상으로 이해하는 경우에 설명하기 어렵게 된다.

형사보상제도는 국가기관의 고의·과실을 전제하지 않고 형사절차의 특성상 발생할 수밖에 없는 위험에 대한 보상이라는 점에서 국가배상과 구분되며, 국가기관

한다는 것을 생각할 수 없었고, 다만 국가 자체와는 별개로 형사절차의 운용에 직·간접적으로 관여하는 관리나 사인(특히 고소인·고발인)에게 고의·과실이 있던 경우 이들에게 피해자의 손해배상의 책임을 지게 하는 것이 인정되었다. 예를 들어, 1539년의 프랑소와 1세의 칙령은 민사·형사의 소를 낸 자에게 무고가 있던 때에는 그 자에게 상대방에게 생긴 손해의 배상을 선고해야만 하는 것으로 규정했고, 또한 형사의 재판에 대해 재판관에게 현저히 과실이 있었던 경우에는, 당사자에 대해 손해의 배상을 선고해야 하는 것으로 하였다(타카다 타쿠지(高田卓爾), 형사보상법(復刻版), 법률학전집 44-3, 有斐閣, 1990, 20면).

42 타카다 타쿠지(高田卓爾), 형사보상법(復刻版), 법률학전집 44-3, 有斐閣, 1990, 21면.
43 타카다 타쿠지(高田卓爾), 형사보상법(復刻版), 법률학전집 44-3, 有斐閣, 1990, 21면. 프랑스의 경우 1895년의 치죄법 제446조에 형사보상규정이 입법되었고, 동규정이 수정을 거쳐 1959년 프랑스형사소송법(Code de procédure pénale) 제626조에 흡수되었다.

의 적법한 침해행위에 한정되지 않고 재산적 침해와 비재산적 침해 모두에 대한 보상이라는 점에서 손실보상과 구분된다. 결국 형사보상을 국가배상이나 손실보상과 다른 제3의 독립적인 성격의 손해전보제도로서 이해하는 것이 형사사법절차의 사실적 특성과 형사보상의 역사적 발전배경에 비추어 타당하고, 우리 형사보상법의 규정과도 부합한다.

제 2 절 ⬩ 형사절차의 다른 구제수단과의 비교

Ⅰ. 무죄판결에 대한 비용보상(형사비용보상)

1. 의의

헌법은 구금되었던 자의 형사보상청구권을 기본권으로 인정하며, 국가는 '형사보상법'을 제정해 무죄판결이 확정된 자에게 '구금에 대한 보상'과 '기타 형 집행에 대한 보상'을 할 것을 규정하였다. 그러나 재판과정에서 발생한 변호인보수를 비롯한 소송비용의 보상에 관해서는 특별한 규정을 두고 있지 않았는데, 이 같은 미비점을 보완하기 위해 2007. 6. 1. 형사소송법 개정을 통해 무죄판결이 확정된 피고인이었던 자가 구금 여부와 상관없이 재판에 소요된 비용의 보상을 국가에 청구하는 제도가 신설됐다(형사소송법 제194조의2부터 제194조의5). 이것을 '무죄판결에 대한 비용보상' 또는 '형사비용보상'이라고 한다.

무죄판결에 대한 비용보상 또는 형사비용보상이란 무죄판결이 확정된 경우 당해 사건의 피고인이었던 자의 청구에 따라 국가가 그 재판에 소요된 비용을 보상하는 제도인데,[44] 그 도입 이래 무죄판결에 대한 비용보상청구사건은 2007년 1건, 2008년 18건, 2009년 45건이 접수되었고, 2009년 접수된 45건 중 33건이 기각된 바 있다.[45]

무죄판결에 대한 비용보상은, 과실책임의 원리에 의하여 고의·과실의 위법행위

---

44 법원행정처, 형사소송법 개정법률 해설, 2007, 165면.
45 법원행정처, 개정 형사소송법 성과분석, 2011, 117면.

와 인과관계가 있는 모든 손해를 배상하는 손해배상과 달리, 형사사법절차에 내재하는 불가피한 위험에 대하여 형사사법기관의 귀책사유를 따지지 않고 소송비용을 보상하는 것이다. 따라서 비용보상의 범위가 손해배상의 범위와 서로 일치하는 것은 아니며, 만약 형사사법절차에서 사법기관의 고의·과실이 있다고 인정될 경우 그로 인해 손해를 입은 사람은 국가배상청구 등 별개의 절차에 의하여 인과관계가 있는 모든 손해의 배상청구가 가능하다.**46**

무죄판결에 대한 비용보상은 공무원의 고의·과실을 요건으로 하지 않는 점에서 형사보상과 유사하여 비용보상청구나 절차 등에 관하여 형사보상법을 준용하고 있다(형사소송법 제194조의5). 그러나 무죄판결에 대한 비용보상은 '재판에 소요된 비용 자체'에 대한 보상이라는 점에서, '사후적으로 볼 때 위법한 미결구금이나 형 집행'에 대한 보상인 형사보상과 구별된다.

무죄판결에 대한 비용보상은 형사사법절차에 내재된 위험에 의해 발생되는 손해를 국가가 보상한다는 취지에서 비롯된 것이나, 구금되었음을 전제로 하는 헌법 제28조의 형사보상청구권과 달리 헌법적 차원의 권리라고 볼 수는 없고, 입법자가 입법의 목적이나 국가의 경제적·사회적·정책적 사정들을 참작하여 법률에 적용요건·적용대상·범위 등 구체적 사항을 규정함으로써 비로소 형성되는 법률상의 권리이다.**47** 헌법재판소도 형사비용보상청구권은 입법자가 사회적 여건이 허락하는 범위 안에서 사법절차에서 피해를 입은 사람에 대한 구제범위를 확대해 나가는 과정에서 비로소 형성된 권리일 뿐이고, 헌법적 차원에서 명시적으로 요건을 정해서 보장되어 온 형사보상청구권과는 기본적으로 권리의 성격이 다르다는 입장이다.**48**

2. 절차

무죄판결에 대한 비용보상은 피고인이었던 자의 청구에 따라 무죄판결을 선고한 법원의 합의부에서 결정한다(형사소송법 제194조의3 제1항). 비용보상청구는 무죄판결이 확정된 사실을 안 날부터 3년, 무죄판결이 확정된 때부터 5년 이내에 하여야 하고(형사소송법 제194조의3 제2항), 비용보상의 결정에 대하여는 즉시항고를 할 수

---

46 헌재 2013. 8. 29. 선고 2012헌바168.
47 헌재 2012. 3. 29. 선고 2011헌바19.
48 헌재 2015. 4. 30. 선고 2014헌바408, 2015헌가1·2(병합).

있다(형사소송법 제194조의3 제3항). (구)형사소송법에서는 비용보상청구는 "무죄판결이 확정된 날부터 6개월 이내에 하여야 한다."고 규정되어 있었으나(동법 제194조의3 제2항),[49] 무죄판결을 받은 피고인의 권리보장을 위하여 무죄판결 비용보상 청구기간을 형사보상 청구기간과 동일하게 연장하고자 2014. 12. 30. 현재와 같이 개정한 것이다.[50]

비용보상청구, 비용보상절차, 비용보상과 다른 법률에 따른 손해배상과의 관계, 보상을 받을 권리의 양도·압류 또는 피고인이었던 자의 상속인에 대한 비용보상에 관하여 형사소송법에 규정한 것을 제외하고는 형사보상법에 따른 보상의 예에 따른다(형사소송법 제194조의5).

3. 대상

국가는 무죄판결이 확정된 경우에 당해 사건의 피고인이었던 자에 대하여 그 재판에 소요된 비용을 보상하여야 한다(형사소송법 제194조의2 제1항).

다만, ① 피고인이었던 자가 수사 또는 재판을 그르칠 목적으로 거짓 자백을 하거나 다른 유죄의 증거를 만들어 기소된 것으로 인정된 경우, ② 1개의 재판으로서

---

49 비용보상청구에 관한 제척기간을 규정한 것은 비용보상에 관한 국가의 채무관계를 조속히 확정하여 국가재정을 합리적으로 운영하기 위한 것으로 입법목적의 정당성 및 수단의 적합성이 인정되고, 형사소송법에 규정된 제척기간이 현실적으로 비용보상청구권 행사를 불가능하게 하거나 현저한 곤란을 초래할 정도로 지나치게 짧다고 단정할 수 없고, 비용보상에 관한 국가 채무관계를 조기에 확정하여 국가재정을 합리적으로 운영한다는 공익이 청구인 등이 입게 되는 경제적 불이익에 비해 작다고 단정하기도 어려우므로, (구)형사소송법 제194조의3 제2항은 과잉금지원칙에 위반되어 청구인의 재판청구권 및 재산권을 침해하지는 않는다. 또한 형사소송법상 비용보상청구권은 입법자가 사회적 여건이 허락하는 범위 안에서 사법절차에서 피해를 입은 사람에 대한 구제범위를 확대해 나가는 과정에서 비로소 형성된 권리로서 헌법적 차원에서 명시적으로 요건을 정해서 보장되어 온 형사보상청구권이나 국가배상청구권과는 기본적으로 권리의 성격이 다를 뿐만 아니라, 형사재판을 진행하는 과정에서 피고인의 판단과 선택에 따라 지출한 비용을 보상한다는 점에서 인신구속이라는 피해를 당한 사람에게 구금기간 동안 발생한 재산적·정신적 손해에 대한 보상을 목적으로 한 형사보상청구권이나 국가의 귀책사유로 인한 손해를 회복할 수 있도록 하는 국가배상청구권과 분명한 차이가 있으므로, 입법자가 비용보상청구권을 행사할 수 있는 청구기간을 정하면서 국가배상청구권이나 형사보상청구권보다 짧은 기간만 허용하였다고 하여 이러한 차별취급이 합리적 이유 없는 자의적 차별이라 단정할 수 없다(헌재 2015. 4. 30. 선고 2014헌바408, 2015헌가1·2(병합)).

50 법률 제12899호, 2014. 12. 30. 일부개정 이유.

경합범의 일부에 대하여 무죄판결이 확정되고 다른 부분에 대하여 유죄판결이 확정된 경우, ③ 형법 제9조(형사미성년자) 및 제10조 제1항(심신상실자)의 사유에 따른 무죄판결이 확정된 경우, ④ 그 비용이 피고인이었던 자에게 책임지울 사유로 발생한 경우에는 비용의 전부 또는 일부를 보상하지 아니할 수 있다(형사소송법 제194조의2 제2항).

4. 범위

무죄판결에 대한 비용보상의 범위는 피고인이었던 자 또는 그 변호인이었던 자가 공판준비 및 공판기일에 출석하는데 소요된 여비·일당·숙박료와 변호인이었던 자에 대한 보수에 한정되는데, 보상금액에 관하여는 「형사소송비용 등에 관한 법률」을 준용하되, 피고인이었던 자에 대하여는 증인에 관한 규정을, 변호인이었던 자에 대하여는 국선변호인에 관한 규정을 준용한다(형사소송법 제194조의4 제1항).

형사비용보상의 성격을 법률상의 권리로 본다면 비용보상의 범위는 헌법상의 권리인 형사보상과 다를 수 있다. 한편 헌법재판소는, 형사비용보상이 형사사법절차에 내재하는 불가피한 위험에 대하여 형사사법기관의 귀책사유를 따지지 않고 보상을 하는 것으로, 형사비용보상에서는 민사소송에서의 '소송목적의 값'과 같은 비용상환기준을 제시하기가 어렵고, 국선변호인의 보수는 사안의 난이·수행직무의 내용 등을 참작하여 증액될 수도 있으며, 사법기관의 귀책사유가 있는 경우에는 국가배상청구 등을 통해 추가로 배상받을 수 있으므로 보상금액 산정과 관련하여 변호인이었던 자에 대하여는 국선변호인에 관한 규정을 준용하도록 정한 것은 청구인의 재판청구권을 침해하지 아니한다고 판시한 바 있다.[51]

그 밖에, 법원은 공판준비 또는 공판기일에 출석한 변호인이 2인 이상이었던 경우에는 사건의 성질, 심리 상황, 그 밖의 사정을 고려하여 변호인이었던 자의 여비·일당 및 숙박료를 대표변호인이나 그 밖의 일부 변호인의 비용만으로 한정할 수 있다(형사소송법 제194조의4 제2항).

---

51 헌재 2013. 8. 29. 선고 2012헌바168.

Ⅱ. 수용자의 권리구제

1. 형의 집행 및 수용자의 처우에 관한 법률[52]

수형자란 징역형·금고형·구류형의 선고를 받아 그 형이 확정되어 교정시설에 수용된 사람과 벌금 또는 과료를 완납하지 아니하여 노역장 유치명령을 받아 교정시설에 수용된 사람을 말하고, 수용자란 법률과 적법한 절차에 따라 교정시설(교도소·구치소 등)에 수용된 사람으로서, 수형자 외에 미결수용자, 사형확정자 등을 포함하는 넓은 개념이다(형집행법 제2조).

수형자의 교정교화와 건전한 사회복귀를 도모하고 수용자의 처우와 권리 및 교정시설의 운영에 관하여 필요한 사항을 규정함을 목적으로 제정된 법률이 형집행법인데(동법 제1조), 한편으로 국가와 수용자의 관계를 규율하는 공법, 특히 합목적성을 중시하는 행정법의 성격을 가지고 있고, 다른 한편으로 배분적 정의가 강조되는 형사법, 특히 형사제재의 구체적 실현을 위한 절차를 규율하는 형사절차법의 성격을 가지는 외에,[53] 동법 제116조부터 제118조에서 교정시설의 수용 중에 발생한 침해에 대한 수용자의 권리구제방안을 규정하고 있다.

2. 소장면담과 청원

수용자는 처우에 관하여 소장에게 면담을 신청할 수 있는데(형집행법 제116조 제1항), ① 수용자가 정당한 사유 없이 면담사유를 밝히지 아니하거나 ② 면담목적이 법령에 명백히 위배되는 사항을 요구하는 것이거나 ③ 동일한 사유로 면담한 사실이 있음에도 불구하고 정당한 사유 없이 반복하여 면담을 신청하거나 ④ 교도관의 직무집행을 방해할 목적이라고 인정되는 상당한 이유가 있는 때가 아니라면 소장은 면담에 응하여야 한다(형집행법 제116조 제2항).

한편 수용자는 처우에 관하여 불복하는 경우 법무부장관·순회점검공무원·관할 지방교정청장에게 청원할 수 있는데(형집행법 제117조 제1항), 소장은 청원서를 개봉하여서는 아니 되며 청원서를 지체 없이 법무부장관·순회점검공무원·관할 지방교

---

52 이하 '형집행법'이라 한다.
53 신양균, 형집행법, 화산미디어, 2012, 20~21면.

정청장에게 보내거나 순회점검공무원에게 전달하여야 한다(동조 제3항).

소장면담이나 청원은 교정조직의 내부적 권리구제장치로서 구제를 위한 별도의 비용이 필요하지 않고 시설과 수용자 간의 합의를 통해 문제를 해결할 수 있는 장점이 있지만, 조직 내부의 절차인 점에서 공정하고 객관적인 결정을 기대하기 어렵고 전문가의 법적 조력을 받기도 곤란하여 효과적인 구제절차로 기능하는 데에는 한계가 있을 수 있다.

/ 형사보상의 역사적 발전 /

제1절 · 서구에서의 발전

I. 기원

1. 대륙법계[1]

형사보상은 유럽대륙에서 탄생하고 발전한 제도이다. 형사소추가 공중 또는 사인에게 맡겨져 있던 시대에는 국가의 형사보상책임이라는 것을 생각할 수 없었으므로, 형사보상의 제도가 발생하게 된 것은 국가형벌의 관념이 정립된 후 국가기관의 직권적인 소추절차에 의한 형사절차가 확립된 이후라고 할 수 있다.

그러나 국가의 직권주의적 형사절차가 확립되어도, 전제주의사상의 아래에서는 통치 권력의 주체인 국가가 단순히 통치의 객체에 지나지 않은 시민에 대해서 통치권의 발동인 형사절차의 시행에 의해 생긴 손해를 보전하는 것을 생각할 수 없었고, 국가 자체와는 별개로 형사절차의 운용에 직·간접적으로 관여하는 사인(특히 고소인·고발인)에게 고의·과실이 있었던 경우에 피해자에 대한 손해배상의 책임이 예외적으로 인정됨에 그쳤다. 예를 들어, 1539년의 프랑수와 1세의 칙령은 민·형사의 소송을 제기한 자에게 무고가 있다면 그 자에게 상대방에게 생긴 손해의 배상을 선고해야만 하는 것으로 규정했고, 또한 형사재판에 있어서 재판관에게 현저한 과실이

---

1 김정환, 형사보상의 역사와 본질, 서울법학 제18권 제2호, 2010, 61~65면의 내용을 수정·보완.

있었던 경우에 당사자에 대해 손해의 배상을 선고해야 하는 것으로 규정하였다.[2] 독일의 경우 1532년의 칼 5세의 카롤리나 형사법전(Constitutio Criminalis Carolina) 제20조에서 관헌 또는 재판관이 불법으로 규문하거나 또는 유죄의 선고를 한 때에는, 피해자의 굴욕, 고통, 비용 및 손해에 대한 상당한 배상의 책임을 져야 한다고 규정하였다.[3]

국가절대주의가 극복되면서 형사보상은 전환점을 맞이하였다. 17·18세기에 이르러 계몽적 인도주의를 기조로 하는 자유민권사상은 전제군주주의와 표리일체의 관계에 있던 전단적 형사절차에 대해서 비판적이었다. 이때 자연법이론이 관철되었고, 국가에 대한 개인의 관계가 기본적으로 새로이 정립되었다. 특히 홉스(Hobbes) 이론의 영향하에 국가의 권위는 국가(혹은 군주)와 신민(Untertanen) 사이에 체결되는 사회계약으로부터 파생된다는 공동체모델을 바탕으로 국가에 대한 개인의 관계가 형성되었다. 공동체모델은, 개인이 사회계약을 통해 공공이익에 필요한 한 자신의 권리를 포기한다는 것을 기본이념으로 하는데, 이에 따르면 법적기관들의 기득권 (iura quaesita)을 국가에 맡기지 않을 경우 국가(군주)의 합당한 의무수행이 불가능할 경우에 한해서 그 기득권들이 국가에 맡겨져 있는 것이다. 또한 단지 그 경우에만 시민의 기득권, 소위 우월권(ius eminens)에 대한 국가의 침해가 허용되나, 이것은 피해자인 시민에 대한 보상의무를 수반한다.[4]

이러한 배경에는 실정법주의자이지만, 동시에 자연법론자인 홉스의 사상이 반영되어 있다. 홉스는 리바이어던(Leviathan) 제26장에서 시민법에 관하여 설명하고 있는데, 법을 목적이 아니라 국가가 백성의 안전이라는 목적을 달성하기 위한 수단으로 보면서, "자연법과 시민법은 서로를 포함하고 있으며 그 범위를 같이 하고 있다"고 서술한다.[5] 이는 최고의 이상적인 법인 자연법의 정신이 실정법에 반영되어야 한다는 것이다. 홉스는 "하급 재판관이나 통치권자도 공평한 판결에서 오류를 범할 수 있기 때문에, 추후 유사한 경우 반대 판결을 하는 것이 공평함에 더 적합하다는 것을 알았을 때 그에게는 그렇게 할 의무가 지워진다.",[6] 그리고 "무고한

---

2 타카다 타쿠지(高田卓爾), 형사보상법(復刻版), 법률학전집 44-3, 1990, 20면.
3 Arno Buschmann, Rechtshistorische Texte, 1998, C.H.Beck, 112면.
4 Dieter Meyer, StrEG Kommentar, 10. Aufl., 2017, Einleitung RN. 8.
5 김용환, 리바이어던 국가라는 이름의 괴물, 2005, 242면.
6 김용환, 리바이어던 국가라는 이름의 괴물, 2005, 243면.

백성을 처벌하는 것은 크고 작음을 불문하고 모두 자연법을 위반하는 일이다."라고 보았다.[7]

이 자유민권사상은 마침내 1789년의 프랑스 혁명에서 그 돌파구를 찾아내게 되나, 그 사이 소위 계몽적 전제군주라고 일컬어지는 프로이센의 프리드리히 대왕(Friedrich der Große)이 형사절차에 약간의 개선을 통해 인권사상을 먼저 시도했다(프랑스에서는 대혁명 이전에도 국가형사보상의 필요성에 대해서 꽤 논의가 되어 이것을 바라는 목소리가 있었으나, 대혁명기의 형사입법에서 그것은 채택되지 않았고 1808년의 치죄법 제정에 있어서도 형사보상의 규정이 제안되었으나, 다수의 동의를 얻지 못하였다.[8]). 프로이센의 프리드리히 대왕은 널리 알려진 바와 같이 1740년에 고문을 폐지하였고,[9] 그 외에 1766년에는 '소송의 단축에 대한 신 조례'에서 형사보상을 다음과 같이 규정했다. "범죄의 혐의에 의해 심문을 받고, 게다가 혐의의 증명이 가능하지 않아 심문을 정지당한 자에게 후에 범죄사실이 전혀 발견되지 않은 경우에는 소송비용의 전부를 회복해주어야 하고, 동시에 심문에 의하여 입은 손해를 배상하기 위해서 심문절차가 처음 계속된 재판소의 수수료 적립금으로부터 사건의 상황 및 신분의 차등에 따라 적합하게 정한 보상금액을 지급한다."[10]

이후 독일에서는 홉스이론의 사고가 시민들 사이에서 부담균등원칙의 기초가 되어 점차 일부 입법에서 도입되었다. 대표적으로 1794년 프로이센 일반 주법(Preußischen Allgemeinen Landrecht) 도입부 제74조와 제75조가 가장 유명한데, 동 규정은 이후 입법과 판례, 학설의 발전에 지속적으로 영향을 끼쳤다.[11]

형사보상이 널리 현실의 입법문제로 된 것은 1880년대이다. 산업혁명의 결과로서 사회적 입법이 발전하던 당시 상황에서 형사보상제도의 도입이 사회적 문제로 되었다. 오스트리아에서는 1892년에 재심보상법이 제정되었고, 프랑스에서는 1895년에 치죄법의 개정에 의해 재심보상이 인정된 이래,[12] 같은 해 6. 8. '형사소송의 재심에 관한 법률'에 의해 치죄법 제446조가 수정되어 재심에서 무죄판결을 받은 자

---

7 김용환, 리바이어던 국가라는 이름의 괴물, 2005, 249면.
8 타카다 타쿠지(高田卓爾), 형사보상법(復刻版), 법률학전집 44-3, 1990, 21면.
9 Friedrich-Christian Schroeder, Strafprozeßrecht, 3. Aufl., 2001, C.H.Beck, §3 RN. 33.
10 타카다 타쿠지(高田卓爾), 형사보상법(復刻版), 법률학전집 44-3, 1990, 21면.
11 Dieter Meyer, StrEG Kommentar, 10. Aufl., 2017, Einleitung RN. 9.
12 타카다 타쿠지(高田卓爾), 형사보상법(復刻版), 법률학전집 44-3, 1990, 21면.

의 요청에 의해 손해를 보상해주도록 하였는데, 이 규정은 1958년 프랑스형사소송법 제626조로 편입되었다.[13]

19세기까지는 재심보상만을 인정하였으나, 20세기에 들어와 미결구금에 대한 보상도 인정하는 법률이 등장하였다. 독일에서는 1904년에, 오스트리아에서는 1918년에 각각 미결구금보상법이 제정되었다. 독일에서는 형의 집행을 받은 자가 재심에서 무죄로 된 경우에 1898년 제정된 '재심절차에서 무죄 선고된 자의 보상에 관한 법률(Gesetz betreffend die Entschädigung der in Wiederaufnahmeverfahren freigesprochenen Personen)'에 의해 보상이 시행되었고, 미결구금을 받았으나 혐의가 없는 것으로 판명된 자에 대해서는 1904년 제정된 '책임 없이 받은 미결구금의 보상에 관한 법률(Gesetz betreffend die Entschädigung für unschuldig erlittene Untersuchungschaft)'에 의해 보상이 시행되었다.[14] 프랑스의 경우에는 1970년에 이르러 '시민의 개인적 권리 보장을 강화하는 법률 제70－643호'에 의해서 구속에 대한 형사보상의 규정이 입법되었다(프랑스형사소송법 제149조부터 제150조).[15]

2. 영국과 미국

대륙법계에서 형사보상제도가 발전된 것과 달리, 영미에서는 일반적으로 국가행위에 대한 배상이라는 사상이 발전되지 않아서 형사보상의 제도화도 매우 늦어졌다. 영국에서는 '왕은 잘못을 범할 수 없다'는 주권자 면책의 법리에 따라 왕에 대한 소송은 허용되지 않았고,[16] 당사자주의적 소송구조에 따라 법관의 오판을 당사자의 주장이나 입증의 잘못에 기인한 것으로 볼 수 있었으므로 형사보상이 발전하지 못했다.[17] 그래서 영국에서는 1988년까지 형사보상에 관한 특별한 법령은 존재하지 않고, 다만 행정적 절차에 의하여 국왕의 은사형식으로 임의적인 보상이 행해졌다.[18]

---

13 한상훈·김정환, 형사보상제도의 비교법적 연구, 형사법 개정 연구 자료집 Ⅲ－1, 2010, 561면.
14 1971년 3월 8일 형사보상법(Gesetz über die Entschädigung für Strafverfolgungsmaßnahmen: StrEG)이 제정되면서 종래의 형사보상에 관한 두 가지 법률, 즉 '재심에서 무죄 선고된 자의 보상에 관한 법률'과 '책임 없이 받은 미결구금의 보상에 관한 법률'은 폐지되었다.
15 윤지영·정진수·서주연, 형사보상제도의 운영현황과 개선방안, 2016, 86면.
16 한상훈, 영미법상 형사보상제도에 대한 검토, 법학연구 제22권 제4호, 2012, 4면.
17 김정환, 형사보상의 역사와 본질, 서울법학 제18권 제2호, 2010, 60면.
18 김용우, 형사보상법의 문제점과 개선방안, 법제현안 제148호, 2003, 10면.

한편 미국의 경우도 영국의 법리가 계승되어 '정부는 잘못을 범할 수 없다'는 법리에 따라 국가(연방 또는 주정부)를 상대로 하는 손해배상소송이나 형사보상소송은 19세기까지 발전되지 않았다.[19]

Ⅱ. 20세기

1. 독일[20]

전술한 바와 같이 독일의 경우 재심절차에서 무죄를 선고받은 자에 대한 보상은 1898. 5. 20. 제정된 '재심절차에 있어서 무죄의 언도를 받은 자의 보상에 관한 법률'에, 그리고 미결구금의 보상은 1904. 7. 14. 제정된 '책임 없이 받은 미결구금의 보상에 관한 법률'에 각각 규정하고 있었다. 이 법률들은 형사소추가 사후에 정당성을 결여했다고 판명된 경우에 유죄의 선고를 받거나 또는 미결구금을 받은 사람에 대한 국가의 배상책임을 규정한 점에서, 불법하게 형사소추를 받은 사람에게는 행정처분에 있어서의 공정에 기초한 보상만을 인정하던 종전의 태도에 비하면, 현저한 진보라 할 수 있었다.

하지만 제2차 세계대전 이후에는 이에 만족할 수 없게 되었다. 국가질서와 개인의 관계와 개인의 지위의 근본적인 변화가 나타났고, 형사절차에서는 '유럽인권보호협약'[21]이나 1964. 12. 19. 제정된 '형사소송법 및 재판소구성법의 개정에 관한 법률(StPÄG)'이 피의자의 법적 지위를 중점적으로 강화했기 때문이다.

제2차 세계대전 이후 독일 형사소송법의 개정이 법치국가의 원칙으로부터 이와 같은 피의자의 법적 지위를 강화하는 방향으로 진행됨에 따라,[22] 1970년 당시 형사보상청구권을 재판의 시점에 존재하는 '혐의'의 상태와 관련시켰던 점은,[23] 국가의

---

19 한상훈, 영미법상 형사보상제도에 대한 검토, 법학연구 제22권 제4호, 2012, 4면.

20 김정환, 형사보상의 역사와 본질, 서울법학 제18권 제2호, 2010, 65~68면.

21 이에 대해서는 다음의 제2장 제1절 Ⅲ 참조.

22 Dieter Meyer, StrEG Kommentar, 10. Aufl., 2017, Einleitung RN. 20.

23 '재심절차에서 무죄선고를 받은 자의 보상에 관한 법률(Gesetz betreffend die Entschädigung der in Wicderaufnahmeverfahren freigesprochenen Personen)' 제1조 ① 재심절차에서 무죄선고를 받은 자 또는 경한 형법의 적용으로 경한 형을 받은 자는 이전에 선고받은 형의 전

형벌권과 무죄추정 간의 긴장상태, 즉 사법의 이익과 시민의 기본권과의 사이의 긴장상태를 정당하게 평가하지 못한 것으로 부각되었다. 피고인이 자기의 무죄를 증명해야 하는 것이 아니라 국가가 피고인의 범죄를 입증하지 않으면 안 되는 것이므로, 범죄의 존재가 입증되지 않는다면 형사절차는 피고인에게 유리하게 종료한다. 그런데 형사소송절차에서 피고인의 무죄추정이 반증되지 아니하는 경우라도, 범죄혐의가 불식되지 않은 때에는 보상을 받지 못한 채 그대로 형사처분을 수인하지 않으면 안 된다고 하는 것은 불공정하다는 평가가 설득력을 얻게 된 것이다. 바로 이 점에서 독일형사보상제도의 개정필요성이 제기되었다.24 이와 달리 1968. 5. 24.의 ‘질서위반법의 도입법(EGOWiG)’에서는 독일 형사소송법 제467조는 피고인의 책임 없음이 증명되었는지 여부 또는 피고인에 대한 이유 있는 혐의가 존재하지 않는다는 것이 증명되었는지 여부를 고려하지 않고 피고인의 필요한 경비의 변상을 하도록 함으로써 이미 비용법의 영역에서는 무책임의 증명이 없는 무죄판결과 무책임의 증명을 이유로 하는 무죄판결과의 사이의 불일치가 제거되어 있었다.25

　　1970년 독일형사보상제도의 개정 논의 당시 형사보상법은 형사소송법과 매우 긴밀한 관계에 있으므로 형사소송법에 형사보상내용을 포함시키는 입법방식이 논의되었으나, 형사소송법에 형사보상의 규정을 편성하면 형사소송법의 계획적·근본적인 개정 시까지 형사보상법의 개정이 보류되어야 하는 문제가 생겨났다. 이에 독일 연방정부는 주(州) 법무부와의 보조를 맞추어, 필요하다고 인정되는 보상규정의 개정이 형사소송법의 재편성 전에 먼저 실시되어야 한다는 견해를 채용하였다. 1971. 3. 8. 현행 독일의 형사보상법(Gesetz über die Entschädigung für Strafverfolgungsmaßnahmen: StrEG)이 제정되고, 종래의 형사보상에 관한 두 가지 법률, 즉 ‘재심에서 무죄 선고된 자의 보상

부 또는 일부가 집행된 경우, 국고로부터의 보상을 청구할 수 있다. 재심절차에서는 유죄선고를 받은 자에게 책임이 귀속되는 행위 또는 보다 중한 형벌의 적용을 이유로 하는 제반사정과 관련하여 그 자의 무책을 명시하고 공판피고인에 대한 이유 있는 혐의가 이미 존재하지 않는다는 것을 표시해야 한다.
「책임 없이 받은 미결구금의 보상에 관한 법률(Gesetz betreffend die Entschädigung für unschuldig erlittene Untersuchungschaft)」제1조 ① 형사절차에서 무죄선고를 받거나 법원 결정으로 면소선고를 받은 자는 절차가 그 자의 무책을 명시하거나 그 자에 대해서 이유 있는 혐의가 존재하지 않는다는 표시를 한 경우, 미결구금받은 것에 대하여 국고에 보상을 청구할 수 있다. (밑줄은 이해의 편의를 위해 한 것임)
24 國立國會圖書館 調査立法考査局, 西ドイツの刑事補償法, 1976, 11면.
25 Dieter Meyer, StrEG Kommentar, 10. Aufl., 2017, Einleitung RN. 20.

에 관한 법률'과 '책임 없이 받은 미결구금의 보상에 관한 법률'은 폐지되었다.

1971년 독일형사보상법의 제정에서 도입된 중요한 내용을 살펴보면, 첫째, 종전에는 '재심절차에서 무죄의 언도를 받은 자의 보상에 관한 법률'에 근거한 형벌, 보안 및 교정의 처분에 대한 보상 또는 '책임 없이 받은 미결구금의 보상에 관한 법률'에 근거한 미결구금 및 가수용에 대한 보상으로 그 보상대상이 한정되어 있었지만, 부당한 유죄판결에 의해 초래된 재산적 손해에 대한 배상도 피고인에게 귀속하여야 하므로, 유죄판결에 관련된 모든 형사법상의 결과 또는 피의자에게 특별히 부담 지우는 형사소추상의 임시 조치, 예를 들어 운전면허의 임시 취소 또는 압류까지도 보상대상으로 확장되었다.

둘째, 구 법률에 의하면 불법하게 받은 형사구금 및 미결구금에 대해 재산적 손해의 배상만을 허용하고 있었기에 재산적 손해가 발생하지 않거나 또는 재산적 손해를 입증하지 못하는 자는 어떠한 보상도 받을 수 없었다. 이러한 결과는 불공정한 것이고 사회적으로도 법치국가에서의 인신의 자유라는 기본권에 어울리지 못하는 것이었기에, 새로운 형사보상법에서는 자유의 박탈에 대해서는 재산적 손해와 함께 비재산적 손해 전부를 보상하도록 하였다.

셋째, 종전에는 1933. 11. 24. '위험한 상습범인에 대한 보안 및 교정의 처분에 관한 법률의 도입법'에 의해 배상청구권이 7만5천 마르크의 원본보상 및 4천5백 마르크의 연금에 제한되었는데, 이러한 보상의 상한이 제거되었다.

2. 기타 국가

(1) 프랑스

프랑스는 1895년 치죄법에서 재심보상제도를 처음 도입하였고, 1958년 제정된 프랑스형사소송법 역시 제626조에서 "재심청구에 의하여 무죄로 인정된 자는 유죄판결로 입은 물질적·정신적 손해배상액 전부를 청구할 수 있으며, 유죄판결로 손해를 입었음을 증명할 수 있는 자는 누구든지 손해배상을 청구할 수 있다."며 재심보상만을 인정하고 있었다.[26]

구속에 대한 형사보상은 1970년 프랑스형사소송법 제149조부터 제150조를 통

---

26 법무부, 프랑스형사소송법, 2011, 318면 참조.

해 비로소 도입되었다. 그러나 부당한 구속에 대한 형사보상을 청구하기 위해서는 "예외적인 특별히 중한 피해(un préjudice manifestement anormal et d'une particulière gravité)"가 증명되어야 한다는 요건을 두고 있었기 때문에 구속에 대한 형사보상이 쉽게 인정되지 않는다는 비판이 이어졌고, 1996. 12. 30. 프랑스형사소송법의 개정에서 이러한 요건이 삭제되었다.27

(2) 영국

'왕은 잘못을 범할 수 없다'는 주권자 면책의 법리가 통용되고 있었던 영국에서는 형사보상에 관한 특별한 법령의 제정 없이, 다만 행정적 절차에 의하여 국왕의 은사형식으로 임의적인 보상이 행해졌다. 그러나 형사보상을 법률상의 권리로 보장하지 않는 입법태도에 대해서 국제연합의 '시민적 및 정치적 권리에 관한 국제규약'에 반한다는 지적이 계속되어, 1988년 형사사법법(Criminal Justice Act 1988) 제133조로 형사보상이 입법되었다.28 이에 의하면, 유죄평결을 받은 후 발견된 새로운 증거에 의하여 그 유죄평결이 합리적 의심의 여지가 없게 입증되어 사법실패(miscarrage of justice)로 파기되거나 사면되면, 국무장관은 그 피해자나 유족에게 보상을 지급해야 한다. 이때 보상청구권의 유무는 국무장관이 결정하며, 보상액의 산정은 국무장관이 임명하는 관리가 행한다.

(3) 미국

초기 미국에서는, 영국의 법리를 계승한 '정부는 잘못을 범할 수 없다'는 법리에 따라 국가(연방 또는 주정부)를 상대로 하는 손해배상소송이나 형사보상소송을 인정하지 않고 있었다. 따라서 유죄판결을 받고 형집행 중 무죄가 입증되어 석방되더라도 국가로부터 경제적 보상을 받지 못하는 것이 일반적이었다.29

그 후 1913년 연방과 일부의 주에서 형사보상법률안이 제안된 이래, 1938년 연방차원에서 '미국법원에서 부당한 유죄평결을 받은 사람의 구제에 관한 법률(An Act To grant relief to persons erroneously convicted in courts of the United States)'을 제정

---

27 윤지영·정진수·서주연, 형사보상제도의 운영현황과 개선방안, 2016, 86면.
28 한상훈, 영미법상 형사보상제도에 대한 검토, 법학연구 제22권 제4호, 2012, 5면.
29 한상훈, 영미법상 형사보상제도에 대한 검토, 법학연구 제22권 제4호, 2012, 8면.

함에 따라, 1940년 일부 주들도 형사보상법률을 제정하게 된다. 그러나 미국의 형사보상법은 과도한 보상으로 국가재정이 어려워지는 것을 방지하기 위해 보상의 상한액을 제한(연방의 경우는 최대 5,000달러)하고 보상요건도 엄격하게 규정하였다.[30]

Ⅲ. 유럽인권보호협약

1. 탄생배경

제2차 대전을 겪은 후 UN이 세계인권선언을 채택하였지만, 유럽은 한 단계 더 나아가야 한다는 분위기 속에서 1948년 유럽통합을 위한 국제위원회(International Committee of the Movements for European Unity)의 헤이그회의에서 유럽인권헌장(European Charter of Human Rights)을 제정하기로 결정하였다.[31] 1949년 1월 브뤼셀 조약기구 외무장관 회의에서 유럽의 정부간 및 의회간 협력을 고무하고 발전시키기 위한 새로운 국제적 지역기구인 '유럽평의회'(Council of Europe)가 채택되고 1949. 5. 5. 서유럽 10개국(네덜란드, 노르웨이, 덴마크, 룩셈부르크, 벨기에, 스웨덴, 아일랜드, 영국, 이탈리아, 프랑스)이 서명함으로써 유럽평의회가 발족되었다. 1951. 5. 2. 독일이 가입한 외에도 현재까지 러시아, 터키, 모나코, 몬테네그로 등 47개국이 가입하여 유럽평의회는 EU보다 많은 회원국을 보유하고 있다.[32]

유럽평의회의 가장 중요한 업적은 1950. 11. 4. 로마에서 서명되어 1953. 9. 3. 발효된 '인권과 기본적 자유의 보호를 위한 협약'(Convention for the Protection of Human Rights and Fundamental Freedoms)의 채택이다(이것은 '유럽인권조약' 또는 '로마조약'이라 불리기도 하지만, 이하에서는 '유럽인권보호협약'이라 한다). 유럽인권보호협약은 유럽의 인권보호를 위한 조약으로, 세계인권에 규정된 인권 중 특히 자유권의 보장을 목표로 하는데, 전문 및 66개조로 구성되고 필요에 따라 의정서를 작성하여 보장된 권리와 실시조치의 확충을 도모한다. 유럽인권보호협약의 실시조치로서 설치된 '유럽인권위원회'와 '유럽인권재판소'를 통해 개인에게 청원권(right of petition)

---

30 한상훈, 영미법상 형사보상제도에 대한 검토, 법학연구 제22권 제4호, 2012, 9면.

31 이주윤, 인류를 위한 국제법, 2007, 61면.

32 박덕영 외, EU법 강의, 2012, 542면.

뿐만 아니라 소권(right of action)을 부여하는 실효적인 사법제도가 확립되었다.33

2. 제5조의 내용과 적용

유럽평의회 가입국은 각국의 국민들에 대하여 유럽인권보호협약에 규정된 권리와 의무를 보장하여야 한다(유럽인권보호협약 제1조).34 이에 따라 (비록 유럽인권보호협약에 가입국들이 협약에 규정된 권리와 의무를 어떻게 이행해야 하는지에 대해서 별도의 규정은 없지만) 가입국들은 유럽인권보호협약에 규정된 권리와 의무를 국내법령에 수용하고 있다.35

유럽인권보호협약 제5조에는 신체의 자유와 안전에 대한 권리가 규정되어 있다. 모든 사람은 신체의 자유와 안전에 대한 권리를 가지며, 어느 누구도 법률로 정한 절차를 따르지 아니하고는 자유를 박탈당하지 아니한다고 선언되어 있는데, 이 규정의 마지막인 제5호에서 "이 조의 규정에 위반된 체포 또는 구금의 피해자는 누구든지 집행 가능한 보상을 받을 권리를 가진다."고 하여, 협약체결국들에게 형사보상권을 보장하도록 규정하고 있다.

독일은 유럽인권보호협약에 국내법(연방법)과 동등한 지위를 인정하는데,36 형사보상법이 이미 제정되어 있는 독일의 경우 유럽인권보호협약 제5조 제5호의 규정은 특히 독일공무책임법(Amtshaftungsrecht)과 독일형사보상법(StrEG)에 관한 책임을 유럽인권보호협약보다 제한하는 것은 효력이 없다는 점에 중요한 의미가 있다. 형사보상권은 독일형사보상법에 의해서 뿐만 아니라 유럽인권보호협약 또한 근거로 하므로 독일형사보상법에 의한 청구권이 존재하지 않을 경우에도 유럽인권보호협약의 규정으로부터 도출될 수 있고,37 따라서 유럽인권보호협약의 형사보상권규정은 위법(rechtswidrig)하지만 책임(schuldhaft)없이 초래된 처분의 집행, 예를 들어 추방구금(Abschiebehaft)과 같이 독일형사보상법이 규율하지 않은 경우를 고유한 적용범위

33　이주윤, 인류를 위한 국제법, 2007, 63면.

34　Article 1　Obligation to respect human rights
　　The High Contracting Parties shall secure to everyone within their jurisdiction the rights and freedoms defined in Section 1 of this Convention.

35　이주윤, 인류를 위한 국제법, 2007, 75면.

36　Dieter Meyer, StrEG Kommentar, 10. Aufl., 2017, EMRK und IPBPR RN. 1.

37　Dieter Meyer, StrEG Kommentar, 10. Aufl., 2017, EMRK und IPBPR RN. 1.

로 하게 된다.38 다만 유럽인권보호협약의 형사보상권규정은 그 문언에서 보듯 체포 또는 구금 이외의 방식에 의한 자유제한의 경우에는 적용되지 않는다.39

그 밖에 유럽인권보호협약의 형사보상권규정이 갖는 특징으로는, 국가의 위법하고 자의적인 행위들에 대한 보상청구권을 아직 기판력이 발생하지 않는 상태로 종료된 절차에서 인정하는 점과,40 유럽인권보호협약의 형사보상권규정에 의하면 물질적 손해의 전부가 보상되며, 그 외에 비물질적 손해가 협약에 반하는 자유제한으로부터 유발된 경우에는 비물질적 손해에 대한 보상도 가능하다는 점을 손꼽을 수 있다.41

유럽인권보호협약 제5조(신체의 자유와 안전에 대한 권리)

1. 모든 사람은 신체의 자유와 안전에 대한 권리를 가진다. 어느 누구도 다음의 경우에 있어서 법률로 정한 절차를 따르지 아니하고는 자유를 박탈당하지 아니한다.

   a. 권한 있는 법원의 유죄결정 후의 합법적 구금

   b. 법원의 합법적 명령에 따르지 않기 때문이거나, 또는 법률이 규정한 의무의 이행을 확보하기 위한 합법적 체포 또는 구금

   c. 범죄를 범했다고 의심할 만한 합리적인 이유가 있을 때, 또는 범죄의 수행이나 범죄수행 후의 도주를 방지하기 위하여 필요하다고 믿을 만한 합리적 이유가 있을 때, 그를 권한 있는 사법당국에게 회부하기 위한 목적에서 실시되는 합법적 체포 또는 구금

   d. 교육적인 감독의 목적으로 합법적 명령에 의한 미성년자의 구금 또는 권한 있는 사법당국으로 회부하기 위한 목적에 따른 합법적인 미성년자의 구금

   e. 전염병의 전파를 방지하기 위하여, 또는 정신이상자, 알코올중독자, 마약중독자 및 부랑자의 합법적 구금

   f. 불법 입국을 방지하기 위하여, 또는 강제퇴거나 범죄인인도를 위한 절차가 행하여지고 있는 사람의 합법적 체포 또는 구금

2. 체포된 모든 사람은 그가 이해하는 언어로 그의 체포 사유 및 피의 사실을 신속하게 통고받는다.

---

38 Dieter Meyer, StrEG Kommentar, 10. Aufl., 2017, EMRK und IPBPR RN. 1.
39 Dieter Meyer, StrEG Kommentar, 10. Aufl., 2017, EMRK und IPBPR RN. 1.
40 Dieter Meyer, StrEG Kommentar, 10. Aufl., 2017, EMRK und IPBPR RN. 3.
41 Dieter Meyer, StrEG Kommentar, 10. Aufl., 2017, EMRK und IPBPR RN. 5.

3. 이 조 제1항 c호 규정에 따라 체포 또는 구금된 모든 사람은 법관 또는 법률에 의하여 사법권을 행사할 권한을 부여받은 기타 관헌에게 신속히 회부되어야 하며, 또한 그는 합리적인 기간 내에 재판을 받거나 또는 재판 중에 석방될 권리를 가진다. 석방은 재판에 위하여 출두할 것이라는 보증을 조건으로 할 수 있다.

4. 체포 또는 구금에 의하여 자유를 박탈당한 사람은 누구든지 법원이 그의 구금의 합법성을 지체없이 결정하고, 그의 구금이 합법적이 아닌 경우에는 석방이 명령되도록 법원에 절차를 취할 권리를 가진다.

5. 이 조의 규정에 위반된 체포 또는 구금의 피해자는 누구든지 집행 가능한 보상을 받을 권리를 가진다.

Convention for the Protection of Human Rights and Fundamental Freedoms
Article 5 Right to liberty and security

1. Everyone has the right to liberty and security of person. No one shall be deprived of his liberty save in the following cases and in accordance with a procedure prescribed by law:

   (a) the lawful detention of a person after conviction by a competent court;

   (b) the lawful arrest or detention of a person for non-compliance with the lawful order of a court or in order to secure the fulfillment of any obligation prescribed by law;

   (c) the lawful arrest or detention of a person effected for the purpose of bringing him before the competent legal authority on reasonable suspicion of having committed an offence or when it is reasonably considered necessary to prevent his committing an offence or fleeing after having done so;

   (d) the detention of a minor by lawful order for the purpose of educational supervision or his lawful detention for the purpose of bringing him before the competent legal authority;

   (e) the lawful detention of persons for the prevention of the spreading of infectious diseases, of persons of unsound mind, alcoholics or drug addicts or vagrants;

   (f) the lawful arrest or detention of a person to prevent his effecting an unauthorised entry into the country or of a person against whom action is being taken with a view to deportation or extradition.

2. Everyone who is arrested shall be informed promptly, in a language which he understands, of the reasons for his arrest and of any charge against him.

3. Everyone arrested or detained in accordance with the provisions of paragraph 1.(c) of this article shall be brought promptly before a judge or other officer authorised by law to exercise judicial power and shall be entitled to trial within a reasonable time or to release pending trial. Release may be conditioned by guarantees to appear for trial.

4. Everyone who is deprived of his liberty by arrest or detention shall be entitled to take proceedings by which the lawfulness of his detention shall be decided speedily by a court and his release ordered if the detention is not lawful.

5. Everyone who has been the victim of arrest or detention in contravention of the provisions of this article shall have an enforceable right to compensation.

3. 시민적 및 정치적 권리에 관한 국제규약에의 반영

유럽인권보호협약 제5조 제5호의 형사보상권은 국제연합의 '시민적 및 정치적 권리에 관한 국제규약'(International Covenant on Civil and Political Rights)에도 반영되었다. 이것은 개인의 모든 시민적·정치적 권리의 국제적 보장을 정한 국제조약인데, 1966. 12. 16. 제21회 국제연합총회에서 채택되어 1976. 3. 23. 발효되었다(단, 우리나라에서 발효된 것은 1990. 7. 10.이다). 여기에 규정된 권리들은 대부분 자유권적 기본권으로서 18세기 이후의 인권선언에 거의 언급된 것들이며, 각국의 헌법 기타의 법률에 의해 보장되어 있다.

시민적 및 정치적 권리에 관한 국제규약 제9조에서는 신체의 자유와 안전에 대해 규정하고 있는데, 동조 제5호가 "불법적인 체포 또는 억류의 희생이 된 사람은 누구든지 보상을 받을 권리를 가진다."고 규정하고 있다. 이 규정에 대해서는 "불법적으로 체포 또는 억류된 자는 손해배상을 받을 권리가 있다는 취지"이고 "체포·억류를 실행한 자에게 고의 혹은 적어도 과실이 있을 것이 필요하며, 무과실책임이나 결과책임을 인정할 수는 없다"고 하여,[42] 마치 국가의 불법행위에 대한 국가배상권

---

[42] 채형복, 국제인권법, 2009, 210면.

처럼 설명하는 견해도 있지만, 시민적 및 정치적 권리에 관한 국제규약 제9조 제5호의 규정은 국가배상권이 아니라 형사보상권에 대한 규정으로 이해해야 한다. 즉, 이 규정은 유럽인권보호협약 제5조 제5호와 마찬가지의 의미를 가지므로, 형사보상권은 가입국의 형사보상법에 의해서뿐만 아니라 시민적 및 정치적 권리에 관한 국제규약에 의해서도 존재하게 되고, 형사보상법에 의한 청구권이 존재하지 않는 경우에 시민적 및 정치적 권리에 관한 국제규약의 규정이 적용될 수 있다.[43] 독일에서도 유럽인권보호협약 제5조 제5호의 규정이 시민적 및 정치적 권리에 관한 국제규약의 비준을 통해 표현되었다고 설명한다.[44]

시민적 및 정치적 권리에 관한 국제규약

제9조
1. 모든 사람은 신체의 자유와 안전에 대한 권리를 가진다. 누구든지 자의적으로 체포되거나 억류되지 아니한다. 어느 누구도 법률로 정한 이유 및 절차에 따르지 아니하고는 그 자유를 박탈당하지 아니한다.

2. 체포된 사람은 누구든지 체포시에 체포이유를 통고받으며, 또한 그에 대한 피의 사실을 신속히 통고받는다.

3. 형사상의 죄의 혐의로 체포되거나 또는 억류된 사람은 법관 또는 법률에 의하여 사법권을 행사할 권한을 부여받은 기타 관헌에게 신속히 회부되어야 하며, 또한 그는 합리적인 기간 내에 재판을 받거나 또는 석방될 권리를 가진다. 재판에 회부되는 사람을 억류하는 것이 일반적인 원칙이 되어서는 아니되며, 석방은 재판 기타 사법적 절차의 모든 단계에서 출두 및 필요한 경우 판결의 집행을 위하여 출두할 것이라는 보증을 조건으로 이루어질 수 있다.

4. 체포 또는 억류에 의하여 자유를 박탈당한 사람은 누구든지, 법원이 그의 억류의 합법성을 지체없이 결정하고, 그의 억류가 합법적이 아닌 경우에는 그의 석방을 명령할 수 있도록 하기 위하여, 법원에 절차를 취할 권리를 가진다.

5. 불법적인 체포 또는 억류의 희생이 된 사람은 누구든지 보상을 받을 권리를 가진다.

---

43 Dieter Meyer, StrEG Kommentar, 10. Aufl., 2017, EMRK und IPBPR RN. 1.
44 Dieter Meyer, StrEG Kommentar, 10. Aufl., 2017, EMRK und IPBPR RN. 1.

International Covenant on Civil and Political Rights

Article 9   1. Everyone has the right to liberty and security of person. No one shall be subjected to arbitrary arrest or detention. No one shall be deprived of his liberty except on such grounds and in accordance with such procedure as are established by law.

2. Anyone who is arrested shall be informed, at the time of arrest, of the reasons for his arrest and shall be promptly informed of any charges against him.

3. Anyone arrested or detained on a criminal charge shall be brought promptly before a judge or other officer authorized by law to exercise judicial power and shall be entitled to trial within a reasonable time or to release. It shall not be the general rule that persons awaiting trial shall be detained in custody, but release may be subject to guarantees to appear for trial, at any other stage of the judicial proceedings, and, should occasion arise, for execution of the judgement.

4. Anyone who is deprived of his liberty by arrest or detention shall be entitled to take proceedings before a court, in order that court may decide without delay on the lawfulness of his detention and order his release if the detention is not lawful.

5. Anyone who has been the victim of unlawful arrest or detention shall have an enforceable right to compensation.

제 2 절 · 일본에서의 발전[45]

Ⅰ. 일본 (구)형사보상법의 연혁

일본의 경우 형사보상이 언제부터 문제되기 시작했는지는 확실하지 않다. 다만 일본에서 형사보상제도의 채용을 적극적으로 주장한 최초의 논문은 1914년 오오바 시게마(大場茂馬) 박사의 '잘못된 판결에 대한 국가의 배상책임'이었다고 한다.

그로부터 약 10년이 지난 1923년 7월 스에히로 이즈타로(末弘嚴太郎) 박사가 개조(改造)라는 잡지에 '오판배상의 근본원리'라는 제목의 논문을 발표하였고, 이러한 주장에 당시 일본제국의회에서 찬동자가 나타나, 1928년 제56회 일본제국의회에서 미야코 케이자부로(宮古啓三郎) 의원 등에 의해 '형의 집행 또는 구류에 대한 보상에 관한 법률안'이 제출되었다. 이 법률안은 전문 7조로 된 비교적 간단한 것으로서, 형의 집행과 구류에 대해 '명령으로 정하는 금액을 보상'하도록 규정하고 있었다. 이 법률안에서는 특히 '보상'이라는 용어가 사용되었다는 점에 주목할 필요가 있지만, 법률로 제정되지 못한 채 폐기되었다.

한편, 이듬해인 1929년 제58회 일본제국의회에서는, 오바타 마사이치(小俣政一) 외 2명의 의원에 의해 '국가배상법안'이 제출되었다. 이것은 국가배상 전부를 다룬 것이 아니라, 형의 집행 및 미결구금에 대해 국가가 손해배상을 해야 한다고 규정한 것으로 전문 16조로 이루어졌다. 이때는 '배상'이라는 용어가 사용된 것이 눈에 띈다. 그러나 이 법안도 전년의 법률안과 마찬가지로 법률로 제정되지 못한 채 폐기되었다.

위와 같은 제국의회의 움직임에 자극된 일본정부는 1926년경부터 형사보상에 관한 법률안의 작성에 착수했으나 예산문제로 쉽게 법안을 의회에 제출하지 못하다

---

[45] 우리 형사보상법은 일본의 형사보상법을 모범으로 제정되어 그 내용과 구조가 일본의 형사보 상법과 유사하다. 일본헌법 40조는 "누구든지 억류 또는 구금된 후 무죄의 판결을 받은 때에 는, 법률이 정하는 바에 따라, 국가에 그 보상을 요구할 수 있다"고 규정하여, 종국적으로 범 죄자로 판명되지 아니한 자가 불행하게 형사절차에 말려들어 신체의 구속을 받았던 경우 국 가로부터 그에 적합한 보상을 받는 것이 헌법상의 권리로 보장된다(福井厚, 형사소송법강의 [제3판], 2007, 444면). 이 일본헌법의 규정을 근거로, 1932년부터 시행된 구 형사보상법이 폐지되고, 신 형사보상법이 1950년부터 시행되고 있다.

가 1930년 제59회 일본제국의회에 '형사보상법안'을 제출하였다. 이 법률안은 전문 19조로 이루어진 것으로 앞선 법률안보다 훨씬 정비되어 있었으며, 보상금을 구금 1일에 5엔 이내로 한 점과 보상의 소극적 요건(즉, 무죄 등의 선고가 있어도 보상하지 않는 경우가 상당히 넓게 인정됨)을 정한 점 등에서 새로웠다.

이 법률안에 대해서는 비판의 의견이 상당히 있었고 중의원에서 대안이 나오기도 했지만, 결국 보상의 '급여'라는 표현을 삭제하고 신청이 있는 경우 보상의 결정을 관보에 게재해야 한다는 규정을 신설하면서 일본제국의회를 통과했다. 이 형사보상법은 1931년 1월부터 시행되었고, 여러 비판을 받았음에도 한 번도 개정되지 않고 제2차 세계대전 후까지 사용되었다.

II. 일본 형사보상법의 제정

일본은 1945년 8월 제2차 세계대전의 패전 이후 새로운 형사보상법의 제정시까지 상당한 우여곡절을 겪었다. 개정의 첫 단계로서 형사절차에서 불법한 구금이 있었던 경우에는 피의자의 신분으로 구금되었던 기간도 포함하여 구금되었던 기간 전부에 대해 보상하는 내용을 추가한 동시에, 보상의 소극적 요건을 완화하고 상대적인 것으로 하는 안을 세웠다. 그러던 중 신일본헌법초안에 국가배상에 관한 제17조와 형사보상에 관한 제40조가 새로이 규정되었고, 이 헌법의 취지를 실현하기 위하여 1946년 가을에 '형사보상법의 일부를 개정하는 법률안 요강'이 의결되었다. 그 주요한 점은, ① 현행범 체포나 구인장 집행 등의 경우도 보상하는 것, ② 헌법 제17조에 따른 국가배상과의 관계에 대해 규정한 것, ③ 종래의 보상의 소극적 요건을 상대적인 것으로 한 것, ④ 신체구속의 경우 보상금을 1일 20엔 이내로 한 것, ⑤ 보상의 결정이 있었던 경우에는 관보 또는 신문지에 게재한다는 것 등이다.

그런데, 형사보상법의 전제가 되어야 할 형사소송법이 신헌법에 의해 전면적인 개정을 필요로 하게 되자 형사보상법 개정작업은 현저히 지연되었고,[46] 일본형사소

---

[46] 제2차 세계대전 이후 일본의 법제도는 미군정의 지도하에 변혁되었고 미국법적 특성이 강한 일본헌법의 제정에 따라 종래 대륙법계의 형사소송법은 근본적인 개정이 필요해졌다. 1946년 3월 헌법개정안 요강의 발표와 동시에 헌법개정에 따른 법률제도의 개혁방향을 검토하기 위해서 1946년 7월 임시법제조사회가 설치되어 1946년 10월 '형사소송법개정안 요강'을 작성

송법이 성립된 1948년 7월(시행은 1949. 1. 1.) 이후에 비로소 형사보상법 개정작업이 첫 궤도에 올랐다. 결국 일본정부가 '형사보상법을 개정하는 법률안'을 제안한 것은 1949년 12월 제4회 국회가 되어서였다. 이 법률안은 전문 20조로 이루어져 있었는데, 법무총재의 제안이유에 의하면 다음의 5가지가 주요한 쟁점이다. ① 헌법 제40조의 취지에 부합하도록 보상원인을 확장하여 형사절차상의 모든 억류·구금 및 형의 집행에 대해서 보상한다. ② 보상불성립요건을 정리하여, 본인이 고의로 임의의 자백을 하거나 그 밖의 유죄증거를 만듦으로써 기소, 억류·구금 등을 당하게 된 경우, 그리고 한 개의 재판에서 경합범죄의 일부에 대해 무죄의 선고를 받았어도 다른 부분에 대해 유죄의 선고를 받은 경우를 상대적 불성립요건으로 한다. ③ 민법의 개정에 부합되도록 보상을 받을 수 있는 유족의 순위 및 유족상호간의 비율을 개정한다. ④ 보상금액을 변경하여, 억류·구금, 형의 집행의 경우에는 1일 200엔 이상 400엔 이하로 하고, 사형집행의 경우에는 1만 엔 이내의 보상에 재산상 손실액을 가산한다. ⑤ 국가배상법에 의해 배상을 받은 경우 그것으로 형사보상할 금액이 충족되었을 때에는 100엔 이내의 명목상 보상을 한다.

그러나 이상과 같은 내용의 형사보상법개정안은 중의원의 해산에 의해 폐기되고 말았으므로 일본정부는 다음 해인 1949년 제6회 의회에 전년의 안에 상당부분의 수정을 가한 '형사보상법안'을 제출했다. 이 법률안은 전문 24조로 이루어졌고, 그 명칭에서 알 수 있듯이, 구법을 폐지하고 새로운 법률을 제정한다는 방침을 세운 것이었는데, 전년의 안에 비교해서 다음의 내용이 특별히 제시되었다. ① 보상의 범위를 더욱 확대하여, 소년법에 의한 억류·구금, 경제조사청법 제24조의 규정에 의한 경제조사관의 체포, 범죄자예방갱생법 제45조의 인치장에 의한 억류·유치의 경우를 포함하였다. ② 보상청구권자의 사망시 또는 사망자에 대해 보상원인이 발생한 경우 청구권은 상속되는 것으로 하고, 이에 수반하여 보상청구기간을 3년으로 했다(전년 안은 구법과 동일하게 60일이었다). ③ 보상의 소극적 요건에 대해 전년 안에서 "본

하였다. 일본정부는 이 요강을 기초로 하여 1947년 1월 제1차 정부안을 마련하였으나 일본헌법의 시행시기를 맞추기 곤란하자 1947년 4월 응급조치법으로서 '일본국 헌법의 시행에 수반된 형사소송법의 응급적 조치에 관한 법률'을 제정·공포하였다. 그 후 일본정부는 1947년 10월 제2차 정부안을 마련하였고, 법원·검찰·변호사회 등으로 구성된 형소개정협의회에서 제2차 정부안을 심의하여 1948년 5월 최종정부안이 마련되었다. 최종정부안은 제2회 국회에 제출되어 부분적 수정을 거친 후 1948년 7월 성립되고 1948년 10월 공포되어 1949년 1월부터 시행되었다(법무부, 일본 형사소송법·규칙, 2009.12., 4~5면).

인이 고의로 임의의 자백을 한 것에 의한 등등"이라고 규정했던 것을 "본인이 수사 또는 재판을 그르치게 할 목적으로 허위의 자백을 해"라고 변경하였다. ④ 사형집행에 대한 보상금액을 1만 엔 이내에서 50만 엔 이내로 변경하였다. ⑤ 국가배상에 의해 전액의 배상을 받은 경우에는 전혀 보상을 하지 않는 것으로 정하였다. ⑥ 보상 청구절차의 계수를 인정하였다. ⑦ 보상 결정의 공시는 관보뿐 아니라 신문을 통해서도 하는 것으로 정하였다.

이 형사보상법안에 대한 일본의회 심의과정에서는, 일본헌법 제40조와의 관계로부터 보상의 범위가 문제되어, 특히 불기소처분의 경우와 면소 및 공소기각 재판의 경우가 다루어졌다. 그리고 참의원에서 면소 및 공소기각의 재판에 대해 "만약 면소 또는 공소기각의 판결을 해야 할 사유가 없었다면 무죄의 판결을 받아야만 할 것으로 인정될만한 충분한 사유가 있는 때에는" 무죄의 경우와 같이 보상을 할 수 있는 수정안이 나오게 되어, 상하원의 승인을 얻었다. 동시에, 보상결정의 공시에 관해서 "관보 및 신문에 게재해서"라는 것을 "관보 및 신청인이 선택하는 3종 이내의 신문에 각 1회 이상 게재해서"라고 변경한 수정안도 승인되었다. 결국 이렇게 수정된 법안이 일본국회를 통과해 새로운 형사보상법으로 성립하여 1950년 1월부터 시행되었다.

/ 형사보상법의 제정과 개정 /

제 1 절 · 형사보상법의 제정

헌법에 규정된 형사보상청구권을 실현하는 형사보상법(현재는 「형사보상 및 명예 회복에 관한 법률」)은 1958. 8. 13. 제정되어 1959. 1. 1.부터 시행되고 있다. 아래에 서는 형사보상법 제정 이전 1958년까지의 상황과 형사보상법 제정과정에 대해서 살 펴본다.

Ⅰ. 일본 형사보상법의 의용

고대의 형사절차는 부여의 영고, 고구려의 제가평의와 같이 민중재판의 형태를 취하다가 삼국시대 이후 중앙집권국가가 형성되면서 전형적인 규문절차형태의 재판 이 진행되었다.[1] 1894년 갑오개혁을 계기로 새로운 법령을 마련하고 1896년에는 재 판소구성법을 제정하여 근대적인 법원을 구성하는 등 사법제도를 개혁하려는 시도가 있었으나 1910년 대한제국의 국권피탈로 형사법의 주체적인 근대화는 중단되었다.

우리나라에서 형사보상이 등장한 것은 일제강점기이다. 1911년 조선총독부 제 령 제11호 '조선형사령'을 통해 일본형법이 의용되었고, 1912년 조선형사령 제1조 에 "형사에 관한 사항은 본령 기타 다른 법령에 특별한 규정이 있는 경우를 제외하

---

1   신양균, 형사소송법(신판), 2009, 20면.

고는 다음 법령에 의한다."고 규정하여, 형사절차에 대해 당시 일본에서 적용되었던 이른바 메이지(明治) 형사소송법(1890)이 적용되었다.[2] 19세기 후반의 일본은 행정기구인 사법성 밑에 재판소와 검사국을 설치하는 행정권 우위의 국가였다. 즉, 사법부는 총독부 밑의 행정관청 중 하나였고, 감사국의 검사와 더불어 사법부소속의 관료로서 존재했던 재판소의 판사는,[3] 사법대신의 감독하에 사법관료였다.[4] 이러한 일본의 형사법이 우리나라에도 적용된 것이다.

일제강점기에는 일본의 (구)형사보상법 또한 의용되었는데, 그 당시 형사보상제도를 활용한 기록이 있다. 조선총독부 통계연보에 의하면 1934년 총 68건(전년이월 9건 포함)이 접수(조선인 64건, 일본인 4건)되어 40건(조선인 37건, 일본인 3건)에 대해 보상이 이루어졌고 총 11,136일에 대하여 총 5,220원(조선인 4,616원, 일본인 604원)의 보상금액이 지급되었다.[5] 1941년에는 48건의 형사보상이 접수되어 기결 41건 미결 7건이었고, 1942년에는 41건의 형사보상이 접수되어 기결 34건 미결 7건이었으며, 1943년에는 33건의 형사보상이 접수되어 기결 25건 미결 8건이었다.[6]

그러나 일제강점기의 형사보상법은 형사사법의 국가적 전단의 테두리를 벗어나지 못한 것이었고 일제의 일방적인 처사로 인정되었기 때문에 실효성이 적은, 형식적이고도 명목적인 제도에 불과하였다.[7] 형사보상법이 시행된 1959. 1. 1. 이전까지는, 조선형사령에 의하여 의용된 일본 (구)형사보상법이 계속 적용되었다.

2　신양균, 형사소송법(신판), 2009, 21면.

3　심희기, 미군정기 남한의 사법제도개편, 법제연구 제8호, 1995, 91면.

4　심희기, 미군정기 남한의 사법제도개편, 법제연구 제8호, 1995, 90면.

5　국가통계포털(KOSIS, Korean Statistical Information Service), 2019. 4. 9. 접속(http://kosis.kr/statHtml/print.do?orgId=999&tblId=CS334131942).

6　국가통계포털(KOSIS, Korean Statistical Information Service), 2019. 4. 9. 접속 (http://kosis.kr/statHtml/statHtml.do?orgId=999&tblId=CS334111942&vw_cd=MT_CHOSUN_TITLE&list_id=999_Q02_O01_5&seqNo=&lang_mode=ko&language=kor&obj_var_id=&itm_id=&conn_path=MT_CHOSUN_TITLE).

7　김기두, 刑事補償法制定의 意義, 사상계 1958.10, 138면; 김기두, 형사소송법(전정신판), 1986, 352면.

Ⅱ. 형사보상법의 제정과정

형사보상법안과 그에 대한 논의과정에서 형사보상의 변화와 발전의 방향을 확인할 수 있는데, 우리가 지향하는 형사보상의 모습이 1950년대 형사보상법의 제정과정에서 이미 제시되었음을 확인할 수 있다. 형사보상법안에 기초된 형사보상법이 1959년 시행되고 그 이후 시대상황의 변화에 따라 10차례에 걸쳐 단편적인 개정이 이루어져 왔지만, 그 개정의 내용들은 제정당시 입법자들의 논의 과정에서 이미 예견되고 다투어졌던 방향, 즉 형사보상의 확대를 향해 진행되어 왔다.[8]

1. 형법과 형사소송법의 제정[9]

1945년 해방 이후 미군정은 (1945. 10. 9. 미군정법령 제11호에 의해 이미 폐지된 정치범처벌법, 예비검속법, 치안유지법 등을 제외하고) 일제강점기에 의용된 형사법이 군정 특수명령으로 폐지될 때까지 그대로 유효하다는 원칙을 밝혔다(미군정법령 제21호, 1945. 11. 12.).[10] 미군정은 해방이전의 국가기구에 대하여 전폭적인 개편보다는 점진적인 개편을 추진하였고,[11] 1945. 9. 7.부터 1948. 8. 15.까지 2년 11개월 동안 실체법상의 개혁보다는 사법조직의 개편에 치중하였다.[12]

1948년 대한민국 정부가 수립되자 정부는 1948. 9. 15. 대통령령 제4호로 법전편찬위원회를 구성하여 민법, 상법, 민사소송법, 형법, 형사소송법 등 법전의 기초를 마련하고자 하였고, 특히 일제강점기에 의용된 형사법들이 비민주적이었다는 점에서 형법전의 마련을 최우선적 과제로 삼았다.[13] 법전편찬위원회에서 2년여 동안 준비한 형법초안은 1951. 4. 13. 국회에 제출된 후 약 2년간 국회에서 심의를 거쳐, 1953. 9. 18. 제정되어 1953. 10. 3.부터 시행되었다.[14]

---

8 김정환, 형사보상법 제정의 과정과 논의, 연세법학 제33호, 2019. 6., 59면.
9 김정환, 제정형사소송법을 통해 본 재정신청제도의 본질 – 검사의 기소독점주의와 기소편의주의에 대한 통제수단 –, 법학연구 제26권 제2호, 2016, 65~66면의 내용을 보완·수정.
10 법제처, 대한민국법제50년사, 1999, 259면.
11 심희기, 미군정기 남한의 사법제도개편, 법제연구 제8호, 1995, 83면.
12 심희기, 미군정기 남한의 사법제도개편, 법제연구 제8호, 1995, 80면.
13 법제처, 대한민국법제50년사, 1999, 259면.
14 법제처, 대한민국법제50년사, 1999, 261면.

이후 법전편찬위원회가 기초한 형사소송법안이 아직 6·25 전쟁 중이던 1953. 1. 1. 국회에 제출되었고, 국회는 법제사법위원회의 수정을 거쳐 1954. 2. 15. 의결한 다음, 1954. 2. 19. 정부로 이송하였다.[15] 하지만 정부는 국회에서 의결한 형사소송법에 대하여 거부권을 행사하면서 7개 항목(① 사법경찰관리가 작성한 조서에 대한 증거능력 제한, ② 무죄 등 판결선고시 구속영장의 효력상실, ③ 재구속 제한, ④ 국회의원 체포시 국회의 석방결의제도, ⑤ 보석결정에 대한 검찰항고권 부인, ⑥ 준기소제도의 신설, ⑦ 보석허가 신청에 대한 검사의견 불표명시 석방동의간주조항)에 대하여 1954. 3. 13. 국회에 재의를 요구하였다.[16] 이에 대해 국회에서는 1954. 3. 19. 기존 수정안을 다시 가결하여 법률로 확정하고, 시행일을 1954. 5. 30.로 규정하였으나,[17] 정부는 국내치안유지의 곤란이라는 이유로 형사소송법의 공포를 미루다가 1954. 9. 23. 비로소 공포하였다.[18]

2. 형사보상법안과 논의

대한민국헌법에서는 1948. 7. 17. 제헌 당시부터 형사보상이 인정되었는데, "형사피고인으로서 구금되었던 자가 무죄판결을 받은 때에는 법률의 정하는 바에 의하여 국가에 대하여 보상을 청구할 수 있다."고 규정한 제헌헌법 제24조가 그것이다. 형사보상법안은 형사소송법이 시행된 다음 해인 1955. 5. 16. 정부에 의해 최초로 제안(의안번호 030077)되었다. 제안이유는 다음과 같다.

現行 朝鮮刑事令에 의하여 依用된 刑事補償法은 우리나라 실정에 적합하지 않을 뿐 아니라 日帝時의 法令으로 그 대체가 불가피한바 현행 憲法中 第24條第2項은 刑事被告人으로서 拘禁되었던 者가 無罪判決을 받은 때에는 法律의 정하는 바에 의하여 國家에 대해서 補償을 請求할 수 있다고 규정하고 있는데 이는 裁判이 확정된 후에 그 犯罪혐의가 근거 없는 것으로 판명되었을 때에는 비록 拘束을 한 公務員에게 故意 또는 過失

---

15 법제처, 대한민국법제50년사, 1999, 261면.
16 법제처, 대한민국법제50년사, 1999, 261면.
17 대검찰청, 형사소송법 제정·개정 자료집, 1997, 11면.
18 정부에서 형사소송법의 공포를 지연시킨 것은 5·20 선거와 관련한 선거사범에 대하여 형사소송법을 적용시키지 않으려는 의도였다고 설명되기도 한다(엄상섭, 권력과 자유, 1956, 321면).

責任이 없다 하더라도 國家는 중대하게 人權을 침해한 결과가 되므로 이러한 違法行爲에 대하여 國家로 하여금 無過失責任의 損害賠償을 하도록 하려는 것임.

최초의 형사보상법안은 1957. 5. 3. 회기불계속으로 폐기된 후[19] 1957. 6. 17. 정부에 의해서 그대로 다시 제안(의안번호 030298)되었으나, 이 또한 1958. 4. 5. 회기불계속으로 폐기되었다. 그렇지만 기본내용은 지금까지 상당부분 이어지고 있는데, 그 구체적인 내용은 다음과 같다.[20]

法律 第 號

刑事補償法(案)

第1條(補償要件) ①刑事訴訟法에 依한 一般節次 또는 再審이나 非常上告節次에서 無罪裁判을 받은 者가 未決拘禁을 當하였을 때에는 本法에 依하여 國家에 對하여 그 拘禁에 關한 補償을 請求할 수 있다.

②上訴權回復에 依한 上訴, 再審 또는 非常上告의 節次에서 無罪裁判을 받은 者가 原判決에 依하여 拘禁 또는 刑의 執行을 받았을 때에는 拘禁 또는 刑의 執行에 對한 補償을 請求할 수 있다.

③刑事訴訟法 第470條 第3項에 依한 拘置와 同法 第473條 乃至 第475條에 依한 拘束은 前項의 適用에 있어서는 拘禁 또는 刑의 執行으로 看做한다.

第2條(遺族에 依한 補償請求) ①前條의 規定에 依하여 補償을 請求할 수 있는 者가 그 請求를 하지 아니하고 死亡하였을 때에는 그 遺族이 이를 請求할 수 있다.

②死亡한 者에 대하여 再審 또는 非常上告의 節次에서 無罪裁判이 있었을 때에는 補償의 請求에 있어서는 死亡한 때에 無罪裁判이 있었던 것으로 看做한다.

③本法에서 遺族이라 함은 配偶者, 直系尊屬 및 直系卑屬으로서 本人 死亡當時에 本

---

19 현행 헌법 제 51조 제1문은 "국회에 제출된 법률안 기타 의안은 회기중에 의결되지 못한 이유로 폐기되지 아니한다."고 규정하고 있으나, 이 헌법조항은 1963년 제3공화국 헌법 제47조로부터 유래하는바, 제1공화국 헌법 당시에는 위와 같이 회기불계속의 원칙에 의했던 것으로 보인다.

20 국회의안정보시스템(http://likms.assembly.go.kr/bill/main.do)을 통해 확인된 수기의 원문에 숫자를 아라비아 숫자로 변경하고 띄어쓰기를 수정한 내용이다.

人과 同一 戶籍 內에 있었고 또 繼續하여 同一 戶籍 內에 있는 者를 말한다.

第3條(補償하지 아니할 수 있는 境遇) 다음 各 號의 1에 該當하는 境遇에는 法院은 裁量에 依하여 補償請求의 全部 또는 一部를 棄却할 수 있다.

1. 刑法 第9條 및 第10條 第1項의 事由에 依하여 無罪裁判을 받은 境遇
2. 本人이 搜査 또는 審判을 그릇 칠 目的으로 虛僞의 自白을 하거나 또는 다른 有罪의 證據를 만듦으로써 起訴, 未決拘禁 또는 有罪裁判을 받게 된 것으로 認定된 境遇
3. 1個의 裁判으로써 競合犯의 一部에 對하여 無罪裁判을 받고 다른 部分에 對하여 有罪裁判을 받았을 境遇

第4條(補償의 內容) ①拘禁에 對한 補償에 있어서는 그 日數에 따라 1日 3百圜 以上 5百圜 以下의 比率에 依한 補償金을 交付한다.

②法院이 前項의 補償金額을 算定할 때에는 拘禁의 種類 및 其間의 長短, 其間 中에 받은 財産上의 損失과 얻을 수 있었던 利益의 喪失 또는 精神上의 苦痛과 身體上의 損害, 警察·檢察·法院의 各 機關의 故意 또는 過失의 有無 其他 모든 事情을 考慮하여야 한다.

③死刑執行에 對한 補償金은 執行前 拘禁에 對한 補償金 外에 百萬圜 以內에서 모든 事情을 考慮하여 法院이 相當하다고 認定하는 額을 加算 補償한다. 但 本人의 死亡에 依하여 생긴 財産上의 損失額이 證明된 때에는 그 損失額도 補償한다.

④罰金 또는 科料의 執行에 對한 補償에 있어서는 이미 徵收한 罰金 또는 科料의 額에 徵收日의 翌日부터 補償決定日까지의 日數에 따라 年5分의 比率에 依한 金額을 加算한 額을 補償한다.

⑤勞役場留置의 執行을 하였을 때에는 第1項의 規定을 準用한다.

⑥沒收執行에 對한 補償에 있어서는 그 沒收物을 返還하고 그것이 이미 處分되었을 때에는 補償決定時의 時價를 補償하며 追徵金에 對한 補償에 있어서는 그 額數에 徵收한 翌日부터 補償決定日까지의 日數에 따라 年5分의 比率에 依한 金額을 加算한 額을 補償한다.

第5條(損害賠償과의 關係) ①本法은 補償을 받을 者가 다른 法律의 規定에 依하여 損害賠償을 請求함을 禁하지 아니한다.

②補償을 받을 者가 同一한 原因에 對하여 다른 法律의 規定에 依하여 損害賠償을 받았을 境遇에 그 損害賠償의 額數가 本法에 依하여 받을 補償金의 額數와 同一하거나 또

는 이를 超過할 때에는 補償하지 아니한다. 그 損害賠償의 額數가 本法에 依하여 받을 補償金의 額數보다 적을 때에는 그 金額을 控除하고 補償金의 額數를 定하여야 한다. ③다른 法律의 規定에 依하여 損害賠償을 받을 者가 同一한 原因에 對하여 本法에 依한 補償을 받았을 때에는 그 補償金의 額數를 控除하고 損害賠償의 額數를 定하여야 한다.

第6條(管轄法院) 補償의 請求는 無罪裁判을 한 法院에 對하여야 한다.

第7條(補償請求의 期間) 補償의 請求는 無罪裁判이 確定된 날로부터 1年 以內에 하여야 한다.

第8條(遺族의 疏明) 遺族이 補償을 請求할 때에는 本人과의 關係와 다른 遺族의 有無를 疏明할 수 있는 資料를 提出하여야 한다.

第9條(代理人에 依한 補償請求) 補償의 請求는 代理人에 依하여도 이를 할 수 있다.

第10條(遺族의 補償請求의 效果) ①遺族이 數人인 境遇에 그 中 1人이 補償請求를 하였을 때에는 補償을 請求할 수 있는 全員을 爲하여 그 全部에 對하여 한 것으로 看做한다.
②前項의 境遇에 請求한 者 以外의 遺族은 共同請求人으로서 節次에 參加할 수 있다.
③法院은 第1項의 境遇에 補償을 請求할 수 있는 다른 遺族이 있음을 안 때에는 遲滯 없이 그 遺族에 對하여 補償請求가 있었음을 通知하여야 한다.

第11條(補償請求의 取消) ①遺族이 數人인 境遇에는 補償을 請求한 者는 다른 全員의 同意 없이 請求를 取消할 수 없다.
②補償請求를 取消한 境遇에는 報償請求權者는 다시 補償을 請求할 수 없다.

第12條(補償請求에 對한 裁判) ①補償請求는 法院合議部에서 裁判한다.
②補償의 請求에 對하여는 法院은 檢事와 請求人의 意見을 들은 後 決定하여야 한다.
③前項決定의 正本은 檢事와 請求人에게 送達하여야 한다.

第13條(補償請求却下의 決定) 補償請求의 節次가 法令上의 方式에 違反하여 補正할 수 없을 때 請求人이 法院의 補正命令에 應하지 아니할 때 또는 第7條의 期間經過 後에 補償을 請求하였을 때에는 이를 却下하는 決定을 하여야 한다.

第14條(補償 또는 請求棄却의 決定) ①補償의 請求가 理由 있을 때에는 補償의 決定을 하여야 한다.

②補償의 請求가 理由 없을 때에는 請求棄却의 決定을 하여야 한다.

第15條(決定의 效果) 遺族이 數人인 境遇에 그 1人에 對한 前條의 決定은 補償을 請求할 수 있는 全員에 對하여 效力을 發生한다.

第16條(補償請求의 中斷과 承繼) ①補償을 請求한 者가 請求節次 中 死亡하거나 또는 遺族인 身分을 喪失한 境遇에 다른 請求人이 없을 때에는 請求의 節次는 中斷된다.

②前項의 境遇에 請求한 者의 戸主相續人 또는 補償을 請求할 수 있는 다른 遺族은 2日 以內에 請求의 節次를 承繼할 수 있다.

③法院은 前項의 規定에 依하여 節次를 承繼할 수 있는 者로서 法院에 알려진 者에 對하여는 遲滯 없이 前項의 期間 內에 請求의 節次를 承繼할 것을 通知하여야 한다.

④第2項의 期間 內에 節次를 承繼하는 申請이 없을 때에는 法院은 却下의 決定을 하여야 한다.

第17條(不服申請) ①補償의 決定에 대하여는 不服을 申請할 수 없다.

②補償의 請求를 棄却한 決定에 對하여는 卽時抗告를 할 수 있다.

第18條(補償支拂의 請求) ①補償의 支拂을 請求하고저 하는 者는 補償을 決定한 法院에 請求書를 提出하여야 한다.

②請求書에는 法院의 補償決定書 및 戸籍騰本을 添附하여야 한다.

③補償決定이 送達된 後 1年 以內에 補償支拂의 請求를 하지 아니할 때에는 權利를 喪失한다. 補償의 支拂을 받을 수 있는 者가 數人인 境遇에는 그 中 1人이 한 補償支拂의 請求는 補償의 決定을 받은 全員을 爲하여 그 全部에 對하여 한 것을 看做한다.

第19條(補償支拂의 效果) 補償의 支拂을 받을 수 있는 者가 數人인 境遇에는 그 中 1人에 對한 補償의 支拂은 그 全員에 對하여 效力을 發生한다.

第20條(請求權의 讓渡 및 押留의 禁止) 補償의 請求權은 이를 讓渡 또는 押留할 수 없다. 補償支拂請求權도 또한 같다.

第21條(準用規定) 本法에 依한 決定과 卽時抗告에 關하여는 本法에 特別한 規定이 있는 것을 除外하고는 刑事訴訟法의 規定을 準用한다. 期間에 關하여도 또한 같다.

第23條(補償決定의 公示) ①法院은 補償의 決定이 確定되었을 때에는 2週日 內에 補償 決定의 要旨를 官報에 揭載하여 公示하여야 한다.

②前項의 規定은 第5條 第2項 前段에 規定된 理由로써 補償의 請求를 棄却하는 決定 이 確定되었을 때에 이를 準用한다.

第24條(免訴 等의 境遇) ①刑事訴訟法의 規定에 依하여 免訴 또는 公訴棄却의 裁判을 받은 者는 免訴 또는 公訴棄却의 裁判을 할 만한 事由가 없었더라면 無罪의 裁判을 받을 만한 顯著한 事由가 있었을 때에는 國家에 對하여 拘禁에 對한 補償을 請求할 수 있다.

②前項의 規定에 依한 補償에 對하여는 無罪의 裁判을 받은 者에 對한 補償에 關한 規定을 準用한다. 補償決定의 公告에 對하여도 또한 같다.

第25條(補償請求節次의 停止 等) ①補償請求에 關한 事件繼續 中 再審請求가 있을 때 에는 그 裁判이 確定될 때까지 補償에 關한 決定節次를 停止한다.

②前項의 境遇에 被告人에 對하여 有罪의 裁判이 있었을 때에는 補償의 請求는 그 效力을 喪失한다.

第26條(補償支拂의 停止 等) ①補償을 決定한 後 再審의 請求가 있었을 때에는 法院은 그 裁判이 確定될 때까지 補償支拂의 節次를 停止하여야 한다.

②前項의 境遇에 被告人에 對하여 有罪의 裁判이 있었을 때에는 補償의 決定은 그 效力을 喪失한다.

第27條(補償返還決定) ①前條 第1項의 境遇에 이미 補償을 支拂하였을 때에는 有罪의 裁判을 한 法院은 檢事의 請求에 依하여 補償返還의 決定을 하여야 한다.

②前項 決定의 執行에 關하여는 刑事訴訟法 第470條 乃至 第479條의 規定을 準用 한다.

附則

第1條 本法은 公布한 날로부터 施行한다.

第2條 朝鮮刑事令에 依하여 依用된 刑事補償法은 이를 廢止한다.

第3條 本法施行 前에 補償請求의 原因이 發生한 事件에 關하여는 舊法을 適用한다.

第4條 第4條에 規定된 金額은 通貨價値의 騰落에 따라 大法院規則으로 이를 增減할 수 있다.

회기불계속으로 폐기된 형사보상법안은 1958. 6. 23. 또 다시 정부에 의해서 제안(의안번호 040023)되었다. 당시 제안이유는 "刑事被告人으로서 拘禁되었던 者가 無罪判決을 받은 때에는 法律이 定하는 바에 의하여 國家에 대한 補償請求를 할 수 있게 함으로써 被害補償과 憲法이 認定한 國民의 基本權을 最大限으로 保障하기 위하여 이 法을 提案하는 것임"이라고 제시되었다.[21]

형사보상법안이 두 차례나 회기불계속으로 폐기된 후 다시 제안되자, 엄상섭 의원 외 14인[22]은 1958. 6. 27 형사보상법안심사촉진에관한결의안(의안번호 040424)을 제안하였다. 동 결의안의 주문은 다음과 같다.

> 형사보상법이 작금까지 제정·시행되지 못하였음은 인권옹호상 일대유감임에 비추어 동법을 늦어도 금년 8·15해방기념일에는 공포시행하게 하여 법제사법위원회에서는 본결의안 통과일부터 1개월 이내에 동법안의 심사를 완료하여 본회의에 회부하고 운영위원회에서는 동법안이 본회의에 회부된 날부터 5일 내에 이를 본회의에 상정할 것을 결의함.

형사보상법안심사촉진에관한결의안은 제안당일 수정 없이 가결되었고, 이후 형사보상법안에 대한 심사가 신속히 진행되었다. 1958. 7. 12. 형사보상법안에 대해 법제사법위원회는, 첫째 민법의 상속인에 관한 규정에 따라 이를 합리적으로 통일하기 위해서 보상청구자가 사망한 경우 보상금을 청구할 수 있는 유족을 '상속인'으로 하고, 둘째 보상청구절차에 관한 규정을 보완하며, 셋째 청구권자가 구금일수를 입증하기 곤란하다는 점을 참작하여 보상을 할 때에는 직권으로 구금일수와 그 외 모든 것을 조사할 수 있도록 '직권조사사항'을 신설하는 수정안을 상정하였고 수정안은 의결되었다.[23]

이후 본회의 과정에서는 추가적으로 2개의 수정안(윤형남 의원 외 21인이 발의한 형사보상법안에 대한 수정안, 엄상섭 의원 외 24인이 발의한 형사보상법안에 대한 수정안)이 제안되었다.

먼저 윤형남 의원 외 21인이 발의한 '형사보상법안에 대한 수정안'은 다음과 같다.[24]

---

21 국회의안정보시스템(http://likms.assembly.go.kr/bill/main.do)을 통해 확인한 내용이다.
22 구철회, 김원만, 김의택, 류진산, 류청, 류홍, 민장식, 유성권, 유승준, 윤명운, 이영준, 정성태, 정재완, 홍길선.
23 국회의안정보시스템(http://likms.assembly.go.kr/bill/main.do)을 통해 확인한 내용이다.
24 국회사무처, 제29회 국회임시회의속기록 제24호, 1058. 7. 28., 9면.

형사보상법안에 대한 수정안 (윤형남 의원 외 21인)

　제2조제3항 단서를 다음과 같이 신설한다.

　단 배우자에 있어서는 사실상 혼인계에 있는 자를 포함한다.

　부칙 제2조 다음에 다음의 조문을 신설한다.

　국방경비법 등에 의한 군법회의에서 무죄판결을 받은 자의 형사보상에 대하여는 따로 법률이 제정될 때까지 본 법을 준용한다.

　본 법에서 법원 합의부 등의 기관이 행하는 임무는 대통령령의 정하는 바에 의하여 국방부장이 지정하는 기관이 이를 행한다.

　군법회의에서 무죄판결을 받은 자의 형사보상 청구에 필요한 사항은 따로 대통령령으로 정한다.

수정이유의 요지

1. 보상청구를 할 수 있는 범위를 넓혀 배우자 중에 사실상 혼인관계에 있는 자를 포함시킨 이유는 다음과 같다.

　① 원안에 있어서는 본인 사망 당시에 본인과 동일 호적 내에 있었고 또 계속하여 동일 호적 내에 있는 직계존속, 직계비속 또는 배우자만이 보상청구를 하게 하였고 사법위 수정안에 있어서는 상속권을 가진 자만이 보상청구를 할 수 있게 하였다.

　그러나 현대의 경제 사회 기타 복잡한 사정에 의하여 호적상의 부부관계는 맺지 못하고 오랫동안 동거생활을 계속하여 온 배우자에게 형사보상청구권을 부여한다는 것은 사실혼인계를 보호한다는 의미에 있어서나 또는 형사보상청구의 완벽을 기하는 의미에 있어서나 그 의의가 크다 할 것이다.

　② 단기 4286년 5월 10일 자로 공포된 근로기준법 제82조에서 근로자가 업무상 사망한 경우에는 사용자는 그 유족에 대하여 보상해 주어야 한다고 규정하고 동 근로기준법 시행령 제50조에서는 사실상 혼인관계에 있는 자도 근로자의 배우자 속에 포함시키고 있다.

　그럼으로써 한국 각종 보상제도의 균형 있는 발전과 그 궁극인 목적을 달성하기 위하여서는 사실상 혼인관계에 있는 배우자에게도 형사상의 보상청구권을 부여하는 것이 타당하다고 생각한다.

2. 형사보상청구권을 군인에게도 주어야 한다는 이유는 다음과 같다.

헌법 제24조제2항에 있어서 형사피고인으로서 구금되었던 자가 무죄판결을 받을 때에는 법률의 정하는 바에 의하여 국가에 대하여 보상청구를 할 수 있다고 하였으니 이 형사피고인 중에는 민간재판을 받은 일반 국민이나 군법재판을 받은 군인이나 다 같이 포함되어야 할 것이므로 형사 보상청구권을 군인이나 군인 유가족에게는 인정 하지 않는다는 것은 일국의 법제도상 용인할 수 없는 일이다.

설혹 본 형사보상법이 공포된 후에 새로운 군형법과 군법회의법이 제정되어 군인에 대한 보상청구권이 용인된다 할지라도 그 제정 공포될 때까지의 그 공백기간에 있어서의 군인의 인권옹호는 완벽을 기할 수 없을 것이니 입법기관에서 조루(粗漏)한 입법조처를 하다는 비난을 구가 감수해야 할 것인가?

원래 일국의 형사보상제도라는 것은 국가형벌권 등의 남용을 방지하는 동시에 한편으로는 억울하게 구되었던 국민들에 대한 손실을 보상해 준다는 데 그 의의가 있는 것이며 형사보상의 실시에 있어서는 잠시라도(수개월간이라도) 군인과 그 유가족을 보호권 외에 둘 수 없다고 생각하는 것이다.

따라서 본 형사보상법을 군인과 그 유가족에게 까지 적용하는 경우에 있어 형사보상법 안에서 규정한 법원, 검찰 등이 행하는 임무는 대통령 또는 국방장관이 정하는 기관이 이를 대행할 수 있을 것이므로 우선 군인들도 형사보상을 얻을 수 있는 길을 법률로써 열어 주어야 할 것이다.

다음으로 엄상섭 의원 외 24인이 발의한 '형사보상법안에 대한 수정안'은 다음과 같다.[25]

형사보상법안에 대한 수정안 (엄상섭 의원 외 24인)

제4조제1항 중 '300환 이상 500환'을 '500환 이상 1000환'으로 하고 동호 제3항 중 '100만 환'을 '500만 환'으로 수정한다.

제26조 다음에 다음의 조문을 신설한다.

---

25 국회사무처, 제29회 국회임시회의속기록 제24호, 1058. 7. 28., 9면.

피의자로서 구되었던 자가 혐의 없다는 결정을 받았을 때에는 전 각조의 준용에 의하여 구금에 관한 보상을 청구할 수 있다.

부칙 제4조를 다음과 같이 수정한다.
제4조에 규정된 금액은 벌금등임시조치법의 개정에 의한 벌금액의 증감과 동일 비율로서 증감 된다.

이후 국회본회의에서 형사보상법안이 논의되었고, 윤형남 의원의 수정안과 엄상섭 의원의 수정안 및 법제사법위원회의 수정안이 같이 다루어졌다. 회의는 수정안이 제시된 조문을 먼저 심의하여 결정한 뒤 수정안이 없는 나머지 조문을 일괄해서 심의하였다.[26]

첫째, 형사보상법안 제2조가 논의되었다. 우선 형사보상법안 제2조에 있는 '유족의 보상청구'를 '상속인의 보상청구'로 수정하는 법제사법위원회 수정안은 이의 없이 통과되었다.[27]

이어서 사실상 혼인관계에 있는 자를 보상청구권자에 포함시키자는 윤형남 의원안이 논의되었는데, 당시 법제사법위원장 박세경은 "법률체계상 민법에 있어서도 사실상 혼인관계를 우리가 상속에 있어서 고려하지 아니한 이상 형사보상법에 있어서 사실상 혼인관계를 고려할 수가 없다"는 의견을 제시하였다.

이에 윤형남 의원은 "아무리 형식혼주의를 우리 새로운 민법이 채택했다 할지라도 앞으로 판례법 중에 있어서 이 사실혼관계를 보호하지 않으면 안 될 그러한 궁지에 빠질 것이라는 것을 우리가 추측할 수가 있는 것"이고 "민법이 형식혼인주의를 채택했다고 하는 그 한 개 이유만으로서 이 특수법으로서의 이 사실상의 배우자를 보호한다는 이 입법을 우리가 거부할 아무런 이유가 없"으며, "공포된 근로기준법 제82조 근로자가 업무상 죽었을 때 사용자는 그 유족에 대해서 보상을 해 주도록 되어" 있는데, "근로기준법 시행령 제50조에 사실상 혼인계에 있는 자도 이 근로자의 배우자 속에다가 집어넣고 있"는 상황에서 "근로기준법이라는 법률이 보상제도를 마련할 때에 있어 가지고 사실상 혼인관계에 있는 이 배우자를 보호하고 있는데 우리

26 국회사무처, 제29회 국회임시회의속기록 제24호, 1058. 7. 28., 10면.
27 국회사무처, 제29회 국회임시회의속기록 제24호, 1058. 7. 28., 11면.

가 형사보상제도를 마련하는 마당에 있어 가지고 이 사실관계에 있는 배우자를 보호
안 해 줄 하등의 이유도 없는 것"이라고 반론하였다.[28] 그러나 사실상 혼인관계에 있
는 자를 보상청구권자에 포함시키자는 윤형남 의원안은 결국 채택되지 못했다.

둘째, 형사보상법안 제4조(형사보상의 내용)가 논의되었다. 법제사법위원회의 수
정안에 따르면 구금에 대한 보상액을 1일 300환 이상 500환 이하로 하고, 사형집행
에 대한 보상금은 집행전 구금에 대한 보상금 외에 100만환 이내의 범위 가산하여
보상하도록 규정하였던 반면, 엄상섭 의원의 수정안에 따르면 구금에 대한 보상액
을 1일 500환 이상 1000환 이하로 하고, 사형집행에 대한 보상금은 집행전 구금에
대한 보상금 외에 500만환 이내의 범위에서 가산하여 보상하도록 규정하였다.

법제사법위원회의 수정안에 대해서 법제사법위원장 박세경은 당시 국민소득의
1일 평균액을 고려할 때 정부원안의 내용을 찬성하여 정부원안으로 제안하였다고
설명하였다.[29]

이에 엄상섭 의원은 법제사법위원회가 동의한 정부의 형사보상법안 제4조(형사
보상의 내용)는 "꼭 고쳐야 될 조항"이라고 하면서 자신의 수정안을 다음과 같이 설
명하였다.[30] ① 경제활동을 하지 못하는 사람뿐만 아니라 상당한 지위의 사람들도
형사보상의 대상자가 되는 것인데, 공무원 기본급이 2만 환에서 4만 환으로 되었는
데 형사보상의 1일 최고액을 1000환으로 하더라도 한 달에 3만 환에 불과하다고 주
장하였다. ② 과다한 형사보상의 지급으로 인한 정부재정상의 어려움을 이야기 하
는 것에 대하여, 수사기관이 잘하면 형사보상금의 지출이 없는 것이고 국민의 인권
을 존중한다는 의미에서 형사보상금을 상향해도 대한민국의 재정에 큰 영향이 없다
고 주장하였다.[31] ③ 법제사법위원회가 동의한 정부의 형사보상법안은 "만일 이대
로 남겨 놓으면 이 다음에 우리 자손들이 속기록을 둘러볼 적에 이런 일을 했다는
것이 남고 마는 것"이고 "언제든지 발전할 수 있는 민족이나 국민은 역사를 무서워

---

28 국회사무처, 제29회 국회임시회의속기록 제24호, 1058. 7. 28., 11면.
29 국회사무처, 제29회 국회임시회의속기록 제24호, 1058. 7. 28., 11면.
30 국회사무처, 제29회 국회임시회의속기록 제24호, 1058. 7. 28., 12면. 엄상섭 의원은 '피의자
    에 대한 형사보상의 신설'조항보다 형사보상의 액수를 상향하는 '형사보상의 내용의 개정'조
    항을 더 중요하게 생각하였다(국회사무처, 제29회 국회임시회의속기록 제24호, 1058. 7. 28.,
    16면).
31 국회사무처, 제29회 국회임시회의속기록 제24호, 1058. 7. 28., 12~13면.

해야 되는 것"이라고 주장하였다.[32]

엄상섭 의원의 발언에 대해서 법제사법위원장 박세경은 법제사법위원회에서는 "처음 입법하는 마당에 있어서 우선 그렇게 해서 실시하고 나중에 그 통계숫자가 정확히 나온 다음에 또 올리든지 무슨 결정을 하자 이렇게 해서 가결을 한 것"이라고 반론하였다.

이후 전체회의에서 형사보상법안 제4조에 대해서 표결이 이루어졌는데, 법제사법위원회의 수정안과 엄상섭 의원의 수정안 중 엄상섭 의원의 수정안이 가결(재석 145, 가 76, 부 0)되었다.[33] 이후 형사보상법의 개정과정에서 물가상승 등을 감안하여 보상금액의 상향이 5차례(1967년 개정, 1975년 개정, 1981년 개정, 1987년 개정, 2011년 개정) 이루어졌고, 이것은 사회적 변화에 따른 화폐가치의 변동 등이 고려된 것인데, 이처럼 국가재정의 현실적 측면이 형사보상법의 제정시로부터 형사보상제도의 한계로서 작용해 왔음을 알 수 있다.

셋째, 형사보상법안 제7조 다음에 '보상청구의 방식'의 신설이 논의되었다. 정부원안에는 보상청구의 방식에 대한 규정이 없었는데, 법제사법위원회의 수정안에 보상청구의 방식이 추가되었다. 정부원안에는 (실무에 있어서) 형사보상에 있어서 제일 중요한 청구의 방식이 빠졌기에 법제사법위원회에서 청구의 방식을 추가하고자 하며, 제7조 다음에 청구의 방식에 대한 규정을 제7조의2 또는 제8조로 규정하자고 제안되었다. 구체적 내용은 다음과 같은데, 본회의에서 법제사법위원회의 수정안대로 가결되었다.

제7조의2 또는 제8조(보상청구의 방식) ① 보상청구에는 보상청구서에 재판서의 등본과 그 재판의 확정증명서를 법원에 제출하여야 한다.
② 보상청구서에는 다음 사항을 기재하여야 한다.
　1. 청구자의 본적, 주소, 성명, 생년월일
　2. 호적초본 또는 기류초본 단 상속인이 청구할 경우에는 본인과의 관계를 증명하는 서류
　3. 청구의 원인된 사실과 청구액

---

32 국회사무처, 제29회 국회임시회의속기록 제24호, 1058. 7. 28., 13면.
33 국회사무처, 제29회 국회임시회의속기록 제24호, 1058. 7. 28., 14면.

넷째, 형사보상법안 제8조, 제10조, 제15조, 제16조에 규정된 보상청구상속 관련 규정들은 법제사법위원회의 수정안대로 가결되었다.

다섯째, 형사보상법안 제12조 다음에 '직권조사사항'의 신설이 논의되었다. 정부원안에는 직권조사사항에 대한 규정이 없었는데, 법제사법위원회의 수정안에 직권조사사항에 대한 규정이 추가되었다. 보상청구자가 구금일수 등을 조사하여 청구를 하려면 시일이 걸리므로 국민에게 친절을 베풀기 위해서 법원의 직권조사사항을 규정하자고 제안되었다.[34] 구체적 내용은 다음과 같은데, 본회의에서 법제사법위원회의 수정안대로 가결되었다.

제12조의2 또는 제13조(직권조사사항) 보상청구의 원인된 사실인 구금일수 또는 형 집행의 내용에 관하여는 법원은 직권으로 이를 조사하여야 한다.

여섯째, 형사보상법안 제18조(보상지불의 청구)가 논의되었다. 정부원안에는 "補償을 決定한 法院에 請求書를 提出"하도록 규정되었는데, 법제사법위원회에서는 "보상을 결정한 법원에 대응한 검찰청에 청구서를 제출"하도록 수정되었다. 법원의 판사가 보상을 결정하더라도 법무부의 검찰청에서 보상을 지불하라는 것이 법제사법위원회의 수정안이고 이에 대해서 정부에서도 동의했다고 한다.[35] 본회의에서 법제사법위원회의 수정안대로 가결되었다.

일곱째, 엄상섭 의원의 수정안에서 제안된 '형사피의자의 형사보상'의 신설이 논의되었다. 이에 대해서 법제사법위원장 박세경은 "형사피고인에 대해서 보상을 한다고 하는 것이 헌법의 원칙"이고 일본의 경우도 아직 형사피의자에 대한 보상을 하지 않고 있고 국가의 재정형편 등에 비추어 형사피의자에 대한 보상은 현실적으로 곤란하다는 부정적 의견을 제시하였다.[36]

그러자 엄상섭 의원은 다음과 같이 반론을 하였다. 미국헌법이나 (구)일본헌법

---

34   국회사무처, 제29회 국회임시회의속기록 제24호, 1058. 7. 28., 15면.
35   국회사무처, 제29회 국회임시회의속기록 제24호, 1058. 7. 28., 15면.
36   국회사무처, 제29회 국회임시회의속기록 제24호, 1058. 7. 28., 16면.

에서는 형사보상에 대한 규정이 없었는데도 형사보상을 시행했는데 우리 헌법에
명문으로 형사보상을 규정한 것은 형사보상을 시행하지 않을까 염려하여 규정한
것이며, 헌법에는 최저한도를 규정한 것이므로 그 이상 인권을 옹호하는 방향으로
가는 것이 바람직하며, 형사보상은 인권옹호와 국민주권사상의 헌법기본정신에서
나오는 것이지 법문에서 나오는 것이 아니라고 하였다.37 그리고 무고한 사람이 피
의자로서 억울하게 구속되었다가 무혐의로 나오는 경우에 공무원의 불법행위를 원
인으로 하는 국가배상청구는 입증의 어려움으로 현실적으로 불가능하다는 점을 주
장하였다.38

엄상섭 의원의 주장에 대해서 법제사법위원장 박세경은, 검사의 불기소처분에는
기판력이 없어 검사가 무혐의라고 결정했더라도 추후에 유죄의 심증을 주는 중요한
증거가 나와 기소하는 경우도 있으므로 불기소처분을 받은 사람을 무죄확정판결을
받은 사람과 동일하게 보상하는 것은 타당하지 않다고 재반론을 하였고, 결국 본회
의에서 엄상섭 의원의 수정안은 가결되지 못하고 폐기되었다(재석 125, 가 56, 부 0).39
'피의자에 대한 보상'은 형사보상법의 제정으로부터 30년이 경과된 시점인 1987년
에 비로소 제5차 형사보상법 개정에서 신설되었다.40

여덟째, 신법의 시행시기와 구법의 폐지에 대한 부칙규정(부칙 제1조, 제2조)은
원안대로 통과되었고, 다른 한편으로 부칙 제2조 군법회의에서 무죄판결을 받은 자
의 형사보상에도 형사보상법을 준용하자는 윤형남 의원의 수정안이 논의되었다.

윤형남 의원은 군법회의의 피고인도 헌법상 형사피고인에 포함되는 것이고 국
방경비법이나 해양경비법에 의한 군법회의에서 무죄의 판정을 받는 사례가 많으므
로 군법회의에서 무죄판결을 받은 사람도 형사보상법을 준용하며, 그에 필요한 사
항은 대통령으로 정하도록 과도기적 입법을 취해서 군인의 인권옹호에 만전을 기하

---

37 국회사무처, 제29회 국회임시회의속기록 제24호, 1058. 7. 28., 16면.
38 국회사무처, 제29회 국회임시회의속기록 제24호, 1058. 7. 28., 17면.
39 국회사무처, 제29회 국회임시회의속기록 제24호, 1058. 7. 28., 17면.
40 1987년 형사보상법 제26조(피의자에 대한 보상) ① 피의자로서 구금되었던 자중 검사로부터
　공소를 제기하지 아니하는 처분을 받은 자는 사실상 죄를 범하지 아니하였다고 인정할 명백
　한 이유가 있거나 구금된 때로부터 공소를 제기하지 아니하는 처분을 할 사유가 존재한 경우
　에는 국가에 대하여 그 구금에 관한 보상(이하 "被疑者補償"이라 한다)을 청구할 수 있다. 다
　만, 형사소송법 제247조제1항의 규정에 의하여 공소를 제기하지 아니하는 처분을 받은 경우
　에는 그러하지 아니하다.

자고 주장하였다.[41]

　　윤형남 의원의 주장에 대해서 법제사법위원장 박세경은 군법회의는 당시 현행 헌법이 개정되기 전까지는 헌법에 근거가 없던 것으로서 군법회의 자체의 성격이 문제되었고, 형법상의 범죄뿐 아니라 복장상태불량이나 경례불량 등도 처벌하도록 규정되어 있는 국방경비법안위반 사항을 모두 형사보상의 대상으로 하는 것은 곤란 하여 당시로서는 군법회의에 의한 것은 형사보상법을 적용하지 않기로 하였다고 설 명하였으며, 또한 필요한 사항을 대통령령으로 맡길 성질도 아니라고 하였다.[42] 결 국 본회의에서 윤형남 의원의 수정안은 가결되지 못하고 폐기되었지만(재석 137, 가 49, 부 0),[43] '군법회의의 무죄재판에 대한 보상청구'는 1962년 제1차 형사보상법 개 정에서 바로 신설되었다.[44]

　　아홉째, 마지막으로 "第4條에 規定된 金額은 通貨價値의 騰落에 따라 大法院規 則으로 이를 增減할 수 있다."고 규정된 정부원안 부칙 제4조가 논의되었다. 정부원 안 부칙 제4조에 대해서 법제사법위원회는 부칙 제4조를 삭제하자고 제안하였고, 엄상섭 의원 수정안에서는 "제4조에 규정된 금액은 벌금등임시조치법의 개정에 의 한 벌금액의 증감과 동일 비율로서 증감 된다."고 수정하자고 제안되었다.

　　엄상섭 의원은 형사보상법 제4조의 국민의 권리의무에 관한 사항을 사법부 내 부규율과 사무처리에 관하여 규정하는 대법원규칙으로 하는 것은 옳지 않고, 국회 에서 규정하는 임시조치법에서 정하는 벌금의 율과 동일한 액으로 정하면 물가변동 에 따른 적정한 보상금액을 간편히 정할 수 있다고 주장하였다.[45] 그러나 엄상섭 의 원의 수정안은 가결되지 못하고 폐기되었고(재석 135, 가 54, 부 0), 부칙 제4조를 삭 제하자는 법제사법위원회안이 가결(재석 145, 가 83, 부 0)되었다.[46]

　　이와 같이 국회본회의에서는 형사보상법안 중 수정안이 제시된 조문에 대해서

42　국회사무처, 제29회 국회임시회의속기록 제24호, 1058. 7. 28., 19면.

43　국회사무처, 제29회 국회임시회의속기록 제24호, 1058. 7. 28., 19면.

44　1959년의 형사보상법 제29조(군법회의의 무죄재판에 대한 보상청구) 본법의 규정은 군법회 의에서 무죄재판을 받은 자에 대한 보상에 준용한다. 단, 보상의 반환을 명하는 군법회의의 결정의 집행에 관하여는 군법회의법 제511조 및 제512조를 준용한다.

45　국회사무처, 제29회 국회임시회의속기록 제24호, 1058. 7. 28., 20면.

46　국회사무처, 제29회 국회임시회의속기록 제24호, 1058. 7. 28., 20면.

축조표결이 이루어졌고 나머지 수정안이 제시되지 않은 조문은 정부원안대로 통과
되었다. 국회본회의를 거친 수정안은 1958. 8. 4. 정부에 이송되어 1958. 8. 13. 「형
사보상법」이 공포되었다.

Ⅲ. 제정 형사보상법

1958. 8. 13. 법률 제494호로 제정된 「형사보상법」은 1959. 1. 1.부터 시행되어
오고 있다. 1958년 입법 당시 한 법학자는, "인권의 보장과 옹호를 생명으로 하는
民主共和國의 立法機關인 大韓民國國會活動으로서는 晩時之歎을 금할 바 없으나 정
치적 경제적 亂脈相을 이루고 있는 오늘의 우리의 현실에 비추어 생각할 때 가벼운
안도감과 비굴하나마 한줄기의 기쁨을 느끼지 않을 수 없다"고 평가하였다.[47]

형사보상법은 제정당시 전문 28개로 구성되었고 현재까지 제정당시의 기본 틀
이 유지되고 있다.[48] 제정이유는 다음과 같이 설명된다.[49]

형사소송법에 의한 일반절차 또는 재심이나 비상상고절차에서 무죄재판을 받은 자가
미결구금을 당하였을 때 또는 상소회복에 의한 상소, 재심 또는 비상상고의 절차에서
무죄재판을 받은 자가 원판결에 의하여 구금 또는 형의 집행을 받았을 때에는 구금 또
는 형의 집행에 대한 보상을 청구할 수 있도록 하려는 것임.

① 구금에 대한 보상에 있어서는 그 일수에 따라 1일 5백 환 이상 천 환 이하의 비율
　에 의한 보상금을 교부하도록 함.
② 사형집행에 대한 보상금은 집행전 구금에 대한 보상금외에 5백만 환 이내에서 가산
　보상하도록 함.
③ 벌금 또는 과료의 집행에 대한 보상에 있어서는 이미 징수한 벌금 또는 과료의 액

---

47 김기두, 刑事補償法制定의 意義, 사상계 1958.10, 137면.
48 다만 2011년에는 수사나 재판과정에서 훼손된 명예를 회복시킬 수 있도록 하는 것을 주요 내
　　용으로 하는 법률개정이 이루어져 명칭이 「형사보상 및 명예회복에 관한 법률」로 변경되었다.
49 법제처 국가법령정보센터(http://www.law.go.kr/lsInfoP.do?lsiSeq=59520&lsId=&efYd=19
　　590101&chrClsCd=010202&urlMode=lsEfInfoR&viewCls=lsRvsDocInfoR#0000), 2017. 12.
　　28. 접속.

> 에 징수일의 익일부터 보상결정일까지의 일수에 따라 년 5부의 비율에 의한 금액을
> 가산한 액을 보상하도록 함.
> ④ 보상의 청구는 무죄판결이 확정된 날부터 1년이내에 하도록 함.

제정 형사보상법은 28개조의 규정과 3개조의 부칙으로 구성되었고, 그 구체적인 규정은 다음과 같다.

제1조(보상요건) ① 형사소송법에 의한 일반절차 또는 재심이나 비상상고절차에서 무죄재판을 받은 자가 미결구금을 당하였을 때에는 본법에 의하여 국가에 대하여 그 구금에 관한 보상을 청구할 수 있다.

② 상소권회복에 의한 상소. 재심 또는 비상상고의 절차에서 무죄재판을 받은 자가 원판결에 의하여 구금 또는 형의 집행을 받았을 때에는 구금 또는 형의 집행에 대한 보상을 청구할 수 있다.

③ 형사소송법 제470조제3항에 의한 구치와 동법 제473조 내지 제475조에 의한 구속은 전항의 적용에 있어서는 구금 또는 형의 집행으로 간주한다.

제2조(상속인에 의한 보상청구) ① 전조의 규정에 의하여 보상을 청구할 수 있는 자가 그 청구를 하지 아니하고 사망하였을 때에는 그 상속인이 이를 청구할 수 있다.

② 사망한 자에 대하여 재심 또는 비상상고의 절차에서 무죄재판이 있었을 때에는 보상의 청구에 있어서는 사망한 때에 무죄재판이 있었던 것으로 간주한다.

제3조(보상하지 아니할 수 있는 경우) 다음 각호의 1에 해당하는 경우에는 법원은 재량에 의하여 보상청구의 전부 또는 일부를 기각할 수 있다.

　　1. 형법 제9조 및 제10조제1항의 사유에 의하여 무죄재판을 받은 경우

　　2. 본인이 수사 또는 심판을 그릇칠 목적으로 허위의 자백을 하거나 또는 다른 유죄의 증거를 만듬으로써 기소, 미결구금 또는 유죄재판을 받게 된 것으로 인정된 경우

　　3. 1개의 재판으로써 경합범의 일부에 대하여 무죄재판을 받고 다른 부분에 대하여 유죄재판을 받았을 경우

제4조(보상의 내용) ① 구금에 대한 보상에 있어서는 그 일수에 따라 1일 5백환 이상

천환 이하의 비율에 의한 보상금을 교부한다.

② 법원이 전항의 보상금액을 산정할 때에는 구금의 종류 및 기간의 장단, 기간중에 받은 재산상의 손실과 얻을 수 있었던 이익의 상실 또는 정신상의 고통과 신체상의 손상, 경찰, 검찰, 법원의 각 기관의 고의 또는 과실의 유무 기타 모든 사정을 고려하여야 한다.

③ 사형집행에 대한 보상금은 집행전 구금에 대한 보상금외에 5백만환 이내에서 모든 사정을 고려하여 법원이 상당하다고 인정하는 액을 가산 보상한다. 단, 본인의 사망에 의하여 생긴 재산상의 손실액이 증명된 때에는 그 손실액도 보상한다.

④ 벌금 또는 과료의 집행에 대한 보상에 있어서는 이미 징수한 벌금 또는 과료의 액에 징수일의 익일부터 보상 결정일까지의 일수에 따라 년 5부의 비율에 의한 금액을 가산한 액을 보상한다.

⑤ 노역장유치의 집행을 하였을 때에는 제1항의 규정을 준용한다.

⑥ 몰수집행에 대한 보상에 있어서는 그 몰수물을 반환하고 그것이 이미 처분되었을 때에는 보상결정시의 시가를 보상하며, 추징금에 대한 보상에 있어서는 그 액수에 징수한 익일부터 보상 결정일까지의 일수에 따라 년 5부의 비율에 의한 금액을 가산한 액을 보상한다.

제5조(손해배상과의 관계) ① 본법은 보상을 받을 자가 다른 법률의 규정에 의하여 손해배상을 청구함을 금하지 아니한다.

② 보상을 받을 자가 동일한 원인에 대하여 다른 법률의 규정에 의하여 손해배상을 받았을 경우에 그 손해배상의 액수가 본법에 의하여 받을 보상금의 액수와 동일하거나 또는 이를 초과할 때에는 보상하지 아니한다. 그 손해배상의 액수가 본법에 의하여 받을 보상금의 액수보다 적을 때에는 그 금액을 공제하고 보상금의 액수를 정하여야 한다.

③ 다른 법률의 규정에 의하여 손해배상을 받을 자가 동일한 원인에 대하여 본법에 의한 보상을 받았을 때에는 그 보상금의 액수를 공제하고 손해배상의 액수를 정하여야 한다.

제6조(관할법원) 보상의 청구는 무죄재판을 한 법원에 대하여 하여야 한다.

제7조(보상청구의 기간) 보상의 청구는 무죄재판이 확정된 때로부터 1년 이내에 하여야 한다.

제8조 (보상청구의 방식) ① 보상청구에는 보상청구서에 재판서의 등본과 그 재판의 확정증명서를 법원에 제출하여야 한다.

② 보상청구서에는 다음 사항을 기재하여야 한다.

   1. 청구자의 본적, 주소, 성명, 생년월일

   2. 호적초본 또는 기류초본 단 상속인이 청구할 경우에는 본인과의 관계를 증명하는 서류

   3. 청구의 원인된 사실과 청구액

제9조(상속인의 소명) 상속인이 보상을 청구할 때에는 본인과의 관계와 동순위의 상속인의 유무를 소명할 수 있는 자료를 제출하여야 한다.

제10조(대리인에 의한 보상청구) 보상의 청구는 대리인에 의하여도 이를 할 수 있다.

제11조(상속인의 보상청구의 효과) ① 보상의 청구를 할 수 있는 동순위의 상속인이 수인인 경우에 그중 1인이 보상청구를 하였을 때에는 보상을 청구할 수 있는 전원을 위하여 그 전부에 대하여 한 것으로 간주한다.

② 전항의 경우에 청구한 자 이외의 상속인은 공동청구인으로서 절차에 참가할 수 있다.

③ 법원은 제1항의 경우에 보상을 청구할 수 있는 다른 동순위의 상속인이 있음을 안 때에는 지체없이 그 상속인에 대하여 보상청구가 있었음을 통지하여야 한다.

제12조(보상청구의 취소) ① 동순위의 상속인이 수인인 경우에는 보상을 청구한 자는 다른 전원의 동의없이 청구를 취소할 수 없다.

② 보상청구를 취소한 경우에는 보상청구권자는 다시 보상을 청구할 수 없다.

제13조(보상청구에 대한 재판) ① 보상청구는 법원합의부에서 재판한다.

② 보상의 청구에 대하여는 법원은 검사와 청구인의 의견을 들은 후 결정하여야 한다.

③ 전항 결정의 정본은 검사와 청구인에게 송달하여야 한다.

제14조(직권조사사항) 보상청구의 원인된 사실인 구금일수 또는 형집행의 내용에 관하여는 법원은 직권으로 이를 조사하여야 한다.

제15조(보상청구 각하의 결정) 보상청구의 절차가 법령상의 방식에 위반하여 보정할 수 없을 때, 청구인이 법원의 보정명령에 응하지 아니할 때 또는 제7조의 기간 경과후에 보상을 청구하였을 때에는 이를 각하하는 결정을 하여야 한다.

제16조(보상 또는 청구기각의 결정) ① 보상의 청구가 이유있을 때에는 보상의 결정을 하여야 한다.

② 보상의 청구가 이유 없을 때에는 청구기각의 결정을 하여야 한다.

제17조(결정의 효과) 보상의 청구를 할 수 있는 동순위의 상속인이 수인인 경우에 그 1인에 대한 전조의 결정은 동순위자 전원에 대하여 한 것으로 간주한다.

제18조(보상청구의 중단과 승계) ① 보상을 청구한 자가 청구절차중 사망하거나 또는 상속인인 신분을 상실한 경우에 다른 청구인이 없을 때에는 청구의 절차는 중단된다.

② 전항의 경우에 청구한 자의 상속인 또는 보상을 청구한 자와 동순위의 상속인은 2월 이내에 청구의 절차를 승계할 수 있다.

③ 법원은 전항의 규정에 의하여 절차를 승계할 수 있는 자로서 법원에 알려진 자에 대하여는 지체없이 전항의 기간내에 청구의 절차를 승계할 것을 통지하여야 한다.

④ 제2항의 기간내에 절차를 승계하는 신청이 없을 때에는 법원은 각하의 결정을 하여야 한다.

제19조(불복신청) ① 보상의 결정에 대하여는 불복을 신청할 수 없다.

② 보상의 청구를 기각한 결정에 대하여는 즉시항고를 할 수 있다.

제20조(보상지불의 청구) ① 보상의 지불을 청구하고자 하는 자는 보상을 결정한 법원에 대응한 검찰청에 보상지불청구서를 제출하여야 한다.

② 청구서에는 법원의 보상결정서를 첨부하여야 한다.

③ 보상결정이 송달된 후 1년 이내에 보상지불의 청구를 하지 아니할 때에는 권리를 상실한다.

④ 보상의 지불을 받을 수 있는 자가 수인인 경우에는 그중 1인이 한 보상지불의 청구는 보상의 결정을 받은 전원을 위하여 그 전부에 대하여 한 것으로 간주한다.

제21조(보상지불의 효과) 보상의 지불을 받을 수 있는 자가 수인인 경우에는 그 중 1인에 대한 보상의 지불은 그 전원에 대하여 효력을 발생한다.

제22조(청구권의 양도 및 압류의 금지) 보상의 청구권은 이를 양도 또는 압류할 수 없다. 보상지불청구권도 또한 같다.

제23조(준용규정) 본법에 의한 결정과 즉시항고에 관하여는 본법에 특별한 규정이 있는 것을 제외하고는 형사소송법의 규정을 준용한다. 기간에 관하여도 또한 같다.

제24조(보상결정의 공시) ① 법원은 보상의 결정이 확정되었을 때에는 2주일내에 보상결정의 요지를 관보에 게재하여 공시하여야 한다.

② 전항의 규정은 제5조제2항 전단에 규정된 이유로써 보상의 청구를 기각하는 결정이 확정되었을 때에 이를 준용한다.

제25조(면소등의 경우) ① 형사소송법의 규정에 의하여 면소 또는 공소기각의 재판을 받은 자는 면소 또는 공소기각의 재판을 할 만한 사유가 없었더라면 무죄의 재판을 받을 만한 현저한 사유가 있었을 때에는 국가에 대하여 구금에 대한 보상을 청구할 수 있다.

② 전항의 규정에 의한 보상에 대하여는 무죄의 재판을 받은 자에 대한 보상에 관한 규정을 준용한다. 보상결정의 공고에 대하여도 또한 같다.

제26조(보상청구절차의 정지등) ① 보상청구에 관한 사건계속중 재심청구가 있을 때에는 그 재판이 확정될 때까지 보상에 관한 결정절차를 정지한다.

② 전항의 경우에 피고인에 대하여 유죄의 재판이 있었을 때에는 보상의 청구는 그 효력을 상실한다.

제27조(보상지불의 정지등) ① 보상을 결정한 후 재심의 청구가 있었을 때에는 법원은 그 재판이 확정될 때까지 보상지불의 절차를 정지하여야 한다.

② 전항의 경우에 피고인에 대하여 유죄의 재판이 있었을 때에는 보상의 결정은 그 효력을 상실한다.

제28조(보상반환결정) ① 전조 제1항의 경우에 이미 보상을 지불하였을 때에는 유죄의 재판을 한 법원은 검사의 청구에 의하여 보상반환의 결정을 하여야 한다.

② 전항 결정의 집행에 관하여는 형사소송법 제477조 내지 제479조의 규정을 적용한다.

제 2 절 ◈ 형사보상법의 개정

Ⅰ. 개관

1958. 8. 13. 법률 제494호로 제정되어 1959. 1. 1.부터 시행된 형사보상법은 제정이후 2020년까지 10차례의 개정이 이루어졌다(1962년, 1967년, 1975년, 1981년, 1987년, 1995년, 2007년, 2011년, 2017년, 2018년).

'1958년 제정' 당시에는 형사소송법에 의한 일반절차·재심·비상상고절차에서 무죄재판을 받은 자가 미결구금을 당하였을 경우 또는 상소회복에 의한 상소·재심·비상상고의 절차에서 무죄재판을 받은 자가 원판결에 의하여 구금이나 형의 집행을 받았을 경우만을 형사보상의 대상에 포함시켰다. 이후 '1962년 개정'에서는 군법회의나 특별법에 의하여 설치된 재판소에서 무죄재판을 받은 자에 대하여도 보상을 청구할 수 있도록 형사보상의 대상을 확대하였다.

이후 1980년대 중반까지는 단순히 물가상승 등을 감안하여 보상금액이 상향 조정되었다. '1967년 개정'에서는 물가상승률과 노동임금을 감안하여 구금에 대한 보상액을 1일 200원 이상 400원 이하로 조정하고 사형집행자가 무죄인 때에는 사형 전 구금에 대한 보상 외에 200만 원 이내에서 가산보상을 할 수 있도록 하였다. '1975년 개정'에서도 물가상승률과 근로자의 임금상승률을 고려해 형사보상액을 인상하여 구금에 대한 보상액을 1일 800원 이상 1,200원 이하로 하고 사형집행의 경우 집행 전 구금에 대한 보상 외에 지급하는 가산보상금의 한도를 200만 원에서 500만 원으로 인상하였다. 또한 '1981년 개정'에서도 형사보상금액을 현실화하기 위해서 구금에 대한 보상액을 1일 5천 원 이상 8천 원 이하로 인상하고 사형집행의 경우 집행 전 구금에 대한 보상 외에 지급하는 가산보상금의 한도를 500만 원에서 3천만 원으로 인상하였고 추징금에 대한 보상에 있어 가산지급하는 이자의 이율을 민법에 의한 법정이율과 연동시켰다.

이후 '1987년 개정'에서는 형사보상을 구금되었던 피의자가 불기소처분을 받은 경우까지 확대한 1987년 제9차 개정헌법에 따라 구금되었던 피의자가 기소유예처분 이외의 불기소처분을 받은 경우 그가 범인이 아니거나 구금한 때로부터 불기소처분 사유가 존재한 때에는 보상을 청구할 수 있도록 하였고, 군사법원에서 무죄의 재판을 받거나 군검찰관으로부터 불기소처분을 받은 자에 대하여도 이를 준용하여 보상을 하도록 하였다. 그리고 보상기준을 1일 5천 원 이상 대통령이 정하는 금액 이하의 비율에 의하도록 하여 물가인상에 따라 보상금을 탄력적으로 지급할 수 있도록 하였으며, 피의자 보상결정을 심사하기 위하여 각 지방검찰청에 피의자 보상심의회를 두도록 하고 심의회의 보상결정에 불복이 있는 경우에는 법무부장관의 재결을 거쳐 행정소송을 제기할 수 있도록 하였다.

'1995년 개정'에서는 구금되었던 피의자가 불기소처분을 받은 경우의 요건을 좀 더 완화하기 위해, 형사피의자에 대한 형사보상의 요건에 있어서 이전 형사보상법에 "죄를 범하지 아니하였다고 인정할 명백한 이유가 있는 경우"로 규정되었던 것을 "죄를 범하였다고 인정할 명백한 이유가 없는 경우"로 개정함으로써 피의자로서 구금되었다가 검사의 불기소처분으로 석방된 경우에도 쉽게 형사보상을 받을 수 있도록 하였다.

'2011년 개정'에서는 많은 부분의 개정이 이루어졌다. 첫째, 형사소송절차에서 무죄재판 등을 받아 확정되는 경우 정당한 보상이 이루어지도록 형사보상금액의 하한을 상향 조정하여 구금에 대한 보상금의 하한을 1일 5천 원에서 보상청구의 원인이 발생한 연도의 「최저임금법」에 따른 최저임금액으로 조정하였다. 둘째, 헌법재판소의 헌법불합치 결정(2008헌가4) 취지에 따라 형사보상청구권을 실질적으로 보장하기 위하여 형사보상청구기간을 무죄재판의 확정된 사실을 안 날부터 3년, 무죄재판이 확정된 때부터 5년 이내로 확대하였다. 셋째, 형사보상청구의 기각결정에 대해서만 불복신청을 할 수 있도록 하였던 종전의 규정이 헌법재판소에서 위헌으로 결정(2008헌마514)됨에 따라 보상결정에 대해서도 1주일 이내에 즉시항고(卽時抗告)를 할 수 있도록 하였다. 넷째, 「치료감호법」 제7조에 따라 공소가 제기되지 않고 치료감호만 청구된 자가 범죄로 되지 않거나 범죄사실의 증명이 없어 청구기각의 판결을 받아 확정된 경우에도 보상을 청구할 수 있도록 형사보상의 대상범위가 확대되었다. 마지막으로 무죄재판 등이 확정되더라도 이에 대한 보도가 제대로 되지 않아 수사 또는 재판과정에서 훼손된 명예를 회복시킬 수 없었던 점을 개선하기 위해서 무죄, 면소, 공소기각 또는 치료감호 독립 청구에 대한 기각 재판을 받아 확정된 경우에는 무죄재판서 등을 법무부 인터넷 홈페이지에 게재할 수 있도록 하는 명예회복제도가 신설되었고, 그에 따라 법률명칭도 「형사보상 및 명예회복에 관한 법률」로 변경되었다.

'2017년 개정'에서는 「군사법원법」의 개정에 따라 "검찰관"의 명칭이 "군검사"로 변경되었다.

'2018년 개정'에서는 보상결정 및 보상금지급에 대한 개정이 이루어졌다. 보상청구에 대해서 법원은 6개월 이내에 보상결정을 하도록 규정되었으며, 보상금지급결정서를 제출받은 검찰청은 3개월 이내에 보상금을 지급하도록 하되 3개월까지 지급하지 아니한 경우에는 민법상의 법정이율에 따라 지연이자를 지급하도록 규정되었다.

Ⅱ. 구체적 개정내용

1. 제1차 개정

1959년 시행된 형사보상법은 1962. 8. 13. 법률 제1121호로 일부개정(제1차 개정)되어 1962. 8. 13. 바로 시행되었다. 개정이유는 다음과 같이 설명된다.

군법회의나 특별법에 의하여 설치된 재판소에서 무죄재판을 받은 자에 대하여도 보상을 청구할 수 있도록 하려는 것임.

① 이 법의 규정은 군법회의에서 무죄재판을 받은 자에게 준용함.

② 보상의 반환을 명하는 군법회의 결정의 집행에 관하여는 군법회의법 제511조 및 제512조를 준용함.

③ 1961년 5월 16일 이후 이 법 시행일까지 군법회의에서 무죄재판을 받은 자는 이 법에 의하여 보상을 청구할 수 있도록 하고, 그 보상의 청구는 이 법 공포일부터 6월 이내에 하도록 함.

④ 이 법은 혁명재판소 및 혁명검찰부조직법에 의하여 설치된 혁명재판소에서 무죄재판을 받은 자에 대한 보상에 준용하도록 하고, 그 보상의 청구는 이 법 공포일부터 6월 이내에 대법원에 하도록 함.

이에 따라 군법회의 무죄재판에 대한 보상청구 규정이 제29조로 신설되었다.

> **제29조(군법회의의 무죄재판에 대한 보상청구)** 본법의 규정은 군법회의에서 무죄재판을 받은 자에 대한 보상에 준용한다. 단, 보상의 반환을 명하는 군법회의의 결정의 집행에 관하여는 군법회의법 제511조 및 제512조를 준용한다.

2. 제2차 개정

형사보상법은 1967. 1. 16. 법률 제1868호로 일부개정(제2차 개정)되어 1967. 1. 16. 바로 시행되었다. 개정이유는 다음과 같이 설명된다.

> 물가상승률과 노동임금을 감안하여 보상가액을 조정하려는 것임.
> ① 구금에 대한 보상액을 1일 200원 이상 400원 이하로 함.
> ② 사형집행자가 무죄인 때에는 사형전구금에 대한 보상외에 200만 원 이내에서 가산보상을 할 수 있도록 함.

개정된 내용은 다음과 같다.[50]

기존 형사보상법	제2차 개정 형사보상법
제4조(보상의 내용) ① 구금에 대한 보상에 있어서는 그 일수에 따라 <u>1일 5백환 이상 천환 이하의 비율</u>에 의한 보상금을 교부한다.	**제4조(보상의 내용)** ① ――――― <u>1일 200원 이상 400원 이하의 비율</u> ――――― <u>지급한다.</u>
제20조(보상<u>지불</u>의 청구) ① 보상의 <u>지불</u>을 청구하고자 하는 자는 보상을 결정한 법원에 대응한 검찰청에 보상<u>지불</u>청구서를 제출하여야 한다. ② 청구서에는 법원의 보상결정서를 첨부하여야 한다. ③ 보상결정이 송달된 후 1년 이내에 보상<u>지불</u>의 청구를 하지 아니할 때에는 권리를 상실한다.	**제20조(보상<u>지급</u>의 청구)** ① 보상의 <u>지급</u>을 청구하고자 하는 자는 보상을 결정한 법원에 대응한 검찰청에 보상<u>지급</u>청구서를 제출하여야 한다. ② 청구서에는 법원의 보상결정서를 첨부하여야 한다. ③ 보상결정이 송달된 후 1년 이내에 보상<u>지급</u>의 청구를 하지 아니할 때에는 권리를 상실한다.

---

50 그 외에 기존의 "지불"이라는 용어가 "지급"으로 전체적으로 변경되었고, 제8조 제2항의 보상청구서 기재사항 중 "기류초본"이 "주민등록표초본"으로 변경되었다.

기존 형사보상법	제2차 개정 형사보상법
④ 보상의 <u>지불</u>을 받을 수 있는 자가 수인인 경우에는 그중 1인이 한 보상<u>지불</u>의 청구는 보상의 결정을 받은 전원을 위하여 그 전부에 대하여 한 것으로 간주한다.	④ 보상의 <u>지급</u>을 받을 수 있는 자가 수인인 경우에는 그중 1인이 한 보상<u>지급</u>의 청구는 보상의 결정을 받은 전원을 위하여 그 전부에 대하여 한 것으로 본다.

3. 제3차 개정

형사보상법은 1975. 12. 15. 법률 제2787호로 일부개정(제3차 개정)되어 1975. 12. 26 시행되었다. 개정이유는 다음과 같이 설명된다.

물가상승률과 근로자의 임금상승률을 감안하여 형사보상액을 인상하고, 보상청구서에 첨부할 서류를 간소화하려는 것임.
① 구금에 대한 보상액을 1일 800원 이상 1,200원 이하로 함.
② 사형집행의 경우 집행전 구금에 대한 보상외에 지급하는 가산보상금의 한도를 200만 원에서 500만 원으로 인상함.

개정된 내용은 다음과 같다.

기존 형사보상법	제3차 개정 형사보상법
제4조(보상의 내용) ① 구금에 대한 보상에 있어서는 그 일수에 따라 <u>1일 200원 이상 400원 이하의 비율</u>에 의한 보상금을 지급한다. ③ 사형집행에 대한 보상금은 집행전 구금에 대한 보상금외에 <u>200만원 이내</u>에서 모든 사정을 고려하여 법원이 상당하다고 인정하는 액을 가산 보상한다. 다만, 본인의 사망에 의하여 생긴 재산상의 <u>손실액이 증명된 때에는 그 손실액도 보상한다.</u>	**제4조(보상의 내용)** ① —— —— <u>1일 800원 이상 1,200원 이하의 비율</u> ——. ③ —— —— <u>500만원 이내</u> —— ——. ——.
제8조(보상청구의 방식) ② 보상청구서에는 다음 사항을 기재하여야 한다. 　2. <u>호적초본 또는 주민등록표초본 다만, 상속인이 청구할 경우에는 본인과의 관계를 증명하는 서류</u>	**제8조(보상청구의 방식)** ② 보상청구서에는 다음 사항을 기재하여야 한다. 　2. <u>청구의 원인된 사실과 청구액</u>

기존 형사보상법	제3차 개정 형사보상법
제26조(보상청구절차의 정지등) ① 보상청구에 관한 사건계속중 재심청구가 있을 때에는 그 재판이 확정될 때까지 보상에 관한 결정절차를 정지한다. ② 전항의 경우에 피고인에 대하여 유죄의 재판이 있었을 때에는 보상의 청구는 그 효력을 상실한다.	《삭제》
제27조(보상지급의 정지등) ① 보상을 결정한 후 재심의 청구가 있었을 때에는 법원은 그 재판이 확정될 때까지 보상지급의 절차를 정지하여야 한다. ② 전항의 경우에 피고인에 대하여 유죄의 재판이 있었을 때에는 보상의 결정은 그 효력을 상실한다.	《삭제》
제28조(보상반환결정) ① 전조 제1항의 경우에 이미 보상을 지급하였을 때에는 유죄의 재판을 한 법원은 검사의 청구에 의하여 보상반환의 결정을 하여야 한다. ② 전항 결정의 집행에 관하여는 형사소송법 제477조 내지 제479조의 규정을 적용한다.	《삭제》
제29조(군법회의의 무죄재판에 대한 보상청구) 이 법의 규정은 군법회의에서 무죄재판을 받은 자에 대한 보상에 준용한다. 다만, 보상의 반환을 명하는 군법회의의 결정의 집행에 관하여는 군법회의법 제511조 및 제512조를 준용한다.	**제29조(군법회의의 무죄재판에 대한 보상청구)** 이 법의 규정은 군법회의에서 무죄재판을 받은 자에 대한 보상에 준용한다. 《단서삭제》

4. 제4차 개정

형사보상법은 1981. 12. 17. 법률 제3465호로 일부개정(제4차 개정)되어 바로 1981. 12. 17. 시행되었다. 개정이유는 다음과 같이 설명된다.

지금까지의 형사보상금은 1975년말에 책정된 것으로 그 금액이 너무 적어 현실에 맞지 아니하므로 이를 인상하여 현실화하려는 것임.

① 구금에 대한 보상액을 1일 5천 원 이상 8천 원 이하로 인상함.

② 사형집행의 경우 집행전 구금에 대한 보상외에 지급하는 가산보상금의 한도를 500

> 만 원에서 3천만 원으로 인상함.
> ③ 추징금에 대한 보상에 있어 가산지급하는 이자의 이율을 민법에 의한 법정이율과 련동화시키도록 함.

개정된 내용은 다음과 같다.

기존 형사보상법	제4차 개정 형사보상법
제4조(보상의 내용) ① 구금에 대한 보상에 있어서는 그 일수에 따라 <u>1일 800원 이상 1,200원 이하의 비율</u>에 의한 보상금을 지급한다. ③ 사형집행에 대한 보상금은 집행전 구금에 대한 보상금외에 <u>500만원이내</u>에서 모든 사정을 고려하여 법원이 상당하다고 인정하는 액을 가산 보상한다. <u>다만,</u> 본인의 사망에 의하여 생긴 재산상의 손실액이 증명된 때에는 그 손실액도 보상한다. ④ 벌금 또는 과료의 집행에 대한 보상에 있어서는 이미 징수한 벌금 또는 과료의 액에 징수일의 익일부터 보상 결정일까지의 일수에 따라 <u>년 5부의 비율</u>에 의한 금액을 가산한 액을 보상한다. ⑥ 몰수집행에 대한 보상에 있어서는 그 몰수물을 반환하고 그것이 이미 처분되었을 때에는 보상결정시의 시가를 보상하며, 추징금에 대한 보상에 있어서는 그 액수에 징수한 익일부터 보상 결정일까지의 일수에 따라 <u>년 5부의 비율</u>에 의한 금액을 가산한 액을 보상한다.	**제4조(보상의 내용)** ①──────── ──── <u>1일 5천 원 이상 8천 원 이하의 비율</u> ────────────. ③ ──────────── ──── <u>3천만 원 이내</u> ──────────── ────. <u>이 경우</u> ────────────. ④ ──────────── ──────── <u>민법 제379조의 법정이율</u> ────────────. ⑥ ──────────── ──────────── ──────────── ──── <u>민법 제379조의 법정이율</u>──── ────────────.
제24조(보상결정의 공시) ① 법원은 보상의 결정이 확정되었을 때에는 2주일 내에 보상 결정의 요지를 관보에 게재하여 공시하여야 한다. 《후단 신설》	**제24조(보상결정의 공시)** ①──────── ────────────. 이 경우 보상의 결정을 받은 자의 신청이 있을 때에는 그 결정의 요지를 신청인이 선택하는 2종 이상의 일간신문에 각 1회 공시하여야 하며 그 공시는 신청일로부터 30일 이내에 하여야 한다.

5. 제5차 개정

　형사보상법은 1987. 11. 28. 법률 제3956호로 일부개정(제5차 개정)되어 1988. 2. 25. 시행되었다. 개정이유는 다음과 같이 설명된다.

　헌법개정에 따라 구금되었던 피의자가 불기소처분을 받은 때에도 형사보상을 받을 수 있도록 하고 그 절차를 정하려는 것임.

① 보상기준을 1일 5천 원 이상 8천 원 이하의 비율에 의하도록 한 것을 1일 5천 원 이상 대통령령이 정하는 금액 이하의 비율에 의하도록 하여 물가인상에 따라 보상금을 탄력적으로 지급할 수 있도록 함.

② 구금되었던 피의자가 기소유예처분 이외의 불기소처분을 받은 경우 그가 범인이 아니거나 구금한 때로부터 불기소처분 사유가 존재한 때에는 보상을 청구할 수 있도록 함.

③ 피의자 보상결정을 심사하기 위하여 각 지방검찰청에 피의자 보상심의회를 두도록 함.

④ 심의회의 보상결정에 불복이 있는 경우에는 법무부장관의 재결을 거쳐 행정소송을 제기할 수 있도록 함.

⑤ 군사법원에서 무죄의 재판을 받거나 군검찰관으로부터 불기소처분을 받은 자에 대하여도 이 법을 준용하여 보상을 하도록 함.

　개정된 내용은 다음과 같다.

기존 형사보상법	제5차 개정 형사보상법
제4조(보상의 내용) ① 구금에 대한 보상에 있어서는 그 일수에 따라 <u>1일 5천원 이상 8천원 이하의 비율</u>에 의한 보상금을 지급한다.	**제4조(보상의 내용)** ① ─────── <u>1일 5천원 이상 대통령령이 정하는 금액 이하의 비율</u>─────.
《신설》	**제26조(피의자에 대한 보상)** ① 피의자로서 구금되었던 자중 검사로부터 공소를 제기하지 아니하는 처분을 받은 자는 사실상 죄를 범하지 아니하였다고 인정할 명백한 이유가 있거나 구금된 때로부터 공소를 제기하지 아니하는 처분을 할 사유가 존재한 경우에는 국가에 대하여 그 구금에 관

기존 형사보상법	제5차 개정 형사보상법
	한 보상(이하 "被疑者補償"이라 한다)을 청구할 수 있다. 다만, 형사소송법 제247조제1항의 규정에 의하여 공소를 제기하지 아니하는 처분을 받은 경우에는 그러하지 아니하다. ② 다음 각호의 1에 해당하는 경우에는 피의자보상의 전부 또는 일부를 하지 아니할 수 있다. 　1. 본인이 수사 또는 재판을 그르칠 목적으로 허위의 자백을 하거나 다른 유죄의 증거를 만듦으로써 구금된 것으로 인정되는 경우 　2. 구금기간 중에 다른 사실에 대하여 수사가 행하여지고 그 사실에 관하여 범죄가 성립한 경우 　3. 보상을 하는 것이 선량한 풍속 기타 사회질서에 반한다고 인정할 특별한 사정이 있는 경우 ③ 피의자보상에 관한 사항을 심사·결정하기 위하여 지방검찰청에 피의자보상심의회(이하 "審議會"라 한다)를 둔다. ④심의회는 법무부장관의 지휘·감독을 받는다. ⑤심의회의 관할·구성·운영 기타 필요한 사항은 대통령령으로 정한다.
《신설》	**제27조(피의자보상의 청구등)** ① 피의자보상을 청구하고자 하는 자는 공소를 제기하지 아니하는 처분을 한 검사가 소속하는 지방검찰청(地方檢察廳 支廳의 檢事가 그러한 處分을 한 경우에는 그 支廳이 속하는 地方檢察廳)의 심의회에 보상을 청구하여야 한다. ② 제1항의 규정에 의하여 피의자보상을 청구하는 자는 보상청구서에 공소를 제기하지 아니하는 처분을 받은 사실을 증명하는 서류와 공소를 제기하지 아니하는 처분을 받은 자가 사실상 죄를 범하지 아니하였다고 인정할 수 있거나 구금된 때로부터 공소를 제기하지 아니하는 처분을 할 사유가 존재하였다고 인정할 수 있는 다른 소명자료가 있는 경우에는 이를 첨부하여 제출하여야 한다. ③ 피의자보상의 청구는 검사로부터 공소를 제기하지 아니하는 처분의 고지 또는 통지를 받은 날

기존 형사보상법	제5차 개정 형사보상법
	로부터 1년 이내에 하여야 한다. ④ 피의자보상의 청구에 대한 심의회의 결정에 대하여는 법무부장관의 재결을 거쳐 행정소송을 제기할 수 있다.
《신설》	**제28조(준용규정)** ① 피의자보상에 대하여 이 법에 특별한 규정이 있는 경우를 제외하고는 그 성질에 반하지 아니하는 범위 안에서 무죄의 재판을 받은 자에 대한 보상에 관한 이 법의 규정을 준용한다. ② 이 법의 규정은 군사법원에서 무죄의 재판을 받거나 군사법원군검찰부 검찰관으로부터 공소를 제기하지 아니하는 처분을 받은 자에 대한 보상에 대하여 이를 준용한다. 이 경우, "법원"은 "군사법원"으로, "검찰청"은 "군사법원군검찰부"로, "심의회"는 "국가배상법 제10조제2항의 규정에 의한 특별심의회 소속 지구심의회"로, "법무부장관"은 "국방부장관"으로 본다.
제29조(군법회의의 무죄재판에 대한 보상청구) 이 법의 규정은 군법회의에서 무죄재판을 받은 자에 대한 보상에 준용한다.	《삭제》

6. 제6차 개정

형사보상법은 1995. 1. 5. 법률 제4935호로 일부개정(제6차 개정)되어 바로 1995. 1. 5. 시행되었다. 개정이유는 다음과 같이 설명된다.

> 형사피의자에 대한 형사보상 요건을 규정하고 있는 현행 형사보상법은 죄를 범하지 아니하였다고 인정할 명백한 이유가 있는 경우로 규정하고 있으나 이를 죄를 범하였다고 인정할 명백한 이유가 없는 경우로 개정함으로써 피의자로서 구금되었다가 검사의 불기소처분으로 석방된 경우에도 형사보상을 받을 수 있도록 하려는 것임.

개정된 내용은 다음과 같다.

기존 형사보상법	제6차 개정 형사보상법
제26조(피의자에 대한 보상) ① 피의자로서 구금되었던 자중 검사로부터 공소를 제기하지 아니하는 처분을 받은 자는 <u>사실상 죄를 범하지 아니하였다고 인정할 명백한 이유가 있거나 구금된 때로부터 공소를 제기하지 아니하는 처분을 할 사유가 존재한 경우에는</u> 국가에 대하여 그 구금에 관한 보상(이하 "被疑者補償"이라 한다)을 청구할 수 있다. 다만, <u>형사소송법 제247조제1항의 규정에 의하여 공소를 제기하지 아니하는 처분을 받은 경우에는</u> 그러하지 아니하다.	**제26조(피의자에 대한 보상)** ① 피의자로서 구금되었던 자중 검사로부터 공소를 제기하지 아니하는 처분을 받은 자는 국가에 대하여 그 구금에 관한 보상(이하 "被疑者補償"이라 한다)을 청구할 수 있다. 다만, <u>구금된 이후 공소를 제기하지 아니하는 처분을 할 사유가 있는 경우와 공소를 제기하지 아니하는 처분이 종국적인 것이 아니거나 형사소송법 제247조제1항의 규정에 의한 것일 경우에는</u> 그러하지 아니하다.
제27조(피의자보상의 청구등) ② 제1항의 규정에 의하여 피의자보상을 청구하는 자는 보상청구서에 공소를 제기하지 아니하는 처분을 받은 사실을 증명하는 서류<u>와 공소를 제기하지 아니하는 처분을 받은 자가 사실상 죄를 범하지 아니하였다고 인정할 수 있거나 구금된 때로부터 공소를 제기하지 아니하는 처분을 할 사유가 존재하였다고 인정할 수 있는 다른 소명자료가 있는 경우에는 이를 첨부하여</u> 제출하여야 한다.	**제27조(피의자보상의 청구등)** ② 제1항의 규정에 의하여 피의자보상을 청구하는 자는 보상청구서에 공소를 제기하지 아니하는 처분을 받은 사실을 증명하는 <u>서류를</u> 첨부하여 제출하여야 한다.

7. 제7차 개정

형사보상법은 2007. 5. 17. 법률 제8435호로 타법개정(제7차 개정)되어 2008. 1. 1. 시행되었다. 7차개정은 가족관계의 등록 등에 관한 법률이 2007. 5. 17. 법률 제8435호로 개정됨에 따라 형사보상법 제8조(보상청구의 방식) 제2항 보상청구서의 기재사항 중 "본적"이 "등록기준지"로 변경되었다.

8. 제8차 개정

형사보상법은 2011. 5. 23. 법률 제10698호로 전부개정(제8차 개정)되어 바로 2011. 5. 23. 시행되었다. 개정이유는 다음과 같이 설명된다.

> 형사소송절차에서 무죄재판 등을 받아 확정되는 경우 정당한 보상이 이루어지도록 형사보상금액의 하한을 상향 조정하고, 형사보상청구기간 및 불복신청 범위를 확대하는 한편, 무죄재판 등이 확정되더라도 이에 대한 보도가 제대로 되지 않아 수사 또는 재판과정에서 훼손된 명예를 회복시킬 수 없었던 점을 개선하기 위하여 법무부 인터넷 홈페이지에 그 사실을 게재하여 널리 알릴 수 있도록 하는 명예회복제도를 신설하려는 것임.

제8차 개정은 전면개정으로서 법률명칭도 기존의 형사보상법에서 형사보상 및 명예회복에 관한 법률로 개정되었고, 3장의 체계(제1장 총칙, 제2장 형사보상, 제3장 명예회복)를 갖추었다. 개정된 내용은 다음과 같다.

기존 형사보상법	제8차 개정 형사보상법
법률명: 형사보상법	형사보상 및 명예회복에 관한 법률
《신설》	제1조(목적) 이 법은 형사소송 절차에서 무죄재판 등을 받은 자에 대한 형사보상 및 명예회복을 위한 방법과 절차 등을 규정함으로써 무죄재판 등을 받은 자에 대한 정당한 보상과 실질적 명예회복에 이바지함을 목적으로 한다.
제1조(보상요건) ① 형사소송법에 의한 일반절차 또는 재심이나 비상상고절차에서 무죄재판을 받은 자가 미결구금을 당하였을 때에는 이 법에 의하여 국가에 대하여 그 구금에 관한 보상을 청구할 수 있다. ② 상소권회복에 의한 상소·재심 또는 비상상고의 절차에서 무죄재판을 받은 자가 원판결에 의하여 구금 또는 형의 집행을 받았을 때에는 구금 또는 형의 집행에 대한 보상을 청구할 수 있다. ③ 형사소송법 제470조제3항에 의한 구치와 동법 제473조 내지 제475조에 의한 구속은 제2항의 적용에 있어서는 구금 또는 형의 집행으로 본다.	제2조(보상 요건) ① 「형사소송법」에 따른 일반 절차 또는 재심(再審)이나 비상상고(非常上告) 절차에서 무죄재판을 받아 확정된 사건의 피고인이 미결구금(未決拘禁)을 당하였을 때에는 이 법에 따라 국가에 대하여 그 구금에 대한 보상을 청구할 수 있다. ② 상소권회복에 의한 상소, 재심 또는 비상상고의 절차에서 무죄재판을 받아 확정된 사건의 피고인이 원판결(原判決)에 의하여 구금되거나 형 집행을 받았을 때에는 구금 또는 형의 집행에 대한 보상을 청구할 수 있다. ③ 「형사소송법」 제470조제3항에 따른 구치(拘置)와 같은 법 제473조부터 제475조까지의 규정에 따른 구속은 제2항을 적용할 때에는 구금 또는 형의 집행으로 본다.

기존 형사보상법	제8차 개정 형사보상법
제4조(보상의 내용) ① 구금에 대한 보상에 있어서는 그 일수에 따라 <u>1일 5천원 이상</u> 대통령령이 정하는 금액 이하의 비율에 의한 보상금을 지급한다.	**제5조(보상의 내용)** ① 구금에 대한 보상을 할 때에는 그 구금일수(拘禁日數)에 따라 <u>1일당 보상청구의 원인이 발생한 연도의 「최저임금법」에 따른 일급(日給) 최저임금액 이상</u> 대통령령으로 정하는 금액 이하의 비율에 의한 보상금을 지급한다.
제7조(보상청구의 기간) 보상의 청구는 무죄재판이 <u>확정된 때로부터 1년 이내에</u> 하여야 한다.51	**제8조(보상청구의 기간)** 보상청구는 무죄재판이 <u>확정된 사실을 안 날부터 3년, 무죄재판이 확정된 때부터 5년 이내에</u> 하여야 한다.
제19조(불복신청) ① 보상의 결정에 대하여는 <u>불복을 신청할 수 없다.</u>52 ② 보상의 청구를 기각한 결정에 대하여는 즉시항고를 할 수 있다.	**제20조(불복신청)** ① 제17조제1항에 따른 보상결정에 대하여는 <u>1주일 이내에 즉시항고(卽時抗告)를 할 수 있다.</u> ② 제17조제2항에 따른 청구기각 결정에 대하여는 즉시항고를 할 수 있다.
제20조(보상지급의 청구) ① 보상의 지급을 청구하고자 하는 자는 보상을 결정한 법원에 대응한 검찰청에 보상지급청구서를 제출하여야 한다. ② 청구서에는 법원의 보상결정서를 첨부하여야 한다. ③ 보상결정이 송달된 후 <u>1년 이내에</u> 보상지급의 청구를 하지 아니할 때에는 권리를 상실한다. ④ 보상의 지급을 받을 수 있는 자가 수인인 경우에는 그중 1인이 한 보상지급의 청구는 보상의 결정을 받은 전원을 위하여 그 전부에 대하여 한 것으로 본다.	**제21조(보상금 지급청구)** ① 보상금 지급을 청구하려는 자는 보상을 결정한 법원에 대응하는 검찰청에 보상금 지급청구서를 제출하여야 한다. ② 제1항의 청구서에는 법원의 보상결정서를 첨부하여야 한다. ③ 보상결정이 송달된 후 <u>2년 이내에</u> 보상금 지급청구를 하지 아니할 때에는 권리를 상실한다. ④ 보상금을 받을 수 있는 자가 여러 명인 경우에는 그 중 1명이 한 보상금 지급청구는 보상결정을 받은 모두를 위하여 그 전부에 대하여 보상금 지급청구를 한 것으로 본다.
제25조(면소등의 경우) ① 형사소송법의 규정에 의하여 면소 또는 공소기각의 재판을 받은 자는 면소 또는 공소기각의 재판을 할 만한 사유가 없었더라면 무죄의 재판을 받을 만한 현저한 사유가 있었을 때에는 국가에 대하여 구금에 대한 보상을 청구할 수 있다.	**제26조(면소 등의 경우)** ① 다음 각 호의 어느 하나에 해당하는 경우에도 국가에 대하여 구금에 대한 보상을 청구할 수 있다. 1. 「형사소송법」에 따라 면소(免訴) 또는 공소기각(公訴棄却)의 재판을 받아 확정된 피고인이 면소 또는 공소기각의 재판을 할 만한

---

51 [헌법불합치, 2008헌가4, 2010. 7. 29. 형사보상법 제7조는 헌법에 합치되지 아니한다. 위 법률조항은 입법자가 2011. 12. 31.까지 개정하지 아니하면 2012. 1. 1.부터 그 효력을 상실한다. 법원 기타 국가기관 및 지방자치단체는 입법자가 개정할 때까지 위 법률조항의 적용을 중지하여야 한다.]

52 [단순위헌, 2008헌마514, 2010. 10. 28. 형사보상법(1958. 8. 13. 법률 제494호로 제정된 것) 제19조 제1항은 헌법에 위반된다.]

기존 형사보상법	제8차 개정 형사보상법
	사유가 없었더라면 무죄재판을 받을 만한 현저한 사유가 있었을 경우 2. 「치료감호법」 제7조에 따라 치료감호의 독립 청구를 받은 피치료감호청구인의 치료감호사건이 범죄로 되지 아니하거나 범죄사실의 증명이 없는 때에 해당되어 청구기각의 판결을 받아 확정된 경우
《신설》	**제30조(무죄재판서 게재 청구)** 무죄재판을 받아 확정된 사건(이하 "무죄재판사건"이라 한다)의 피고인은 무죄재판이 확정된 때부터 3년 이내에 확정된 무죄재판사건의 재판서(이하 "무죄재판서"라 한다)를 법무부 인터넷 홈페이지에 게재하도록 해당 사건을 기소한 검사가 소속된 지방검찰청(지방검찰청 지청을 포함한다)에 청구할 수 있다.
《신설》	**제31조(청구방법)** ① 제30조에 따른 청구를 할 때에는 무죄재판서 게재 청구서에 재판서의 등본과 그 재판의 확정증명서를 첨부하여 제출하여야 한다. ② 상속인에 의한 청구 및 그 소명에 대하여는 제3조 및 제10조를 준용한다. 이 경우 "보상"은 "게재"로 보며, 같은 순위의 상속인이 여러 명일 때에는 상속인 모두가 무죄재판서 게재 청구에 동의하였음을 소명할 자료를 제출하여야 한다. ③ 대리인에 의한 청구에 대하여는 제13조를 준용한다. 이 경우 "보상"은 "게재"로 본다. ④ 청구의 취소에 대하여는 제12조를 준용한다. 이 경우 "보상"은 "게재"로 본다.
《신설》	**제32조(청구에 대한 조치)** ① 제30조에 따른 청구가 있을 때에는 그 청구를 받은 날부터 1개월 이내에 무죄재판서를 법무부 인터넷 홈페이지에 게재하여야 한다. 다만, 청구를 받은 때에 무죄재판사건의 확정재판기록이 해당 지방검찰청에 송부되지 아니한 경우에는 무죄재판사건의 확정재판기록이 해당 지방검찰청에 송부된 날부터 1개월 이내에 게재하여야 한다. ② 다음 각 호의 어느 하나에 해당할 때에는 무죄재판서의 일부를 삭제하여 게재할 수 있다.

기존 형사보상법	제8차 개정 형사보상법
	1. 청구인이 무죄재판서 중 일부 내용의 삭제를 원하는 의사를 명시적으로 밝힌 경우 2. 무죄재판서의 공개로 인하여 사건 관계인의 명예나 사생활의 비밀 또는 생명·신체의 안전이나 생활의 평온을 현저히 해칠 우려가 있는 경우 ③ 제2항제1호의 경우에는 청구인의 의사를 서면으로 확인하여야 한다. 다만, 소재불명 등으로 청구인의 의사를 확인할 수 없을 때에는 「민법」 제779조에 따른 가족 중 1명의 의사를 서면으로 확인하는 것으로 대신할 수 있다. ④ 제1항에 따른 무죄재판서의 게재기간은 1년으로 한다.
《신설》	**제33조(청구에 대한 조치의 통지 등)** ① 제32조제1항에 따라 무죄재판서를 법무부 인터넷 홈페이지에 게재한 경우에는 지체 없이 그 사실을 청구인에게 서면으로 통지하여야 한다. ② 제30조의 청구에 따른 집행절차 등에 관한 세부사항은 대통령령으로 정한다.
《신설》	**제34조(면소 등의 경우)** ① 제26조제1항 각 호의 경우에 해당하는 자는 확정된 사건의 재판서를 게재하도록 청구할 수 있다. ② 제1항에 따른 청구에 대하여는 무죄재판사건 피고인의 무죄재판서 게재 청구에 관한 규정을 준용한다.
《신설》	**제35조(준용규정)** 다음 각 호의 어느 하나에 해당하는 자에 대한 명예회복에 대하여는 이 장의 규정을 준용한다. 이 경우 "법원"은 "군사법원"으로, "검찰청"은 "군검찰부"로, "법무부장관"은 "국방부장관"으로 본다. 1. 군사법원에서 무죄재판을 받아 확정된 자 2. 군사법원에서 제26조제1항 각 호에 해당하는 재판을 받은 자

9. 제9차 개정

형사보상법은 2016. 1. 6. 법률 제13722호로 타법개정(제9차 개정)되어 2017. 7. 7. 시행되었다. 제9차 개정은 군사법원법이 2016. 1. 6. 법률 제13722호로 개정됨에 따라 형사보상법 제29조(준용규정) 제2항 제3호의 "검찰관"이 "군검사"로 변경되었다.

10. 제10차 개정

형사보상법은 2018. 3. 20. 법률 제15496호로 일부개정(제10차 개정)되어 2018. 3. 20. 시행되었다. 개정이유는 다음과 같이 설명된다.

> 형사보상청구에 대한 법원의 결정기한을 6개월로 정하여 형사보상결정이 과도하게 지연되는 것을 방지하고, 형사보상금 지급기한을 법률에 명시하며, 보상금이 지급기한 내에 지급되지 아니한 경우 지급기한 다음날부터 지급하는 날까지 지연이자를 지급하도록 하여 신속한 보상이 가능하도록 하려는 것임.

개정된 내용은 다음과 같다.

기존 형사보상법	제10차 개정 형사보상법
제5조(보상의 내용) ② 법원은 제1항의 보상금액을 산정할 때 다음 각 호의 사항을 고려하여야 한다. 　1. 구금의 종류 및 기간의 장단(長短) 　2. 구금기간 중에 입은 재산상의 손실과 얻을 수 있었던 이익의 상실 또는 정신적인 고통과 신체 손상 　3. 경찰·검찰·법원의 각 기관의 고의 또는 과실 유무 　4. 그 밖에 보상금액 산정과 관련되는 모든 사정	**제5조(보상의 내용)** ② 법원은 제1항의 보상금액을 산정할 때 다음 각 호의 사항을 고려하여야 한다. 　1. 구금의 종류 및 기간의 장단(長短) 　2. 구금기간 중에 입은 재산상의 손실과 얻을 수 있었던 이익의 상실 또는 정신적인 고통과 신체 손상 　3. 경찰·검찰·법원의 각 기관의 고의 또는 과실 유무 　4. <u>무죄재판의 실질적 이유가 된 사정</u> 　5. 그 밖에 보상금액 산정과 관련되는 모든 사정
제14조(보상청구에 대한 재판) ① 보상청구는 법원 합의부에서 재판한다.	**제14조(보상청구에 대한 재판)** ① 보상청구는 법원 합의부에서 재판한다.

기존 형사보상법	제10차 개정 형사보상법
② 보상청구에 대하여는 법원은 검사와 청구인의 의견을 들은 후 결정을 하여야 한다. ③ 제2항에 따른 결정의 정본(正本)은 검사와 청구인에게 송달하여야 한다.	② 보상청구에 대하여는 법원은 검사와 청구인의 의견을 들은 후 결정을 하여야 한다. ③ 보상청구를 받은 법원은 6개월 이내에 보상결정을 하여야 한다. ④ 제2항에 따른 결정의 정본(正本)은 검사와 청구인에게 송달하여야 한다.
《신설》	**제21조의2(보상금 지급기한 등)** ① 보상금 지급청구서를 제출받은 검찰청은 3개월 이내에 보상금을 지급하여야 한다. ② 제1항에 따른 기한까지 보상금을 지급하지 아니한 경우에는 그 다음 날부터 지급하는 날까지의 지연 일수에 대하여 「민법」 제379조의 법정이율에 따른 지연이자를 지급하여야 한다.

제 3 절 · 헌법재판소결정에 따른 형사보상법의 개정

형사보상법이 1958년 제정되어 1959년 시행된 이래 2020년까지 10차례 개정됨으로써 형사보상은 확대되어 왔는데, 2008년 이후에는 헌법재판소의 역할이 컸다. 아래에서는 형사보상법의 규정에 대한 헌법재판소의 결정사례들을 살펴본다.

Ⅰ. 개관

형사보상법과 관련한 헌법재판사건은 2000년대에 등장하는데, 이 중 2건(사건번호 '2008헌가4'와 사건번호 '2008헌마514·2010헌마220(병합)')에서 위헌성이 인정되어 법률개정으로 이어졌다. 형사보상법의 규정에 대해서 헌법재판소에서 다루어진 대표적인 사건을 개관하면 다음과 같다.

사건번호	사건명	종국결과	종국일자
2008헌마552	형사보상법 제3조 제3호 등 위헌확인	각하	2008.10.07
2009헌마421	형사보상금 미지급 행위 위헌확인	각하	2010.05.27
2008헌가4	형사보상법 제7조 위헌제청	헌법불합치	2010.07.29
2008헌마514 2010헌마220	형사보상법 제19조 제1항 등 위헌확인	위헌 기각	2010.10.28
2014헌바255	형사보상법 제26조 제1항 제1호 위헌소원	각하	2014.07.01
2014헌마768	소년법 제32조 등 위헌확인	기각	2015.12.23
2017헌마27	감형판결을 받은 경우에 대한 입법부작위 위헌확인	각하	2017.01.24
2017헌마388	형사보상 및 명예회복에 관한 법률 제2조 제1항 등 위헌확인	각하	2017.05.02
2017헌마461	형사보상 및 명예회복에 관한 법률 제2조 제2항 등 위헌확인	각하	2017.05.10
2017헌마554	형사보상 및 명예회복에 관한 법률 제2조 제2항 등 위헌확인	각하	2017.05.30
2017헌마617	형사보상 및 명예회복에 관한 법률 제2조 제2항 등 위헌확인	각하	2017.06.13
2019헌마248	형사보상 요건 위헌확인	각하	2019.03.19
2019헌마561	감형판결을 받은 경우에 대한 입법부작위 위헌확인	각하	2019.06.18

형사보상법에 대한 헌법재판을 살펴보면, 형사보상법의 해석과 적용에 있어서 나타나는 문제점을 확인할 수 있다. 특히 헌법재판소가 위헌으로 결정하지 않았더라도 결정과정에서 위헌성여부와 관련하여 논의된 내용들은 형사보상의 발전방향에 있어서 시사점을 제시하고 있다. 따라서 헌법재판소에서 (헌법재판요건의 하자가 없어) 형사보상법의 규정이 실질적으로 다루어진 사건의 논의를 살펴볼 필요가 있으므로 그 내용은 항목을 바꾸어 아래에서 설명한다.

Ⅱ. 형사보상요건

1. 미결구금에 소년원수용의 포함여부[53]

헌법재판소는 소년원수용의 보호처분은 미결구금으로 볼 수 없다는 입장이다. 그 내용은 다음과 같다.

소년에 대한 형사사건에 있어서도 소년을 분류심사원에 위탁한 후 형벌을 선고하는 경우 형법 제57조 제1항을 준용하여 위탁기간을 전부 본형에 산입한다(소년법 제61조, 제18조 제1항 제3호). 그에 비하여 소년보호사건에서는 이 사건 법률조항이 1심 결정의 집행에 따른 소년원 수용기간을 항고심 결정에 의한 보호기간에 산입하는 규정을 두지 아니함으로써, 형사사건에 있어 미결구금일수가 본형에 산입되는 자와 소년보호절차의 대상인 청구인과의 사이에 차별취급이 존재한다.

형사사건에 있어서 판결선고 전 구금, 즉 미결구금은 도망이나 증거인멸을 방지하여 수사, 재판 또는 형의 집행을 원활하게 진행하기 위하여 무죄추정원칙에도 불구하고 불가피하게 피의자 또는 피고인을 일정 기간 일정 시설에 구금하여 그 자유를 박탈하게 하는 재판확정 전의 강제적 처분이다. 비록 국가의 형사소송적 필요에 의하여 적법하게 구금되었더라도 미결구금은 피의자 또는 피고인의 신체의 자유를 박탈하고 있다는 점에서 실질적으로 자유형의 집행과 유사하기 때문에 무죄추정원칙에 따라 그 구금기간에 대한 정당한 평가와 보상이 이루어져야 하는 것이다. 따라서 구금된 피고인이 무죄판결을 받은 경우 형사보상법 등에 의하여 미결구금일수에 따른 금전적 보상을 받을 수 있고, 유죄판결을 받은 경우에는 미결구금일수를 본형에 통산하여야 한다(헌재 2009. 6. 25. 2007헌바25 참조).

이에 반하여 소년원 수용이라는 보호처분은 소년의 도망이나 증거인멸을 방지하여 수사, 재판 또는 형의 집행을 원활하게 진행하기 위한 것이 아니라, 반사회성 있는 소년에 대하여 품행을 교정하고 환경을 조정함으로써 소년을 교화하고 범죄적 위험성을 제거하여 건전한 성장을 돕기 위한 보호처분이다. 따라서 이러한 보호처분의 특수성을 감안하면, 이 사건 법률조항에서 형사사건에 있어 미결구금일수를 본형에 산입하는 것과 달리 1심 결정의 집행에 따른 소년원 수용기간을 항고심 결정에 의한 보호기간에 산입하는 규정을 두지 아니한 데에는 그 차별취급을 정당화

---

53 헌재 2015. 12. 23. 선고 2014헌마768.

하는 객관적으로 합리적인 이유가 있다.

2. 재심절차에서 감형된 징역형에 대한 형사보상여부[54]

청구인은 2014. 10. 1. 수원지방법원에서 폭력행위등처벌에관한법률위반(집단·흉기등협박)죄로 징역 1년을 선고받고(2014고단4125) 그 판결이 확정되어 징역형의 집행을 종료한 사람이다. 헌법재판소는 2015. 9. 24. 위 판결에 적용된 구 '폭력행위 등 처벌에 관한 법률' 제3조 제1항 중 "흉기 기타 위험한 물건을 휴대하여 형법 제260조 제1항(폭행), 제283조 제1항(협박), 제366조(재물손괴등)의 죄를 범한 자"에 관한 부분이 위헌이라고 결정하였다(2014헌바154등). 이에 청구인은 수원지방법원에 위 판결에 대한 재심을 청구하였는데, 위 법원은 2018. 8. 10. 청구인에게 징역 1년을 선고하였고(2017재고단16), 항소심 법원은 2018. 11. 20. 원심판결을 파기하고 청구인에게 징역 10월을 선고하였으며(수원지방법원 2018노5193), 2019. 2. 1. 청구인의 상고가 기각되어(대법원 2018도19567) 판결이 확정되었다. 청구인은 재심절차에서 '감형된 형기에 대한 형사보상'을 청구하려고 하였으나, '형사보상 및 명예회복에 관한 법률' 제2조 제2항이 재심절차에서 무죄재판을 받아 확정된 경우에만 형 집행에 대한 보상을 청구할 수 있도록 정하고 있어 형사보상을 받지 못하게 되었다.[55] 이에 청구인은 재심절차에서 무죄재판을 받아 확정된 경우에만 형 집행에 대한 보상을 청구할 수 있도록 정하고 있는 것이 청구인의 기본권을 침해하여 위헌이라고 주장하며, 2019. 3. 4. 이 사건 헌법소원심판을 청구하였다. 위 청구에 대해서 헌법재판소는 다음과 같이 판단하였다.

> 헌법 제28조는 "형사피의자 또는 형사피고인으로서 구금되었던 자가 법률이 정하는 불기소처분을 받거나 무죄판결을 받은 때에는 법률이 정하는 바에 의하여 국가에 정당한 보상을 청구할 수 있다."라고 정하여 감형된 경우에 대한 형사보상을 포함하지 않고 있으며, 이에 따라 제정된 형사보상법 등 관련 법령의 목적, 체계, 규율대상 등을 종합해 보면, 형사보상의 대상은 형사피의자 또는 형사피고인이 불기소처분이나 무죄판결을 받아 형사처벌 되지 않는 경우를 전제로 하는 것이지, 형사

---

54 헌재 2019. 3. 19. 선고 2019헌마248.

55 독일의 경우 재심을 통해 기존의 형벌이 감경된 경우도 형사보상의 대상으로 인정된다(제5장 제1절 Ⅲ. 1. 참조).

절차 중 감형된 경우까지 포함하려는 취지가 아닌 것을 알 수 있다. 따라서 이 사건은 입법자가 불완전·불충분하게 형사보상의 대상에 관해 입법한 경우가 아니라, 애당초 재심절차에서 감형된 경우의 형사보상에 관한 입법적 규율 자체를 전혀 하지 않은 경우이므로, 그 실질은 진정입법부작위를 다투는 것이라고 할 것이다. 그러므로 이 사건 심판대상은 '재심절차에서 감형되어 확정된 사건의 피고인이 원판결에 의하여 구금되거나 형 집행을 받았을 때 그 구금 또는 형의 집행에 대한 보상이 마련되지 않은 입법부작위'(이하 '이 사건 입법부작위'라 한다)가 청구인의 기본권을 침해하는지 여부이고, … 진정입법부작위에 대한 헌법소원심판청구는 헌법에서 기본권 보장을 위해 법률에 명시적으로 입법위임을 하였음에도 불구하고 입법자가 이를 이행하지 않고 있는 경우이거나, 헌법 해석상 특정인의 기본권을 보호하기 위한 국가의 입법의무가 발생하였음이 명백함에도 불구하고 입법자가 아무런 입법조치를 취하지 않고 있는 경우에 한하여 허용된다(헌재 2013. 8. 29. 2012헌마840 참조). 그런데 앞서 본 바와 같이 헌법 제28조는 형사피의자 또는 형사피고인으로서 구금되었던 자가 불기소처분을 받거나 무죄판결을 받은 경우의 형사보상에 대해서 정하고 있을 뿐, 재심절차에서 감형된 판결을 선고받은 경우에 대해서는 명시적으로 위임하고 있지 않고, 이를 별도의 법률로 규정하여야 할 구체적인 입법의무가 헌법해석상 도출된다고 보기도 어렵다. 따라서 이 사건 입법부작위에 관하여는 헌법상 명시적인 입법위임이 존재하지 않고, 헌법해석상 위와 같은 입법의무가 도출된다고 보기도 어려우므로, 이 사건 심판청구는 헌법소원의 대상이 될 수 없는 진정입법부작위를 심판대상으로 한 것으로서 허용될 수 없다.

3. 기타

청구인은 특정범죄가중법위반(절도) 등으로 징역 3년을 선고받아 확정된 판결(의정부지방법원 2006고합98)에 대한 재심청구를 하여 징역 2년 6월을 선고받아 판결(의정부지방법원 2016재고합9)이 확정되자, 6개월의 구금일수에 대하여는 형사보상이 인정되어야 한다고 주장하며 형사보상을 청구하였으나, 형사보상법의 보상요건에 해당하지 않는다는 이유로 기각되었다(의정부지방법원 2017코1). 그러자 청구인은 형사보상법 제2조 제1항, 제2항, 제4조 제3호에 대하여 헌법소원심판을 청구하였다.[56]

---

56 헌재 2017. 5. 2. 선고 2017헌마388.

위 청구에 대해서 헌법재판소는 "청구인에 대하여 재심판결로 줄어든 형이 선고되어 확정된 날 이 사건 법률조항에 의한 기본권 침해사유가 발생하였다고 할 것이고(헌재 2016. 11. 29. 2016헌마956), 늦어도 청구인이 형사보상청구를 한 2017. 1. 10.에는 이 사건 법률조항에 해당하는 사유가 발생하였음을 알았다고 할 것인데, 그로부터 90일이 지난 2017. 4. 11.에 제기된 이 사건 헌법소원심판은 청구기간이 도과되었다."고 보아 각하결정을 하였다.

위 청구인은 2017. 4. 25. 형사보상법 제2조 제2항과 제4조 제3호 이외에 제26조 제1항 제1호에 대하여 다시 헌법소원심판을 청구하였으나, 헌법재판소에서 위와 같이 청구기간 도과의 이유로 각하되었다.[57] 그러자 위 청구인은 2017. 5. 22. 형사보상법 제2조 제2항, 제4조 제3호, 제26조 제1항 제1호뿐만 아니라 헌법재판소법 제68조 제1항에 대하여 헌법소원심판을 청구하였고, 헌법재판소는 형사보상법 법률조항들의 위헌확인을 구하는 심판청구는 헌법재판소법 제39조의 일사부재리 원칙에 위배되어 부적법하고, 헌법재판소법 제68조 제1항으로 인하여 청구인이 기본권 침해를 받았다는 점에 관하여 구체적이고 명확한 주장을 하고 있지 않으므로 이 부분 심판청구 역시 부적법하다고 보아 각하결정을 하였다.[58] 이후 청구인은 2017. 6. 1. 형사보상법 제2조 제2항, 제4조 제3호, 제26조 제1항 제1호, 헌법재판소법 제68조 제1항에 대하여 다시 헌법소원심판을 청구하였으나, 마찬가지로 일사부재리 원칙 위반과 기본권 침해에 대한 불명확한 주장을 이유로 각하결정이 되었다.[59]

Ⅲ. 형사보상내용(구금일액)

2010년 "구금에 대한 보상에 있어서는 그 일수에 따라 1일 5천원 이상 대통령령이 정하는 금액 이하의 비율에 의한 보상금을 지급한다."고 규정되어 있던 (구)형사보상법 제4조(보상의 내용) 제1항이 문제되었다.[60] 당시 (구)형사보상법시행령 제2조(보상의 상한)에서는 (구)형사보상법 "제4조 제1항의 규정에 의한 구금에 대한 보

---

57 헌재 2017. 5. 10. 선고 2017헌마461.
58 헌재 2017. 5. 30. 선고 2017헌마554.
59 헌재 2017. 6. 13. 선고 2017헌마617.
60 헌재 2010. 10. 28. 선고 2008헌마514, 2010헌마220(병합).

상금의 상한은 1일 보상청구의 원인이 발생한 연도의 최저임금법상 일급최저임금액의 5배로 한다.”고 규정되어 있었다.[61]

이와 관련하여 헌법소원을 청구한 청구인은 다음과 같은 주장을 하였다.

> 헌법 제28조는 형사보상청구권자에게 ‘정당한 보상’을 인정하고 있는바, ‘정당한 보상’이란 완전한 보상을 가리키고, 이는 곧 구금으로 인한 상태를 만회하여 구금 전의 상태로 회복시킬 수 있는 보상을 말한다. 이 사건 보상금조항은 보상액의 상한을 규정함으로써 구금으로 인한 일실이익 등의 재산상 손해와 신체적·정신적 손해 등이 현실적으로 발생하여도 상한의 범위 내에서만 보상받도록 하고 있고, 나아가 이 사건 보상금시행령조항은 그 상한을 보상청구의 원인이 발생한 연도의 최저임금법상 일급최저임금액의 5배로 규정함으로써 구속 당시의 소득상태와 아무 관련도 없는 최저임금액을 기초로 보상금 범위를 한정하고 있는바, 이는 구금으로 인한 손해에 대하여 완전한 보상을 받지 못하게 하는 것으로서 헌법 제28조의 형사보상청구권을 침해하는 것이다. 또한, 위 보상의 내용으로는 사선변호인의 비용을 보전할 수 없어 사실상 변호인의 충분한 조력을 받지 못하게 하므로, 헌법상 변호인의 조력을 받을 권리를 침해한다.

헌법소원청구인의 주장에 대해서 당시 법무부장관은 다음과 같은 합헌의견을 제시했다.

> 형사보상은 국가의 무과실 행위에 대하여 공평의 관점에서 손실을 보상하는 것인바, 재산권의 수용 등에 따른 손실보상과는 다른 점, 무제한적인 보상액의 확대를 요구하는 것은 국가재정의 부담으로 귀결되는 점, 개인의 수입에 따라 보상금에 차이가 발생할 경우 그로 인한 또 다른 형평의 문제가 발생할 우려가 있는 점 등을 고려할 때, 이 사건 보상금조항 및 이 사건 시행령조항은 과잉금지원칙에 위배되는 것이라 볼 수 없다. 헌법 제27조의 재판청구권의 입법적 형성에는 광범위한 형성의 자유가 인정되며, 상소심에서 재판을 받게 할 것인지 여부는 입법정책의 문제이다. 형사보상의 결정은 여타의 재판에 비해 사실관계 확정에 큰 문제가 없으므로 신속성에 주안점을 두어 불복을 금지한 것은 합리적 이유가 있는 점, 형사보상청구 기각결정에 대해서는 불복을 허용함으로써 권리구제에 소홀함이 없도록 한 점 등을 고려할 때, 사법자원의 인적·물적 제한과 보상청구인의 구제 사이에서 적절한 조화를 추구한 입법자의 판단이 합리성을 결여하였다고 볼 수 없다.

---

61 2008년 최저임금액은 시간급 3,770원이었고, 2009년 최저임금액은 시간급 4,000원이었다.

이에 대해서 헌법재판소는 다음과 같은 논거를 들어 관련규정의 합헌성을 인정하고 청구를 기각하였다.

> 형사보상은 형사피고인 등의 신체의 자유를 제한한 것에 대하여 사후적으로 그 손해를 보상하는 것인바, 구금으로 인하여 침해되는 가치는 객관적으로 평가하기 어려운 것이므로, 그에 대한 보상을 어떻게 할 것인지는 국가의 경제적, 사회적, 정책적 사정들을 참작하여 입법재량으로 결정할 수 있는 사항이라 할 것이다. 이러한 점에서 헌법 제28조에서 규정하는 '정당한 보상'은 헌법 제23조 제3항에서 재산권의 침해에 대하여 규정하는 '정당한 보상'과는 차이가 있다 할 것이다. … 보상금액의 구체화·개별화를 추구할 경우에는 개별적인 보상금액을 산정하는 데 상당한 기간의 소요 및 절차의 지연을 초래하여 형사보상제도의 취지에 반하는 결과가 될 위험이 크고, 나아가 그로 인하여 청구권자간에 형사보상금의 액수에 지나친 차등이 발생하여 오히려 공평의 관념을 저해할 우려도 있다. … 이 사건 보상금조항 및 이 사건 보상금시행령조항에 따른 보상의 내용이 헌법 제28조의 '정당한 보상'이 아니라고 할 정도로 명백히 불합리하거나 공익과 사익 간에 균형을 잃은 것이라고 보기도 어렵다. … 형사소송법에 의하면, 무죄판결이 확정된 경우 당해 사건의 피고인이었던 자는 그 재판에 소요된 비용을 보상받을 수 있고, 그 비용보상의 범위에는 변호인이었던 자에 대한 보수도 포함되는 등(형사소송법 제194조의2 제1항, 194조의4 제1항 전문 참조) 무죄판결을 받은 형사피고인으로 하여금 변호인이었던 자에 대한 보수를 보상받을 수 있는 수단이 별도로 마련되어 있으므로, 이 부분 청구인들의 주장은 받아들이지 아니한다.[62]

---

[62] 이에 반대하는 재판관 조대현, 재판관 김종대의 보상금 상한 부분에 대한 위헌의견이 있었는데, 다음과 같다. "헌법 제28조는 '… 정당한 보상을 청구할 수 있다.'고 하여 형사보상의 내용은 '정당한 보상'임을 명시하고 있다. <u>1948년 헌법이 처음 제정될 당시에는 형사보상청구권을 규정하면서 '… 보상을 청구할 수 있다.'고만 하였으나(제24조)</u> <u>1980년 개정된 헌법은 '… 정당한 보상을 청구할 수 있다.'고 하여(제27조)</u> 형사보상에서의 '정당한 보상'을 강조하고 있는 것이다. '정당한 보상'의 의미에 대해 우리 재판소는, '정당한 보상'을 규정한 또 다른 조항인 헌법 제23조 제3항(공공필요에 의한 재산권의 수용·사용 또는 제한 및 그에 대한 보상은 법률로써 하되, 정당한 보상을 지급하여야 한다)의 해석에서, 정당한 보상이란 객관적인 재산가치를 완전하게 보상하는 것이어야 한다는 완전보상을 뜻한다고 보고 있는바(헌재 1990. 6. 25. 89헌마107, 판례집 2, 178, 188−189 참조), 형사보상청구권에서의 정당한 보상 역시 구금으로 인한 손해 전부를 완전하게 보상하는 것을 의미한다고 보아야 한다. 한편 헌법 제28조는 <u>'법률이 정하는 바에 의하여'</u> 국가에 정당한 보상을 청구할 수 있다고 규정하고 있으나, 이는 보상의 방식(예컨대, 금전의 지급)이나 절차(예컨대 보상의 청구와 결정

Ⅳ. 보상절차

1. 보상청구의 기간

2010년 "보상의 청구는 무죄재판이 확정된 때로부터 1년 이내에 하여야 한다." 고 규정되어 있던 (구)형사보상법 제7조(보상청구의 기간)가 문제되었다.[63] 이와 관련

및 지급의 절차 등)에 관하여 입법자에게 형성의 자유를 준 것일 뿐, 완전한 보상을 의미하는 '정당한 보상'을 할 것인지 여부까지도 입법자가 결정할 수 있다는 의미는 아니다. 또한 다수의견은 신체의 자유에 대한 침해로 인한 손해는 객관적으로 산정할 수 없어 재산적 손해에 대한 보상에서와 같은 완전한 보상이란 상정할 수 없다고 하지만, 신체의 자유 그 자체의 가치를 객관적인 재산적 가치로 산정하기는 곤란하더라도, 신체의 자유에 대한 제한, 즉 구금으로 인하여 발생한 손해는 얼마든지 객관적인 재산적 가치로 산정할 수 있다. 그리고 손해의 보상 방식을 금전의 지급으로 한다면, 어떠한 방식을 통해서든 보상하여야 할 손해의 객관적인 재산적 가치를 산정하여야 하는 것은 당연한 일이다. … 결국 보상금의 상한을 제한하는 목적은 형사보상금으로 지급되는 금액이 지나치게 많아짐에 따라 발생하게 될 국가재정에 대한 부담을 방지하려는 것으로 볼 수밖에 없다. 그런데 앞에서 보았듯이 형사보상청구권이 인정되는 자에게 보상금을 지급하는 것은 헌법에 따라 국가가 이행하여야 할 당연한 의무인바, 보상금으로 지급되는 금액이 많아진다면 그만큼 재정을 확충하여야 하는 것이고, 보상금으로 지급되는 금액을 줄이고자 한다면 형사사법절차를 보다 더 신중하고 철저하게 운용하여 무고한 사람의 구금을 줄이는 노력을 할 것이지, 재정 부담을 이유로 국가의 헌법상 의무를 부인할 수는 없다. 따라서 국가재정의 부담 증가는 형사보상에서 보상금액의 상한을 설정하는 정당한 목적이 될 수 없다."(밑줄은 임의로 한 것임).

63 헌재 2010. 7. 29. 선고 2008헌가4. 사건의 개요는 다음과 같다. 사건의 청구인인 김○배(이하 '청구인'이라 한다)는 1980. 5. 27.경 광주민주화운동과 관련하여 검거되어, 1980. 7. 29. 구속영장이 집행된 후 기소되어 1980. 10. 25. 전교사계엄보통군법회의에서 무기징역을 선고받고{80보군형공119등(병합)}, 1980. 12. 29. 그 항소심인 육군계엄고등군법회의에서 무기징역을 선고받은 후(80고군형상456), 1981. 3. 31. 상고심인 대법원에서 상고가 기각되었다(81도426). 청구인은 그 형의 집행 중이던 1982. 12. 24. 형집행정지로 석방되었다. 이후 위 사건에 대한 재심절차에서 1999. 2. 5. 청구인에 대한 공소사실은 형법 제20조 소정의 정당행위에 해당하여 범죄로 되지 않는다는 이유로 원심판결 중 청구인에 대한 부분이 파기되어 무죄가 선고되었고(서울고등법원 98재노10) 그 판결은 그 무렵 확정되었다. 청구인은 위 무죄판결이 확정된 때로부터 약 8년여가 지난 2007. 10. 9.에 이르러, 서울고등법원에 위와 같이 재심에서 무죄재판을 받았다는 이유로 위 유죄판결에 의하여 집행된 기간인 941일에 대하여 형사보상금 청구를 하였다(서울고등법원 2007코22). 서울고등법원은 위 재판계속 중인 2008. 1. 15. 직권으로 형사보상법 제7조가 청구인의 귀책사유 없이 무죄재판 확정일로부터 1년이 경과한 경우에도 아무런 예외를 두지 않고 일률적으로 형사보상 청구기간을 제한하는 것은 과잉금지원칙에 반하여 형사보상청구권자의 재산권을 침해하고 평등의 원칙 등에 위배된다며 이 사건 위헌법률심판제청을 하였다.

하여 제청법원은 다음과 같은 의견을 제시하였다.

> 형사소송법 제365조, 제458조 제2항에 의하면 피고인의 출석 없이 진행된 재판에서 무죄가 선고될 수 있는데, 이 사건 법률조항이 무죄재판을 받은 피고인의 의사나 귀책사유에 관한 고려도 없이 일률적으로 그 무죄재판의 확정일로부터 단기에 해당하는 1년의 경과로 형사보상청구권을 행사하지 못하게 하는 것은 불합리하다. 형사보상을 받을 권리가 재산권의 일종이므로 형사보상 제도나 그 내용은 원칙적으로 입법자의 입법형성의 자유에 속한다고 할 것이지만, 무죄재판을 받은 피고인 등의 귀책사유 없이 그 확정일로부터 1년을 경과하였다고 하여 그에 대한 추후 보완이나 기타 구제 방법이 강구되지 않은 채 형사보상을 받을 권리를 박탈하는 것은 형사보상청구권자의 재산권을 침해하고, 평등의 원칙에 위배된다.

위헌제청법원의 의견에 대해서 당시 법무부장관은 다음과 같은 합헌의견을 제시했다.

> 유죄의 선고를 받은 자가 귀책사유 없이 재심청구사실 및 무죄판결이 내려진 사실을 모를 가능성은 극히 희박하며, 피고인이나 그 대리인은 무죄판결이 선고되는 순간 또는 그 무렵 형사보상청구권의 존재를 확정적으로 알 수 있으므로, 형사보상의 청구기간을 '무죄판결이 확정된 때로부터 1년'으로 규정한 것은 형사보상청구권의 행사를 어렵게 할 정도로 지나치게 짧다고 할 수 없고, 합리적으로 입법재량을 행사한 것으로 볼 수 있다.

이에 대해서 헌법재판소는 다음과 같은 논거를 들어 관련규정의 헌법위반을 인정하고 헌법불합치결정을 하였다.

> 형사보상청구의 기간은 재판상 그 권리를 행사하여야 하는 기간으로서 제척기간에 해당한다. … 형사보상청구에 관하여 어느 정도의 제척기간을 둘 것인가의 문제는 원칙적으로 입법권자의 재량에 맡겨져 있는 것이지만, 그 청구기간이 지나치게 단기간이거나 불합리하여 무죄재판이 확정된 형사피고인이 형사보상을 청구하는 것을 현저히 곤란하게 하거나 사실상 불가능하게 한다면 이는 입법재량의 한계를 넘어서는 것으로서 헌법이 보장하는 형사보상청구권을 침해하는 것이라 하지 않을 수 없다. … 이 사건 법률조항은 형사보상청구권의 제척기간을 1년으로 규정하고 있으나, 형사보상청구권은 위에서 열거하는 어떠한 사유에도 해당하지 아니하고 달리

그 제척기간을 단기로 규정해야 할 합리적인 이유를 찾기 어렵다. 특히 형사보상청구권은 국가의 형사사법작용에 의해 신체의 자유라는 중대한 법익을 침해받은 국민을 구제하기 위하여 헌법상 보장된 국민의 기본권이므로 일반적인 사법상의 권리보다 더 확실하게 보호되어야 할 권리이다. 그럼에도 불구하고 아무런 합리적인 이유 없이 그 청구기간을 1년이라는 단기간으로 제한한 것은 입법 목적 달성에 필요한 정도를 넘어선 것이라고 할 것이다. 또한 이 사건 법률조항은 형사피고인이 무죄재판의 확정사실을 알고 있는지 여부와 관계없이 그 제척기간을 무죄재판이 확정된 때부터 진행한다고 규정하고 있고, 달리 그 기산점에 관한 예외를 인정하지 아니하고 있다. 이 사건 법률조항이 이와 같은 규정을 하게 된 것은 대부분의 재판이 형사피고인이 출석한 가운데 진행되므로 형사피고인이 재판 결과를 알고 있다는 전제에서 비롯된 것이라고 판단된다. 그러나 형사소송법에서는 형사피고인이 재정하지 아니한 가운데 재판할 수 있는 예외적인 경우를 상정하고 있고, 특히 재심의 경우에는 검사나 법정대리인, 심신장애자의 친족 등이 재심 청구를 할 수 있어 형사피고인이 재판의 진행이나 무죄판결의 선고 사실을 모르고 있는 경우가 발생할 수 있다. 그런데 이러한 경우에까지 형사피고인에게 무죄판결이 선고된 이후 1년 이내에 형사보상청구권을 행사하도록 요구하는 것은 형사피고인의 형사보상 청구를 현저히 곤란하게 하거나 사실상 불가능하게 하는 것이라고 할 것이다. … 이는 국가의 잘못된 형사사법작용에 의해서 신체의 자유라는 중대한 법익을 침해받은 국민의 기본권을 사법상의 권리보다도 가볍게 보호하는 것으로서 부당하다고 하지 않을 수 없다.[64]

---

[64] 이에 대해서 재판관 이동흡의 다음과 같은 반대의견이 있었다. "형사보상청구의 제척기간에 관하여, 프랑스의 경우 '무죄판결이 확정된 때로부터 6개월', 미국 버지니아 주, 캘리포니아 주 등의 경우 '무죄판결 등을 받은 때로부터 1년', 미국 뉴욕 주의 경우 '무죄판결 등이 있은 때로부터 2년', 일본의 경우 '무죄의 판결이 확정된 날로부터 3년'이라고 규정하고 있는 등 다양하게 존재하는 세계의 입법례에 비추어 볼 때, 1년이라는 형사보상청구의 제척기간이면 형사보상청구권자의 권리를 충분히 보장하면서도 권리관계의 조속한 확정을 통한 공익 달성에도 기여할 수 있다는 입법자의 인식이 그 재량권의 한계를 벗어나 위헌에 이를 정도로 지나치게 가혹한 기본권의 제한을 초래하였다고 단정하기 어렵다. 또한 이 사건 법률조항은 1958년 법 제정 시부터 오랫동안 시행되어 온 조항으로, 1년이라는 제척기간이 현실적으로 형사보상청구의 신속하고 안정적인 법률관계의 확정에 긍정적인 효과를 가져왔다는 등의 사정을 고려할 때, 이 사건 법률조항이 입법목적을 달성하는 데 있어 필요한 정도를 현저히 일탈하였다거나, 공익과 사익 간에 균형을 잃은 것이라고 보기 어렵다."

2. 보상결정에 대한 불복

2010년 "보상의 결정에 대하여는 불복을 신청할 수 없다."고 규정되어 있던 (구)형사보상법 제19조(불복신청) 제1항이 문제되었다.[65] 이와 관련하여 헌법소원을 청구한 청구인은 다음과 같은 주장을 하였다.

> 불복금지조항은 보상액에 관하여 다툼이 있는 자의 불복절차를 봉쇄함으로써 형
> 사보상결정의 단심제를 강제하고 있는바, 이는 헌법 제27조 제1항의 재판청구권을
> 침해하는 것이다.

헌법소원청구인의 주장에 대해서 당시 법무부장관은 다음과 같은 합헌의견을 제시했다.

> 상소심에서 재판을 받게 할 것인지 여부는 입법정책의 문제이다. 형사보상의 결
> 정은 여타의 재판에 비해 사실관계 확정에 큰 문제가 없으므로 신속성에 주안점을
> 두어 불복을 금지한 것은 합리적 이유가 있는 점, 형사보상청구 기각결정에 대해서
> 는 불복을 허용함으로써 권리구제에 소홀함이 없도록 한 점 등을 고려할 때, 사법자
> 원의 인적·물적 제한과 보상청구인의 구제 사이에서 적절한 조화를 추구한 입법자
> 의 판단이 합리성을 결여하였다고 볼 수 없다.

이에 대해서 헌법재판소는 다음과 같은 논거를 들어 관련규정의 헌법위반을 인정하고 위헌결정을 하였다.

> 이 사건 불복금지조항은 형사보상의 청구에 대하여 한 보상의 결정에 대하여는
> 불복을 신청할 수 없도록 하여 형사보상의 결정을 단심재판으로 규정하고 있다. 이
> 는 형사보상인용결정의 안정성을 유지하고, 신속한 형사보상절차의 확립을 통해 형
> 사보상에 관한 국가예산수립의 안정성을 확보하며, 나아가 상급법원의 부담을 경감
> 하고자 하는 데 그 목적이 있다고 할 수 있다. 그러나 국가의 형사사법작용에 의하
> 여 신체의 자유가 침해된 국민에게 있어서는 적정하고 합리적인 보상금을 지급받는
> 것이 매우 중요한 가치라 할 수 있는바, 보상액의 산정에 기초되는 사실인정이나 보
> 상액에 관한 판단에서 오류나 불합리성이 발견되는 경우에도 그 시정을 구하는 불
> 복신청을 할 수 없도록 하는 것은 형사보상청구권 및 그 실현을 위한 기본권으로서

---

65 헌재 2010. 10. 28. 선고 2008헌마514, 2010헌마220(병합).

의 재판청구권의 본질적 내용을 침해하는 것이라 할 것이고, 나아가 법적 안정성만을 지나치게 강조함으로써 재판의 적정성과 정의를 추구하는 사법제도의 본질에 부합하지 아니하는 것이라 할 것이다. … 보상의 결정에 대하여 위 보상기각 결정의 경우와 같은 불복방법을 허용하더라도 즉시항고기간은 결정선고일로부터 3일에 불과하여(형사소송법 제405조) 절차가 신속히 진행될 수 있고, 지난 10년간 형사보상의 인용건수는 연간 최대 257건에 불과하고 그 재판 내용도 비교적 단순하므로, 불복을 허용한다고 하여 상급심에 과도한 부담을 줄 가능성은 별로 없다.

3. 보상금지급의 청구기간

2010년 "보상결정이 송달된 후 1년 이내에 보상지급의 청구를 하지 아니할 때에는 권리를 상실한다."고 규정되었던 (구)형사보상법 제20조(보상지급의 청구) 제3항이 문제되었다. 이와 관련하여 헌법소원을 청구한 청구인[66]은 다음과 같은 주장을 하였다.

> 청구인은 도피생활로 인하여 형사보상지급결정을 직접 송달받을 수 없었으며, 이는 당사자의 주소를 알 수 없는 경우에 해당하지 아니하는바, 법원의 공시송달은 그 요건을 갖추지 못한 것으로 무효이다. 따라서 청구인에게는 보상결정의 송달이 이루어지지 않은 것이므로 청구인은 형사보상결정에 기한 형사보상지급청구권을 상실하지 아니하였다. 청구인은 법원으로부터 형사보상결정을 받았음에도 불구하고 그

---

[66] 헌재 2010. 5. 27. 선고 2009헌마421. 청구인은 2006. 2. 8. 절도혐의로 체포영장에 의하여 체포되어 같은 달 10. 구속된 후 같은 해 6. 30. 보석으로 석방되었다. 이후 청구인은 2006. 9. 5. 무죄판결을 선고받고(인천지방법원 2006고단495), 위 판결은 그 무렵 확정되었다. 청구인은 위 미결구금일수에 대하여 형사보상을 청구하여 2007. 12. 17. 청구인에게 8,260,000원을 지급한다는 내용의 형사보상결정을 받았으나(인천지방법원 2006코9), 위 보상결정은 같은 달 21. 수취인불명을 원인으로 송달불능되었고, 2008. 1. 9.과 같은 달 10., 같은 달 11. 각 폐문부재를 원인으로 송달불능되어 같은 달 28. 공시송달되었다. 이후 청구인은 2009. 7. 8. 위 형사보상결정에 기하여 인천지방검찰청에 형사보상지급청구를 하였으나, 피청구인은 보상지급의 청구는 보상결정이 송달된 후 1년 이내에 하여야 한다는 형사보상법 제20조 제3항을 이유로 형사보상금을 지급할 수 없으며, 공시송달 받은 후 1년이 경과하지 않았다는 사유가 있을 때에는 인천지방법원의 송달에 관한 구제절차에 따라 처리하도록 하라는 내용의 '형사보상청구 권리상실 통지'를 하였다. 청구인은 위 '형사보상청구 권리상실 통지'가 헌법상 보장된 자신의 기본권을 침해하는 것이라고 주장하면서 2009. 7. 27. 이 사건 헌법소원심판을 청구하였다.

로부터 1년이 지났다는 이유로 검찰청에 대한 형사보상지급청구권을 상실하였는바, 이는 헌법 제28조에서 보장하고 있는 청구인의 형사보상청구권을 침해한 것이다.

헌법소원청구인의 주장에 대해서 피청구인(인천지방검찰청)은 다음과 같은 의견을 제시했다.

청구인은 2008. 2. 2. 형사보상지급결정을 받았으나 그 결정을 송달받은 후로부터 1년이 경과한 후인 2009. 7. 7. 형사보상금 지급청구서를 제출하였는바, 청구인은 형사보상법 제20조 제3항에 따라 형사보상지급청구권을 상실하였으므로 청구인의 형사보상지급청구는 부당하다.

이에 대해서 헌법재판소는 다음과 같은 논거를 들어 사건이 헌법소원의 대상이 되지 않는 것으로 판단하고 관련규정의 헌법위반여부를 판단하지 않았다.

청구인은 피청구인이 청구인에 대한 형사보상금 지급을 거부하는 처분을 하였음을 이유로 이로 인한 기본권침해를 다투고 있다. 그러나 피청구인의 이 사건 통지는, 청구인에 대한 보상결정은 인천지방법원의 공시송달에 의하여 송달되었고, 청구인의 형사보상지급청구는 송달일로부터 1년이 지난 후에 한 것이어서 인천지방검찰청은 형사보상법 제20조 제3항에 따라 형사보상금을 지급할 수 없는데, 위 송달에 이의가 있을 때에는 인천지방법원의 송달에 관한 구제절차에 따라 처리하도록 하라는 내용을 담고 있다. 즉, 피청구인의 이 사건 통지는 청구인의 형사보상금 지급청구에 대해 관련 법령을 해석·적용한 결과를 알려준 것에 불과할 뿐이지, 그로 인하여 청구인의 형사보상청구권이 소멸되는 등으로 청구인의 권리관계나 법적 지위에 영향이 있는 것은 아니다. 그렇다면 청구인이 공시송달의 효력에 관하여 법원에서 다투는 것은 별론으로 하고, 피청구인의 이 사건 통지가 청구인의 법률관계나 법적 지위에 영향을 미치는 것으로서 헌법소원의 대상이 되는 공권력의 행사라고 할 수 없다. 따라서 청구인의 이 사건 심판청구는 헌법소원의 대상이 되지 아니하는 것을 대상으로 한 것이므로 부적법하다.

그러나 당시 재판관 조대현은 반대의견을 제시하면서 위 규정의 위헌성을 언급하였는데, 그 내용은 다음과 같다.

헌법 제28조는 법원의 형사보상결정을 청구할 수 있는 권리를 보장할 뿐만 아니라 법원의 형사보상결정이 확정된 후에 그 결정에 따라 보상결정금의 지급을 청구하는 것도 기본권으로 보장하는 것이므로, 법원의 형사보상결정으로 확정된 보상결정금의 지급을 거부하는 것은 헌법이 기본권으로 보장하는 형사보상청구권을 부인(否認)하는 조치로서 공권력의 행사라고 보아야 한다. … 그리고 형사보상법은 제7조에서 형사보상의 청구는 무죄재판이 확정된 때로부터 1년 이내에 하여야 한다고 규정하고, 제20조 제3항에서 법원의 보상결정이 송달된 후 1년 이내에 보상금 지급을 청구하지 않으면 권리를 상실한다고 규정하고 있다. … 형사보상법 제7조와 제20조 제3항은 헌법 제28조가 기본권으로 보장하고 있는 형사보상청구권의 행사기간을 중첩적으로 제한하는 것이라고 할 것이다. 그런데 형사보상청구권의 행사기간을 제한하여야 할 필요성이 무엇인지 알 수 없다. 형사보상에 관한 국가의 채무를 다른 국가채무보다 훨씬 짧은 기간 내에 확정하고 청산하여야 하는 이유를 찾을 수 없다. 그리고 국가가 형사사법권을 잘못 행사하여 국민의 신체를 부당하게 구금하고도 그에 대한 보상기간을 제한하는 것이 국가에게 국민의 형사보상청구권을 보장하도록 요구하고 있는 헌법 제28조와 제10조에 비추어 허용될 수 있는지도 의문이다. … 형사보상법 제7조와 제20조 제3항이 형사보상청구권의 행사기간을 제한하는 것은 국민의 형사보상청구권을 기본권으로 규정하고 이를 보장하도록 국가에게 의무지운 헌법 제28조와 제10조에 어긋난다고 할 것이다.""따라서 이 사건 형사보상결정금 지급거부행위가 청구인의 형사보상청구권을 침해하였다고 확인함과 아울러 그러한 지급거부행위의 근거로 된 형사보상법 제20조 제3항에 대하여도 헌법재판소법 제75조 제5항에 따라 헌법에 위반된다고 선언하여야 한다."

제 4 절 · 형사보상법 개정의 방향: 형사보상의 확대

형사보상법은 '형사보상의 확대'라는 방향으로 개정되어 왔는데, 이를 보상의 내용과 대상이라는 실체적 측면의 확대와, 보상청구절차와 보상금지급절차라는 절차적 측면의 확대로 나누어볼 수 있다.

Ⅰ. 실체적 측면에서 형사보상의 확대

1. 보상내용의 확대

형사보상법의 개정과정을 살펴볼 때 가장 많은 횟수의 개정이 이루어진 부분은 보상내용이다. 형사보상법에서 보상내용의 변경을 보면 다음과 같다.

규정연도	보상내용(구형사보상법 제4조, 현형사보상법 제5조)
1958년 제정시	**제4조 (보상의 내용)** ① 구금에 대한 보상에 있어서는 그 일수에 따라 1일 5백환 이상 천환 이하의 비율에 의한 보상금을 교부한다. ② 법원이 전항의 보상금액을 산정할 때에는 구금의 종류 및 기간의 장단, 기간중에 받은 재산상의 손실과 얻을 수 있었던 이익의 상실 또는 정신상의 고통과 신체상의 손상, 경찰, 검찰, 법원의 각 기관의 고의 또는 과실의 유무 기타 모든 사정을 고려하여야 한다. ③ 사형집행에 대한 보상금은 집행전 구금에 대한 보상금외에 5백만환 이내에서 모든 사정을 고려하여 법원이 상당하다고 인정하는 액을 가산 보상한다. 단, 본인의 사망에 의하여 생긴 재산상의 손실액이 증명된 때에는 그 손실액도 보상한다. ④ 벌금 또는 과료의 집행에 대한 보상에 있어서는 이미 징수한 벌금 또는 과료의 액에 징수일의 익일부터 보상 결정일까지의 일수에 따라 년 5부의 비율에 의한 금액을 가산한 액을 보상한다. ⑤ 노역장유치의 집행을 하였을 때에는 제1항의 규정을 준용한다. ⑥ 몰수집행에 대한 보상에 있어서는 그 몰수물을 반환하고 그것이 이미 처분되었을 때에는 보상결정시의 시가를 보상하며, 추징금에 대한 보상에 있어서는 그 액수에 징수한 익일부터 보상 결정일까지의 일수에 따라 년 5부의 비율에 의한 금액을 가산한 액을 보상한다.
1967년 제2차 개정	**제4조(보상의 내용)** ① 구금에 대한 보상에 있어서는 그 일수에 따라 <u>1일 200원 이상 400원 이하의 비율</u>에 의한 보상금을 지급한다.
1975년 제3차 개정	**제4조(보상의 내용)** ① 구금에 대한 보상에 있어서는 그 일수에 따라 <u>1일 800원 이상 1,200원 이하의 비율</u>에 의한 보상금을 지급한다. ③ 사형집행에 대한 보상금은 집행전 구금에 대한 보상금외에 <u>500만원이내</u>에서 모든 사정을 고려하여 법원이 상당하다고 인정하는 액을 가산 보상한다. 단, 본인의 사망에 의하여 생긴 재산상의 손실액이 증명된 때에는 그 손실액도 보상한다.
1981년 제4차 개정	**제4조(보상의 내용)** ① 구금에 대한 보상에 있어서는 그 일수에 따라 <u>1일 5천원 이상 8천원 이하의 비율</u>에 의한 보상금을 지급한다. ③ 사형집행에 대한 보상금은 집행전 구금에 대한 보상금외에 <u>3천만원 이내</u>에서 모든 사정을 고려하여 법원이 상당하다고 인정하는 액을 가산 보상한다. <u>이 경우</u> 본인의 사망에 의하여 생긴 재산상의 손실액이 증명된 때에는 그 손실액도 보상한다. ④ 벌금 또는 과료의 집행에 대한 보상에 있어서는 이미 징수한 벌금 또는 과료의 액에

규정연도	보상내용(구형사보상법 제4조, 현형사보상법 제5조)
	징수일의 익일부터 보상 결정일까지의 일수에 따라 <u>민법 제379조의 법정이율</u>에 의한 금액을 가산한 액을 보상한다. ⑥ 몰수집행에 대한 보상에 있어서는 그 몰수물을 반환하고 그것이 이미 처분되었을 때에는 보상결정시의 시가를 보상하며, 추징금에 대한 보상에 있어서는 그 액수에 징수한 익일부터 보상 결정일까지의 일수에 따라 <u>민법 제379조의 법정이율</u>에 의한 금액을 가산한 액을 보상한다.
1987년 제5차 개정	**제4조(보상의 내용)** ① 구금에 대한 보상에 있어서는 그 일수에 따라 <u>1일 5천원 이상 대통령령이 정하는 금액 이하의 비율</u>에 의한 보상금을 지급한다.
2011년 제8차 개정	**제5조(보상의 내용)** ① 구금에 대한 보상을 할 때에는 그 구금일수(拘禁日數)에 따라 <u>1일당 보상청구의 원인이 발생한 연도의 「최저임금법」에 따른 일급(日給) 최저임금액 이상 대통령령으로 정하는 금액 이하의 비율</u>에 의한 보상금을 지급한다. **제30조(무죄재판서 게재 청구)** 무죄재판을 받아 확정된 사건(이하 "무죄재판사건"이라 한다)의 피고인은 무죄재판이 확정된 때부터 3년 이내에 확정된 무죄재판사건의 재판서(이하 "무죄재판서"라 한다)를 법무부 인터넷 홈페이지에 게재하도록 해당 사건을 기소한 검사가 소속된 지방검찰청(지방검찰청 지청을 포함한다)에 청구할 수 있다. **제31조(청구방법), 제32조(청구에 대한 조치), 제33조(청구에 대한 조치의 통지 등)** **제34조(면소 등의 경우)** ① 제26조제1항 각 호의 경우에 해당하는 자는 확정된 사건의 재판서를 게재하도록 청구할 수 있다. ② 제1항에 따른 청구에 대하여는 무죄재판사건 피고인의 무죄재판서 게재 청구에 관한 규정을 준용한다. **제35조(준용규정)** 다음 각 호의 어느 하나에 해당하는 자에 대한 명예회복에 대하여는 이 장의 규정을 준용한다. 이 경우 "법원"은 "군사법원"으로, "검찰청"은 "군검찰부"로, "법무부장관"은 "국방부장관"으로 본다. 1. 군사법원에서 무죄재판을 받아 확정된 자 2. 군사법원에서 제26조제1항 각 호에 해당하는 재판을 받은 자

　　입법자는 사회적 변화에 따른 화폐가치의 변동 등을 반영하여 형사보상금액을 상향조정해 왔다. 다만, 형사보상법의 제정 시로부터 국가재정의 현실적 측면이 보상금액의 산정에 고려되었다. 2011년에는 금전적 보상 외에 명예회복이 보상의 내용으로 강조되어 입법되었다.

2. 보상대상의 확대

　　형사보상법의 개정과정을 살펴볼 때 보상대상이 확대되어 왔다. 형사보상법에서 보상대상의 변경내용을 보면 다음과 같다.

규정연도	보상대상
1958년 제정시	**제1조(보상요건)** ① 형사소송법에 의한 일반절차 또는 재심이나 비상상고절차에서 무죄재판을 받은 자가 미결구금을 당하였을 때에는 본법에 의하여 국가에 대하여 그 구금에 관한 보상을 청구할 수 있다. ② 상소권회복에 의한 상소, 재심 또는 비상상고의 절차에서 무죄재판을 받은 자가 원판결에 의하여 구금 또는 형의 집행을 받았을 때에는 구금 또는 형의 집행에 대한 보상을 청구할 수 있다. ③ 형사소송법 제470조제3항에 의한 구치와 동법 제473조 내지 제475조에 의한 구속은 전항의 적용에 있어서는 구금 또는 형의 집행으로 간주한다. **제25조(면소등의 경우)** ① 형사소송법의 규정에 의하여 면소 또는 공소기각의 재판을 받은 자는 면소 또는 공소기각의 재판을 할 만한 사유가 없었더라면 무죄의 재판을 받을 만한 현저한 사유가 있었을 때에는 국가에 대하여 구금에 대한 보상을 청구할 수 있다. ② 전항의 규정에 의한 보상에 대하여는 무죄의 재판을 받은 자에 대한 보상에 관한 규정을 준용한다. 보상결정의 공고에 대하여도 또한 같다.
1959년 제1차 개정	**제29조(군법회의의 무죄재판에 대한 보상청구)** 본법의 규정은 군법회의에서 무죄재판을 받은 자에 대한 보상에 준용한다. 단, 보상의 반환을 명하는 군법회의의 결정의 집행에 관하여는 군법회의법 제511조 및 제512조를 준용한다.

1987년
제5차 개정
	제26조(피의자에 대한 보상) ① 피의자로서 구금되었던 자중 검사로부터 공소를 제기하지 아니하는 처분을 받은 자는 사실상 죄를 범하지 아니하였다고 인정할 명백한 이유가 있거나 구금된 때로부터 공소를 제기하지 아니하는 처분을 할 사유가 존재한 경우에는 국가에 대하여 그 구금에 관한 보상(이하 "被疑者補償"이라 한다)을 청구할 수 있다. 다만, 형사소송법 제247조제1항의 규정에 의하여 공소를 제기하지 아니하는 처분을 받은 경우에는 그러하지 아니하다.
	② 다음 각호의 1에 해당하는 경우에는 피의자보상의 전부 또는 일부를 하지 아니할 수 있다.
	  1. 본인이 수사 또는 재판을 그르칠 목적으로 허위의 자백을 하거나 다른 유죄의 증거를 만듦으로써 구금된 것으로 인정되는 경우
	  2. 구금기간 중에 다른 사실에 대하여 수사가 행하여지고 그 사실에 관하여 범죄가 성립한 경우
	  3. 보상을 하는 것이 선량한 풍속 기타 사회질서에 반한다고 인정할 특별한 사정이 있는 경우
	③ 피의자보상에 관한 사항을 심사·결정하기 위하여 지방검찰청에 피의자보상심의회(이하 "審議會"라 한다)를 둔다.
	④ 심의회는 법무부장관의 지휘·감독을 받는다.
	⑤ 심의회의 관할·구성·운영 기타 필요한 사항은 대통령령으로 정한다.
	제27조(피의자보상의 청구등) ① 피의자보상을 청구하고자 하는 자는 공소를 제기하지 아니하는 처분을 한 검사가 소속하는 지방검찰청(地方檢察廳 支廳의 檢事가 그러한 處分을 한 경우에는 그 支廳이 속하는 地方檢察廳의 심의회에 보상을 청구하여야 한다.
	② 제1항의 규정에 의하여 피의자보상을 청구하는 자는 보상청구서에 공소를 제기하지

규정연도	보상대상
	아니하는 처분을 받은 사실을 증명하는 서류와 공소를 제기하지 아니하는 처분을 받은 자가 사실상 죄를 범하지 아니하였다고 인정할 수 있거나 구금된 때로부터 공소를 제기하지 아니하는 처분을 할 사유가 존재하였다고 인정할 수 있는 다른 소명자료가 있는 경우에는 이를 첨부하여 제출하여야 한다. ③ 피의자보상의 청구는 검사로부터 공소를 제기하지 아니하는 처분의 고지 또는 통지를 받은 날로부터 1년 이내에 하여야 한다. ④ 피의자보상의 청구에 대한 심의회의 결정에 대하여는 법무부장관의 재결을 거쳐 행정소송을 제기할 수 있다. **제28조(준용규정)** ① 피의자보상에 대하여 이 법에 특별한 규정이 있는 경우를 제외하고는 그 성질에 반하지 아니하는 범위 안에서 무죄의 재판을 받은 자에 대한 보상에 관한 이 법의 규정을 준용한다. ② 이 법의 규정은 군사법원에서 무죄의 재판을 받거나 군사법원군검찰부 검찰관으로부터 공소를 제기하지 아니하는 처분을 받은 자에 대한 보상에 대하여 이를 준용한다. 이 경우, "법원"은 "군사법원"으로, "검찰청"은 "군사법원군검찰부"로, "심의회"는 "국가배상법 제10조제2항의 규정에 의한 특별심의회 소속 지구심의회"로, "법무부장관"은 "국방부장관"으로 본다. **제29조 (군법회의의 무죄재판에 대한 보상청구)** 《삭제》
2011년 제8차 개정	**제26조(면소 등의 경우)** ① 다음 각 호의 어느 하나에 해당하는 경우에도 국가에 대하여 구금에 대한 보상을 청구할 수 있다. 1. 「형사소송법」에 따라 면소(免訴) 또는 공소기각(公訴棄却)의 재판을 받아 확정된 피고인이 면소 또는 공소기각의 재판을 할 만한 사유가 없었더라면 무죄재판을 받을 만한 현저한 사유가 있었을 경우 2. 「치료감호법」 제7조에 따라 치료감호의 독립 청구를 받은 피치료감호청구인의 치료감호사건이 범죄로 되지 아니하거나 범죄사실의 증명이 없는 때에 해당되어 청구기각의 판결을 받아 확정된 경우

　　국민이 형사보상법을 사용함에 있어서 우선 검토하게 되는 것은 형사보상법의 적용대상, 즉 보상을 받을 수 있는 경우인지 여부이다. 역사적으로 보면 1959년 제정당시에는 ① 형사소송법에 의한 일반절차·재심·비상상고절차에서 무죄재판을 받은 자가 미결구금을 당하였을 경우 또는 ② 상소회복에 의한 상소·재심·비상상고의 절차에서 무죄재판을 받은 자가 원판결에 의하여 구금이나 형의 집행을 받았을 경우만을 형사보상의 대상에 포함시켰다. 이후 1962년 형사보상법의 개정에서는 ③ 군법회의나 특별법에 의하여 설치된 재판소에서 무죄판결을 받은 경우도 형사보상의 대상으로 확대하였고, 1988년 개정에서는 헌법개정에 따라 ④ 구금되었던 피의자가 불기소처분을 받은 경우까지 확대되었으며, ⑤ 1995년 개정에서 "피의자로

서 구금되었던 자중 검사로부터 공소를 제기하지 아니하는 처분을 받은 자는 사실
상 죄를 범하지 아니하였다고 인정할 명백한 이유가 있거나 구금된 때로부터 공소
를 제기하지 아니하는 처분을 할 사유가 존재한 경우에는 국가에 대하여 그 구금에
관한 보상(이하 "피의자보상"이라 한다)을 청구할 수 있다."고 규정하였던 형사보상법
제26조 제1항을, "피의자로서 구금되었던 자중 검사로부터 공소를 제기하지 아니하
는 처분을 받은 자는 국가에 대하여 그 구금에 관한 보상(이하 "피의자 보상"이라 한
다)을 청구할 수 있다."고 개정함으로써 구금되었던 피의자가 불기소처분을 받은 경
우의 형사보상요건을 좀 더 완화하였다. ⑥ 2011년 형사보상법에서는 치료감호만
청구된 자가 청구기각의 확정판결을 받은 경우까지 그 대상범위를 확대하였다.

현행 형사보상법은 제2조·제4조·제26조·제27조·제29조에서 형사보상의 대상
에 대하여 규정하고 있다. 이를 살펴보면,[67] 첫째, '무죄재판의 확정을 받은 피고인'
이 '미결구금 또는 원판결에 의한 구금·형 집행을 받았을 경우'에 형사보상을 받을
수 있다(제2조). 다만 이 경우에도 ① 형사책임무능력자이기에 무죄판결을 받은 경우,
② 본인이 수사나 심판을 그르칠 목적으로 거짓 자백을 하거나 다른 유죄의 증거를
만듦으로써 기소·미결구금·유죄재판을 받은 경우 또는 ③ 1개의 재판으로 경합범
의 일부에 대하여 무죄재판을 받고 다른 부분에 대하여 유죄재판을 받은 경우에는
형사보상의 대상에서 제외된다(제4조).

둘째, '면소 또는 공소기각재판의 확정을 받은 피고인'이 면소 또는 공소기각의
재판을 할 사유가 없었더라면 무죄재판을 받을 현저한 사유가 있었을 경우에 '구금'
에 대하여 형사보상을 받을 수 있다(제26조 제1항 제1호).

셋째, '치료감호청구기각재판을 확정 받은 피치료감호청구인'이 '구금을 받은
경우'에 검사가 공소를 제기하지 아니하고 치료감호만을 청구한 치료감호사건이 범
죄로 되지 않거나 범죄사실의 증명이 없어 청구기각의 확정판결을 받은 때에는 형
사보상의 대상이 된다(제26조 제1항 제2호).

넷째, '구금되었던 피의자'가 검사로부터 종국적인 '불기소처분'을 받은 경우에
는 형사보상의 대상이 된다(제27조 제1항). 다만 ① 기소유예의 경우, ② 본인이 수
사 또는 재판을 그르칠 목적으로 거짓 자백을 하거나 다른 유죄의 증거를 만듦으로

---

67 이것은 김정환, 형사보상에 있어서 보상대상의 확대, 형사법연구 제27권 제1호, 2015, 92~93
면의 내용임.

써 구금된 경우, ③ 구금기간 중에 다른 사실에 대하여 수사가 이루어지고 그 사실에 관하여 범죄가 성립한 경우, 또는 ④ 보상을 하는 것이 선량한 풍속이나 그 밖에 사회질서에 위배된다고 인정할 특별한 사정이 있는 경우에는 형사보상의 대상에서 제외된다(제27조 제1항, 제2항).

다섯째, 군사재판에서도 일반재판과 마찬가지로 형사보상의 대상이 준용된다 (제29조).

이렇듯 현행법상 형사보상의 대상에 있어서 가장 큰 특징은, 헌법 제28조에서 "刑事被疑者 또는 刑事被告人으로서 拘禁되었던 者"라고 규정한 내용의 최소한의 실현으로서 형사보상의 대상을 신체의 구금 위주로 인정한다는 점이다. 신체의 구금이 있었다면 판결선고 후뿐만 아니라 판결선고 전의 미결구금도 보상대상에 포함된다. 근래에는 형벌로서의 구금이나 수사단계에서의 구금 이외에, 보안처분의 형태로서의 구금인 치료감호까지 그 대상으로 인정하고 있다. 그러나 구금상태에서 무죄나 불기소처분을 받은 경우라도 보상의 대상에서 제외되는 예외의 경우가 넓게 인정되며, 모든 형태의 구금에 대하여 형사보상이 이루어지고 있지는 않다. 예컨대 소년법상의 보호처분에 따른 구금에 대하여는 형사보상을 인정하지 않고 있다.

현행 형사보상법에서는 형벌(대표적으로 벌금형) 집행의 경우를 제외하고는 구금 이외의 침해형태에 대해서는 형사보상의 대상으로 규정되어 있지 않기 때문에, 압수와 같은 대물적 강제처분에 대해서는 형사보상이 가능하지 않다. 2010년에는 형사피의자가 불기소처분을 받거나 형사피고인으로서 무죄재판을 받은 경우 구금의 여부에 관계없이 형사보상을 청구할 수 있도록 하는 내용의 형사보상법 개정안이 발의되기도 하였으나, 이에 대해 법무부는 반대하는 입장이었고,[68] 결국 개정안은 입법으로 연결되지 않았다.

Ⅱ. 절차적 측면에서 형사보상의 확대

형사보상법의 개정과정을 살펴볼 때, 형사보상의 절차적 측면에서는 청구권자가 권리를 행사하는데 유리하게 보상청구절차와 보상금지급절차가 확대되었다. 형

---

68 인터넷 법률신문, 법무부 "형사보상대상 확대 반대", 2010.07.08자.

사보상의 절차적 측면에서 나타난 변경내용을 보면 다음과 같다.

규정연도	보상절차
1958년 제정시	**제7조(보상청구의 기간)** 보상의 청구는 무죄재판이 확정된 때로부터 1년 이내에 하여야 한다. **제14조(보상청구에 대한 재판)** ① 보상청구는 법원 합의부에서 재판한다. ② 보상청구에 대하여는 법원은 검사와 청구인의 의견을 들은 후 결정을 하여야 한다. ③ 제2항에 따른 결정의 정본(正本)은 검사와 청구인에게 송달하여야 한다. **제20조(보상지불의 청구)** ③ 보상결정이 송달된 후 1년 이내에 보상지불의 청구를 하지 아니할 때에는 권리를 상실한다. **제19조(불복신청)** ①보상의 결정에 대하여는 불복을 신청할 수 없다. ② 보상의 청구를 기각한 결정에 대하여는 즉시항고를 할 수 있다. **제20조(보상지불의 청구)** ③ 보상결정이 송달된 후 1년 이내에 보상지불의 청구를 하지 아니할 때에는 권리를 상실한다. **제26조(보상청구절차의 정지등)** ① 보상청구에 관한 사건계속 중 재심청구가 있을 때에는 그 재판이 확정될 때까지 보상에 관한 결정절차를 정지한다. ② 전항의 경우에 피고인에 대하여 유죄의 재판이 있었을 때에는 보상의 청구는 그 효력을 상실한다. **제27조(보상지급의 정지등)** ① 보상을 결정한 후 재심의 청구가 있었을 때에는 법원은 그 재판이 확정될 때까지 보상지급의 절차를 정지하여야 한다. ② 전항의 경우에 피고인에 대하여 유죄의 재판이 있었을 때에는 보상의 결정은 그 효력을 상실한다. **제28조(보상반환결정)** ① 전조 제1항의 경우에 이미 보상을 지급하였을 때에는 유죄의 재판을 한 법원은 검사의 청구에 의하여 보상반환의 결정을 하여야 한다. ② 전항 결정의 집행에 관하여는 형사소송법 제477조 내지 제479조의 규정을 적용한다.
1975년 제3차 개정	제26조, 제27조, 제28조 삭제
2011년 제8차 개정	**제8조(보상청구의 기간)** 보상청구는 무죄재판이 확정된 사실을 안 날부터 3년, 무죄재판이 확정된 때부터 5년 이내에 하여야 한다. **제20조(불복신청)** ① 제17조제1항에 따른 보상결정에 대하여는 1주일 이내에 즉시항고(卽時抗告)를 할 수 있다. ② 제17조제2항에 따른 청구기각 결정에 대하여는 즉시항고를 할 수 있다. **제21조(보상금 지급청구)** ③ 보상결정이 송달된 후 2년 이내에 보상금 지급청구를 하지 아니할 때에는 권리를 상실한다.
2018년 제10차 개정	**제14조(보상청구에 대한 재판)** ① 보상청구는 법원 합의부에서 재판한다. ② 보상청구에 대하여는 법원은 검사와 청구인의 의견을 들은 후 결정을 하여야 한다. ③ 보상청구를 받은 법원은 6개월 이내에 보상결정을 하여야 한다.

규정연도	보상절차
	④ 제2항에 따른 결정의 정본(正本)은 검사와 청구인에게 송달하여야 한다. **제21조의2(보상금 지급기한 등)** ① 보상금 지급청구서를 제출받은 검찰청은 3개월 이내에 보상금을 지급하여야 한다. ② 제1항에 따른 기한까지 보상금을 지급하지 아니한 경우에는 그 다음 날부터 지급하는 날까지의 지연 일수에 대하여 「민법」 제379조의 법정이율에 따른 지연이자를 지급하여야 한다.

1. 보상청구기간의 확대

형사보상법의 개정과정을 살펴볼 때 보상청구의 기간이 확대되어 왔다. 형사보상법에서 보상청구기간의 변경내용을 보면 다음과 같다.

규정연도	보상청구기간
1958년 제정시	**제7조(보상청구의 기간)** 보상의 청구는 무죄재판이 확정된 때로부터 1년 이내에 하여야 한다.
2011년 제8차 개정	**제8조(보상청구의 기간)** 보상청구는 무죄재판이 확정된 사실을 안 날부터 3년, 무죄재판이 확정된 때부터 5년 이내에 하여야 한다.

제정 형사보상법에서는 무죄재판이 확정된 때로부터 1년 이내에 보상청구를 하도록 규정하였던 것을 2011년 개정에서는 무죄재판이 확정된 사실을 안 날부터 3년, 무죄재판이 확정된 때부터 5년 이내에 보상청구를 하도록 개정되었다. 이는 형사보상의 청구기간을 무죄재판이 확정된 때로부터 1년 이내로 제한하는 것은, 국가의 잘못된 형사사법작용에 의하여 신체의 자유라는 중대한 법익을 침해받은 국민의 기본권을 사법상의 권리보다도 가볍게 보호하는 것으로서 부당하다는 헌법재판소의 헌법불합치결정(헌재 2010. 7. 29. 선고 2008헌가4)에 따른 것이다.

한편 제정 형사보상법에서는 보상의 전제가 된 사건에 대한 재심의 청구가 있는 경우에는 보상청구의 정지, 보상지급의 정지, 보상반환을 규정하고 있었는데, 1975년 제3차 개정으로 이러한 규정들이 삭제되었다.

2. 보상결정기간의 명시

제정 형사보상법에서는 형사보상을 결정하는 법원의 결정기간이 명시되지 않았는데, 2018년 개정에서 보상청구를 받은 법원은 6개월 이내에 보상결정을 하도록 규정되었다(형사보상법 제14조 제3항).

이와 관련하여 2015년부터 형사보상결정기간을 '3개월'로 하는 다수의 법률개정안이 이미 발의되어 있었다. 먼저 2015. 1. 2. 전해철 의원 등에 의해서 제안된 개정법률안(의안번호 1913544)[69]과 2016. 8. 12. 서용교 의원 등에 의해서 제안된 개정법률안(의안번호 2001577)[70]에서는 보상청구에 대한 결정의 기한을 그 청구가 제기된 날부터 3개월 이내에 하도록 함으로써 신속한 결정이 가능하도록 하였다. 이후 2016. 11. 2. 박주민 의원 등에 의해서 제안된 개정법률안(의안번호 2003215)[71]과 2017. 2.

---

[69] 2015. 1. 2. 전해철 의원 등에 의해서 제안된 개정법률안에서는, 보상청구에 대한 결정의 기한을 그 청구가 제기된 날부터 3개월 이내에 하도록 함으로써 신속한 결정이 가능하도록 하였다. 형사보상법은 헌법에서 부여하고 있는 형사보상청구권을 구현하기 위하여 형사소송 절차에서 무죄재판 등을 받은 자에 대한 정당한 보상 및 실질적 명예회복을 위한 방법과 절차 등을 규정한 점에서 무죄재판 등을 받은 자에 대한 신속한 보상이 이루어져야 함에도 불구하고 보상결정기한 규정이 미비한 문제점이 드러나고 있으므로, 이를 보완함으로써 무죄재판 등을 받은 자에 대하여 실질적인 피해회복이 가능하도록 하려는 것이었다.

[70] 2016. 8. 12. 서용교 의원 등에 의해서 제안된 개정법률안 역시 보상청구에 대한 결정의 기한을 청구가 제기된 날부터 3개월 이내에 하도록 함으로써 신속한 결정이 가능하도록 하였다(안 제14조제3항). 이 개정법률안에 대한 법제사법위원회 검토보고의 내용은 다음과 같다. "형사보상청구권은 헌법상 보장된 기본권으로, 현행법에 무죄 확정된 피고인이 미결구금 되었거나, 재심 등 절차에서 무죄 확정된 피고인이 원판결에 의하여 구금되거나 형집행된 경우에 그 구금 등에 대한 보상을 청구할 수 있도록 하고 있다. 형사보상 절차를 살펴보면, 보상청구에 의한 법원의 보상결정이 있은 후에 그에 따라 보상금 지급청구를 하면 검찰에서 보상금을 지급하게 된다. 그러나 현행법에 형사보상결정 기한 규정이 없어 형사보상금 청구에 따른 보상결정기간에 아무런 제한이 없는데다, 형사보상청구의 원인이 된 사실 확인에 필요한 사건기록에 대하여 검찰의 송부 지연 등으로 보상결정이 내려지기까지 장시간 소요되고 있는 실정이다."(남궁석, 의안번호 2001577 법제사법위원회 검토보고서), "개정안은 형사보상금 청구에 따른 결정기한을 3개월로 명시적으로 규정하고 있는데, 보상금의 지급지연과 관련한 문제점이 지속적으로 지적되고 있다는 점, 보상금 지급을 규정한 다른 법률에서도 지급결정기한을 규정하고 있다는 점 등을 고려할 때, 형사보상결정이 과도하게 지연되는 것을 방지하고 무죄재판 등을 받은 자에 대한 신속한 보상을 하기 위해 개정안은 적절한 입법조치로 판단된다."(남궁석, 의안번호 2001577 법제사법위원회 검토보고서).

[71] 2016.11.02. 박주민 의원 등에 의해서 제안된 개정법률안에서도 보상청구에 대한 결정의 기한을 그 청구가 제기된 날부터 3개월 이내에 하도록 함으로써 신속한 결정이 가능하도록 하였다(안 제14조제3항). 이 개정법률안에 대한 법제사법위원회 검토보고의 내용은 다음과 같

15. 박범계 의원 등에 의해서 제안된 개정법률안(의안번호 2005655)[72]에서도 보상청구에 대한 결정의 기한을 그 청구가 제기된 날부터 3개월 이내에 하도록 하였다.

이에 대해 법원은 형사보상청구에 관한 결정이 공권력에 의해 인신구속이라는 중대한 법익 침해를 입은 국민에게 그 피해를 보상하는 것이라는 점 및 채무자의 신용상태 변화로 인하여 판결선고기일에 따라 채권 회수 여부가 결정될 수 있는 일반

다. "형사보상청구권은 헌법상 보장된 기본권으로, 현행법은 무죄 확정된 피고인이 미결구금 되었거나, 재심 등 절차에서 무죄 확정된 피고인이 원판결에 의하여 구금되거나 형집행된 경 우에 그 구금 등에 대한 보상을 청구할 수 있도록 하고 있다. 형사보상 절차를 살펴보면, 보 상청구에 의한 법원의 보상결정이 있은 후에 그에 따라 보상금 지급청구를 하면 검찰에서 보 상금을 지급하게 됨. 그러나 현행법에 형사보상청구 결정기한 규정이 없어, 그 결정기간에 아무런 제한이 없는데다, 형사보상청구의 원인이 된 사실 확인에 필요한 사건기록에 대하여 검찰의 송부 지연 등으로 보상결정이 내려지기까지 장시간 소요되고 있는 실정이다."(남궁석, 의안번호 2003215 법제사법위원회 검토보고서). "개정안은 형사보상 청구에 따른 결정기한 을 3개월로 명시적으로 규정하고 있는데, 보상금의 지급지연과 관련한 문제점이 지속적으로 지적되고 있다는 점, 보상금 지급을 규정한 다른 법률에서도 지급결정기한을 규정하고 있다 는 점 등을 고려할 때, 형사보상결정이 과도하게 지연되는 것을 방지하고 무죄재판 등을 받 은 자에 대한 신속한 보상을 하기 위해 개정안은 적절한 입법조치로 판단된다."(남궁석, 의안 번호 2003215 법제사법위원회 검토보고서).

72 2017.02.15. 박범계 의원 등에 의해서 제안된 개정법률안도 보상청구를 받은 법원은 3개월 이내에 보상결정을 하도록 규정하였다(안 제14조제3항 신설). 이 개정법률안에 대한 법제사 법위원회 검토보고의 내용은 다음과 같다. "개정안은 형사보상청구에 대한 법원의 결정기한 을 청구가 제기된 날부터 3개월 이내로 하려는 것이다(안 제14조제3항 신설). 형사보상 절차 를 살펴보면, 보상청구에 의한 법원의 보상결정이 있은 후에 그에 따라 보상금 지급청구를 하면 검찰에서 보상금을 지급하게 되는데, 현행법에 형사보상청구 결정기한 규정이 없어 그 결정기간에 아무런 제한이 없으며, 형사보상청구의 원인이 된 사실 확인에 필요한 사건기록 에 대하여 검찰의 송부 지연 등으로 보상결정이 내려지기까지 장시간 소요되고 있는 실정이 다."(박수철, 의안번호 2005655 법제사법위원회 검토보고서). "개정안은 형사보상 청구에 따 른 결정기한을 3개월로 명시하고 있는바, 보상금의 지급지연과 관련한 문제점이 지속적으로 지적되고 있고, 보상금 지급을 규정한 다른 법률에서도 지급결정기한을 정하고 있다는 점 등 을 고려할 때, 형사보상결정이 과도하게 지연되는 것을 방지하고 무죄재판 등을 받은 자에 대 한 신속한 보상 측면에서, 필요성이 있는 입법조치로 생각된다."(박수철, 의안번호 2005655 법제사법위원회 검토보고서). "다만 법원은 형사보상청구에 관한 결정이 공권력에 의해 인신 구속이라는 중대한 법익 침해를 입은 국민에게 그 피해를 보상하는 것이라는 점, 채무자의 신용상태 변화로 인하여 판결선고기일에 따라 채권 회수 여부가 결정될 수 있는 일반 채권과 달리 형사보상금 채권은 지급불능의 위험이 없는 국가가 그 채무자인 점 등에 비추어 보면, 형사보상청구에 관한 결정에서는 신속한 절차진행 측면보다는 정확하고 정당한 보상액 결정 측면이 보다 중시되어야 한다는 의견을 제시하고 있으므로, 형사보상청구 결정기한은 법원과 정부 및 전문가 등의 의견을 청취하여 입법정책적으로 결정할 사항이라 보인다."(박수철, 의 안번호 2005655 법제사법위원회 검토보고서).

채권과 달리 형사보상금 채권은 지급불능의 위험이 없는 국가가 그 채무자인 점 등
에 비추어 보면, 형사보상청구에 관한 결정에서는 신속한 절차진행 측면보다는 정확
하고 정당한 보상액 결정 측면이 보다 중시되어야 한다는 반대의견을 제시하였다.[73]

그러나 법제사법위원회에서는 보상금의 지급지연과 관련한 문제점이 지속적으
로 지적되고 있다는 점, 보상금 지급을 규정한 다른 법률[74]에서도 지급결정기한을
규정하고 있다는 점 등을 고려할 때, 형사보상결정이 과도하게 지연되는 것을 방지
하고 무죄재판 등을 받은 자에 대한 신속한 보상을 하기 위해 개정안은 적절한 입법
조치로 판단된다는 입장이었다.[75]

3. 보상결정에 대한 불복수단의 인정

제정 형사보상법에서는 보상의 청구기각결정에 대해서만 즉시항고가 가능하고
보상결정에 대해서는 불복을 신청할 수 없었는데, 2011년 개정에서 보상결정에 대
해서도 1주일 이내에 즉시항고가 가능하도록 규정되었다. 보상결정에 대한 불복수
단의 변경내용을 보면 다음과 같다.

규정연도	불복수단
1958년 제정시	**제19조(불복신청)** ① 보상의 결정에 대하여는 불복을 신청할 수 없다. ② 보상의 청구를 기각한 결정에 대하여는 즉시항고를 할 수 있다.
2011년 제8차 개정	**제20조(불복신청)** ① 제17조제1항에 따른 보상결정에 대하여는 1주일 이내에 즉시항고 (卽時抗告)를 할 수 있다. ② 제17조제2항에 따른 청구기각 결정에 대하여는 즉시항고를 할 수 있다.

보상청구 기각결정에 대해서만 즉시항고를 허용하고, "보상의 결정에 대하여는
불복을 신청할 수 없다."고 규정하였던 (구)형사보상법 제19조 제1항에 대해 헌법재

---

73 박수철, 의안번호 2005655 법제사법위원회 검토보고서 참조.
74 5·18민주화운동 관련자 보상 등에 관한 법률 제9조(지급 신청을 받은 날부터 90일 이내), 민
    주화운동 관련자 명예회복 및 보상 등에 관한 법률 제11조(지급 신청을 받은 날부터 90일 이
    내), 부마민주항쟁 관련자의 명예회복 및 보상 등에 관한 법률 제25조(지급신청을 받은 날부
    터 90일 이내), 삼청교육피해자의 명예회복 및 보상에 관한 법률 제9조(지급신청을 받은 날
    부터 5개월 이내), 국가배상법 제13조(배상신청을 받으면 심의를 거쳐 4주일 이내).
75 남궁석, 의안번호 2001577 법제사법위원회 검토보고서.

판소는 위헌결정을 하였다. 헌법재판소는 "보상액의 산정에 기초되는 사실인정이나 보상액에 관한 판단에서 오류나 불합리성이 발견되는 경우에도 그 시정을 구하는 불복신청을 할 수 없도록 하는 것은 형사보상청구권 및 그 실현을 위한 기본권으로서의 재판청구권의 본질적 내용을 침해하는 것"이고 "법적안정성만을 지나치게 강조함으로써 재판의 적정성과 정의를 추구하는 사법제도의 본질에 부합하지 아니하는 것"이라고 판단하였다.[76] 이에 2011. 5. 23. 형사보상법 제8차 개정에서 현재와 같이 "보상결정에 대하여는 1주일 이내에 즉시항고(卽時抗告)를 할 수 있다"고 규정되었다.

4. 보상금지급 청구기간의 확장

"보상결정이 송달된 후 1년 이내에 보상지급의 청구를 하지 아니할 때에는 권리를 상실한다."고 규정되었던 (구)형사보상법 규정이 2009년 헌법재판소에서 문제되었다. 하지만 이 헌법소원심판청구에 대해 헌법재판소는 피청구인의 사건 통지가 청구인의 법률관계나 법적 지위에 영향을 미치는 헌법소원의 대상이 되는 공권력의 행사라고 할 수 없으므로, 청구인의 심판청구는 헌법소원의 대상이 되지 아니하여 부적법하다고 각하결정을 하고, 위헌성 여부에 대해서는 판단하지 않았다.[77]

그러나 2011년 형사보상법 개정시에 보상금지급 청구기간도 개정되어 "보상결정이 송달된 후 2년 이내에 보상금 지급청구를 하지 아니할 때에는 권리를 상실"하도록 지급청구기간이 확장되었다(형사보상법 제21조 제3항). 법원의 형사보상의 결정으로 발생한 청구권의 제척기간을 장기로 변경한 것은 국민의 입장에서 바람직한 개정이다. 다만 보상금지급의 청구기간을 2년으로 규정한 현행 형사보상법규정에 대해서, 형사보상결정이 있는 경우 국가는 이를 이행하는 것이 의무이므로 형사보상금 청구기간을 제한하는 규정 그 자체를 삭제해야 한다는 비판이 제기된다.[78]

2015. 1. 2. 전해철 의원 등에 의해서 제안된 형사보상법개정법률안에서는 형사보상금 지급청구 제척기간 규정을 삭제하여 무죄 피고인의 권리보호를 강화하도록

---

76 헌재 2010. 10. 28. 선고 2008헌마514 등.
77 헌재 2010. 5. 27. 선고 2009헌마421. 반면 이러한 제한은 위헌이라는 재판관 조대현의 반대 의견이 있었다.
78 국민권익위원회 의결, 의안번호 제2013-290호, 13면.

하였고(안 제21조 제3항 삭제),[79] 2016. 11. 2. 박주민 의원 등에 의해서 제안된 형사
보상법개정법률안에서는 형사보상금 지급청구 제척기간을 1년 연장하여 무죄 피고
인의 권리보호를 강화하였다(안 제21조 제3항).[80]

5. 지연이자 지급의 명시

구 형사보상법에는 형사보상의 결정을 받은 사람이 국가에 형사보상금의 지급
을 청구한 경우에 국가가 예산상의 이유로 보상금의 지급을 신속하게 하지 못하는
경우에 대한 규정을 두고 있지 않았고, 실제로 형사보상금 지급청구에 대해서 국가
는 예산부족을 이유로 다음년도 예산이 배정될 때까지 보상금 지급을 미루는 경우
가 다수 발생하였다. 이에 보상금지급기한을 규정하고 지연시 지연이자를 지급하도
록 하는 법률안이 거듭 제안되었다.
　① 2014. 7. 28. 함진규 의원 등이 제안한 법률안(의안번호 1911267)에 의하면 보

79　이에 대한 법제사법위원회의 검토보고서(수석전문위원 남궁석)에 의하면, 제척기간에 관한 규
　　정을 삭제하여 무죄 피고인의 권리보호를 강화하려는 개정안의 입법취지는 타당한 것으로 판
　　단되나, 제척기간을 인정하는 취지가 권리자로 하여금 해당 권리를 신속하게 행사하도록 함으
　　로써 법률관계를 조속히 확정하려는 데 있고(대법원 1995. 11. 10. 선고 94다22682/22699
　　판결), 보상금 청구에 관한 다른 법률에서도 권리의 소멸시효를 인정하는 규정을 두고 있음을
　　고려(소멸시효가 일정한 기간의 경과와 권리의 불행사라는 사정에 의하여 권리소멸의 효과를
　　가져 오는 것과 달리 제척기간은 그 기간의 경과 자체만으로 권리 소멸의 효과를 가져 옴)하
　　여 신중한 검토가 필요하다고 평가하였다. 다만, 보상금 지급청구 제척기간과 관련하여 무죄
　　피고인의 권리보호를 강화하려는 개정안의 입법취지와 법률관계를 조속히 확정하려는 제도의
　　취지를 고려할 때, 보상금 청구에 관한 다른 입법례를 참고하여 보상금 지급청구 기간을 현행
　　2년에서 '3년으로 연장'하는 방안을 검토해 볼 수 있을 것이라는 의견이 제시되었다.
80　이에 대해서 법무부는 형사보상금 지급청구는 법원의 보상결정에 의해 확정된 보상금 채무의
　　이행을 검찰에 청구하는 것에 불과하여 법원에 대한 형사보상 청구기한(형사보상법 제8조)
　　만큼 장기간으로 규정할 필요가 없고, 불기소처분을 받은 피의자의 형사보상금 지급청구 기
　　간(2년)과 균형이 필요하므로 신중한 검토가 필요하다는 입장이었다.
　　개정법률안에 대한 법제사법위원회의 검토보고서(수석전문위원 남궁석)에 의하면, 개정안은
　　형사보상금 지급청구 제척기간을 연장하여 피고인의 권리보호를 강화하려는 것으로 입법취
　　지는 타당한 것으로 판단되나 보상금 청구에 관한 다른 법률의 보상금 지급청구 제척기간 등
　　을 고려(5·18민주화운동 관련자 보상 등에 관한 법률에서는 1년, 민주화운동 관련자 명예회
　　복 및 보상 등에 관한 법률에서는 1년, 부마민주항쟁 관련자의 명예회복 및 보상 등에 관한
　　법률에서는 1년, 삼청교육피해자의 명예회복 및 보상에 관한 법률에서는 3년)하여 결정할 사
　　항이라고 평가하였다.

상금 지급청구서가 접수된 날부터 30일 이내에 보상금을 지급하도록 하고, 그 기간 내에 보상금이 지급되지 아니하는 경우에는 민법 제379조에 따른 법정이율을 적용하여 계산한 금액을 가산하여 지급하도록 하여 형사보상과 관련된 국민의 권리를 제고하고자 하였다. ② 2014. 12. 9. 서영교 의원 등이 제안한 법률안(의안번호 1912996)도 앞의 의안번호 1911267과 유사한 내용이다. ③ 2015. 1. 2. 전해철 의원 등이 제안한 법률안(의안번호 1913544)도 앞의 법률안과 유사한 내용이었는데, 지급기한을 지급청구서 접수 후 15일 이내로 규정하였고, 기한 경과 후 지연일수에 대하여 40/100 이내 범위에서 대통령령으로 정하는 이율로 지연이자를 적용하였다. ④ 앞의 개정법률안(의안번호 1911267, 1912996, 1913544)이 모두 임기만료로 폐기된 후, 2016. 8. 12. 서영교 의원 등이 다시 개정법률안(의안번호 2001577)을 제안하였다. 이 개정안은 형사보상금 지급기한을 3개월 이내로 명시하고, 그 기한 내 지급하지 아니한 경우 기한 다음 날부터 지급하는 날까지 연 100분의 20 이내의 범위에서 은행법에 따른 은행이 적용하는 연체금리 등을 고려하여 대통령령으로 정하는 이율에 따라 지연이자를 지급하도록 하려는 것이었다. ⑤ 2016. 11. 2. 박주민 의원 등이 제안한 법률개정안(의안번호 2003215)에서는 형사보상금 지급기한을 3개월 이내로 명시하고, 그 기한 내 지급하지 아니한 경우 기한 다음 날부터 지급하는 날까지 연 40/100 이내의 범위에서 은행법에 따른 은행이 적용하는 연체금리 등을 고려하여 대통령령으로 정하는 이율에 따라 지연이자를 지급하도록 하려는 것이었다. ⑥ 2017. 2.15. 박범계 의원 등이 제안한 개정법률안(의안번호 2005655)에서도 검찰청은 보상금 지급청구를 받은 때로부터 10일 내에 보상금을 지급하도록 하였다.

이러한 상황에서 2017년 대법원은, 국가가 보상금지급의 청구를 받고도 청구인에 대한 보상금의 지급을 지체한다면, 금전채무를 불이행한 것으로 보아 국가는 청구인에게 미지급 보상금에 대한 지급 청구일 다음 날부터 민법 제397조에 따라 지연손해금을 가산하여 지급하여야 한다고 판결하였다.[81]

이후 2018년 형사보상법이 개정되어 보상금 지급기한과 지연이자가 규정되었다. 개정된 형사보상법에 의하면, 보상금 지급청구서를 제출받은 검찰청은 3개월 이내에 보상금을 지급하여야 한다(형사보상법 제21조의2 제1항). 이 기한까지 보상금을 지급하지 아니한 경우에는 그 다음 날부터 지급하는 날까지의 지연 일수에 대하여

---

81 대법원 2017. 5. 30. 선고 2015다223411 판결.

민법 제379조의 법정이율에 따른 지연이자를 지급하여야 한다(동조 제2항).

6. 보상공지의 확대

형사보상법의 개정과정을 살펴볼 때 보상결정 및 보상근거의 공지제도가 확대되어 왔다. 형사보상법에서 보상공지의 변경내용을 보면 다음과 같다.

규정연도	보상공지
1958년 제정시	**제24조(보상결정의 공시)** ① 법원은 보상의 결정이 확정되었을 때에는 2주일내에 보상결정의 요지를 관보에 게재하여 공시하여야 한다. ② 전항의 규정은 제5조제2항 전단에 규정된 이유로써 보상의 청구를 기각하는 결정이 확정되었을 때에 이를 준용한다.
1981년 제4차 개정	**제24조(보상결정의 공시)** ① ————————————————. 이 경우 보상의 결정을 받은 자의 신청이 있을 때에는 그 결정의 요지를 신청인이 선택하는 2종 이상의 일간신문에 각 1회 공시하여야 하며 그 공시는 신청일로부터 30일 이내에 하여야 한다.
2011년 제8차 개정	**제30조(무죄재판서 게재 청구)** 무죄재판을 받아 확정된 사건(이하 "무죄재판사건"이라 한다)의 피고인은 무죄재판이 확정된 때부터 3년 이내에 확정된 무죄재판사건의 재판서(이하 "무죄재판서"라 한다)를 법무부 인터넷 홈페이지에 게재하도록 해당 사건을 기소한 검사가 소속된 지방검찰청(지방검찰청 지청을 포함한다)에 청구할 수 있다.

제정 형사보상법에서부터 보상결정을 공시하도록 하는 제도가 존재하였다. 그러나 법원의 관보에 공시하도록 하여 일반 국민에 대한 공시의 효과가 작을 수밖에 없었다. 이에 1981년 개정에서는 2종 이상의 일간신문에 보상결정을 공시하도록 하였고, 2011년에는 보상결정의 공시 외에도 무죄재판이 확정된 경우의 무죄재판서를 법무부 인터넷 홈페이지에 게재하는 제도도 신설되었다.

제4장

/ 형사보상법에 따른 형사보상 /

제 1 절 ・ 의의

앞서 보았듯이 우리나라에서 형사보상이 등장한 것은 일제강점기이다. 1911년 조선총독부 제령 제11호 '조선형사령'을 통해 일본형법이 의용되었고, 1912년 조선 형사령 제1조에 "형사에 관한 사항은 본령 기타 다른 법령에 특별한 규정이 있는 경우를 제외하고는 다음 법령에 의한다."고 규정하여, 형사절차에 대해서 당시 일본에서 적용되었던 이른바 메이지 형사소송법(1890)이 적용되었다.[1] 일제강점기의 형사보상법은 형사사법의 국가적 전단의 테두리를 벗어나지 못한 것이었고 일제의 일방적인 처사로 인정되었기 때문에 실효성이 적은, 형식적이고 명목적인 것에 불과하였다.[2] 그러나 조선형사령에 의하여 의용된 일본 (구)형사보상법은 우리의 형사보상법이 시행된 1959. 1. 1.이전까지 적용되었다.

헌법은 1948. 7. 17. 제헌 당시부터 형사보상을 인정하였는데, "형사피고인으로서 구금되었던 자가 무죄판결을 받은 때에는 법률의 정하는 바에 의하여 국가에 대하여 보상을 청구할 수 있다."고 형사보상청구권을 규정한 제헌헌법 제24조가 그것이다. 헌법상 기본권으로 보장된 형사보상청구권을 구체적으로 실현하기 위해서 1958. 8. 13. 제정되어 1959. 1. 1.부터 시행되어 오고 있는 법률 제494호가 바로 「형사보상법」이다. 제정 형사보상법은 전문 28개로 구성되었고 현재까지 제정 당시

---

1 신양균, 형사소송법(신판), 2009, 21면.
2 김기두, 刑事補償法制定의 意義, 사상계 1958.10, 138면; 김기두, 형사소송법(전정신판), 1986, 352면.

의 기본 틀이 유지되고 있다. 다만 2011년에는 수사나 재판과정에서 훼손된 명예를 회복시킬 수 있도록 하는 것을 주요 내용으로 하는 법률개정이 이루어져 명칭이 「형사보상 및 명예회복에 관한 법률」로 변경되었다.

형사보상법은 제정 이후 2020년까지 10차례의 개정이 이루어졌는데, 개정의 방향은 '형사보상의 확대'이다. 이러한 기조로 개정되어 온 현행법상의 형사보상대상은, ① 피고인으로 무죄판결을 받은 자나 그에 준하는 자에게 미결구금 및 형의 집행으로 인한 피해를 보상하는 경우, ② 피의자로서 불기소처분을 받은 자에게 미결구금으로 인한 피해를 보상하는 경우, ③ 피치료감호인으로서 청구기각판결을 받은 자에게 구금으로 인한 피해를 보상하는 경우로 구분해 볼 수 있는바, 아래에서는 현재의 형사보상법에 따른 피고인보상, 피의자보상, 그 외의 경우를 나누어 설명하기로 한다.

제 2 절 · 피고인보상

Ⅰ. 개관

형사소송법의 일반절차 또는 재심·비상상고절차에서 무죄재판을 받아 확정된 사건의 피고인이 미결구금을 당하였을 때에는 국가에 대하여 그 구금에 대한 보상을 청구할 수 있고(형사보상법 제2조 제1항), 그 외에 상소권회복에 의한 상소, 재심 또는 비상상고의 절차에서 무죄재판을 받아 확정된 사건의 피고인이 원판결에 의하여 구금되거나 형 집행을 받았을 때에는 구금 또는 형의 집행에 대한 보상을 청구할 수 있다(동조 제2항). 특히 피고인에 대한 형사보상은 피의자의 경우와 달리 미결구금에 대해서뿐만 아니라 형의 집행에 대해서도 인정되는데, 근래 형벌규정에 대한 헌법재판소의 위헌결정이 이어지면서 이미 집행된 벌금형에 대한 보상청구가 급증하였다.[3]

피고인의 형사보상의 청구는 2단계로 구분된다. 제1단계는 무죄판결을 받은 형사피고인이 무죄재판을 한 법원에 대하여 형사보상여부에 대한 결정을 청구하는 절차

---

3 제4장 제6절 Ⅰ 참조.

(형사보상청구절차)이다. 청구인이 무죄재판이 확정된 사실을 안 날부터 3년, 무죄재판이 확정된 때부터 5년 이내에 무죄재판을 한 법원에 형사보상청구서(재판서 등본 및 확정증명서 첨부)를 제출하면, 법원은 보상청구에 대하여 검사와 청구인의 의견을 들은 후 형사보상 여부를 결정하고 결정서의 정본을 검사와 청구인에게 송달한다. 제2단계는 법원의 형사보상 결정 후 검찰청에 보상금지급을 청구하는 절차(보상금지급청구절차)이다. 청구인이 보상결정서 송달 후 2년 이내에 보상을 결정한 법원에 대응하는 검찰청에 보상금 지급청구서(법원의 보상결정서 첨부)를 제출한다.

Ⅱ. 피고인보상의 요건

1. 적극적 요건

헌법 제28조에 따르면 형사피고인으로서 구금되었던 사람이 무죄판결을 받은 경우에 국가에 정당한 보상을 청구할 수 있다(헌법 제28조). 이것을 피고인보상이라고 하며, 형사보상법 제2조 이하에 구체화되어 있다.

(1) 무죄판결에 따른 미결구금의 보상

피고인보상이 인정되는 첫 번째 경우는 형사소송법의 일반절차 또는 재심·비상상고절차에서 무죄재판을 받아 확정된 사건의 피고인이 미결구금을 당하였을 때이다(형사보상법 제2조 제1항). 이 조항은 재판에 의하여 무죄의 판단을 받은 자가 재판에 이르기까지 억울하게 미결구금을 당한 경우 보상을 청구할 수 있도록 하기 위한 것이다.[4]

법원에서 실제 선고되는 무죄판결은 적지 않은데, 제1심 형사공판사건에 있어서 무죄율은 2011년 19.44%, 2012년 23.49%, 2013년 14.11%, 2014년 8.76%, 2015년 5.14%, 2016년 3.72%, 2017년 3.65%이다.[5]

피고사건이 범죄로 되지 아니하여 무죄판결 된 경우(형사소송법 제325조 전단)와 범죄사실의 증명이 없어 무죄판결된 경우(동조 후단) 모두 미결구금에 대해서 형사

---

4 대법원 2016. 3. 11.자 2014모2521 결정.
5 법원행정처, 2018 사법연감, 2019, 685면.

보상을 청구할 수 있다. 형벌에 관한 법령이 헌법재판소의 위헌결정으로 인하여 소
급하여 그 효력을 상실하였거나 법원에서 위헌·무효로 선언된 경우, 법원은 당해
법령을 적용하여 공소가 제기된 피고사건에 대해서 형사소송법 제325조에 따라 무
죄를 선고한다.6

확정된 무죄판결은 판결 주문에서 무죄가 선고된 경우뿐만 아니라 판결 이유에
서 무죄로 판단된 경우에도 미결구금 가운데 무죄로 판단된 부분의 수사와 심리에
필요하였다고 인정된 부분에 관하여는 보상을 청구할 수 있다.7 예를 들어 항소심법
원이 예비적 공소사실을 유죄로 인정하여 주위적 공소사실에 대하여는 이유에서만
무죄를 밝히고 주문에서 따로 무죄의 선고를 하지 않은 사안에서,8 미결구금일수 대
부분이 무죄판단을 받은 주위적 공소사실에 대한 수사 및 심리만을 위하여 필요하
였던 경우에는 형사보상 청구권이 인정된다.9

또한 판결 주문에서 경합범의 일부에 대하여 유죄가 선고되더라도 다른 부분에
대하여 무죄가 선고되었다면 형사보상을 청구할 수 있지만, 이 경우 미결구금일수
의 전부 또는 일부가 선고된 형에 산입되는 것으로 확정되었다면 그 산입된 미결구
금 일수는 형사보상의 대상이 되지 않는다.10 유죄에 대한 본형에 산입되는 것으로
확정된 미결구금은 형의 집행과 동일시되고 형사보상할 미결구금 자체가 아니어서
본형이 실형이든 집행유예가 부가된 형이든 불문하고 그 산입된 미결구금 일수는

6 대법원 2013. 5. 16. 선고 2011도2631 전원합의체 판결.
7 대법원 2016. 3. 11.자 2014모2521 결정.
8 청구인은 2004. 8. 5. 변호사법 위반으로 구속되어 2004. 8. 11. 기소된 후 2004. 10. 22. 서
   울지방법원(2004고합971)으로부터 징역 3년의 형을 선고받았다. 이에 청구인은 제1심판결에
   항소하였으며 2005. 3. 29. 법원(2004노2930)에서 보석으로 석방되었다(청구인은 위 피고사
   건으로 2004. 8. 5.부터 2005. 3. 29.까지 237일간 미결구금을 당한 셈이다). 검찰은 2005. 9.
   14.에 이르러 부동산중개업법 위반의 점을 예비적으로 추가하는 공소장변경을 신청하였고,
   법원은 같은 날 공소장변경을 허가하였다. 법원은 2005. 9. 30. 청구인에 대하여 "변호사법
   위반의 점에 대하여는 무죄로 판단되고, 다만 항소심에서 예비적으로 추가된 공소사실인 부
   동산중개업법 위반의 점에 대하여는 유죄로 인정되어 벌금 300만 원과 1일 환형유치금액을
   5만 원으로 하되, 원심판결 선고 전의 구금일수 중 60일을 위 벌금에 관한 노역장유치기간에
   산입한다."는 내용의 판결을 선고하였다(예비적 공소사실인 부동산중개업법 위반의 점을 유죄
   로 인정하는 관계로 주위적 공소사실인 변호사법 위반의 점에 대하여는 이유에서만 무죄를 밝
   히고 주문에서 따로 무죄의 선고를 하지 않았다). 청구인은 항소심판결에 상고하였다가 2006.
   7. 6. 상고를 취하하여 같은 날 항소심판결은 확정되었다.
9 서울고등법원 2007. 3. 22.자, 2006코17 결정.
10 대법원 2017. 11. 28.자 2017모1990 결정.

형사보상의 대상이 될 수 없는 것이다.[11]

(2) 무죄판결에 따른 형집행의 보상

피고인보상이 인정되는 두 번째 경우는 상소권회복에 의한 상소, 재심 또는 비상상고의 절차에서 무죄재판을 받아 확정된 사건의 피고인이 원판결에 의하여 구금되거나 형 집행을 받았을 때이다(형사보상법 제2조 제2항). 재심이 개시된 사건에서 형벌에 관한 법령이 재심판결 당시 폐지되었다 하더라도 그 폐지가 당초부터 헌법에 위배되어 효력이 없는 법령에 대한 것이었다면 형사소송법 제325조 전단이 규정하는 '범죄로 되지 아니한 때'의 무죄사유에 해당한다.[12]

피고인보상은 피의자보상과 달리 미결구금에 대해서뿐만 아니라 형의 집행에 대해서도 인정되는데, 근래 형벌규정에 대한 헌법재판소의 위헌결정이 이어지면서 이미 집행된 벌금형에 대한 보상청구가 급증하였다.[13]

그러나 형감경의 판결에 대해서는 형사보상을 인정하지 않고 있으므로, 가령 재심판결[14]에서 재심대상판결[15]보다 6개월이 줄어든 형이 선고되자 6개월의 구금일수에 대하여 형사보상을 청구한 경우는 형사보상이 인정되지 않았다.[16]

---

11 대법원 2017. 11. 28.자 2017모1990 결정.
12 대법원 2013. 5. 16. 선고 2011도2631 전원합의체 판결.
13 제4장 제6절 Ⅰ. 참조.
14 의정부지방법원 2016재고합9, 특정범죄가중법위반(절도) 등으로 징역 2년 6월 확정.
15 의정부지방법원 2006고합98, 징역 3년 확정.
16 의정부지방법원 2017코1. 형사보상청구가 기각되자 청구인은 2017. 4. 11. 형사보상법 제2조 제1항, 제2항, 제4조 제3호에 대하여 헌법소원심판을 청구하였지만 청구기간을 준수하지 못하였다는 이유로 각하되었고(헌재 2017. 5. 2. 선고 2017헌마388), 2017. 5. 10. 형사보상법 제2조 제2항, 제4조 제3호, 제26조 제1항 제1호에 대하여 헌법소원심판을 청구하였다가 같은 이유로 각하되었다(헌재 2017. 5. 10. 선고 2017헌마461). 이후 청구인은 2017. 6. 1. 형사보상법 제2조 제2항, 제4조 제3호, 제26조 제1항 제1호, 헌법재판소법 제68조 제1항에 대하여 헌법소원심판을 청구하였으나, 이미 형사보상법 법률조항들의 위헌확인을 구하는 헌법소원심판을 청구하였다가 각하결정을 받았으므로 형사보상법 법률조항들에 대한 거듭된 심판청구는 헌법재판소법 제39조의 일사부재리 원칙에 위배되어 부적법하고, 헌법재판소법 제68조 제1항으로 말미암아 청구인이 기본권 침해를 받았다는 점에 관하여 구체적이고 명확한 주장을 하고 있지 않으므로 이 부분 심판청구 역시 부적법하다는 이유로 각하되었다(헌재 2017. 6. 13. 선고 2017헌마617).

(3) 형식재판에 따른 보상

피고인보상이 인정되는 세 번째 경우는 면소 또는 공소기각의 재판을 받아 확정된 피고인이 면소 또는 공소기각의 재판을 할 만한 사유가 없었더라면 무죄재판을 받을 만한 현저한 사유가 있었을 경우이다(형사보상법 제26조 제1항 제1호). 이 경우 보상에 대하여는 무죄재판을 받아 확정된 사건의 피고인에 대한 보상에 관한 규정을 준용한다(동조 제2항).

범죄 후 법률의 변경에 의하여 그 행위가 범죄를 구성하지 아니한 경우에는 신법이 적용되어(형법 제1조 제2항) 소송추행이익이 없으므로 면소판결을 선고하게 되고, 공소시효가 완성되면 공소권이 소멸되어 소송추행이익이 없으므로 역시 면소판결을 선고하게 된다. 법원은 소송조건이 결여된 경우에 피고사건에 대해서 심리와 재판을 행할 수 없고, 면소판결과 같은 형식재판을 통해서 절차를 종결하게 된다. 면소판결에 대하여 무죄판결을 구하는 상소는 상소이익이 없어 허용되지 않는다.[17] 따라서 실체재판을 받지 못하고 면소판결이 선고된 경우라도 실체재판을 받았다면 무죄판결을 받았을 경우에는 형사보상을 인정하는 것이다.

또한 친고죄에 있어서 공소제기 전에 고소의 취소가 있었던 경우 법원은 형식재판인 공소기각의 판결을 선고하여야 할 것이지 범죄의 증명이 없다고 무죄의 선고를 할 수는 없다.[18] 형식재판에 대하여 피고인이 무죄판결을 구하는 상소도 상소이익이 없어 허용되지 않는다.[19] 따라서 실체재판을 받지 못하고 공소기각재판이 이루어진 경우라도 실체재판을 받았다면 무죄판결을 받았을 경우에는 형사보상을 인정한다.

2. 소극적 요건

위와 같은 적극적 요건을 충족하더라도 다음과 같은 경우에 법원은 재량으로 보상의 전부 또는 일부를 기각할 수 있다.

---

17 대법원 1984. 11. 27. 선고 84도2106 판결.
18 대법원 2002. 7. 12. 선고 2001도6777 판결.
19 대법원 2008. 5. 15. 선고 2007도6793 판결.

(1) 책임무능력의 경우

형법 제9조(미성년자) 또는 형법 제10조 제1항(심신상실자)의 사유로 무죄재판을 받은 경우이다(형사보상법 제4조 제1호). 어머니에 대한 존속살해 혐의로 긴급체포되어 구속된 후 심신상실을 이유로 무죄를 선고받고 석방된 사람이 구금에 대한 형사보상금을 청구한 사안에서,[20] 법원은 청구인이 잘못도 없는 자신의 친어머니를 잔인하게 살해하는 패륜을 범하였으므로 (비록 심신상실의 상태에 있었더라도) 인륜적인 측면이나 법적인 정의의 관념에 비추어 형사보상청구를 기각한다고 결정하였다.[21]

(2) 허위자백 등의 경우

본인이 수사 또는 심판을 그르칠 목적으로 거짓 자백을 하거나 다른 유죄의 증거를 만듦으로써 기소, 미결구금 또는 유죄재판을 받게 된 것으로 인정된 경우이다(형사보상법 제4조 제2호). 법원이 보상청구의 전부 또는 일부를 기각하기 위해서는 본인이 단순히 허위의 자백을 하거나 또는 다른 유죄의 증거를 만드는 것만으로는 부족하고 본인에게 '수사 또는 심판을 그르칠 목적'이 있어야 하는데, '수사 또는 심판을 그르칠 목적'은 헌법 제28조가 보장하는 형사보상청구권을 제한하는 예외적인 사유임을 감안할 때 신중하게 인정하여야 하고, 형사보상청구권을 제한하고자 하는 측에서 입증하여야 하며, 수사기관의 추궁과 수사 상황 등에 비추어 볼 때 본인이 범행을 부인하여도 형사처벌을 면하기 어려울 것이라는 생각으로 부득이 자백에 이르게 된 것이라면 '수사 또는 심판을 그르칠 목적'이 있었다고 섣불리 단정할 수는 없다.[22] 따라서 군용물손괴죄로 구금된 공군 중사가 수사기관에서 범행을 자백하다

---

20 청구인은 2005. 9. 15. 어머니에 대한 존속살해 혐의로 긴급체포되어 구속된 후 2005. 11. 2. 부산지방법원 2005고합513호로 기소되었는데, 위 법원은 2005. 12. 23. 이를 유죄로 인정하고 청구인에 대하여 징역 7년을 선고하였다. 이에 청구인이 항소를 제기하였으나 항소가 기각되자 상고를 제기하였는데, 대법원(2006도1854호)은 2006. 6. 2. "청구인이 범행 당시 정신분열증에 의한 망상에 지배되어 사물의 선악과 시비를 구별할 만한 판단능력이 결여된 상태에 있었다고 볼 여지가 많다"는 이유로 원심판결을 파기 환송하였다. 환송 후 법원(2006노307호)은 2006. 11. 1. 청구인이 범행 당시 심신상실의 상태에 있었다고 판단하여 청구인에 대하여 무죄를 선고하였고, 이에 따라 청구인은 같은 날 석방되었으며, 검사가 상고를 제기하지 않아 위 판결은 2006. 11. 9. 확정되었다.

21 부산고등법원 2008. 3. 21.자 2007코8 결정(확정).

22 대법원 2008. 10. 28.자 2008모577 결정.

가 다시 부인하며 다투어 무죄의 확정판결을 받고 형사보상청구를 한 경우, 자신이 범인으로 몰리고 있어서 형사처벌을 면하기 어려울 것이라는 생각과 거짓말탐지기 검사 등으로 인한 심리적인 압박 때문에 허위의 자백을 하였다면, 형사보상청구의 기각 요건인 '수사 또는 심판을 그르칠 목적'에 해당하지 않는다.[23]

(3) 경합범에서 일부무죄의 경우

1개의 재판으로 경합범의 일부에 대하여 무죄재판을 받고 다른 부분에 대하여 유죄재판을 받았을 경우이다(형사보상법 제4조 제3호). 그런데 이 경우는 형사보상의 청구가 불가능한 것은 아니며, 다만 법원이 형사보상청구의 일부나 전부를 기각할 수 있다는 점에 주의해야 한다. 대법원도 판결 주문에서 경합범의 일부에 대하여 유죄가 선고되더라도 다른 부분에 대하여 무죄가 선고되었다면 형사보상을 청구할 수 있다고 한다.[24] 그리고 판결 주문에서 무죄가 선고되지 아니하고 판결 이유에서만 무죄로 판단된 경우에도 미결구금 가운데 무죄로 판단된 부분의 수사와 심리에 필요하였다고 인정된 부분에 관하여는 판결 주문에서 무죄가 선고된 경우와 마찬가지로 형사보상을 청구할 수 있다.[25]

3. 형사보상 불인정의 사례

형사보상의 인정여부가 다투어졌으나 형사보상을 인정하지 않은 구체적 사례를 살펴보면 다음과 같다.

① 상습적으로 125회에 걸쳐 타인의 재물을 절취하거나 미수에 그쳤다는 특정범죄가중법위반(절도)의 공소사실로 2009. 9. 29. 기소되어 1심법원에서 징역 2년을 선고받은 청구인이 이에 불복하여 항소하였는데, 항소심에서 검사는 125회 절도 및 절도미수의 공소사실 중 120회의 절도 및 절도미수의 공소사실(제1공소사실)을 철회하고, 5회의 절도 및 절도미수의 공소사실(제2공소사실)에 대해서만 공소를 유지하는 것으로 공소장을 변경하여 청구인은 2011. 1. 6. 항소심에서 제2공소사실에 대하여 징역 1년 6월에 집행유예 2년을 선고받아 확정되었다. 이 사건에서 청구인은 2009.

---

23 대법원 2008. 10. 28.자 2008모577 결정.
24 대법원 2017. 11. 28.자 2017모1990 결정.
25 대법원 2017. 11. 28.자 2017모1990 결정.

9. 19. 제2공소사실 중 일부 범죄사실로 긴급체포된 후, 제2공소사실 중 일부 범죄사실과 제1공소사실 중 일부 범죄사실로 구속영장이 발부되어 구금되었고 항소심 계속 중인 2010. 5. 25. 보석결정으로 석방되었다. 이후 형 집행을 마친 청구인이 미결구금일수에 대하여 법원에 형사보상을 청구하였고, 소송 계속 중 형사보상법 제26조 제1항 제1호에 대한 위헌법률심판제청신청을 하자 법원은 "청구인에 대한 항소심 재판에서 제1공소사실이 철회되지 아니하고 청구인이 이 부분에 대해 무죄판결을 받았더라도, 형법 제57조 제1항에 따라 청구인의 미결구금일수 249일은 이미 항소심에서 유죄로 인정된 제2공소사실에 대한 징역형에 산입되었으므로, 더 이상 형사보상의 대상이 되는 미결구금일수가 존재하지 않는다. 따라서 심판대상조항의 위헌 여부에 따라 당해사건 재판의 주문이 달라지거나 재판의 내용과 효력에 관한 법률적 의미가 달라진다고 볼 수 없으므로 심판대상조항의 위헌 여부가 본안 사건 재판의 전제가 된다고 할 수 없다."라고 판시하여 각하결정을 하였다.[26]

② 청구인은 '2006. 3. 1.경부터 같은 해 4. 25.경까지 사이에 부산 사상구 이하 불상지에서 향정신성의약품인 메스암페타민 약 0.03g을 생수에 용해시켜 1회용 주사기를 이용하여 자신의 팔 정맥혈관에 주사하거나 복용하는 방법으로 이를 투약하였다'는 공소사실로 기소되어, 부산지방법원에서 마약류관리에관한법률위반(향정)죄로 징역 1년을 선고받고[27] 항소하여 항소기각판결을 선고받자,[28] 상고하였는데 대법원은 위 공소사실이 특정되지 아니하여 형사소송법 제254조 제4항의 요건을 갖추지 못하였으므로 공소제기의 절차가 법률의 규정에 위반하여 공소가 무효라는 취지로 원심판결을 파기하고 위 사건을 원심법원에 환송하였다.[29] 이에 원심법원인 부산지방법원은 제1심 판결을 파기하고 공소를 기각하는 판결을 선고하자,[30] 검찰이 상고한 대법원에서 상고기각판결이 선고되어 청구인에 대한 공소기각 판결이 확정되었다.[31] 이 사건에서 청구인은 국가에 대하여 위 소송 진행 중의 구금에 관하여 형사보상을 청구하는 소송을 제기하였으나, 법원에서 '공소기각의 재판을 할 만한 사유가

---

26 수원지방법원 2014. 5. 2.자 2014초기239 결정.

27 부산지방법원 2006. 8. 8. 선고 2006고단2171 판결.

28 부산지방법원 2007. 1. 4. 선고 2006노2222 판결.

29 대법원 2007. 4. 26. 선고 2007도682 판결.

30 부산지방법원 2007. 7. 5. 선고 2007노1415 판결.

31 대법원 2007. 11. 15. 선고 2007도6316 판결.

없었더라면 무죄의 재판을 받을 만한 현저한 사유가 있는 때'에 해당하지 않는다는 이유로 청구인의 형사보상청구를 기각하였고,[32] 항고심에서도 항고기각되었다.[33]

Ⅲ. 구금에 대한 피고인보상

1. 구금

(1) 구금의 의의

구금이란 미결구금과 기결구금을 총칭하는데,[34] 미결구금은 판결선고 전의 구금(형법 제57조)을 말하고 기결구금은 원판결에 의한 징역형, 금고형, 구류형의 집행을 말한다. 그 외에 벌금이나 과료의 미납으로 인한 노역장유치의 집행은 형사보상에 있어서 구금으로 본다(형사보상법 제4조 제5항). 또한 징역·금고·구류 등 자유형의 선고를 받았으나 심신장애를 이유로 형의 집행이 정지된 사람에 대하여 적당한 장소에 수용하는 처분이 있을 때까지 교도소 또는 구치소에 구치하는 경우(형사소송법 제470조 제3항)와 구금되지 아니한 상태에서 사형·징역·금고·구류의 선고를 받은 사람에 대한 형집행장에 의한 소환 및 집행(형사소송법 제473조부터 제475조)도 구금으로 본다(형사보상법 제2조 제3항).

구금은 구인과 함께 구속에 포함된다(형사소송법 제69조). 구인은 특정인을 강제력에 의하여 특정장소에 인치하는 것을 말하고,[35] 구금은 강제력에 의하여 특정인을 특정장소에 가두어 장소적 이동을 금지하는 것을 말한다.[36] 구속에는 피의자구속과 피고인구속이 있는데, 피의자구속은 검사의 청구에 의하여 지방법원판사가 발부한

32　부산지방법원 2008. 11. 4.자 2008코16 결정.

33　부산고등법원 2008. 12. 30.자 2008로5 결정.

34　법원행정처, 법원실무제요 형사[Ⅱ], 2014, 747면.

35　구인한 자를 인치한 경우에 구금할 필요가 없다고 인정한 때에는 인치한 날로부터 24시간 이내에 석방하여야 하고(형사소송법 제71조, 제209조), 피의자에 대한 구인은 구속 전 피의자심문을 위한 경우에 인정된다(형사소송법 제201조의2 제2항). 법원은 인치 받은 피고인을 유치할 필요가 있는 때에는 교도소·구치소 또는 경찰서 유치장에 유치할 수 있는데, 이 경우 유치기간은 인치한 때부터 24시간을 초과할 수 없다(형사소송법 제71조의2).

36　법원행정처, 법원실무제요 형사[Ⅰ], 2014, 278면.

구속영장에 의하여 피의자를 구속하는 것이고, 피고인구속은 공소가 제기된 후에 법원이 직권으로 구속영장을 발부하여 피고인을 구속하는 것이다.

피의자·피고인을 구속하는 것은 공판정 등에의 출석을 보장하고, 도망 및 증거 인멸로 인한 수사와 심리의 방해를 제거함으로써 실체적 진실발견을 위한 증거의 수집·보전을 가능하게 하며, 공판절차를 통하여 구체적으로 확정된 국가형벌권의 실현이라는 공익상의 목적을 확보하기 위함이다. 그러나 구속은 구속된 피의자·피고인 외에 그 가족의 일반 사회생활에도 중대한 영향과 변화를 초래한다. 가령, 일반인에게는 범죄자란 인상을 심어 주어 이들의 명예에 손상을 입히고, 피구속자의 가족을 정신적·경제적인 곤궁에 처하게 한다. 또한 공판절차에 있어서도 구속된 피의자·피고인은 정당한 자기권리의 주장과 방어의 기회가 제한받게 되므로 기본권 보장에 상당한 장애가 된다.[37] 이러한 이유로 구속에 있어서는 비례성의 원칙이 강하게 요구되며, 형사소송법 역시 "피의자에 대한 수사는 불구속 상태에서 함을 원칙으로 한다"고 규정하고 있다(동법 제198조 제1항).

(2) 미결수용자

구속영장을 집행한 후에는 신속히 구속영장에 기재된 장소에 피의자나 피고인을 구금하여야 한다. 구속영장의 집행을 받은 피의자나 피고인을 호송할 경우에 필요한 때에는 근접한 교도소 또는 구치소에 임시로 유치할 수 있다(형사소송법 제209조, 제86조). 다만, 구속영장에는 구금할 수 있는 장소가 특정경찰서 유치장으로 기재되어 있음에도, 수사기관이 임의로 이를 변경하여 그 지정된 이외의 장소에 사실상 구금하는 정도에 이른 경우는 피의자의 방어권이나 접견교통권의 행사에 중대한 장애를 초래하므로 위법하다.[38]

이렇게 피의자나 피고인으로서 체포되거나 구속영장의 집행을 받아 교정시설에 수용된 사람을 미결수용자라고 한다(형집행법 제2조 제3호). 비록 무죄추정의 원칙과 관련하여 헌법 제27조 제4항에는 "형사피고인은 유죄의 판결이 확정될 때까지는 무죄로 추정된다."고 규정되어 있고, 형사소송법 제275조의2도 피고인의 무죄추정이 규정되어 있지만, 무죄추정의 원칙은 헌법과 법률에 명시되어 있는 피고인에게만

---

37 헌재 1992. 12. 24. 선고 92헌가8.
38 대법원 1996. 5. 15.자 95모94 결정.

보장되는 것이 아니라 절차의 전(前)단계에 있는 피의자에 대하여도 적용된다.[39] 또한 피의자도 당사자에 준하는 지위를 가지고 있는 자로서 형사절차에서 자신의 정당한 권리를 방어할 수 있는 권리가 보장되어야 하므로, 교정당국은 미결수용자가 형사절차에서 적정하게 방어권을 행사할 수 있도록 충분히 배려해야 한다.[40]

따라서 미결수용자의 권리와 자유는 구금의 목적을 달성하거나 수용시설내 질서와 안전의 확보를 위하여 필요한 최소한의 범위 내에서만 이를 제한할 수 있는데,[41] 이와 관련하여 형집행법 제79조부터 제88조가 미결수용자에 대한 처우에 대해 규정하고 있다. 가령. ① 미결수용자는 분리 수용되는 점(동법 제81조), ② 조사에 참석할 때 사복을 착용할 수 있는 점(동법 제82조), ③ 미결수용자가 수용된 거실은 참관이 금지되는 점(동법 제80조), ④ 의사에 반하여 두발이나 수염을 짧게 깎지 아니하는 점(동법 제83조), ⑤ 변호인과의 접견 및 서신수수는 제한·검열되지 아니하는 점(동법 제84조), ⑥ 미결수용자가 수용된 거실은 참관이 금지된다는 점(동법) 등이 그것이다.

2. 구금에 대한 형사보상내용

구금에 대한 보상은 그 구금일수에 따라 1일당 보상청구의 원인이 발생한 연도의 최저임금법에 따른 일급 최저임금액 이상 대통령령으로 정하는 금액 이하의 비율에 의한 보상금을 지급한다(형사보상법 제5조 제1항). 2020년 현재 구금에 대한 보상금의 한도는 1일당 보상청구의 원인이 발생한 해의 최저임금법에 따른 일급 최저임금액의 5배이다(형사보상법시행령 제2조).[42] 노역장유치의 집행을 한 경우도 구금에 대한 보상과 마찬가지이다(형사보상법 제5조 제5항).

법원은 구금에 대한 보상금액을 산정할 때 구금의 종류 및 기간의 장단, 구금기간 중에 입은 재산상의 손실과 얻을 수 있었던 이익의 상실 또는 정신적인 고통과

39 헌재 2005. 5. 26. 선고 2001헌마728.
40 헌재 2005. 5. 26. 선고 2001헌마728.
41 헌재 2005. 5. 26. 선고 2001헌마728.
42 이것은 1988. 2. 24. 형사보상법시행령 제정 당시 제2조에서 구금에 대한 보상금의 상한을 '1일 1만 5천 원'으로 규정하였다가, 1991. 6. 19. 동시행령의 일부개정으로 '1일 보상청구의 원인이 발생한 연도의 최저임금법상 일급최저임금액의 5배'를 상한으로 하도록 변경됐으며, 2011. 9. 29. 전문개정으로 그 표현이 다듬어진 것이다.

신체 손상, 경찰·검찰·법원의 각 기관의 고의 또는 과실 유무, 그 밖에 보상금액 산정과 관련되는 모든 사정을 고려하여야 한다(형사보상법 제5조 제2항).

Ⅳ. 형 집행에 대한 피고인보상

1. 재판의 집행

(1) 의의

국가가 재판의 의사표시내용을 강제적으로 실현하는 작용이 '재판의 집행'이다. 재판의 집행에는 ① 형의 집행, ② 추징이나 소송비용 등 부수처분의 집행, ③ 과태료·보증금몰수·비용배상 등 형 이외의 제재의 집행, ④ 강제처분을 위한 영장의 집행 등이 있다.

재판의 집행 중 가장 중요한 것은 유죄판결의 집행인 형의 집행이다. 형의 집행에 의해서 국가형벌권이 구체적으로 실현되기 때문이다. 재판의 의사표시내용에 대한 강제적 실현을 요하지 않는 무죄판결이나 형식재판 등에서는 재판의 집행이 문제되지 않는다.

(2) 재판집행의 시기

① 확정 후 즉시집행의 원칙

재판은 원칙적으로 확정된 후에 집행된다(형사소송법 제459조, 즉시집행의 원칙). 형선고의 재판에 있어서 형의 집행이 착수되지 않으면 형의 시효가 진행되고(형법 제78조), 형의 시효가 완성되면 형의 집행이 면제된다(형법 제77조).

집행유예기간의 시기 역시 형사소송법 제459조의 취지와 집행유예 제도의 본질 등에 비추어 보면 집행유예를 선고한 판결 확정일이지, 법원이 판결 확정일 이후의 시점을 임의로 선택할 수 없다.[43]

---

43 대법원 2002. 2. 26. 선고 2000도4637 판결.

② 확정 전의 재판집행

재판의 확정 후 즉시집행의 원칙에 대해서는 재판이 확정되기 전이라도 집행할 수 있는 예외가 있다. ① 결정이나 명령은 즉시항고(형사소송법 제410조) 또는 준항고(형사소송법 제416조 제4항)의 경우를 제외하고는 즉시 집행할 수 있다. 법원의 결정에 대한 상소인 항고는 즉시항고 이외에는 재판의 집행을 정지하는 효력이 없다(형사소송법 제409조). ② 법원은 벌금, 과료 또는 추징의 선고를 하는 경우에 판결의 확정 후에는 집행할 수 없거나 집행하기 곤란할 염려가 있다고 인정한 때에는 직권 또는 검사의 청구에 의하여 피고인에게 벌금, 과료 또는 추징에 상당한 금액의 가납을 형의 선고와 동시에 판결로써 선고할 수 있는데(형사소송법 제334조 제1항), 가납판결은 즉시로 집행할 수 있다(형사소송법 제334조 제3항).

③ 확정 후 즉시 집행할 수 없는 경우

재판이 확정되더라도 즉시 집행할 수 없는 경우가 있다. ① 소송비용부담재판의 집행은 소송비용집행면제의 신청기간 내와 그 신청에 대한 재판이 확정될 때까지 정지된다(형사소송법 제472조). ② 벌금과 과료는 판결확정일로부터 30일 내에 납입하여야 하므로(형법 제69조 제1항), 노역장유치는 벌금과 과료의 재판이 확정된 후 30일 이내에 집행될 수 없다. ③ 사형은 법무부장관의 명령에 의하여 집행한다(형사소송법 제463조). ④ 징역, 금고 또는 구류의 선고를 받은 자가 심신의 장애로 의사능력이 없는 상태에 있는 때에는 심신장애가 회복될 때까지 형의 집행을 정지한다(형사소송법 제470조 제1항). ⑤ 보석허가결정은 조건을 이행한 후가 아니면 집행하지 못한다(형사소송법 제100조 제1항).

(3) 재판집행의 지휘

재판의 집행은 그 재판을 한 법원에 대응한 검찰청검사가 지휘하고(형사소송법 제460조 제1항 본문), 상소의 재판 또는 상소의 취하로 인하여 하급법원의 재판을 집행할 경우에는 상소법원에 대응한 검찰청검사가 지휘한다(형사소송법 제460조 제3항). 검사는 공익의 대표자로서 재판의 집행을 지휘·감독하는 것이다(검찰청법 제4조 제4호).

다만 재판의 성질상 법원 또는 법관이 지휘할 경우가 있다(형사소송법 제460조 제1항 단서). 예를 들어 영장은 검사의 지휘에 의하여 사법경찰관리가 집행하는 것이 원칙이지만, ① 급속을 요하는 경우에는 재판장, 수명법관 또는 수탁판사가 구속영장의 집행을 지휘할 수 있고(형사소송법 제81조 제1항 단서), ② 재판장은 필요한 경우에 법원사무관등에게 압수·수색영장의 집행을 명할 수 있다(형사소송법 제115조 제1항 단서). 재판의 성질상 ③ 법원이 압수한 장물의 환부·매각·보관 등의 조치를 하고(형사소송법 제333조), ④ 재판장은 법정의 질서를 유지하기 위하여 퇴정명령의 집행을 지휘할 수 있다(형사소송법 제281조 제2항).

(4) 형의 집행을 위한 소환

사형, 징역, 금고 또는 구류의 선고를 받은 자가 구금되지 아니한 때에는 검사는 형을 집행하기 위해서 선고를 받은 자를 소환하여야 한다(형사소송법 제473조 제1항). 소환에 응하지 아니한 때에 검사는 형집행장을 발부하여 구인하여야 하고(동조 제2항), 도망하거나 도망할 염려가 있는 때 또는 현재지를 알 수 없는 때에는 소환함이 없이 형집행장을 발부하여 구인할 수 있다(동조 제3항). 벌금 또는 과료를 완납하지 못한 자에 대한 노역장유치의 집행에도 형의 집행에 관한 규정을 준용한다(형사소송법 제492조).

형집행장은 구속영장과 동일한 효력이 있고(형사소송법 제474조 제2항), 형집행장의 집행에는 피고인의 구속에 관한 규정을 준용한다(형사소송법 제475조). 따라서 사법경찰관리가 노역장유치의 집행을 위해서 벌금형을 받은 사람을 구인하려면 검사로부터 발부받은 형집행장을 그 상대방에게 제시하여야 하고(형사소송법 제85조 제1항), 형집행장을 소지하지 아니한 경우에 급속을 요하는 때에는 그 상대방에 대하여 형집행사유와 형집행장이 발부되었음을 알리고(형사소송법 제85조 제3항) 집행할 수 있다.[44]

2. 형의 집행

(1) 형의 집행순서

형법 제41조에 규정된 형을 받은 자를 '수형인'이라고 한다(형실효법 제2조 제1호). 자격상실, 자격정지, 벌금, 과료와 몰수 외의 두 개 이상의 형의 집행에 있어서는 중한 형을 먼저 집행한다(형사소송법 제462조 본문). 자격상실·자격정지는 병과형, 벌금·

---

[44] 대법원 2013. 9. 12. 선고 2012도2349 판결. 다만 형집행장의 집행에 있어서 '피고인의 구속에 관한 규정'은 '피고인의 구속영장의 집행에 관한 규정'을 의미하므로, 형집행장의 집행에 있어서 구속의 사유(형사소송법 제70조)나 구속이유의 고지(형사소송법 제72조)는 준용되지 않는다(대법원 2013. 9. 12. 선고 2012도2349 판결).

과료는 재산형, 몰수는 부가형이므로 자유형과 동시에 집행가능하고, 형의 경중은 형법 제41조 기재의 순서에 의하여 사형, 징역, 금고, 구류의 순서로 집행된다(형법 제50조 참조).

다만 검사는 소속장관의 허가를 얻어 중한 형의 집행을 정지하고 다른 형의 집행을 할 수 있다(형사소송법 제462조 단서). 중형의 가석방기간이 경과한 후에 그 형의 집행을 정지하고 경한 형의 집행에 착수하면 경한 형의 가석방기간이 경과함으로써 양자의 형에 대해서 동시에 가석방이 가능해진다.

(2) 사형의 집행

사형을 선고한 판결이 확정된 때에 검사는 지체 없이 소송기록을 법무부장관에게 제출하여야 하고(형사소송법 제464조), 사형은 법무부장관의 명령에 의하여 집행하지만(형사소송법 제463조), 군사재판에 의한 사형은 국방부장관의 명령에 따라 집행한다(군사법원법 제506조). 다른 형의 집행과 달리 사형의 집행 후에는 사면이 불가능하므로 집행을 검사나 군검사에게 맡기지 않고 법무부장관이나 국방부장관에게 맡김으로써 집행의 신중을 기하고 집행 전에 재심·비상상고·사면의 기회를 주기 위함이다.[45] 사형집행의 명령은 판결이 확정된 날로부터 6월 이내에 하여야 하는데(형사소송법 제465조 제1항), 이때 상소권회복의 청구, 재심의 청구 또는 비상상고의 신청이 있는 경우에는 그 절차가 종료할 때까지의 기간은 산입하지 않는다(동조 제2항). 다만 6개월의 기간규정은 훈시규정으로 운영되므로 1997년 12월 30일을 마지막으로 더 이상 사형이 집행되지 않고 있다.

사형의 선고를 받은 자가 구금되지 아니한 때에는 검사는 형을 집행하기 위하여 이를 소환하여야 하고, 소환에 응하지 아니한 때에는 검사는 형집행장을 발부하여 구인하여야 한다(형사소송법 제473조 제1항, 제2항). 사형확정자는 원칙적으로 독거수용되지만, 자살방지, 교육·교화프로그램, 작업, 그 밖의 적절한 처우를 위하여 필요한 경우에는 혼거 수용될 수 있다(형집행법 제89조 제1항). 사형의 선고를 받은 자가 심신의 장애로 의사능력이 없는 상태에 있거나 잉태 중에 있는 여자인 때에는 법무부장관의 명령으로 집행을 정지하고(형사소송법 제469조 제1항), 형의 집행을 정지한 경우에는 심신장애의 회복 또는 출산 후 법무부장관의 명령에 의하여 형을 집행

---

45 신양균, 형집행법, 2012, 595면.

한다(형사소송법 제469조 제2항).

법무부장관이 사형의 집행을 명한 때에는 5일 이내에 집행하여야 하고(형사소송법 제466조), 다만 공휴일과 토요일에는 사형을 집행하지 아니한다(형집행법 제91조 제2항). 사형의 집행에는 검사와 검찰청서기관과 교도소장 또는 구치소장이나 그 대리자가 참여하여야 하고(형사소송법 제467조 제1항), 검사나 교도소장 또는 구치소장의 허가가 없으면 누구든지 형의 집행장소에 들어가지 못한다(형사소송법 제467조 제2항). 사형은 교도소 내에서 교수하여 집행하는데(형법 제66조), 교정시설의 명칭변화가 고려되어 사형은 교정시설의 사형장에서 집행된다(형집행법 제91조 제1항). 고등법원 소재지 교정시설에 사형장이 설치되어 있다.[46]

교정시설의 소장은 사형을 집행하였을 경우에는 시신을 검사한 후 5분이 지나지 아니하면 교수형에 사용한 줄을 풀지 못한다(형집행법시행령 제111조). 사형의 집행에 참여한 검찰청서기관은 집행조서를 작성하고 검사와 교도소장 또는 구치소장이나 그 대리자와 함께 기명날인 또는 서명하여야 한다(형사소송법 제468조).

(3) 자유형의 집행

① 집행방법

징역형 등 자유형의 선고를 받아 그 형이 확정되어 교정시설에 수용된 사람과 벌금 또는 과료를 완납하지 아니하여 노역장 유치명령을 받아 교정시설에 수용된 사람을 '수형자'라고 한다(형집행법 제2조 제2호). 징역은 교도소에 구치하여 정역에 복무하게 하며(형법 제67조), 금고와 구류는 교도소에 구치한다(형법 제68조). 형기는 판결이 확정된 날로부터 기산하는데(형법 제84조 제1항), 형의 집행과 시효기간의 초일은 시간을 계산함이 없이 1일로 산정하고(형법 제85조) 석방은 형기종료일에 한다(형법 제86조).

② 미결구금일수의 산입

구금당한 날로부터 판결확정일 전까지 실제로 구금된 일수를 '미결구금일수'라고 한다. 판결선고 전의 구금일수는 그 전부를 유기징역, 유기금고, 벌금이나 과료에 관한 유치 또는 구류에 산입하고(형법 제57조 제1항), 판결선고 후 판결확정 전 구

---

46 신양균, 형집행법, 2012, 596면.

금일수(판결선고 당일의 구금일수를 포함한다)는 전부를 본형에 산입하며(형사소송법 제482조 제1항), 상소기각 결정시에 송달기간이나 즉시항고기간 중의 미결구금일수는 전부를 본형에 산입한다(형사소송법 제482조 제2항). 구금일수의 1일은 징역, 금고, 벌금이나 과료에 관한 유치 또는 구류의 기간의 1일로 계산한다(형법 제57조 제2항).

기피신청으로 인하여 공판절차가 정지된 기간은 구속기간에 산입하지 아니하는데(형사소송법 제92조 제3항), 이것은 본안의 심리기간을 확보하기 위한 것뿐이므로 기피신청으로 인하여 공판절차가 정지된 상태의 구금기간도 판결선고 전의 구금일수에는 산입된다.47 반면 구속은 원칙적으로 구속영장이 발부된 범죄사실에 대한 것이어서 그로 인한 미결구금도 당해 사건의 형의 집행과 실질적으로 동일하다고 보아 그 미결구금일수를 형에 산입하려는 것이므로, 확정된 형을 집행함에 있어 무죄로 확정된 다른 사건에서의 미결구금일수를 산입하지 않는다.48

③ 집행정지

자유형의 집행정지는 필요적 집행정지와 임의적 집행정지로 구분된다.

먼저 징역, 금고 또는 구류의 선고를 받은 자가 심신의 장애로 의사능력이 없는 상태에 있는 때에는 형을 선고한 법원에 대응한 검찰청검사 또는 형의 선고를 받은 자의 현재지를 관할하는 검찰청검사의 지휘에 의하여 심신장애가 회복될 때까지 형의 집행을 필요적으로 정지한다(형사소송법 제470조 제1항). 필요적으로 형의 집행을 정지한 경우에는 검사는 형의 선고를 받은 자를 감호의무자 또는 지방공공단체에 인도하여 병원 기타 적당한 장소에 수용하게 할 수 있고(형사소송법 제470조 제2항), 형의 집행이 정지된 자는 병원 기타 적당한 장소에 수용될 때까지 교도소 또는 구치소에 구치하고 그 기간을 형기에 산입한다(형사소송법 제470조 제3항).

한편 징역, 금고 또는 구류의 선고를 받은 자에 대하여 ① 형의 집행으로 인하여 현저히 건강을 해하거나 생명을 보전할 수 없을 염려가 있는 때, ② 연령 70세 이상인 때, ③ 잉태 후 6월 이상인 때, ④ 출산 후 60일을 경과하지 아니한 때, ⑤ 직계존속이 연령 70세 이상 또는 중병이나 장애인으로 보호할 다른 친족이 없는 때, ⑥ 직계비속이 유년으로 보호할 다른 친족이 없는 때, ⑦ 기타 중대한 사유가 있는 때에는 형을 선고한 법원에 대응한 검찰청검사 또는 형의 선고를 받은 자의 현재지

47　대법원 2005. 10. 14. 선고 2005도4758 판결.
48　대법원 1997. 12. 29.자 97모112 결정.

를 관할하는 검찰청검사의 지휘에 의하여 형의 집행을 임의로 정지할 수 있다(형사소송법 제471조 제1항).

(4) 자격형의 집행

자격상실 또는 자격정지의 선고를 받은 자에 대하여는 이를 수형자원부에 기재하고 지체 없이 그 등본을 형의 선고를 받은 자의 등록기준지와 주거지의 시·구·읍·면장에게 송부하여야 한다(형사소송법 제476조). 여기서 '수형자원부'란 자격정지 이상의 형을 받은 수형인을 기재한 명부로서 검찰청 및 군검찰부에서 관리하는 '수형인명부'를 말하는데(형실효법 제2조 제2호), 지방검찰청 및 그 지청과 보통검찰부에서는 자격정지 이상의 형을 선고한 재판이 확정되면 지체 없이 그 형을 선고받은 수형인을 수형인명부에 기재하여야 한다(형실효법 제3조). 자격정지 이상의 형을 받은 수형인을 기재한 명표로서 수형인의 등록기준지 시·구·읍·면 사무소에서 관리하는 것을 '수형인명표'라고 한다(형실효법 제2조 제3호).

(5) 재산형의 집행

벌금, 과료, 몰수, 추징, 과태료, 소송비용, 비용배상 또는 가납의 재판은 검사의 명령에 의하여 집행한다(형사소송법 제477조 제1항). 여기서 검사의 명령은 집행력 있는 채무명의와 동일한 효력이 있으며(형사소송법 제477조 제2항), 재산형은 민사집행법의 집행에 관한 방식 혹은 국세징수법에 따른 국세체납처분의 방식으로 집행할 수 있다(형사소송법 제477조 제3항, 제4항). 500만 원 이하의 벌금의 형을 선고할 경우에 양형의 조건을 참작하여 그 정상에 참작할 만한 사유가 있는 때에는 1년 이상 5년 이하의 기간 형의 집행을 유예할 수 있는데(형법 제62조 제1항), 벌금, 과료, 추징, 과태료, 소송비용 또는 비용배상의 분할납부, 납부연기 및 납부대행기관을 통한 납부 등 납부방법에 필요한 사항은 법무부령으로 정한다(형사소송법 제477조 제6항).

다른 형의 집행과 마찬가지로 재산형도 재판을 선고받은 본인의 재산에 대해서만 집행하는 것이 원칙이다. 다만 몰수 또는 조세, 전매 기타 공과에 관한 법령에 의하여 재판한 벌금 또는 추징은 그 재판을 받은 자가 재판확정 후 사망한 경우에는 그 상속재산에 대하여 집행할 수 있다(형사소송법 제478조). 그리고 법인에 대하여 벌금, 과료, 몰수, 추징, 소송비용 또는 비용배상을 명한 경우에 법인이 그 재판확정 후 합병에 의하여 소멸한 때에는 합병 후 존속한 법인 또는 합병에 의하여 설립된 법인에 대하여 집행할 수 있다(형사소송법 제479조).

(6) 몰수형의 집행과 압수물의 처분

몰수의 재판이 확정되면 몰수물은 국고에 귀속된다. 몰수물은 검사가 처분하는데(형사소송법 제483조), 몰수물이 압수되어 있는 경우에는 검사의 집행지휘만으로 집행이 종료하나, 몰수물이 압수되어 있지 아니한 경우에는 검사가 몰수선고를 받은 자에게 그 제출을 명하고 이에 불응할 경우 몰수집행명령서를 작성하여 집달관에게 강제집행을 명하는 방법으로 집행된다.[49] 몰수를 집행한 후 3월 이내에 그 몰수물에 대하여 정당한 권리 있는 자가 몰수물의 교부를 청구한 때에는 검사는 파괴 또는 폐기할 것이 아니면 이를 교부하여야 하고(형사소송법 제484조 제1항), 이러한 청구가 몰수물을 처분한 후에 있는 경우에는 검사는 공매에 의하여 취득한 대가를 교부하여야 한다(형사소송법 제484조 제2항).

압수한 서류 또는 물품에 대하여 몰수의 선고가 없는 때에는 압수를 해제한 것으로 간주하므로(형사소송법 제332조), 정당한 권리자에게 압수물을 환부하여야 한다. 다만 위조 또는 변조한 물건을 환부하는 경우에는 그 물건의 전부 또는 일부에 위조나 변조인 것을 표시하여야 하고(형사소송법 제485조 제1항), 위조 또는 변조한 물건이 압수되지 아니한 경우에는 그 물건을 제출하게 하여 그 물건의 전부 또는 일부에 위조나 변조인 것을 표시하여야 한다(형사소송법 제485조 제2항 본문).

법원은 압수한 장물로서 피해자에게 환부할 이유가 명백한 것은 판결로써 피해자에게 환부하는 선고를 하여야 하는데(형사소송법 제333조 제1항), 이때 장물을 처분하였을 경우에는 판결로써 그 대가로 취득한 것을 피해자에게 교부하는 선고를 하여야 한다(형사소송법 제333조 제2항).

3. 재판집행에 대한 의의신청과 이의신청

재판의 집행과 관련하여 불복이 있는 경우에 그 구제방법으로 '의의신청'과 '이의신청'이 존재한다.

먼저 형의 선고를 받은 자가 집행에 관하여 재판의 해석에 대한 의의가 있는 때

---

49 대법원 1995. 5. 9. 선고 94도2990 판결.

에는 재판을 선고한 법원에 할 수 있는 것이 의의신청이다(형사소송법 제488조). 판결 주문의 취지가 불명확하여 주문의 해석에 의문이 있는 경우에 한하여 형을 선고받은 자가 집행에 관하여 재판의 해석에 대한 의의신청을 할 수 있는 것이고 판결이유의 모순, 불명확 또는 부당을 주장하는 의의신청은 허용되지 않는다.[50] 의의신청은 법원의 결정이 있을 때까지 취하할 수 있다(형사소송법 제490조 제1항).

다음으로 재판의 집행을 받은 자 또는 그 법정대리인이나 배우자는 집행에 관한 검사의 처분이 부당함을 이유로 재판을 선고한 법원에 할 수 있는 것이 이의신청이다(형사소송법 제489조). 확정되지 아니한 판결에 대한 검사의 집행에 대해서도 이의신청을 할 수 있으나,[51] 이미 재판의 집행이 종료된 후에는 이의신청의 실익이 없어 허용되지 아니한다.[52] 이의신청도 법원의 결정이 있을 때까지 취하할 수 있다(형사소송법 제490조 제1항).

의의신청이나 이의신청이 있는 때에 법원은 결정을 하여야 하고(형사소송법 제491조 제1항), 이 결정에 대하여는 즉시항고를 할 수 있다(동조 제2항).

4. 형의 집행에 대한 형사보상

(1) 자유형에 대한 형사보상

자유형에 대한 보상은 그 구금일수에 따라 1일당 보상청구의 원인이 발생한 연도의 최저임금법에 따른 일급 최저임금액 이상 대통령령으로 정하는 금액 이하의 비율에 의한 보상금을 지급한다(형사보상법 제5조 제1항). 전술하였듯 현재 구금에 대한 보상금의 한도는 1일당 보상청구의 원인이 발생한 해의 최저임금법에 따른 일급 최저임금액의 5배이다(형사보상법시행령 제2조). 노역장유치의 집행을 한 경우도 구금에 대한 보상과 마찬가지이다(형사보상법 제5조 제5항).

법원은 구금에 대한 보상금액을 산정할 때 구금의 종류 및 기간의 장단, 구금기간 중에 입은 재산상의 손실과 얻을 수 있었던 이익의 상실 또는 정신적인 고통과 신체 손상, 경찰·검찰·법원의 각 기관의 고의 또는 과실 유무, 그 밖에 보상금액

50 대법원 1985. 8. 20.자 85모22 결정.
51 대법원 1964. 6. 23.자 64모14 결정.
52 대법원 2001. 8. 23.자 2001모91 결정.

산정과 관련되는 모든 사정을 고려하여야 한다(형사보상법 제5조 제2항).

(2) 사형에 대한 형사보상

사형 집행에 대한 보상은 집행 전 구금에 대한 보상금을 지급하고, 그 외에 3천만 원 이내에서 모든 사정을 고려하여 법원이 타당하다고 인정하는 금액을 더하여 보상한다. 본인의 사망으로 인하여 발생한 재산상의 손실액이 증명되었을 때에는 그 손실액도 보상한다(형사보상법 제5조 제3항).

(3) 벌금·과료에 대한 형사보상

벌금 또는 과료의 집행에 대한 보상은 이미 징수한 벌금 또는 과료의 금액에 징수일의 다음 날부터 보상 결정일까지의 일수에 대하여 민법상 법정이율을 적용하여 계산한 금액을 더한 금액을 보상한다(형사보상법 제5조 제4항).

(4) 몰수·추징에 대한 형사보상

몰수의 집행에 대한 보상은 그 몰수물을 반환하고, 그것이 이미 처분되었을 때에는 보상결정시의 시가를 보상한다(형사보상법 제5조 제6항). 추징금에 대한 보상은 그 액수에 징수일의 다음 날부터 보상 결정일까지의 일수에 대하여 민법상 법정이율을 적용하여 계산한 금액을 더한 금액을 보상한다(형사보상법 제5조 제7항).

5. 형사보상과 국가배상의 관계

형사절차에서 억울하게 구금 또는 형의 집행을 받은 자는 공무원의 귀책사유를 입증하여 국가배상법에 따라 손해배상을 받을 수도 있고, 공무원의 귀책사유를 입증할 필요 없이 형사보상법에 따라 형사보상을 받을 수도 있다. 형사보상을 받을 사람이 다른 법률에 따라 손해배상을 청구하는 것은 금지되지 않는다(형사보상법 제6조 제1항).

그러나 형사보상을 받을 사람이 같은 원인에 대하여 다른 법률에 따라 손해배상을 받은 경우에 그 손해배상의 액수가 형사보상법에 따라 받을 보상금의 액수와 같거나 그보다 많을 때에는 형사보상을 하지 않고 그 손해배상의 액수가 형사보상법에 따라 받을 보상금의 액수보다 적을 때에는 그 손해배상 금액을 빼고 보상금의 액수를 정하여야 한다(동조 제2항). 다른 법률에 따라 손해배상을 받을 자가 같은 원인에 대하여 형사보상을 받았을 때에는 형사보상금의 액수를 빼고 손해배상의 액수를 정하여야 한다(동조 제6조 제3항).

판례에 따르면, 국가배상의 손해배상액을 산정함에 있어서 먼저 받은 형사보상금을 공제할 때에는 이를 손해배상채무의 변제액 공제에 준하여 민법에서 정한 변제충당의 일반 원칙에 따라 형사보상금을 곧바로 손해배상액 원본에서 공제할 것이 아니라 형사보상금을 지급받을 당시 손해배상채무의 지연손해금과 원본 순서로 충당하여 공제하는 것이고, 다만 예외적으로 불법행위로 인한 위자료 배상채무의 지연손해금이 사실심 변론종결일부터 기산되는 경우에 형사보상금 수령일을 기준으로 지연손해금이 발생하지 아니한 위자료 원본 액수가 이미 수령한 형사보상금 액수 이상인 때에는 계산의 번잡을 피하기 위하여 이미 지급받은 형사보상금을 위자료 원본에서 우선 공제하는 것이 가능하다.[53]

V. 피고인보상의 청구

1. 청구권자

형사보상청구권은 양도하거나 압류할 수 없는데(형사보상법 제23조 본문), 피고인보상의 경우에는 무죄·면소·공소기각의 재판을 받은 본인이 청구권자이다(형사보상법 제2조, 제26조). 무죄판결을 받은 피고인보상의 경우에는 상속인에 의한 보상청구가 인정되어, 무죄확정재판을 받은 피고인이 형사보상청구를 하지 아니하고 사망하였을 때에는 그 상속인이 이를 청구할 수 있다(형사보상법 제3조 제1항). 사망한 자에 대하여 재심 또는 비상상고의 절차에서 무죄재판이 있었을 때에는 보상의 청구에 관하여는 사망한 때에 무죄재판이 있었던 것으로 본다(동조 제2항).

보상청구를 할 수 있는 같은 순위의 상속인이 여러 명인 경우에 그 중 1명이 보상청구를 하였을 때에는 보상을 청구할 수 있는 모두를 위하여 그 전부에 대하여 보상청구를 한 것으로 보고(형사보상법 제11조 제1항), 청구를 한 상속인 외의 상속인은 공동청구인으로서 절차에 참가할 수 있다(동조 제2항). 법원은 보상을 청구할 수 있

---

53 대법원 2012. 3. 29. 선고 2011다38325 판결.

는 같은 순위의 다른 상속인이 있다는 사실을 알았을 때에는 지체 없이 그 상속인에게 보상청구가 있었음을 통지하여야 한다(동조 제3항).

2. 청구절차

(1) 관할법원

피고인보상에 있어서 보상청구는 무죄·면소·공소기각재판을 한 법원에 하여야 한다(형사보상법 제7조, 제26조 제2항). 법원의 심급여하를 불문하므로, 상소기각 또는 상소취하에 의해서 원심의 무죄판결이 확정된 때에는 원심법원에 보상청구를 하여야 한다.[54]

(2) 청구기간

보상청구는 무죄·면소·공소기각재판이 확정된 사실을 안 날부터 3년, 무죄재판이 확정된 때부터 5년 이내에 하여야 한다(형사보상법 제8조, 제26조 제2항). 형사보상청구의 기간은 재판상 그 권리를 행사하여야 하는 기간으로서 제척기간이다.

형사보상청구에 관하여 어느 정도의 제척기간을 둘 것인가의 문제는 원칙적으로 입법권자의 재량에 맡겨져 있는 것이지만, 그 청구기간이 지나치게 단기간이거나 불합리하여 무죄재판이 확정된 형사피고인이 형사보상을 청구하는 것을 현저히 곤란하게 하거나 사실상 불가능하게 한다면 이는 입법재량의 한계를 넘어서는 것으로서 헌법이 보장하는 형사보상청구권을 침해하는 것이다.[55] 이와 관련하여 (구)형사보상법 제7조(보상청구의 기간)에서는 "보상의 청구는 무죄재판이 확정된 때로부터 1년 이내에 하여야 한다."고 규정되었는데, 이에 대해서 헌법재판소는 헌법불합치결정을 하였다. 그 논거는 다음과 같다.[56]

> 권리의 행사가 용이하고 일상 빈번히 발생하는 것이거나 권리의 행사로 인하여 상대방의 지위가 불안정해지는 경우 또는 법률관계를 보다 신속히 확정하여 분쟁을 방지할 필요가 있는 경우에는 특별히 짧은 소멸시효나 제척기간을 인정할 필요가

54 법원행정처, 법원실무제요 형사[Ⅱ], 2014, 750면.
55 헌재 2010. 7. 29. 선고 2008헌가4.
56 헌재 2010. 7. 29. 선고 2008헌가4.

있으나, 이 사건 법률조항은 위의 어떠한 사유에도 해당하지 아니하는 등 달리 합리적인 이유를 찾기 어렵고, 일반적인 사법상의 권리보다 더 확실하게 보호되어야 할 권리인 형사보상청구권의 보호를 저해하고 있다. 또한, 이 사건 법률조항은 형사소송법상 형사피고인이 재정하지 아니한 가운데 재판할 수 있는 예외적인 경우를 상정하고 있는 등 형사피고인은 당사자가 책임질 수 없는 사유에 의하여 무죄재판의 확정사실을 모를 수 있는 가능성이 있으므로, 형사피고인이 책임질 수 없는 사유에 의하여 제척기간을 도과할 가능성이 있는바, 이는 국가의 잘못된 형사사법작용에 의하여 신체의 자유라는 중대한 법익을 침해받은 국민의 기본권을 사법상의 권리보다도 가볍게 보호하는 것으로서 부당하다.

(3) 청구방식

보상청구를 할 때에는 보상청구서에 재판서의 등본과 그 재판의 확정증명서를 첨부하여 법원에 제출하여야 한다(형사보상법 제9조 제1항). 보상청구서에는 ① 청구자의 등록기준지, 주소, 성명, 생년월일, ② 청구의 원인이 된 사실과 청구액을 적어야 하고(형사보상법 제9조 제2항), ③ 상속인이 보상을 청구할 때에는 본인과의 관계와 같은 순위의 상속인 유무를 소명할 수 있는 자료를 제출하여야 한다(형사보상법 제10조). 보상청구는 대리인을 통해서도 할 수 있다(형사보상법 제13조).

(4) 청구취소

보상청구는 법원의 보상청구에 대한 재판이 있을 때까지 취소할 수 있다. 다만 같은 순위의 상속인이 여러 명인 경우에 보상을 청구한 자는 나머지 모두의 동의 없이 청구를 취소할 수 없다(형사보상법 제12조 제1항). 보상청구를 취소한 보상청구권자는 다시 보상을 청구할 수 없다(동조 제2항).

(5) 청구접수

보상청구는 법원 합의부에서 재판한다(형사보상법 제14조 제1항). 무죄판결 등을 한 사건이 합의부사건이면 그 합의부에 배당되고 단독사건이면 사건배당으로 정해진 합의부에 배당된다.[57] 보상청구서가 접수되면 전산으로 등재한 후 형사신청사건 기록표지에 소정 사항을 기재하여 독립한 기록을 조제한 후 담당재판부로 기록이

---

57 법원행정처, 법원실무제요 형사[Ⅱ], 2014, 752면.

배부된다.58

Ⅵ. 피고인보상청구에 대한 재판

1. 심리와 결정기한

(1) 심리

피고인보상청구는 법원 합의부에서 재판하는데(형사보상법 제14조 제1항), 법원은 검사와 청구인의 의견을 들은 후 결정을 하여야 한다(동조 제2항). 실무상으로는 의견을 듣는다는 것은 의견진술의 기회를 주면 된다는 의미로 해석하여 의견요청 후 상당한 기간 내에 의견진술이 없으면 그대로 결정할 수 있다.59 법원은 보상청구의 원인이 된 사실인 구금일수 또는 형 집행의 내용에 관하여 직권으로 조사를 하여야 한다(형사보상법 제15조).

보상을 청구한 자가 청구절차 중 사망하거나 상속인 자격을 상실한 경우에 다른 청구인이 없을 때에 절차는 중단된다(형사보상법 제19조 제1항). 이때 보상을 청구한 자의 상속인 또는 보상을 청구한 상속인과 같은 순위의 상속인은 2개월 이내에 청구의 절차를 승계할 수 있다(동조 제2항). 2개월 이내에 절차를 승계하는 신청이 없을 때에는 법원은 청구를 각하하는 결정을 하여야 한다(동조 제4항).

(2) 보상청구 결정기간

과거 형사보상법에 형사보상청구에 대한 결정기한의 규정이 없어, 결정시기가 전적으로 해당 재판부의 사정에 의해 결정된다는 비판이 제기되었다. 보상금액만을 결정하는 형사보상재판은 상대적으로 일반 형사공판에 비해 단순한 절차임에도 오히려 형사공판에 비해 처리기간이 길다고 지적되었고,60 이와 관련하여 2015년부터

---

58 법원행정처, 법원실무제요 형사[Ⅱ], 2014, 751면.
59 법원행정처, 법원실무제요 형사[Ⅱ], 2014, 753면.
60 국민권익위원회 의결, 의안번호 제2013−290호, "무죄 피고인 형사보상 및 명예훼복제도의 실효성 제고 방안", 2013. 8. 26, 6면. 법원의 사건원본기록 송부요청에도 검찰이 무죄평정 등의 내부사정을 이유로 자료를 신속하게 송부하지 않으며, 검찰이 보관하는 원본기록을 대

형사보상 결정기간을 '3개월'로 하는 다수의 법률개정안이 발의되었다.

2015. 1. 2. 전해철 의원 등에 의해서 제안된 개정법률안(의안번호 1913544)과 2016. 8. 12. 서용교 의원 등에 의해서 제안된 개정법률안(의안번호 2001577)에서는 보상청구에 대한 결정의 기한을 그 청구가 제기된 날부터 3개월 이내에 하도록 함으로써 신속한 결정이 가능하도록 하였다. 이후 2016. 11. 2. 박주민 의원 등에 의해서 제안된 개정법률안(의안번호 2003215)과 2017. 2. 15. 박범계 의원 등에 의해서 제안된 개정법률안(의안번호 2005655)에서도 보상청구에 대한 결정의 기한을 그 청구가 제기된 날부터 3개월 이내에 하도록 하였다.

이러한 형사보상 결정기한의 신설입법에 대해서 법원은 반대의견을 표시하였다. ① 형사보상청구에 관한 결정이 공권력에 의해 인신구속이라는 중대한 법익 침해를 입은 국민에게 그 피해를 보상하는 것이라는 점, ② 채무자의 신용상태 변화로 인하여 판결선고기일에 따라 채권 회수 여부가 결정될 수 있는 일반 채권과 달리 형사보상금 채권은 지급불능의 위험이 없는 국가가 그 채무자인 점 등에 비추어 보면, 형사보상청구에 관한 결정에서는 신속한 절차진행 측면보다는 정확하고 정당한 보상액 결정 측면이 보다 중시되어야 한다는 의견을 법원은 제시하였다.[61]

그러나 법제사법위원회에서는 ① 보상금의 지급지연과 관련된 문제가 지속적으로 지적되고 있다는 점, ② 보상금 지급을 규정한 다른 법률[62]에서도 지급결정기한을 규정하고 있다는 점 등을 고려할 때, 형사보상결정이 과도하게 지연되는 것을 방지하고 무죄재판 등을 받은 자에 대한 신속한 보상을 하기 위해 개정안은 적절한 입법조치로 판단된다는 입장이었다.[63]

결국 2018년 형사보상법이 개정되어 보상결정의 기한은 규정하되 법원의 입장을 고려하여 3개월보다는 장기의 기한으로 하여, "보상청구를 받은 법원은 6개월 이내에 보상결정을 하여야 한다."는 형사보상법 제14조 제3항이 신설되었다.

체할 수단도 없어 보상결정의 장기화가 심화된다고 한다(같은 자료, 7면).

61 박수철, 의안번호 2005655 법제사법위원회 검토보고서 참조.

62 5·18민주화운동 관련자 보상 등에 관한 법률 제9조(지급 신청을 받은 날부터 90일 이내), 민주화운동 관련자 명예회복 및 보상 등에 관한 법률 제11조(지급 신청을 받은 날부터 90일 이내), 부마민주항쟁 관련자의 명예회복 및 보상 등에 관한 법률 제25조(지급신청을 받은 날부터 90일 이내), 삼청교육피해자의 명예회복 및 보상에 관한 법률 제9조(지급신청을 받은 날부터 5개월 이내), 국가배상법 제13조(배상신청을 받으면 심의를 거쳐 4주일 이내).

63 남궁석, 의안번호 2001577 법제사법위원회 검토보고서.

2. 결정형식과 불복수단

(1) 보상결정

법원은 보상의 청구가 이유 있을 때에는 보상결정을 하여야 한다(형사보상법 제17조 제1항). 법원은 청구인의 주장에 구애받지 않고 보상청구의 원인이 된 구금일수 또는 형 집행의 내용에 관하여 직권으로 조사를 하지만(형사보상법 제15조), 실무상 보상청구액을 초과하지 않는 범위 내에서 1일보상금액을 청구금액보다 높게 인정하는 것만 가능할 뿐 보상청구서에 기재된 보상청구액을 초과하는 보상결정을 할 수 없다고 한다.64

보상결정의 정본(正本)은 검사와 청구인에게 송달하여야 하고(형사보상법 제14조 제3항), 보상청구를 할 수 있는 같은 순위의 상속인이 여러 명인 경우에 그 중 1명에 대한 보상결정은 같은 순위자 모두에 대하여 한 것으로 본다(형사보상법 제18조).

보상결정에 대하여는 1주일 이내에 즉시항고를 할 수 있다(형사보상법 제20조 제1항). 즉시항고에 관하여는 형사소송법의 규정을 준용한다(형사보상법 제24조). (구)형사보상법 제19조 제2항에서는 보상청구 기각결정에 대해서만 즉시항고를 허용하고 동조 제1항에 "보상의 결정에 대하여는 불복을 신청할 수 없다."고 규정되어 있었다. 그러나 헌법재판소는 "보상액의 산정에 기초되는 사실인정이나 보상액에 관한 판단에서 오류나 불합리성이 발견되는 경우에도 그 시정을 구하는 불복신청을 할 수 없도록 하는 것은 형사보상청구권 및 그 실현을 위한 기본권으로서의 재판청구권의 본질적 내용을 침해하는 것"이고 "법적안정성만을 지나치게 강조함으로써 재판의 적정성과 정의를 추구하는 사법제도의 본질에 부합하지 아니하는 것"이라고 판단하여, (구)형사보상법 제19조 제1항을 위헌으로 결정하였다.65 이에 2011. 5. 23. 형사보상법 제8차 개정에서 "보상결정에 대하여는 1주일 이내에 즉시항고(卽時抗告)를 할 수 있다"고 규정되었다.

법원은 보상결정이 확정되었을 때에는 2주일 내에 보상결정의 요지를 관보에 게재하여 공시하여야 하는데, 이 경우 보상결정을 받은 자의 신청이 있을 때에는 그 결정의 요지를 신청인이 선택하는 두 종류 이상의 일간신문에 각각 한 번씩 공시하

64 법원행정처, 법원실무제요 형사[Ⅱ], 2014, 755면.
65 헌재 2010. 10. 28. 선고 2008헌마514 등.

여야 하며 그 공시는 신청일부터 30일 이내에 하여야 한다(형사보상법 제25조 제1항).

(2) 기각결정

보상의 청구가 이유 없을 때에는 청구기각의 결정을 하여야 한다(형사보상법 제17조 제2항). 다른 법률에 따라 손해배상을 받은 경우에 그 손해배상의 액수가 형사보상금의 액수와 같거나 그보다 많을 때에는 결정으로 청구기각된다(형사보상법 제6조 제2항).

보상결정의 정본(正本)은 검사와 청구인에게 송달하여야 하고(형사보상법 제14조 제3항), 보상청구를 할 수 있는 같은 순위의 상속인이 여러 명인 경우에 그 중 1명에 대한 청구기각의 결정은 같은 순위자 모두에 대하여 한 것으로 본다(형사보상법 제18조).

청구기각결정에 대하여는 즉시항고를 할 수 있다(형사보상법 제20조 제2항). 그런데 보상결정에 대한 즉시항고의 제기기간이 1주일 이내로 규정된 것(동조 제1항)과 달리, 청구기각결정에 대해서는 즉시항고의 제기기간이 규정되어 있지 않다. 형사보상법 제24조에서는 "이 법에 따른 결정과 즉시항고에 관하여는 이 법에 특별한 규정이 있는 것을 제외하고는 형사소송법의 규정을 준용한다. 기간에 관하여도 또한 같다."고 규정하고 있으므로, 청구기각결정에 대한 즉시항고의 제기기간도 7일이다(형사소송법 제405조).

법원은 보상을 받을 자가 같은 원인에 대하여 다른 법률에 따라 손해배상을 받아 보상청구를 기각하는 결정이 확정되었을 때에도 형사보상법 제25조 제1항을 준용한다(동조 제2항). 따라서 2주일 내에 결정의 요지를 관보에 게재하여 공시하여야 하고, 이 경우 결정을 받은 자의 신청이 있을 때에는 그 결정의 요지를 신청인이 선택하는 두 종류 이상의 일간신문에 각각 한 번씩 공시하여야 하며 그 공시는 신청일부터 30일 이내에 하여야 한다.

(3) 각하결정

법원은 ① 보상청구의 절차가 법령으로 정한 방식을 위반하여 보정할 수 없을 경우, ② 청구인이 법원의 보정명령에 따르지 아니할 경우, ③ 보상청구의 기간이 지난 후에 보상을 청구하였을 경우에는 보상청구를 각하하는 결정을 하여야 한다(형사보상법 제16조). 법원은 청구각하결정시에 검사와 청구인의 의견을 들을 필요가 없으며, 청구인에게만 고지하면 된다.

청구기각결정의 경우와 달리 청구각하결정에 대한 즉시항고는 규정되어 있지 않다. 그러나 법원실무상으로는 청구기각결정에 준하여 청구각하결정에 대하여 즉시항고를 할 수 있다고 해석하는데[66] 보상의 청구를 기각한 결정에 대해서 즉시항고를 할 수 있다고 형사보상법에 규정되어 있으므로, 이에 준하여 보상청구를 각하한 결정에 대하여도 즉시항고로 불복할 수 있다는 것이 판례의 입장이다.[67] 입법론상으로는 청구기각결정에 대한 즉시항고를 인정하는 것과 마찬가지로 청구각하결정에 대해서도 즉시항고가 규정되는 것이 바람직하다.

Ⅶ. 피고인보상금지급의 청구

1. 의의

보상청구에 대해서 법원은 검사와 청구인의 의견을 들은 후 결정을 하는데(형사보상법 제14조 제2항), 보상결정의 정본은 검사와 청구인에게 송달하여야 한다(동조 제4항). 보상금 지급청구권은 양도하거나 압류할 수 없고(형사보상법 제23조 후단), 보상금을 받을 수 있는 자가 여러 명인 경우에는 그 중 1명에 대한 보상금 지급은 그 모두에 대하여 효력이 발생한다(형사보상법 제22조).

보상금 지급을 청구하는 자는 보상을 결정한 법원에 대응하는 검찰청에 보상금 지급청구서를 제출하여야 한다(형사보상법 제21조 제1항). 청구서에는 법원의 보상결정서를 첨부하여야 한다(동조 제2항). 보상금을 받을 수 있는 자가 여러 명인 경우에는 그 중 1명이 한 보상금 지급청구는 보상결정을 받은 모두를 위하여 그 전부에 대하여 보상금 지급청구를 한 것으로 본다(동조 제4항).

2. 지급의 청구기간

보상결정이 송달된 후 2년 이내에 보상금 지급청구를 하지 아니할 때에는 권리

---

66 법원행정처, 법원실무제요 형사[Ⅱ], 2014, 752면.
67 서울지방법원 남부지원 1987. 9. 2.자, 85코3 제1형사부결정(확정).

를 상실한다(형사보상법 제21조 제3항). "보상결정이 송달된 후 1년 이내에 보상지급의 청구를 하지 아니할 때에는 권리를 상실한다."고 규정되었던 (구)형사보상법 제20조(보상지급의 청구) 제3항이 2009년 헌법재판소에서 문제되었다. 청구인이 미결구금일수에 대하여 형사보상을 청구하여 2007. 12. 17. 청구인에게 8,260,000원을 지급한다는 내용의 형사보상결정을 받았으나(인천지방법원 2006코9), 그 보상결정은 같은 달 21. 수취인불명을 원인으로 송달불능되었고, 2008. 1. 9.과 2008. 1. 10. 및 2008. 1. 11. 모두 폐문부재를 원인으로 송달불능되어 2008. 1. 28. 공시송달되었다. 이후 청구인이 2009. 7. 8. 위 형사보상결정에 기하여 인천지방검찰청에 형사보상지급청구를 하였으나, 피청구인은 보상지급의 청구는 보상결정이 송달된 후 1년 이내에 하여야 한다는 (구)형사보상법 제20조 제3항에 위배되어 형사보상금을 지급할 수 없으며, 공시송달 받은 후 1년이 경과하지 않았다는 사유가 있을 때에는 인천지방법원의 송달에 관한 구제절차에 따라 처리하도록 하라는 내용의 '형사보상청구 권리상실 통지'를 하였다. 그러자 청구인은 '형사보상청구 권리상실 통지'가 헌법상 보장된 자신의 기본권을 침해하는 것이라고 주장하면서 2009. 7. 27. 이 사건 헌법소원심판을 청구하였다. 이에 대해서 헌법재판소는 피청구인의 사건 통지가 청구인의 법률관계나 법적 지위에 영향을 미치는 헌법소원의 대상이 되는 공권력의 행사라고 할 수 없으므로, 청구인의 심판청구는 헌법소원의 대상이 되지 아니하여 부적법하다고 각하결정을 하고, 위헌성 여부에 대해서는 판단하지 않았다.[68]

그 후 2011년 형사보상법 개정시에 보상금지급 청구기간도 개정되어 "보상결정이 송달된 후 2년 이내에 보상금 지급청구를 하지 아니할 때에는 권리를 상실"하도록 지급청구기간이 확장되었으나(형사보상법 제21조 제3항), 법원의 보상결정서는 청구인뿐만 아니라 해당 검사에게 송달됨에도 불구하고 지급결정을 받은 형사보상청구자가 검찰청에 이행을 위한 지급청구를 2년 내에 하지 않으면 권리를 상실하는 것은 권리보호에 미흡한 것이며,[69] 형사보상결정이 있는 경우 국가는 이를 이행하는 것이 의무이므로 형사보상금 청구기간을 제한하는 규정 자체를 삭제해야 한다는 비판이 제기된다.[70] 관련하여 2015. 1. 2. 전해철 의원 등에 의해서 제

---

68 헌재 2010. 5. 27. 선고 2009헌마421. 반면 이러한 제한은 위헌이라는 재판관 조대현의 반대의견이 있었다.

69 국민권익위원회 의결, 의안번호 제2013-290호, 8면.

70 국민권익위원회 의결, 의안번호 제2013-290호, 13면.

안된 형사보상법개정법률안에서는 형사보상금 지급청구 제척기간 규정을 삭제하여 무죄 피고인의 권리보호를 강화하도록 하였고(안 제21조 제3항 삭제),[71] 2016. 11. 2. 박주민 의원 등에 의해서 제안된 형사보상법개정법률안에서는 형사보상금 지급청구 제척기간을 1년 연장하여 무죄 피고인의 권리보호를 강화하고자 하였다(안 제21조 제3항).[72]

3. 지연이자

(1) 형사보상법 제21조의2 신설

2017년 대법원은, 국가가 보상금지급의 청구를 받고도 청구인에 대한 보상금의 지급을 지체한다면, 금전채무를 불이행한 것으로 보아 국가는 청구인에게 미지급 보상금에 대한 지급 청구일 다음 날부터 민법 제397조에 따라 지연손해금을 가산하여 지급하여야 한다고 판결하였다.[73] 미지급보상금에 대한 지연손해금 가산지급을 인정한 대법원의 판결 이후 2018년 형사보상법이 개정되어 보상금 지급기한과 지연

---

71 이에 대한 법제사법위원회의 검토보고서(수석전문위원 남궁석)에 의하면, 제척기간에 관한 규정을 삭제하여 무죄 피고인의 권리보호를 강화하려는 개정안의 입법취지는 타당한 것으로 판단되나, 제척기간을 인정하는 취지가 권리자로 하여금 해당 권리를 신속하게 행사하도록 함으로써 법률관계를 조속히 확정하려는 데 있고(대법원 1995. 11. 10. 선고 94다22682/22699 판결), 보상금 청구에 관한 다른 법률에서도 권리의 소멸시효를 인정하는 규정을 두고 있음을 고려(소멸시효가 일정한 기간의 경과와 권리의 불행사라는 사정에 의하여 권리소멸의 효과를 가져 오는 것과 달리 제척기간은 그 기간의 경과 자체만으로 권리 소멸의 효과를 가져 옴)하여 신중한 검토가 필요하다고 평가하였다. 다만, 보상금 지급청구 제척기간과 관련하여 무죄 피고인의 권리보호를 강화하려는 개정안의 입법취지와 법률관계를 조속히 확정하려는 제도의 취지를 고려할 때, 보상금 청구에 관한 다른 입법례를 참고하여 보상금 지급청구 기간을 현행 2년에서 '3년으로 연장'하는 방안을 검토해 볼 수 있을 것이라는 의견이 제시되었다.

72 이에 대해서 법무부는 형사보상금 지급청구는 법원의 보상결정에 의해 확정된 보상금 채무의 이행을 검찰에 청구하는 것에 불과하여 법원에 대한 형사보상 청구기한(형사보상법 제8조)만큼 장기간으로 규정할 필요가 없고, 불기소처분을 받은 피의자의 형사보상금 지급청구 기간(2년)과 균형이 필요하므로 신중한 검토가 필요하다는 입장이었다. 개정법률안에 대한 법제사법위원회의 검토보고서(수석전문위원 남궁석)에 의하면, 개정안은 형사보상금 지급청구 제척기간을 연장하여 피고인의 권리보호를 강화하려는 것으로 입법취지는 타당한 것으로 판단되나 보상금 청구에 관한 다른 법률의 보상금 지급청구 제척기간 등을 고려(5·18민주화운동 관련자 보상 등에 관한 법률에서는 1년, 민주화운동 관련자 명예회복 및 보상 등에 관한 법률에서는 1년, 부마민주항쟁 관련자의 명예회복 및 보상 등에 관한 법률에서는 1년, 삼청교육피해자의 명예회복 및 보상에 관한 법률에서는 3년)하여 결정할 사항이라고 평가하였다.

73 대법원 2017. 5. 30. 선고 2015다223411 판결.

이자가 규정되었다.

보상금 지급청구서를 제출받은 검찰청은 3개월 이내에 보상금을 지급하여야 한다(형사보상법 제21조의2 제1항). 이 기한까지 보상금을 지급하지 아니한 경우에는 그 다음 날부터 지급하는 날까지의 지연 일수에 대하여 민법 제379조의 법정이율에 따른 지연이자를 지급하여야 한다(동조 제2항).

(2) 기존 법률개정안

2018년 형사보상법의 개정으로 보상금 지급청구에 대한 지연이자가 규정되기 4년 전에 이에 대한 개정안이 제안되었다. ① 2014. 7. 28. 함진규 의원 등이 제안한 법률안(의안번호 1911267)에 의하면 보상금 지급청구서가 접수된 날부터 30일 이내에 보상금을 지급하도록 하고, 그 기간 내에 보상금이 지급되지 아니하는 경우에는 민법 제379조에 따른 법정이율을 적용하여 계산한 금액을 가산하여 지급하도록 하여 형사보상과 관련된 국민의 권리를 제고하고자 하였다. ② 2014. 12. 9. 서영교 의원 등이 제안한 법률안(의안번호 1912996)도 앞의 의안번호 1911267과 유사한 내용이다. ③ 2015. 1. 2. 전해철 의원 등이 제안한 법률안(의안번호 1913544)도 앞의 법률안과 유사한 내용을 포함하고 있었다. 지급기한을 지급청구서 접수 후 15일 이내로 규정하였고, 기한 경과 후 지연일수에 대하여 40/100 이내 범위에서 대통령령으로 정하는 이율로 지연이자를 적용하였다. ④ 앞의 개정법률안(의안번호 1911267, 1912996, 1913544)이 모두 임기만료로 폐기된 후, 2016. 8. 12. 서영교 의원 등이 다시 개정법률안(의안번호 2001577)을 제안하였다. 이 개정안은 형사보상금 지급기한을 3개월 이내로 명시하고, 그 기한 내 지급하지 아니한 경우 기한 다음 날부터 지급하는 날까지 연 100분의 20 이내의 범위에서 은행법에 따른 은행이 적용하는 연체금리 등을 고려하여 대통령령으로 정하는 이율에 따라 지연이자를 지급하도록 하려는 것이었다. ⑤ 2016. 11. 2. 박주민 의원 등이 제안한 법률개정안(의안번호 2003215)에서는 형사보상금 지급기한을 3개월 이내로 명시하고, 그 기한 내 지급하지 아니한 경우 기한 다음 날부터 지급하는 날까지 연 100분의 40 이내의 범위에서 은행법에 따른 은행이 적용하는 연체금리 등을 고려하여 대통령령으로 정하는 이율에 따라 지연이자를 지급하도록 하려는 것이었다. ⑥ 2017. 2.15. 박범계 의원 등이 제안한 개정법률안(의안번호 2005655)에서도 검찰청은 보상금 지급청구를 받은 때로부터 10일 내에 보상금을 지급하도록 하였다.

제3절 · 피의자보상

Ⅰ. 개관

피의자로서 구금되었던 자 중 검사로부터 불기소처분을 받은 자는, 구금된 이후 불기소처분을 할 사유가 있는 경우와 불기소처분이 종국적인 처분이 아니거나 기소유예처분인 경우를 제외하고, 국가에 대하여 그 구금에 대한 보상을 청구할 수 있다(형사보상법 제27조 제1항). 피의자보상은 피고인보상과 달리 각 지방검찰청에 청구하고 해당 지방검찰청에 설치된 피의자보상심의회에서 결정하며(형사보상법 제28조 제1항), 보상금 지급청구를 받은 지방검찰청은 지급청구를 받은 때부터 10일 이내에 보상금을 지급하여야 한다(형사보상법 시행지침, 제8조 제2호).

그런데 검사의 불기소처분을 받은 피의자의 구금에 대한 형사보상여부를 검찰청에서 결정하는 것은 법률개정이 필요하다. 피의자보상을 결정하는 기관과 보상금을 지급하는 기관이 동일하다면 보상결정이 공정할 수 있는지에 대해서 의문이 제기될 수 있기 때문이다. 1958년 형사보상법 제정당시 피고인보상에 있어서 형사보상법안(정부원안)에는 보상결정을 한 법원에 보상청구까지 하도록 되어 있었지만 국회심의과정에서 법무부의 검찰청에 보상청구를 하도록 변경한 것과 같이,[74] 별개의 기관에서 보상결정과 보상지급을 하는 것이 바람직하다. 독일의 경우에는 불기소처분에 대한 보상여부를 법원에서 결정하고 검찰청에 보상청구를 하도록 한다(독일 형사보상법 제9조).[75]

Ⅱ. 피의자보상의 요건

헌법 제28조에 따르면 피고인뿐만 아니라 피의자로서 구금되었던 사람이 불기소처분을 받은 경우에도 국가에 정당한 보상을 청구할 수 있다. 이것을 피의자보상이라고 하며, 형사보상법 제27조에 피의자보상이 구체화되어 있다. 피의자보상은 1958년 제정 형사보상법 당시부터 논의되었으나 1987년 제9차 개정헌법에서 형사

---

[74] 제3장 제1절 Ⅱ 2 참조.
[75] 제5장 제1절 Ⅱ 1 참조.

보상청구권을 피의자보상까지 확대한 이후에 비로소 1987. 11. 28. 법률 제3956호
로 일부개정되어 1988. 2. 25.부터 시행된 것이다.

　피의자로서 구금되었던 자 중 검사로부터 불기소처분을 받은 자는 국가에 대하
여 그 구금에 대한 보상을 청구할 수 있다. 예를 들어 택시운전자가 운전 중 횡단보
도에서 신호를 위반하여 보행자를 들이받아 전치 8주의 중상을 입힌 혐의로 도로교
통법위반으로 구속되어 수사를 받았는데, 경찰수사단계에서 진술한 목격자가 허위
진술을 한 것으로 검찰수사단계에서 밝혀져 검사가 택시공제조합에 가입한 택시운
전자에게 공소권 없음의 처분을 한 경우에 피의자보상을 받을 수 있다.[76]

　그러나 ① 구금된 이후 불기소처분을 할 사유가 있는 경우, ② 불기소처분이
종국적인 처분이 아닌 경우, ③ 기소유예처분인 경우는 형사보상의 청구대상에서
제외된다(형사보상법 제27조 제1항).

　또한 불기소처분을 받은 자가 형사보상을 청구하더라도, 국가는 ① 본인이 수
사 또는 재판을 그르칠 목적으로 거짓 자백을 하거나 다른 유죄의 증거를 만듦으로
써 구금된 것으로 인정되는 경우, ② 구금기간 중에 다른 사실에 대하여 수사가 이
루어지고 그 사실에 관하여 범죄가 성립한 경우, ③ 보상을 하는 것이 선량한 풍속
이나 그 밖에 사회질서에 위배된다고 인정할 특별한 사정이 있는 경우에는 피의자
보상의 전부 또는 일부를 지급하지 아니할 수 있다(형사보상법 27조 2항).

Ⅲ. 피의자보상의 대상

1. 피의자로서의 미결구금

　피의자보상은 형사피의자로서 구금되었던 사람에게 인정된다. 구금이란 미결구
금과 기결구금을 총칭하고, 미결구금은 판결선고 전의 구금을 말하는데,[77] 피의자는
아직 기소되지 않은 자를 말하므로 피의자보상에서 문제되는 것은 미결구금이다.
미결구금은 도망이나 증거인멸을 방지하여 수사, 재판 또는 형의 집행을 원활하게
진행하기 위하여 무죄추정원칙에도 불구하고 불가피하게 피의자 또는 피고인을 일

76　김웅, 검사내전, 2018, 125~133면 참조.
77　법원행정처, 법원실무요요 형사[Ⅱ], 2014, 747면.

정 기간 일정 시설에 구금하여 그 자유를 박탈하게 하는 재판확정 전의 강제적 처분이다.[78] 미결구금은 구속영장에 의하여 구금된 때부터 형의 집행에 들어가거나 (판결, 보석, 구속적부심, 구속집행정지 등에 의하여) 석방된 때까지의 기간을 말하고 감정유치기간도 포함된다.[79]

　　미결구금 중 구속영장에 의하여 구금된 때부터 불기소처분으로 석방된 때까지의 피의자로서의 미결구금이 피의자보상의 대상이다. 비록 국가의 형사절차상 필요에 의하여 적법하게 구금되었더라도 미결구금은 피의자의 신체의 자유를 박탈하고 있다는 점에서 실질적으로 자유형의 집행과 유사하기 때문에 무죄추정원칙에 따라 그 구금기간에 대한 정당한 평가와 보상이 이루어져야 하고, 구금된 피고인이 무죄판결을 받은 경우 형사보상법 등에 의하여 미결구금일수에 따른 금전적 보상을 받을 수 있다.[80] 그 밖에 판례는, 형사보상법에 의한 형사보상은 대한민국의 재판권을 전제로 하여 인정되므로, 외국에서 무죄판결을 받고 석방되기까지의 미결구금은 해당 국가의 형사보상제도에 따라 그 구금 기간에 상응하는 금전적 보상을 받음으로써 구제받을 성질의 것에 불과하다는 입장이다.[81]

　　한편 체포에 대해서도 피의자보상이 가능하다고 생각할 수 있다. 체포도 헌법과 형사보상법에서 보상의 대상으로 규정한 구금으로 볼 여지가 있기 때문이다. 그러나 형사보상법에서 체포에 대한 형사보상을 명시적으로 규정하지 않고 있을 뿐 아니라, 형사소송법 제200조의6도 체포에 구속에 관한 규정을 준용하면서 형사보상과 관련된 규정은 포함시키지 않았으므로 현행법의 해석·적용상 구속으로 이어지지 않은 체포는 형사보상의 대상으로 인정되지 않는다. 즉, 피의자보상에서의 구금은 구인과 함께 구속에 포함되는 개념일 뿐 체포를 포함하는 개념이 아니다. 그럼에도 입법론적으로는 구속으로 이어지지 않은 체포도 형사보상의 대상으로 인정하는 것이 바람직하다. 체포는 단기간의 제한이고 구속은 장기간의 제한이지만 체포와 구속 모두 신체자유를 제한하는 대인적 강제처분이기 때문이다. 형사소송법도 체포기간을 구속기간에 산입시키고 있다(형사소송법 제203조의2).

78　헌재 2009. 6. 25. 선고 2007헌바25.
79　법원행정처, 법원실무제요 형사[Ⅱ], 2014, 747면.
80　헌재 2009. 6. 25. 선고 2007헌바25.
81　대법원 2017. 8. 24. 선고 2017도5977 판결.

2. 미결구금에 대한 형사보상

피의자보상은 특별한 규정이 있는 경우를 제외하고 그 성질에 반하지 않는 범위에서 피고인보상에 대한 규정을 준용한다(형사보상법 제29조 제1항). 따라서 구금에 대한 보상은 그 구금일수에 따라 1일당 보상청구의 원인이 발생한 연도의 최저임금법에 따른 일급 최저임금액 이상 대통령령으로 정하는 금액 이하의 비율에 의한 보상금을 지급한다(형사보상법 제5조 제1항). 2020년 현재 구금에 대한 보상금의 한도는 1일당 보상청구의 원인이 발생한 해의 최저임금법에 따른 일급 최저임금액의 5배이다(형사보상법시행령 제2조). 노역장유치의 집행을 한 경우도 구금에 대한 보상과 마찬가지이다(형사보상법 제5조 제5항).

3. 청구절차

피의자보상에 있어서는 공소를 제기하지 아니하는 처분을 한 검사가 소속된 지방검찰청의 심의회에 보상을 청구하여야 한다(형사보상법 제28조 제1항). 피의자보상청구서[82]에는 청구인의 성명·주소·생년월일·직업, 청구의 취지·이유, 청구 연월일을 적고 청구인이 기명날인하거나 전자서명을 하여야 한다(형사보상법시행령 제8조 제1항). 청구인은 피의자보상청구서에 청구이유를 소명할 수 있는 증거자료를 첨부하여야 한다(동조 제2항).

피의자보상의 청구는 검사로부터 공소를 제기하지 아니하는 처분의 고지 또는 통지를 받은 날부터 3년 이내에 하여야 하며(형사보상법 28조 제3항), 피의자보상을 청구하는 자는 보상청구서에 공소를 제기하지 아니하는 처분을 받은 사실을 증명하는 서류를 첨부하여 제출하여야 한다(동조 제2항). 보상청구는 대리인을 통해서도 할 수 있다(형사보상법 제13조).

---

82 형사보상 및 명예회복에 관한 법률 시행 지침 별지 제1호 서식 참조.

Ⅳ. 피의자보상청구에 대한 결정

1. 피의자보상심의회의 구성

피의자보상에 관한 사항을 심의·결정하기 위하여 지방검찰청에 피의자보상심의회를 두는데(형사보상법 제27조 제3항), 피의자보상심의회는 법무부장관의 지휘·감독을 받고(동조 제4항), 그 관할·구성·운영·그 밖에 필요한 사항은 대통령령으로 정한다(동조 제5항).

피의자보상심의회는 당해 지방검찰청 및 소속지청의 관할구역에 설치하는데(형사보상법 시행지침 제2조 제1호), 피의자보상심의회는 심의회가 설치된 지방검찰청의 차장검사를 위원장으로 하고, 해당 지방검찰청 소속 공무원·법관 자격을 가진 사람·의사 중에서 법무부장관이 임명하거나 위촉하는 4명의 위원으로 구성된다(형사보상법시행령 제3조). 심의회 위원장(차장검사)이 4명의 위원을 검찰총장을 경유하여 법무부장관에게 추천(해임·해촉)하고(형사보상법 시행지침 제3조), 심의회에 사무를 담당하는 간사 1인과 서기 약간 명을 두는데 심의회가 설치된 지방검찰청 검사장이 임명한다(형사보상법 시행지침 제4조 제2호). 법무부장관은 피의자보상심의회를 지휘·감독하기 위하여 필요한 명령이나 조치를 할 수 있다(형사보상법시행령 제7조 제1항).

2. 피의자보상심의회의 결정

피의자보상심의회는 피의자보상청구를 받은 날로부터 1개월 내에 심의를 완료하고 보상에 관한 결정을 하여야 한다(형사보상법 시행지침 제6조 제2호). 피의자보상심의회의 회의는 위원장을 포함한 재적위원 과반수의 출석과 출석위원 3분의 2 이상의 찬성으로 의결하는데, 보상금을 결정할 때 액수에 관한 의견이 세 가지 이상으로 나누어져 각각 3분의 2에 이르지 못하는 경우에는 3분의 2에 이르기까지 최저금액의 의견 수에 차례로 많은 금액의 의견 수를 더하여 그 중 가장 많은 금액의 의견에 따른다(형사보상법시행령 제5조 제2항, 제3항).

피의자보상심의회의 위원장이나 위원장의 명을 받은 사람은 보상결정에 필요한 조사를 할 수 있고, 관계 공무원이나 관계 기관에 사실을 조회하거나 필요한 자료의 제출을 요청할 수 있다(형사보상법시행령 제9조 제1항). 보상결정은 믿을 수 있는 증거자료에 의하여 이루어져야 하고(형사보상법시행령 제10조 제1항), 보상결정서[83]에는 청구인의 성명·주소·생년월일, 결정주문, 결정이유, 결정연월일을 적고 회의에 출석한 위원이 기명날인하여야 한다(동조 제2항). 형사보상심의회가 보상결정을 하였을 때에는 보상결정서 원본을 보관하고 청구인에게 보상결정통지서와 보상결정서 정본 1부를 보내야 한다(동조 제3항).

피의자보상의 청구에 대한 피의자보상심의회의 결정에 대하여는 행정심판법에 따른 행정심판을 청구하거나 행정소송법에 따른 행정소송을 제기할 수 있다(형사보상법 제28조 제4항). 피의자보상심의회의 보상결정이 송달된 후 2년 이내에 보상금 지급청구를 하지 아니할 때에는 그 권리를 상실한다(동조 제5항).

그 밖에 피의자보상에 대해서는 그 성질에 반하지 아니하는 범위에서 무죄재판을 받아 확정된 사건의 피고인에 대한 보상에 관한 규정을 준용한다(형사보상법 제29조 제1항).

V. 피의자보상지급의 청구

피의자보상결정통지서를 받은 청구인이 보상금을 받으려면 청구인의 성명·주소·생년월일, 보상결정의 사건번호·결정주문, 청구 연월일을 적은 청구서[84]를 보상결정을 한 심의회가 설치되어 있는 지방검찰청에 제출하여야 한다(형사보상법시행령 제11조). 보상금지급청구를 받는 지방검찰청은 지급청구를 받은 때로부터 10일 이내 보상금을 지급하여야 하고, 다만 예산이 재배정되어 있지 않을 때에는 예산의 재배정을 받아 지체 없이 보상금을 지급하여야 한다(형사보상법 시행지침 제8조 제2호).

제 4 절 · 그 외의 보상

피고인과 피의자에 대한 보상 이외에 먼저 피치료감호인에 대한 보상이 인정된다. 치료감호법에 따라 치료감호의 독립 청구를 받은 피치료감호청구인의 치료감호 사건이 범죄로 되지 아니하거나 범죄사실의 증명이 없는 때에 해당되어 청구기각의

---

83 형사보상 및 명예회복에 관한 법률 시행 지침 별지 제3호 서식 참조.
84 형사보상 및 명예회복에 관한 법률 시행 지침 별지 제6호 서식 참조.

판결을 받아 확정된 경우에도 국가에 대하여 구금에 대한 보상을 청구할 수 있다(형사보상법 제26조 제1항 제2호). 이 경우에는 치료감호청구기각의 판결을 받은 본인이 청구권자이다. 피치료감호보상에 대해서는 무죄판결을 받아 확정된 사건의 피고인에게 대한 보상규정이 준용된다(동조 제2항).

다음으로 군사사건에 대한 보상이 인정된다. ① 군사법원에서 무죄재판을 받아 확정된 자, ② 군사법원에서 면소 또는 공소기각의 재판을 받아 확정된 피고인이 면소 또는 공소기각의 재판을 할 만한 사유가 없었더라면 무죄재판을 받을 만한 현저한 사유가 있었을 경우, ③ 군사법원에서 치료감호법에 따라 치료감호의 독립 청구를 받은 피치료감호청구인의 치료감호사건이 범죄로 되지 아니하거나 범죄사실의 증명이 없는 때에 해당되어 청구기각의 판결을 받아 확정된 경우, ④ 군검찰부 군검사로부터 불기소처분을 받은 자에 대한 형사보상에 대해서도 일반형사사건과 동일하게 형사보상이 인정된다(형사보상법 제29조 제2항).

그 외에 보안처분 중 보호감호처분에 대한 보상이 해석을 통해 인정된다. 보안처분 중 보호감호처분의 집행은 피보호감호자의 신체자유를 박탈하는 수용처분이라는 점에서 형벌과 매우 유사한 측면이 있으므로 형사보상법의 규정을 유추적용하여 보호감호의 집행에 대한 보상을 청구할 수 있다.[85]

제 5 절 · 명예회복[86]

Ⅰ. 형사절차에서 발생하는 피의자·피고인의 명예훼손

사람이 사회에서 다른 사람들과 상호작용을 하면서 지속적으로 인격적인 대우를 받을 수 있기 위해서는 명예가 보호되어야 한다. "사회적 존재로서 인간이 다른 사람과의 관계에서 인격체로 승인받고 그 가치에 적합한 처우를 받을 수 있게 하는 인간의 존엄성에 근거한 인격에 대한 사회적 평가"가 명예이다.[87] 형사절차가 개시

---

85 대법원 2004. 10. 18.자 2004코1(2004오1) 결정.

86 김정환·최자연, 형사보상법에서 명예회복제도의 의미와 개선방향, 형사정책 제30권 제3호, 2018.12, 241~248면의 내용을 수정·보완.

87 이희경, 명예훼손죄에 관한 연구, 이화여자대학교 법학논집 제13권 제2호, 2009, 258면.

될 경우 명예훼손의 발생은 불가피하다.

검사가 특정인을 범인으로 특정하여 수사에 따른 기소가 이루어지는 경우, 재판이 끝나고 결과가 선고되었을 때가 되어야 비로소 그 특정인이 무죄인지 유죄인지 분별된다. 형사재판의 결과는 각 범죄에 대한 구성요건이 충족되는지 등을 법관이 심리하여 판단하게 되는데, 형사절차는 절차적 진실을 모아 실체적 진실에 다가가려는 노력의 일환이기 때문에 유죄인 경우에만 형사절차가 개시되도록 하는 것은 불가능에 가깝다.[88]

먼저 형사절차에서 수사기관의 조사, 구금 등으로 주변인들이 알게 되는 경우도 있다. 비록 재판의 결과가 확정되지 않은 상태이더라도 형사재판에 회부되면 혐의를 받고 있는 사정, 기소된 죄에 대한 사회적 인식 등으로 인해 (결과적으로 무죄 선고를 받더라도) 그 사람이 속한 사회에서의 명예훼손은 피하기 어렵다. 불특정 다수 혹은 주변인이 모르게 재판을 받고 그 결과 무죄가 확정되는 경우가 아닌 이상 종국적으로는 무죄 피고인이 되는 자라도 타인과의 관계에서 상호작용을 하는 데에 있어 사회적 평가가 훼손될 가능성이 높다.

그리고 유무죄가 확정되지 않은 상황에서 명예훼손의 여지가 있는 피의사실이 공표되는 경우가 있는데, 이 때 언론보도 등을 통해 정확하지 않은 추측이 사실인 것처럼 사람들에게 인식되기도 한다. 더 많은 구독수를 얻기 위해 언론사는 더 자극적이고 원색적인 표현으로 피의사실을 보도하는 경향이 있다.[89] 무죄추정의 원칙에도 불구하고 수사를 받거나 혐의가 의심되는 자가 마치 유죄인 듯 보도되는데, 언론은 국민의 알권리 충족과 권력자의 기본권 침해에 대한 여론형성 역할을 인정받아 그 책임이 완화되고 있다. 대법원은 언론의 범죄행위 보도에 대하여 피의자나 주변 인물들에게 치명적인 결과를 낳을 수 있다는 우려를 인정하지만,[90] 유무죄가

---

88 김정환, 형사보상의 역사와 본질, 서울법학 제18권 제2호, 2010, 57~58면.

89 노성호·이기웅, 한국언론의 범죄보도관행, 1996, 114면.

90 대법원 1999. 1. 26. 선고 97다10215 판결: "수사기관의 피의사실 공표행위는 공권력에 의한 수사결과를 바탕으로 한 것으로 국민들에게 그 내용이 진실이라는 강한 신뢰를 부여함은 물론 그로 인하여 피의자나 피해자 나아가 그 주변 인물들에 대하여 치명적인 피해를 가할 수도 있다는 점을 고려할 때, 수사기관의 발표는 원칙적으로 일반 국민들의 정당한 관심의 대상이 되는 사항에 관하여 객관적이고도 충분한 증거나 자료를 바탕으로 한 사실 발표에 한정되어야 하고, 이를 발표함에 있어서도 정당한 목적 하에 수사결과를 발표할 수 있는 권한을 가진 자에 의하여 공식의 절차에 따라 행하여져야 하며, 무죄추정의 원칙에 반하여 유죄를 속단하게 할 우려가 있는 표현이나 추측 또는 예단을 불러일으킬 우려가 있는 표현을 피하는

확정되지 않은 사건의 언론노출을 무조건적으로 제한할 수 없다는 입장으로 명예
훼손의 구성요건해당성을 충족하더라도 국민의 알권리를 위해 감내해야 할 부분이
라고 본다.[91]

II. 무죄판결의 경우에 명예회복규정

1. 형법, 형사소송법, 형사보상법에 존재하는 명예회복규정

형사소송에서 발생하는 명예훼손의 회복을 위한 법률규정들이 다수 존재한다.
형법 제58조 제2항, 형사소송법 제440조 및 형사보상법 제30조가 있다. 각각의 규
정은 형사절차에서 훼손된 명예의 회복을 위한 취지로 입법되었는데, 요건이나 처
리 방식 등에 차이가 있다.

(1) 형법 제58조 제2항(판결의 공시)

형법 제58조 제2항에 따르면, 피고사건에 대하여 무죄의 판결을 선고하는 경우
에는 (무죄판결을 받은 피고인이 무죄판결공시 취지의 선고에 동의하지 아니하거나 피고인
의 동의를 받을 수 없는 경우를 제외하고) 무죄판결공시의 취지를 선고하여야 한다. 이
것은 박범계 의원 대표 발의로 2014년 12월 30일에 개정된 것인데, 해당 형법일부
개정법률안에 따르면 무죄판결공시제도 개정 취지는 다음과 같다.[92]

> 현행 「형법」에 따르면 무죄판결 공시의 취지 선고여부가 법원의 재량에 의해 결정되
> 고 있고, 대법원 재판예규인 「판결 공시절차에 관한 지침」에서 판결공시의 취지 설명
> 을 의무화하는데 그쳐 형사사건으로 무죄판결을 받은 사람의 명예회복에 한계가 있음.
> 법원이 형사사건으로 무죄판결을 선고하는 경우 의무적으로 무죄판결 공시의 취지를
> 선고하되, 무죄판결을 받은 당사자가 원하지 않는 경우에는 예외적으로 무죄판결 공시
> 의 취지를 선고하지 않도록 법률적 차원에서 명백히 하려는 것임.

등 그 내용이나 표현 방법에 대하여도 유념하지 아니하면 아니 된다."
91 대법원 2008. 11. 13. 선고 2008다53805 판결.
92 박범계 의원 대표발의, 형법 일부개정법률안(2014. 3. 11), 의안번호 9676.

이 규정은 범죄혐의와 신상정보가 노출된 피고인에게 무죄판결 후 명예를 회복시켜주기 위해 규정된 것임을 알 수 있다. 그 밖에 불필요한 사회윤리적 비난이 가해지는 것을 방지하고자 하는 입법자의 의도가 있다는 해석도 존재한다.[93] 대한민국 법원 사이트의 대국민서비스 공고란에 무죄판결공시에 접속하면 각 지역별로 확인이 가능하다.[94] 판결공시에서 사건번호, 기소된 죄명, 피고인의 이름, 담당 판사 및 소속 법원을 확인할 수 있다.

(2) 형사소송법 제440조(무죄판결의 공시)

형사소송법 제440조에 따르면, 재심에서 무죄의 선고를 한 때에는 (원하지 아니하는 의사를 표시한 경우를 제외하고) 그 판결을 관보와 그 법원소재지의 신문지에 기재하여 공고하여야 한다. 재심에서 무죄판결을 받은 피고인에 대하여 필요적으로 공고하도록 규정하였던 기존의 규정을 피고인 등 재심을 청구한 사람이 원치 않는 경우 공고하지 않도록 변경한 것이다.

이는 홍일표 의원 대표발의로 2016년 5월 29일 개정된 것인데, 제안이유에서는 재심에서 무죄판결 피고인이 오히려 사생활 침해, 인격, 명예가 훼손된다는 비판을 반영했다고 한다.[95] 또한 형사소송법 제440조는 국가가 잘못된 판결로 고통 받는 피고인에 대한 반성적 의미로도 해석이 가능하다. 대통령긴급조치위반·반공법위반에 관한 판결인 서울고등법원 재심사건 판례에 따르면 사법부가 무죄임에도 유죄를 선고받았던 피고인에 대한 진정한 용서를 구하고 국민의 권익을 보장하고 보편적 정의를 실현하는 인권의 최후 보루로서의 역할을 다할 것을 말하며 판결의 요지를 공시하였다고 설명한다.[96]

---

93 신동운, 형법총론(제10판), 2017, 825면.

94 대한민국 법원, 무죄판결공시(http://www.scourt.go.kr/portal/notice/innocence/innocence.jsp).

95 홍일표 의원 대표발의, 형사소송법 일부개정법률안(2015.11.4.), 의안번호 17588.

96 서울고등법원 2011. 2. 11. 선고 2009재노53 판결: "피고사건이 범죄로 되지 아니한 때에 해당하거 나(대통령긴급조치위반의 점) 범죄의 증명이 없는 경우(반공법위반의 점)에 해당하므로 형사소송법 제325조 전단 및 같은 조항 후단에 의해 피고인에게 무죄를 선고한다. 아울러 권위주의 통치시대에 위법·부당한 공권력의 행사로 인하여 오랜 기간 교도소에서 심대한 고통을 당한 피고인에게 국가가 범한 과오에 대하여 진정으로 용서를 구하고, 피고인의 가슴 아픈 과거사로부터의 소중한 교훈을 바탕으로 사법부가 국민의 작은 소리에도 귀를 기울여 두 번 다시 그와 같은 비극이 재발하지 않도록 국민의 권익을 보장하고 보편적 정의를 실현하는 인권의 최후 보루로서의 역할을 다할 것을 다짐하면서, 형사소송법 제440조, 형법 제58

무죄판결의 공시는 대한민국전자관보[97]에 의하지만 소속법원과 발행일자를 알아야 확인이 가능하고 당사자 혹은 판결번호로는 검색이 불가능하다.

(3) 형사보상법 제30조(무죄재판서 게재 청구)

형사보상법의 명예회복제도는 무죄판결을 받기 전의 억울한 구금이나 형 집행에 대한 보상을 해주는 형사보상제도와 별개로 자신의 무죄를 타인에게 알리기 위해 도입되었다.[98] 형사보상법 제30조에 따르면 "무죄재판을 받아 확정된 사건의 피고인은 무죄재판이 확정된 때부터 3년 이내에 확정된 무죄재판사건의 재판서를 법무부 인터넷 홈페이지에 게재하도록 해당 사건을 기소한 검사가 소속된 지방검찰청에 청구할 수 있다."고 하여, 피고인의 신청으로 법무부 홈페이지에 무죄재판서가 게재될 수 있도록 규정되어 있다. 이것은 2011년 5월 23일 개정된 것인데, 수사 또는 재판과정에서 훼손된 명예를 회복시키기 위함이다. 개정이유에서 무죄재판 확정이 되더라도 이에 대한 보도가 제대로 되지 않음을 문제 삼고 있음을 확인할 수 있다.

법원은 피고사건에 대하여 무죄의 판결을 선고하는 경우에 피고인이 무죄판결공시 취지의 선고에 동의하지 아니하거나 피고인의 동의를 받을 수 없는 경우를 제외하고 무죄판결공시의 취지를 선고하여야 한다(형법 제58조 제2항). 또한 법원은 피고사건에 대하여 면소의 판결을 선고하는 경우에 면소판결공시의 취지를 선고할 수 있다(동조 제3항).

무죄재판을 받아 확정된 사건의 피고인은 무죄재판이 확정된 때부터 3년 이내에 확정된 무죄재판사건의 재판서를 법무부 인터넷 홈페이지에 게재하도록 해당 사건을 기소한 검사가 소속된 지방검찰청에 청구할 수 있다(형사보상법 30조). 이러한 청구가 있을 때에는 그 청구를 받은 날부터 1개월 이내에 무죄재판서를 법무부 인터넷 홈페이지에 게재하여야 하고(형사보상법 제32조 제1항), 그 게재기간은 1년으로 한다(동조 제4항).

면소 또는 공소기각의 재판을 받아 확정된 피고인이 면소 또는 공소기각의 재판을 할 만한 사유가 없었더라면 무죄재판을 받을 만한 현저한 사유가 있었을 경우

조 제2항에 의하여 이 판결의 요지를 공시하기로 한다."

97 　대한민국 전자관보(http://gwanbo.mois.go.kr/main.do).

98 　윤지영·정진수·서주연, 형사보상제도의 운영현황과 개선방안, 2016, 43면.

와 치료감호법상의 치료감호의 독립 청구를 받은 피치료감호청구인의 치료감호사건
이 범죄로 되지 아니하거나 범죄사실의 증명이 없는 때에 해당되어 청구기각의 판
결을 받아 확정된 경우도 무죄재판서의 게재청구와 마찬가지이다(형사보상법 제34조).

2. 형사보상법 제30조(무죄재판서 게재 청구)의 독자적 의미

(1) 다른 제도와의 차이점

형법 제58조 제2항, 형사소송법 제440조, 형사보상법 제30조는 모두 형사절차
에서 침해된 명예의 회복을 위한 제도이지만 형사보상법상 무죄재판서 게재 청구와
다른 제도 사이에는 차이점이 존재한다.

첫째, 형식적인 측면에서, 형법 제58조 제2항과 형사소송법 제440조는 법원이
공시의 주체이지만 형사보상법상 무죄재판서 게재는 법무부에 의해 이루어진다.

둘째, 역시 형식적인 측면에서, 형법 제58조 제2항과 형사소송법 제440조는 원
칙적으로 공시가 의무사항이지만 형사보상법상 무죄재판서 게재제도는 청구에 의해
임의적으로 이루어진다. 다만 형법 제58조 제2항의 경우 단서에 따라 무죄판결을
받은 피고인이 무죄판결공시 취지의 선고에 동의하지 아니하거나 동의를 받을 수
없는 경우 공시하지 아니하고, 형사소송법 제440조의 경우에도 이해관계인의 명예
보호를 위하여 공시를 제한할 수 있다.[99]

셋째, 형사보상법의 무죄재판서 게재제도의 경우 '무죄재판을 받아 확정된 사
건'을 요건으로 한다는 점에서 차이가 있다. 형법 제58조 제2항과 형사소송법 제440
조 모두 그 문언상 법원이 무죄의 선고를 한 경우에 적용된다. 우선 형법 제58조 제
2항의 경우 판결의 확정과 관계없이 무죄판결이 선고된 경우에 적용된다.[100] 다음으
로 형사소송법 제440조의 경우에는 '무죄의 선고를 한 때'를 해석함에 있어 무죄판
결이 확정된 때로 보는 견해(확정설)와 무죄판결이 선고된 때로 보는 견해(선고설)가
대립된다. 이 가운데 확정설은 재심판결도 상소가 허용되므로 하급심에서 무죄판결
이 선고되어도 상급심에서 유죄가 선고되어 확정된 경우와 같은 "번잡한 절차를 감
수하면서까지 재심피고인의 명예를 조속히 회복시켜야 할 필요성을 찾아보기 어려운

99 신동운, 간추린 형사소송법, 2017, 654면.
100 신동운, 간추린 형사소송법, 2017, 825면.

점"을 들고 있으며,101 실무에서도 확정설에 따라 판결공시가 이루어지고 있다.102 그러나 재심피고인의 조속한 명예회복을 위해서라도 조문에 표현된 대로 문리해석을 하여 선고한 때로 보는 것이 타당하다.103

넷째, 가장 핵심적인 차이는 공시되는 내용에 있다. 형법 제58조 제2항의 공시는 이유가 기재되지 않고 형사소송법 제440조의 경우 판결 전문을 공고하는 것이 원칙이나 판결의 요지만을 공시하는 것도 허용된다고 보고 있다.104 형법 제58조 제2항의 경우 대한민국법원 홈페이지에서 사건번호, 재판부, 피고인, 죄명, 담당판사를 확인할 수 있지만 어떠한 이유로 무죄가 선고되었는지 알기 어렵다. 또한 명확한 사건번호를 알고 있지 않은 이상 각 지열별로 검색을 통해 확인해야 하는 어려움이 있다. 무죄판결을 피고인이 원치 않는 경우를 제외하고 의무적으로 게시하게 한다는 점에서 명예회복을 위한 노력을 찾아볼 수 있으나 어떠한 사실관계와 법리적 해석으로 무죄를 선고하였는지는 확인할 수 없다. 반면 형사보상법 제30조는 이와 달리 구체적인 사실관계와 법원의 판단을 모두 게재한다. 형사보상법상 무죄재판서가 게재될 경우 "청구인이 무죄재판서 중 일부의 내용의 삭제를 원하는 의사를 명시적으로 밝힌 경우"와 "무죄재판서의 공개로 인하여 사건 관계인의 명예나 사생활의 비밀 또는 생명·신체의 안전이나 생활의 평온을 현저히 해칠 우려가 있는 경우"를 제외한 무죄재판서의 내용이 법무부 홈페이지에 올라오게 된다. 수사와 재판과정에서 범죄혐의가 다뤄질 때는 자극적, 구체적인 설명과 함께 보도되는 반면 판결 결과에 대해서는 정확한 사실관계가 보도되는 부분을 보완하고자 하는 취지로 보인다. 따라서 형사보상법상 무죄재판서 게재 청구가 있는 경우 사건에 대한 구체적 사실관계 파악이 가능하다. 형사보상법에서의 명예회복제도는 구체적인 사실관계를 알려 명예를 회복하고자 한다는 점에서 독자적 의미가 있다.

(2) 권위 있는 기관의 설명을 통한 주체적인 명예회복

피고인과 타인 간의 관계를 회복시켜주기 위해서는 그 타인들의 의식 혹은 무의식 속에 있는 피고인에 대한 인식을 재정립 해주는 것이 필요하다. 그리고 사람들

---

101 최완주, 주석 형사소송법, 2017, 636~637면.
102 법원행정처, 법원실무제요 형사Ⅱ, 2014, 652면.
103 이은모·김정환, 형사소송법, 2019, 881면.
104 최완주, 주석 형사소송법, 2017, 639면.

이 어떠한 사실에 대해 아는 바가 없을 때에도 권위 있는 기관의 말은 신뢰하는 경향이 있다.105 형법 제58조 제2항과 형사소송법 제440조 모두 법원, 관보라는 권위를 인정할 수 있는 수단을 통해 무죄사실을 알리고 있어 이를 확인한 자에게 신뢰를 준다고 할 수 있을 것이다. 그러나 형법 제58조 제2항의 경우 충분한 설명의 결여로 타인에게 잘못 인식된 개인의 존엄을 다시 회복시키는데 부족하며, 형사소송법 제440조의 경우에는 재심에만 한정하여 무죄판결시 관보와 법원소재지 신문지에 기재하여 공고하므로 개별 사건에 대한 명예회복 수단으로 충분하지 않다. 그나마 자세한 사건의 상황을 공시하는 형사소송법 제440조의 무죄판결의 공시는 대한민국 전자관보106에서 개별적 사건의 관보를 찾기 위해서는 관보를 올린 일자를 알아야 한다. 사건의 판결번호, 피고인의 이름, 사건의 주요 단어로는 검색결과에서 찾을 수 없다. 관보를 원하는 법원의 동일일자의 사건은 모두 일괄적으로 올라와 개별적 정보 확인에도 번거로움이 있다. 법원이 스스로 작성하는 것이기 때문에 공시를 희망하는 내용이 모두 포함되어 있지 않은 경우도 있을 수 있다.

그런데 형사보상법 제30조에서는 무죄재판사건의 피고인이 원하는 경우 법무부 홈페이지에 게시할 수 있도록 하고 있다. 게시는 법무부 홈페이지 내 무죄재판서 확인에서 직접 재판서를 다운받아 전체 판결문 내용을 피고인이 명시적으로 삭제를 원한 부분 혹은 사건 관계인의 명예나 사생활의 비밀 또는 생명·신체의 안전이나 생활의 평온을 현저하게 해치는 경우를 제외한 모든 내용을 확인할 수 있다. 이를 통해 무죄재판서를 확인한 자는 정확한 판결 상황을 알고 무죄판결 피고인에 대한 평가를 재고할 기회를 갖는다.

형사사건에서 무죄가 확정된 경우 단순히 무죄를 알리는 조치에서 더 나아가 불특정 다수 혹은 주변인이 납득할 수 있는 정보 제공이 요구되는데, 형사보상법상 명예회복은 공인된 기관이 형사사건에 대한 재판 내용을 공개하여 왜 무죄인지까지 설명을 제공하는 취지에서 의미가 있다.

---

105 로버트 치알다니, 설득의 심리학 3, 2015, 170면
106 http://gwanbo.mois.go.kr/main.do.

Ⅲ. 형사보상법의 명예회복제도

1. 의의

형사보상법에는 무죄재판사건의 재판서 게재 형태의 명예회복제도가 존재한다. 2011년 5월 23일 국회는 형사사건에서 무죄가 확정된 사건의 피고인에게 명예회복을 할 수 있는 방법으로 무죄재판서 게재제도를 이용할 수 있도록 형사보상법의 명칭을 '형사보상 및 명예회복에 관한 법률'로 개정하였다.107 무죄를 확정 받은 경우 금전적 보상을 해주던 기존의 제도에서 나아가 명예회복을 위한 구체적인 방법을 규정했다는 점에서 의의가 있다.

무죄재판을 받아 확정된 사건의 피고인은 무죄재판이 확정된 때부터 3년 이내에 확정된 무죄재판사건의 재판서를 법무부 인터넷 홈페이지에 게재하도록 해당 사건을 기소한 검사가 소속된 지방검찰청에 청구할 수 있다(형사보상법 제30조). 이러한 청구가 있을 때에는 그 청구를 받은 날부터 1개월 이내에 무죄재판서를 법무부 인터넷 홈페이지에 게재하여야 하고(형사보상법 제32조 제1항), 그 게재기간은 1년으로 한다(동조 제4항).

그 밖에 ① 면소 또는 공소기각의 재판을 받아 확정된 피고인이 면소 또는 공소기각의 재판을 할 만한 사유가 없었더라면 무죄재판을 받을 만한 현저한 사유가 있었을 경우와 ② 치료감호법상의 치료감호의 독립 청구를 받은 피치료감호청구인의 치료감호사건이 범죄로 되지 아니하거나 범죄사실의 증명이 없는 때에 해당되어 청구기각의 판결을 받아 확정된 경우에도 무죄재판서의 게재청구에 관한 규정이 준용된다(형사보상법 제34조).

---

107 형사보상법시행령(대통령령 제23160호, 2011. 11. 24. 시행) 제12조 이하 및 형사보상 및 명예회복에 관한 법률 시행 지침(대검예규 제778호, 2015. 4. 17. 시행) 제11조 이하에서 명예회복에 관한 시행에 필요한 사항을 규정하고 있다.

2. 무죄재판서 게재절차

(1) 청구서 제출

법무부장관은 무죄재판서의 게재 업무를 효율적으로 처리하기 위하여 필요하면 해당 업무를 담당할 전담부서를 지정할 수 있으며(형사보상법시행령 제12조), 무죄재판사건을 기소한 검찰청(지방검찰청 지청을 포함)의 장은 무죄재판서 게재 업무를 담당할 전담직원을 지정할 수 있고(형사보상법시행령 제13조 제1항), 이에 따라 검찰청장(지청장을 포함)은 무죄재판서 게재 업무를 담당하기 위해 전담검사 1인과 전담직원 1인을 각 지정하도록 되어 있다(형사보상법 시행지침 제11조).

청구인이 무죄재판서 게재청구를 하는 경우에는 무죄 등 재판서 게재 청구서,108 무죄 등 재판서의 등본과 그 재판의 확정증명서를 제출하여야 하고, 상속인의 경우에는 동순위의 상속인 유무를 소명할 수 있는 자료와 상속인 모두 무죄 등 재판서 게재 청구에 동의하였음을 소명할 자료를 추가적으로 제출하여야 한다(형사보상법 시행지침 제12조 제1항 제1호).

만약 청구인이 무죄재판서 중 일부 내용의 삭제를 원하는 경우에는 추가적으로 무죄 등 재판서 일부 삭제 게재 청구서109를 추가적으로 제출하여야 하며, 청구인의 소재불명 등으로 무죄재판서 일부 내용 삭제에 관한 청구인의 의사를 확인할 수 없는 경우에는 민법 제779조에 따른 가족 중 1명이 작성한 무죄 등 재판서 일부 삭제 게재 청구서 및 가족관계를 확인할 수 있는 서류를 제출하여야 하고, 면소 및 공소기각 재판서 게재를 청구하는 경우에는 '현저한 사유'에 대한 소명의 내용을 담은 의견서를 추가적으로 제출하여야 한다(형사보상법 시행지침 제12조 제1항 제2호).

(2) 청구에 대한 조치

전담직원은 필요적 구비서류가 완비된 청구서 등 관련서류를 구비하여 전담검사에게 보고하여야 하고(형사보상법 시행지침 제13조 제4항), 전담검사는 청구서 등 관련서류를 검토하여 청구의 적부 및 무죄 등 재판서의 등본과 그 재판의 확정증명서의 진위여부를 확인한다(형사보상법 시행지침 제14조 제1항). 전담검사는 '무죄재판서

---

108 형사보상 및 명예회복에 관한 법률 시행 지침 별지 제9호 서식 참조.
109 형사보상 및 명예회복에 관한 법률 시행 지침 별지 제10호 서식 참조.

의 공개로 인하여 사건 관계인의 명예나 사생활의 비밀 또는 생명·신체의 안전이나 생활의 평온을 현저히 해칠 우려가 있는지 여부', '형사소송법에 따라 면소 또는 공소기각의 재판을 받아 확정된 피고인이 면소 또는 공소기각의 재판을 할 만한 사유가 없었더라면 무죄재판을 받을 만한 현저한 사유가 있었는지 여부' 그리고 '치료감호법 제7조에 따라 치료감호의 독립 청구를 받은 피치료감호청구인의 치료감호 사건이 범죄로 되지 아니하거나 범죄사실의 증명이 없는 때에 해당되어 청구기각의 판결을 받아 확정되었는지 여부'에 대하여 검토한 후 무죄 등 재판서의 게재여부 및 그 범위에 대하여 소속검찰청 부장검사·차장검사·검사장의 결재를 받아 결정한다(형사보상법 시행지침 제14조 제3항, 제4항).

　　무죄 등 재판서의 게재는 다음과 같다. 피고인의 성명을 제외한 인적사항(주민등록번호, 직업, 주거 및 등록기준지)은 첫 글자를 제외하고는 "00"으로 표시하되, 청구인이 원하는 경우 피고인의 인적사항을 전부 게재할 수 있으며, 청구인이 무죄재판서 중 일부 내용의 삭제를 원한 경우 청구인이 명시적으로 삭제의사를 밝힌 부분을 확인하여 삭제한 후 재판서를 게재한다(형사보상법 시행지침 제15조 제1항 제1호, 제2호). 무죄재판서의 공개로 인하여 사건 관계인의 명예나 사생활의 비밀 또는 생명·신체의 안전이나 생활의 평온을 현저히 해칠 우려가 있는 경우 전담검사가 삭제하도록 지정한 부분을 확인하여 삭제한 후 재판서를 게재한다(동조 동항 제3호). 일부무죄 재판서는 유죄부분을 삭제한 다음 게재한다(동조 제2항). 전담직원은 무죄 등 재판서 게재 사실과 무죄재판서 게재 불허가 사실을 청구인에게 통지한다(동조 제3항, 제4항).

Ⅳ. 형사보상법의 명예회복제도의 현실

1. 이용현황

　　형사보상에 관한 청구건수와 관련하여 2017년 사법연감 형사보상처리 죄명별 건수표를 보면, 지방법원의 경우 형사보상 청구 인용결정건수가 5,804건, 고등법원의 경우 116건, 대법원의 경우 2건이다.[110] 형사보상법상 무죄재판서의 게재기간은

110　법원행정처, 2017 사법연감, 1031~1032면.

1년인데(형사보상법 제32조 제4항), 2018년 8월 15일 현재 38건의 무죄재판서가 게재되어 있다.[111] 2017년 8월 16일에서 2018년 8월 15일 사이의 무죄재판서 게재 건수는 현저히 낮은 숫자임을 확인할 수 있다.

언론에 보도된 사건의 경우 무죄판결이 선고되더라도 기존 수사 과정이나 재판 과정에서의 보도로 범죄 혐의 있음을 사람들이 알게 되어 이미 명예가 훼손되었을 가능성이 높다. 상업적이고 자극적인 보도로 인해 혐의 사실이 과장되고 왜곡된다는 비판이 있음에도[112] 언론의 정보지배력[113]이 크기 때문에 자신이 모르는 불특정 다수에게 잘못된 정보로 인격적 가치가 평가절하될 수 있다. 그럼에도 불구하고 위의 현황과 같이 2018년 8월 15일을 기준으로 언론에 게시되었던 사건이 무죄재판서 게재가 된 경우는 단 1건에 불과했다.

성범죄를 예로 살펴보면 형사보상법상 명예회복제도가 명예회복의 수단으로 이용되지 않음을 단적으로 확인가능하다. 현실에서는 사기나 배임 등의 재산범죄나 폭행이나 상해 등의 인신범죄가 다수이지만 언론에서는 그러하지 않다.[114] 성범죄 관련 범죄는 11년간 약 2배 증가하였는데, 성범죄에 관한 기사는 같은 기간 동안 14배가 증가하였다고 한다.[115] 성범죄가 언론에 공개될 경우 그 파급력은 매우 크다. 언론의 집중적 보도로 인해 일단 개인의 내밀한 영역에 관한 사항이 공개되면 그 피해는 비가역적이다. 무죄추정의 원칙을 기초로 형사사건이 재판되어야 함에도 불구하고 피고인은 이미 언론의 유죄로 확정이 난 듯 보도되는 기사들로 인해 대중에게 유죄로 낙인찍히게 된다.

성범죄를 보도하는 경향과 성범죄를 살인죄보다 중하게 형사처벌하는 규정들을 종합적으로 살펴보면 우리 사회가 '성범죄를 사회적 문제'로 바라보고 있는 분위기

111 법무부 홈페이지(http://www.moj.go.kr/HP/COM/bbs_Acq/BoardList.do?strOrgGbnCd=10000&strRtnURL=MOJ_31603000&strNbodCd=acqu0001), 2018년 8월 15일 검색. 이중 구글 검색을 기준으로 언론에 노출되었던 케이스는 2015형제5705 판결사건 단 1건으로 의정부지방검찰청 고양지청에서 2017년 8월 23일에 게재한 고양문화재단의 소위 '막말파문'과 관련한 사건이다(중앙일보, https://news.joins.com/article/16702646).
112 박용규, 한국신문 범죄보도의 역사적 변천에 관한 연구, 한국언론학보, 45(2), 2001, 158면.
113 권인숙·이화연, 성폭력 두려움과 사회통제: 언론의 아동 성폭력 사건 대응을 중심으로, 아시아여성연구 제50권 제2호, 2011, 88면.
114 김정환, 2013년 성폭력범죄에 대한 형사제재의 모습, 보호관찰 제13권 제1호, 2013, 25면.
115 박지선·박상조, 언론의 범죄 관련 보도가 대중의 범죄 발생 인식에 미치는 영향, 경찰학논총 제8권 제1호, 2013, 306면.

를 찾아볼 수 있다.[116] 2012년 범죄백서에 따르면 성범죄자의 처벌에 대해 명예형으로서의 성격을 간과할 수 없다고 말한다.[117] 즉, 성범죄로 언론에 공개된 경우 국민의 반감은 매우 클 것이고, 무죄인 피고인이 언론 혹은 그가 속한 사회에 성범죄자로서 알려졌을 때에는 손상된 명예를 회복하기 위하여 무죄확정 사실을 알릴 필요성이 더 크다. 이 경우 명예뿐만 아니라 사회로의 복귀, 직업 활동의 존속 문제 등을 위해 명예훼손의 피해는 반드시 회복되어야 한다. 그러나 법무부의 2018년 8월 15일자 무죄재판서 게재 목록[118] 중 판결서 내용을 확인한 결과 성범죄의 경우는 2017년 8월 29일에 게재된 강제추행 사건 단 1건이었다.

2. 이용저조의 원인

(1) 홍보의 미비

형사보상법 제30조의 무죄재판서 게재를 청구하기 위해서는 기소한 검사가 속한 검찰청에 피고인이 직접 신청해야 한다. 피고인이 청구를 하면 그 청구를 받은 검찰청은 무죄재판의 확정재판기록을 송부 받은 날부터 1개월 내에 법무부 인터넷 홈페이지에 게재하여야 한다.

그러나 법무부 홈페이지 내 검색으로 무죄재판서 게재 청구 방법에 대한 안내는 존재하지 않는다.[119] 검찰청 홈페이지에서 해당 방법에 대한 설명은 창원지방검찰청 홈페이지에 2013년 10월 4일,[120] 제주지방검찰청 홈페이지에 2014년 2월 12일[121]에 한 번씩 무죄재판서 게재제도 안내가 있었음을 확인할 수 있다. 홍보의 부재는 형사보상법상 명예회복제도의 이용이 저조하게 되는 이유이다.

---

116   김정환, 2013년 성폭력범죄에 대한 형사제재의 모습, 보호관찰 제13권 제1호, 2013, 29면.
117   법무연수원, 2012 범죄백서, 513면.
118   법무부 홈페이지(http://www.moj.go.kr), 2018년 8월 15일 검색.
119   법무부 홈페이지(http://www.moj.go.kr), 2018년 8월 15일 검색.
120   창원지방검찰청(http://www.spo.go.kr/changwon/notice/notice/notice01.jsp?mode=view&board_no=74&article_no=562011).
121   제주지방검찰청(http://www.spo.go.kr/jeju/notice/notice/notice01.jsp?mode=view&board_no=102&article_no=569812).

(2) 명예회복 수단의 단순함

형사보상법상 명예회복으로 모든 범죄의 무죄판결에 대하여 무죄재판서 게재 청구라는 1가지 방법만이 규정되어 있는 것이 문제이다. 간통죄가 폐지된 이후 간통죄로 유죄를 확정받았던 사람들이 무죄로 되어 형사보상을 청구한 경우 형사보상법 제25조에 따라 관보에 게재된다. 의무적으로 실명, 거주지, 무죄판결 사유 등을 게재해야 하기 때문에 명예회복이 아니라 오히려 무죄 판결 후 보상으로 인해 개인의 내밀한 영역에 대한 침해를 받게 되는 것이다. 자신이 속한 직장, 학교, 지역과 같은 소사회 내에서만 해명을 하면 사회생활에 지장이 없는 경우, 범죄 성격의 차이로 간통죄와 같이 무죄가 알려지면 오히려 더 명예가 훼손되는 경우 등 범죄의 성격에 따라 적정한 명예회복의 방법에는 차이가 있다. 그럼에도 불구하고 일괄적으로 무죄재판서 게재 청구라는 1가지 방법으로만 명예회복을 하는 것은 모든 무죄피고인들에게 발생하는 다양한 명예회복에 대한 필요를 충족시켜주지 못한다.

미국의 경우 주에 따른 차이가 있지만 명예회복뿐만 아니라 사회복귀를 위한 서비스, 직업관련 상담 등을 제공한다. 특히 Texas주와 Vermont주는 사회복귀를 위한 절차를 지원하는 등 다양한 방법을 통해 피고인들의 요구를 충족시켜 주고자 하고 있다.[122] 형사보상법상 명예회복제도를 만든 최초의 목적을 생각해보면 무죄피고인은 현실에서 억울하게 명예를 훼손당한 피해자 스스로 원하고 적합하다고 생각하는 방법을 통한 타인과의 관계개선은 이루어지지 않고 있는 현실이다.

(3) 인지하기 어려운 공시방법

일본형사보상법 제24조에 따르면 법원은 보상의 결정이 확정된 때에는 그 결정을 받은 자의 신청에 의하여 신속하게 결정의 요지를 관보 및 신청인이 선택한 3가지 이상의 신문에 각 1회 이상 게재 공시가 있어야 한다.[123] 관보뿐만 아니라 일반인들이 쉽게 접근 가능한 신문에도 공시하도록 한 것이다.

반면 우리나라의 경우 법무부 홈페이지의 법무정책 코너에 정책서비스로 들어

---

122 한상훈, 영미법상 형사보상제도에 대한 검토, 법학연구 제22권 제4호, 2012.12, 18−20면.
123 일본 형사보상법 제24조: 第二十四条　裁判所は、補償の決定が確定したときは、その決定を受けた者の申立により、すみやかに決定の要旨を、官報及び申立人の選択する三種以内の新聞紙に各一回以上掲載して公示しなければならない。

가서 법무/검찰 항목의 무죄재판서 게재에 들어가야 공시를 확인 가능하다. 무죄재판서 게재 신청방법의 경우에도 홍보가 부족하지만 무죄재판서에 대한 열람 방법에 대한 홍보나, 국민에게 무죄재판서의 존재에 대한 안내는 전무하다고 볼 수 있다. 무죄재판서의 존재나 확인에 대한 방법을 모르는 일반인의 입장에서 수고를 마다하고 다른 사람의 무죄 판결을 확인하기 위해 법무부 홈페이지에 직접 찾아가는 경우는 매우 드물 것임을 예상할 수 있다. 타인과의 관계에서 무죄사실을 보도하여 사회적 가치를 회복시켜 주기 위한 입법 취지에 비추어 볼 때,[124] 형사보상법상 명예회복제도는 당초에 의도된 목적을 실현하고 있다고 보기 어렵다.

제6절 · 형사보상의 처리절차와 형사보상현황

Ⅰ. 처리건수

　형사보상법에 따른 형사보상의 현황을 '1988 사법연감'부터 '2018 사법연감'까지의 통계를 통해 살펴보면 다음과 같다.

연도	구분	처리건수	보상결정건수	보상금액(원)
2017	지방법원	5,810	5,571	8,015,407,185
	고등법원	100	78	7,780,617,686
	대법원	·	·	·
2016	지방법원	6,215	5,804	8,685,266,844
	고등법원	140	116	11,111,250,176
	대법원	2	1	4,980,000
2015	지방법원	12,517	12,280	14,756,135,773
	고등법원	174	158	9,404,140,212
	대법원	·	·	·

124　국가법령정보센터(http://www.law.go.kr/lsInfoP.do?lsiSeq=113385&ancYd=20110523&ancNo=10698&efYd=20110523&nwJoYnInfo=N&efGubun=Y&chrClsCd=010202#0000).

연도	구분	처리건수	보상결정건수	보상금액(원)
2014	지방법원	17,789	17,605	38,891,066,907
	고등법원	247	231	23,224,613,934
	대법원	2	2	182,834,400
2013	지방법원	37,046	36,850	15,863,234,549
	고등법원	186	177	21,332,058,124
	대법원	8	8	680,995,200
2012	지방법원	41,908	41,732	37,067,340,101
	고등법원	109	93	3,339,637,800
2010	지방법원	8,349	8,230	9,077,391,362
	고등법원	50	43	7,405,045,282
2009	지방법원	251	216	7,329,737,812
	고등법원	56	55	6,255,329,923
2008	지방법원	250	222	5,198,753,307
	고등법원	64	54	919,997,100
2007	지방법원	239	195	1,988,402,130
	고등법원	42	39	714,485,928
2006	제1심법원	177	145	1,030,388,753
	항소심법원	80	66	885,505,223
1997	제1심법원	69	60	253,039,000
	항소심법원	71	65	466,070,581
1996	제1심법원	101	95	433,556,660
	항소심법원	141	138	755,501,310
1987	제1심법원	66	64	74,270,000
	항소심법원	96	95	138,381,800

형사보상현황을 보면, 2009년까지 법원에 청구된 형사보상건수는 300건 정도에 불과하였으나, 2010년에 8천 건 이상으로 급증하여 2012년에는 4만 건이 넘었다. 2012년 이후에는 점차 감소하여 2017년에는 법원에 청구된 형사보상건수가 6천 건 미만이다. 이러한 현상의 배경을 살펴보기 위해서 지방법원 (또는 제1심법원) 형사보상처리사건 중 최다처리범죄유형을 '1988 사법연감'부터 '2018 사법연감'까지의 통계를 통해 살펴보면 다음과 같다.

연도	지방법원 (또는 제1심법원) 처리건수	최다처리범죄유형	최다처리범죄유형건수 (비율)
2017	5,810	도로법 위반죄	4,296 (73.94%)
2016	6,125	도로법 위반죄	5,001 (81.65%)
2015	12,517	도로법 위반죄	11,538 (92.25%)
2014	17,789	도로법 위반죄	16,830 (94.61%)
2013	37,047	도로법 위반죄	36,083 (97.40%)
2012	41,908	도로법 위반죄	41,209 (98.33%)
2010	8,349	도로법 위반죄	8,037 (96.26%)
2009	251	사기와 공갈의 죄	59 (23.51%)
2008	250	사기와 공갈의 죄	56 (22.40%)
2007	239	사기와 공갈의 죄	61 (25.52%)
2006	177	사기와 공갈의 죄	43 (24.29%)
1997	69	폭력행위처벌법 위반	10 (14.49%)
1996	101	사기와 공갈의 죄	21 (20.79%)
1987	66	상해와 폭행의 죄	11 (16.67%)

2009년까지 연간 300건 내외(무죄재판 건수 대비 10% 미만)의 실적을 보이던 형사보상 청구건수가 '2008년 말 국가보안법 사범에 대한 재심청구사건 무죄선고' 및 '2009년 「도로법」의 과적차량 양벌규정에 대한 위헌결정에 의한 재심청구사건 무죄선고' 등으로 인하여 2010년 이후 급증하였다.[125] 2010년 도로법위반죄에 대한 형사보상건수가 8천 건이 넘었고 이는 전체처리사건 중 96% 이상을 차지하였다. 2010년 이후 급증된 도로법위반죄에 대한 형사보상이 지속적으로 다수를 차지함이 위의 통계에서 확인된다.

한편 형사보상법상 명예회복의 이용현황을 2017년 사법연감 형사보상처리 죄명별 건수를 통해 보면, 지방법원의 경우 형사보상 청구 인용결정건수가 5,804건, 고등법원의 경우 116건, 대법원의 경우 2건이다. 형사보상법상 무죄재판서의 게재

---

125 임종호, 형사보상 및 명예회복에 관한 법률 일부개정법률안(의안번호 1911267) 검토보고, 2014. 9., 5면.

기간은 1년인데(형사보상법 제32조 제4항), 2018년 8월 15일 현재 38건의 무죄재판서
가 게재되어 있다.[126] 2017년 8월 16일부터 2018년 8월 15일 사이의 무죄재판서 게
재 건수는 현저히 낮은 숫자이다.[127]

Ⅱ. 예산편성

보상금 지급을 위한 예산 편성은 전년도 집행액의 20~30% 수준에 그쳐 예산부
족으로 인한 지급지연이 반복됨에 따라, 국민신문고 민원 또는 국회 예·결산 심사
과정에서 형사보상금 지급 지연 문제가 지속적으로 지적되어 왔다.[128] 형사보상금
지급현황을 보면 다음과 같다.[129]

구분 / 연도	예산액 (천원)	보상인원 (명)	지급금액 (천원)
2008	2,367,112	285	6,082,103
2009	4,213,780	342	10,610,675
2010	3,961,348	5,155	17,362,009
2011	4,080,000	15,116	22,565,518
2012	7,972,000	39,519	53,178,959
2013	11,000,000	29,015	57,671,711
2014	14,000,000	34,363	88,165,833
2015	20,000,000	14,546	52,974,617
2016	24,000,000	8,713	31,768,637
2017	27,500,000	7,374	36,038,809

---

126 법무부 홈페이지(http://www.moj.go.kr/HP/COM/bbs_Acq/BoardList.do?strOrgGbnCd=100
000&strRtnURL=MOJ_31603000&strNbodCd=acqu0001), 2018년 8월 15일 검색.
127 김정환·최자연, 형사보상법에서 명예회복제도의 의미와 개선방향, 형사정책 제30권 제3호,
2018.12, 251면.
128 임중호, 형사보상 및 명예회복에 관한 법률 일부개정법률안(의안번호 1911267) 검토보고, 2014.
9, 6면.
129 법무부, 2018 법무연감, 396면.

제5장

/ 외국의 형사보상제도 /

제 1 절 · 독일[1]

Ⅰ. 연혁

1. 1971년 형사보상법 제정 이전

독일에서는 1898년 5월 20일 제정된 「재심에서 무죄 선고된 자의 보상에 관한 법률」(Gesetz betreffend die Entschädigung der in Wiederaufnahmeverfahren freigesprochenen Personen)에 의해 형의 집행을 받은 자가 재심에서 무죄로 된 경우의 형사보상이 시행되었다. 이 법률의 특징은 재심재판에서 책임없음과 혐의없음이 표시되어야 형사보상을 청구할 수 있었다는 점이다(동법 제1조 제1항). 구체적인 규정은 아래와 같다.

《재심절차에서 무죄선고를 받은 자의 보상에 관한 법률》[2]

제1조 ① 재심에서 무죄선고를 받은 자 또는 경한 형법의 적용으로 경한 형을 받은 자는 이전에 선고받은 형의 전부 또는 일부가 집행된 경우, 국고의 보상을 청구할 수 있다. 재심에서는 유죄선고를 받은 자에게 책임이 귀속되는 행위 또는 보다 중한 형벌의 적용을 이유로 하는 제반사정과 관련하여 그 자의 책임이 없음을 명시하고 피

---

1 한상훈·김정환, 형사보상제도의 비교법적 연구, 형사법 개정 연구 자료집 Ⅲ-1, 2010, 487~521의 내용을 수정·보완한 것임.

2 國立國會圖書館 調査立法考査局, 西ドイツの刑事補償法, 1976, 83~84면.

고인에 대한 이유 있는 혐의가 이미 존재하지 않는다는 것을 표시해야 한다.

② 유죄선고를 받은 자 이외에, 유죄선고를 받은 자가 법률상 부양의무를 지는 자는 보상청구권을 가진다.

③ 보상청구권은 유죄선고를 받은 자가 유죄선고를 고의로 초래한 경우 또는 중대한 과실로 인하여 유죄로 된 경우에는 제외된다.

④ 상소제기의 해태는 과실로 보지 않는다.

제2조 ① 유죄선고를 받은 자에게 급부될 보상의 대상은 그 자에 대한 형의집행으로 발생한 재산적 손해로 한다.

② 부양권리자는 형의 집행에 의해서 부양이 박탈당한 경우에 한해서 보상급부를 받을 수 있다.

제3조 ① 보상은 제1심에서 형사절차가 계속된 법원이 속하는 주(州)의 출납기관에서 지급한다.

② 출납기관은 급부된 보상금액수만큼 제3자의 위법행위로 유죄판결을 받은 것을 이유로 피보상자가 제3자에게 가지는 권리에 개입한다.

제4조 ① 보상에 대한 국고의 의무는 재심의 선고를 한 법원의 특별결정에 의해 행해진다.

② 결정은 법원이 재판과 동시에 하지만 선고가 아닌 송달로 고지한다.

③ 결정은 상소로 다툴 수 없다.

④ 판결이 취소된 경우, 결정은 효력을 잃는다.

제5조 ① 보상에 대한 국고의 의무를 선고하는 결정에 기하여 청구권행사를 하는 자가 청구권을 상실하지 않으려면 결정의 송달 후 3개월 이내에 검찰에게 신청으로 청구권을 행사해야 한다. 신청은 관할구역에서 판결을 선고한 지방법원의 검찰에 해야 한다.

② 신청에 대한 결정은 주 법무부가 한다. 결정정본은 민사소송법규정에 따라 신청인에게 송달되어야 한다.

③ 결정에 대해서는 출소방식에 따른 항소가 허용된다. 이 소는 결정의 송달 후 3개월 이내에 제기되어야 한다. 보상청구권에 대해서는 소송물의 가액에 상관없이 지방법원 민사부가 전속관할권을 가진다.

④ 신청에 대한 결정이 종결되기 전까지 청구권은 양도할 수 없고 압류할 수 없다.

> **제6조** ① 제1심에서 제국최고법원의 사물관할권에 속하는 것은 제국의 출납기관이 국
> 고를 대신하여 보상의무를 진다.
> ② 전항의 경우에는 지방법원의 검찰을 대신하여 제국최고법원의 검찰이, 주 법무부
> 를 대신하여 제국재상이 이를 행한다.

한편, 미결구금을 받았으나 혐의가 없는 것으로 판명된 자에 대한 형사보상은 1904년 7월 14일에 제정된 「책임 없이 받은 미결구금의 보상에 관한 법률」(Gesetz betreffend die Entschädigung für unschuldig erlittene Untersuchungschaft)에 의해 시행되었다. 이 법률의 특징도 재심재판에서 책임없음과 혐의없음이 표시되어야 형사보상을 청구할 수 있었다는 점이다(동법 제1조 제1항). 구체적인 규정은 아래와 같다.

> **《책임 없이 받은 미결구금의 보상에 관한 법률》**[3]
>
> **제1조** ① 형사절차에서 무죄선고를 받거나 법원결정으로 면소선고를 받은 자는 절차가
> 그 자의 책임이 없음을 명시하거나 그 자에 대해서 이유 있는 혐의가 존재하지 않는
> 다는 표시를 한 경우, 미결구금 받은 것에 대하여 국고에 보상을 청구할 수 있다.
> ② 피구금자 이외에, 피구금자가 법률상 부양의무를 지는 자는 보상청구권을 가진다.
>
> **제2조** ① 보상청구권은 피구금자가 미결구금을 고의로 초래하거나 중대한 과실로 유죄
> 가 된 경우에는 제외된다. 상소제기의 해태는 과실로 보지 않는다.
> ② 심문을 초래한 피구금자의 행위가 중대한 악의나 부도덕을 포함하고 있거나 자유
> 로운 의사결정을 배제하는 명정상태에서 행하진 경우 또는 피구금자가 중한 죄나 경
> 한 죄의 예비를 행했다는 것이 행위의 제반사정으로부터 확실해진 경우에는 청구권
> 이 제외될 수 있다.
> ③ 피구금자가 구금당시 공민권이 없거나 경찰 감시 하에 있거나 피구금인이 형법
> 제181a조나 제362조에 기하여 주(州)경찰행정관청에 위탁된 후 2년 이내에 형선고가
> 확정된 경우도 청구권이 제외될 수 있다.
> ④ 피구금자가 징역에 처해지고 복역하기 시작한 후 3년이 지나지 않는 경우도 마찬

---

3 國立國會圖書館 調査立法考査局, 西ドイツの刑事補償法, 1976, 84~87면.

가지이다.

제3조 ① 피구금자에게 급부되는 보상의 대상은 미결구금으로 피구금자에게 발생한 재산적 손해로 한다. 구류장의 발부 전에 구인 또는 임시체포가 행해진 경우의 보상청구권은 구류장보다 선행하는 구금의 시점까지 미친다.

② 부양권리자는 구금으로 부양이 박탈된 경우에 한해 보상급부를 받을 수 있다.

제4조 ① 보상에 대한 국고의 의무는 법원에서 피구금자에 대한 무죄선고판결과 동시에 결정으로 한다.

② 판결에 대해 제기된 상소에 기하여 새로운 결정으로 무죄가 선고된 경우에는 전항의 규정에 따라 무죄를 선고한 법원이 새로운 결정에 따라 이를 선고한다.

③ 결정은 무죄를 선고한 판결이 확정된 후 직접 선고하지 않고 송달로 고지한다. 결정은 상소로 다툴 수 없다.

④ 보상의무가 국고에 선고된 경우, 결정은 피구금자와 같은 가구에 속하지 않는 부양권리자에 대해서도 법원이 부양권리자의 거소를 알고 있는 경우에 한해서 이를 통지한다.

⑤ 본조는 피구금자가 재판의 결정으로 면소를 선고받은 경우에 준용한다.

제5조 재심이 무죄선고를 받은 자에게 불리하게 된 경우 또는 면소를 선고받은 자에 대해서 재심의 소로 공판절차가 개시된 경우에는 보상의무를 선고한 결정은 효력을 잃는다. 이미 보상을 지급받은 자에게는 지급액을 상환시킬 수 있다.

제6조 ① 보상의무를 국고에 선고한 결정에 기하여 청구권을 행사하는 자는 청구권을 상실시키지 않기 위하여 결정의 송달 후 6개월 이내에 관할구역에서 1심절차가 계속된 지방법원의 검찰에 신청하여 청구권을 행사해야 한다.

② 신청에 대한 결정은 주(州) 법무부가 한다. 결정정본은 민사소송법의 규정에 따라 신청인에게 송달해야 한다.

③ 결정에 대해서는 출소의 방식에 따른 항고가 허용된다. 이 소는 결정의 송달 후 3개월 내에 제기해야 한다. 보상청구권에 대해서는 소송물가액에 관계없이 지방법원의 민사부가 전속관할권을 가진다.

④ 신청에 대한 재판이 확정될 때까지 청구권은 양도할 수 없다.

제7조 보상은 제1심에서 형사절차가 계속된 법원이 소속된 주(州)의 출납기관에서 지급한다. 출납기관은 급부된 보상금만큼 제3자의 위법행위로 인하여 미결구금을 초래

한 것을 이유로 피보상자가 제3자에 대하여 가지는 권리에 개입한다.

제8조 재심이 무죄선고를 받은 자에게 불리하게 제기된 경우 또는 면소를 선고받은 자에 대해서 소가 다시 제기된 경우는 주(州) 법무부의 재판(제6조 제2항)과 보상지급(제7조 제1항)을 정지시킬 수 있다.

제9조 ① 제1심에서 제국최고법원의 사물관할권에 속하는 것은 제국의 출납기관이 국고를 대신해서 보상의무를 진다.

② 전항의 경우 지방법원의 검찰을 대신하여 제국최고법원의 검찰, 주(州) 법무부를 대신하여 제국재상이 이를 행한다.

제10조 본법은 군법회의절차에서 무죄를 선고받은 자에게 준용된다. 육군은 국고 대신에 제1심에서 형사절차가 계속된 법원이 속하는 출납기관이 이를 부담하고, 해군은 제국의 출납기관이 이를 부담한다. 지방법원의 검찰을 대신하여 제1심 관할권을 갖는 자, 주(州) 법무부를 대신하여 최상급육군 또는 해군사법행정관청이 관할권을 갖는다.

제11조 영사재판소의 사물관할에 속하는 것은 다음 각 조건을 붙여서 본법을 적용한다. 지방법원의 검찰을 영사가 대신한다. 보상청구권은 제1심과 최종심의 제국최고법원이 관할권을 가진다.

제12조 본법의 규정은 본국의 입법 또는 조약에 기하여 제국법률공보에 기재된 공시로 상호성이 보증되는 경우에 한하여 외국인에 대해서도 적용된다.

「재심에서 무죄 선고된 자의 보상에 관한 법률」과 「책임 없이 받은 미결구금의 보상에 관한 법률」은 1971. 3. 8. 「형사보상법」(Gesetz über die Entschädigung für Strafverfolgungsmaßnahmen: StrEG)이 제정되면서 폐지되었다.

2. 형사보상법안 (연방정부제출법안) 이유서[4]

(1) 배경

독일에서 「재심에서 무죄 선고된 자의 보상에 관한 법률」과 「책임 없이 받은

---

4 國立國會圖書館 調査立法考査局, 西ドイツの刑事補償法, 1976, 10~13면 참조.

미결구금의 보상에 관한 법률」이 시행되기 전까지 불법하게 형사소추를 받은 사람들은 행정처분의 공정에 기초한 보상을 받는 것 이외의 대안이 없었다. 따라서 이들 법률의 제정은 불법하게 형사소추를 받은 사람들의 구제에 있어서 현저한 진보를 의미했다.

그러나 20세기 중반, 국가에 대한 개인의 지위의 근본적인 변화가 나타나면서 더 이상 「재심에서 무죄 선고된 자의 보상에 관한 법률」과 「책임 없이 받은 미결구금의 보상에 관한 법률」에 만족할 수 없게 되었다. 1953년 9월 3일 발효된 「유럽인권보호협약」과 1964년 12월 19일의 「독일형사소송법 및 재판소구성법의 개정에 관한 법률」을 통해 피의자의 법적 지위가 중점적으로 강화되면서 「재심에서 무죄 선고된 자의 보상에 관한 법률」과 「책임 없이 받은 미결구금의 보상에 관한 법률」이 형사보상청구권의 전제조건으로서 혐의의 부존재가 재판에서 명시될 것을 요구한 것은 사법의 이익과 시민의 기본권과의 관계에 부합되지 못하게 되었다.

형사법에서는 피고인이 자기의 무죄를 증명하는 것이 아니라, 무죄추정의 원칙에 따라 국가가 피고인에 대해 그 책임을 입증해야 하고, 만약 국가가 피고인의 책임을 입증하지 못하면 형사절차는 피고인에게 유리하게 종료되는 것이 당연하다고 여겨지게 되었다.5 따라서 피고인이 무죄가 추정됨에도 불구하고 혐의가 불식되지 않으면 보상을 받지 못한다는 것은 불공정한 것으로 평가되었고, 바로 이 점에서 구 법률에 의한 형사보상의 요건은 수정을 요하게 되었다.

더구나 독일연방정부는 독일형사소송법의 비용에 관한 규정의 개정에 이러한 시각을 반영하여, 1968년 5월 24일의 「질서위반법의 도입법」을 통해 개정된 독일형사소송법 제467조는 피고인의 무책임이 증명되었는지 여부 또는 피고인에 대한 이유 있는 혐의가 존재하지 않는 것이 증명되었는지 여부를 묻지 않고 피고인의 필요한 경비의 변상을 하도록 하였다.

그 즈음 독일에서는 형사보상제도와 형사소송법이 서로 긴밀한 관계에 있음을 이유로 형사보상법을 독일형사소송법에 편성하는 방안도 논의되었다. 하지만 독일형사소송법이 근본적으로 개정되기까지 형사보상법의 개정을 기다릴 것인지 문제되었고, 독일연방정부는 주(州) 법무부와 보조를 맞추어 형사보상규정 개정이 독일형

---

5 하지만 이것은 동시에 피고인은 자기의 무죄가 증명될 때까지 절차를 속행할 수 있는 청구권을 가질 수 없다는 것을 의미한다.

사소송법의 재편성보다 먼저 이루어져야 한다는 견해를 채택하였다

독일형사보상법안은 본질적으로는 3가지 기조를 유지하였다. 첫째, 법원에 국가의 보상의무가 있는지 여부를 재판할 의무가 있다. 이것은 종래와 마찬가지로, 특별한 결정절차에 의하는 것이 아니라 가능한 한 본안의 재판에서 선고되도록 하고 있다. 둘째, 보상의무에 관한 법원의 재판에 대해서는 독일형사소송법의 규정에 의해 즉시항고로 불복할 수 있다. 셋째, 보상액에 관해서는 권리자의 신청에 기초해서 사법행정절차에서 이를 재판한다. 사법행정관청의 결정에 대해서는 통상의 지급방식이 적용된다.

(2) 특징

구법인 「재심에서 무죄 선고된 자의 보상에 관한 법률」 및 「책임 없이 받은 미결구금의 보상에 관한 법률」과 구별되는 독일형사보상법안의 특징은 다음과 같다.

첫째, 형사보상법안은 구 법률의 '무책조항'(무죄나 면소선고를 받더라도, 책임없음이 명시된 경우에 한하여 보상청구를 허용함)을 삭제하여 형사보상의무를 확장하였다.

둘째, 형이 집행되지 않은 경우에도 유죄판결에 의해 초래된 재산적 손해가 전보되도록 규정되었다. 종전에는 「재심에서 무죄선고된 자의 보상에 관한 법률」을 근거로 한 형벌, 보안 및 교정의 처분에 대한 보상과, 「책임 없이 받은 미결구류의 보상에 관한 법률」을 근거로 한 미결구류 및 가수용에 대한 보상에 한정되어 있었다. 그렇지만 형사보상법안에서는 유죄판결의 모든 형사법상의 결과 또는 피의자에 특별히 부담 지우는 형사소추상의 임시조치(보안처분), 예를 들어 운전면허의 임시취소 또는 압류도 보상대상으로 확장되었다.

셋째, 형사보상법안은 (1933. 11. 24. 「위험한 상습범인에 대한 보안 및 교정의 처분에 관한 법률의 도입법」에 의해 도입되었던) 보상의 상한(7만 5천 마르크의 원본보상 및 4천 5백 마르크의 연금)을 삭제하였다.

넷째, 「재심에서 무죄 선고된 자의 보상에 관한 법률」과 「책임 없이 받은 미결구금의 보상에 관한 법률」에서는 불법하게 받은 형사구금 및 미결구금에 대해 재산적 손해의 보상만을 허용하고 있어서, 재산적 손해가 발생하지 않거나 재산적 손해를 입증하지 못하는 자는 어떠한 보상도 받을 수 없었다. 이것은 불공정하며 법치국가에서의 기본권과도 배치되는 것이므로 형사보상법안은 자유의 박탈에 대해 재산적 손해와 함께 비재산적 손해 전부의 배상을 규정하였다.

다섯째, 「재심에서 무죄 선고된 자의 보상에 관한 법률」에서는 재심에서 선고된 형벌이 이미 집행된 형벌보다도 가벼운 경우에 대한 보상 또한 규정하고 있었으나, 「책임 없이 받은 미결구금의 보상에 관한 법률」에서는 미결구금이 유죄판결에 이른 경우에는 모든 보상을 거부하고 있었다. 가령 미결구금 된 사람이 재판에서 벌금형을 선고받은 경우에 형사보상을 청구할 수 없었다. 형사보상법안은 이러한 경우에 대해서도 보상을 규정하였다(형사보상법안 제2조 제1항 제2호).

여섯째, 법원이 처벌을 보류한 경우 또는 재량규정에 의해 절차가 취하된 경우에도 보상을 받을 수 있도록 하였다(형사보상법안 제3조).

Ⅱ. 독일형사보상법 개관

1. 개요

19세기 말부터 존재해오던 「재심에서 무죄 선고된 자의 보상에 관한 법률」과 「책임 없이 받은 미결구금의 보상에 관한 법률」을 통합하여 1971. 3. 8. 제정된 독일의 형사보상법은 전문 17개조로 이루어져 있다. 그 내용은 크게 두 가지로 나눌 수 있다.

첫 번째는 보상의 대상과 보상의 범위를 정하는 실체적 규정이 제1조부터 제7조까지 규정되어 있다. 이러한 절차를 독일에서는 형사법원의 관할사항인 소위 '기본절차'(Grundverfahren)라고 한다.

두 번째는 관할법원, 청구기간, 부양권리자의 보상청구권의 소멸, 보상의무를 부담(보상금지급)하는 기관 등 형사보상에 관한 절차적 규정이 제8조부터 제16A조까지 규정되어 있다. 이러한 절차를 독일에서는 형사법원과 관련 없는 소위 '금액절차'(Betragverfahren)라고 표현한다.[6]

---

6 Dieter Meyer, StREG Kommentar, 10. Aufl., 2017, Einleitung RN. 31.

독일 형사보상법

(1971년 3월 11일 공포, 2017년 4월 13일 개정)

제1조(판결에 대한 보상) ① 형사법원의 유죄판결로 손해를 입은 자는, 형의 집행 이후에 재심절차나 기타 형사절차에서 유죄판결이 감경 또는 파기된 경우, 국가재정으로 보상된다.

② 유죄판결 없이 보안처분이나 기타 부수적 처분이 행해진 경우 제1항이 적용된다.

제2조(기타 형사소추절차에 대한 보상) ① 미결구금이나 기타 형사처분으로 손해를 입은 자는, 무죄판결이나 공소기각재판 또는 불기소처분의 경우, 국가재정으로 보상된다.

② 기타의 형사처분은 다음 각 호와 같다.

　　1. 형사소송법과 소년법에 따른 일시적 구금 및 보호관찰

　　2. 형사소송법 제127조 제2항에 따른 임시체포

　　3. 구속영장에 대한 법관의 집행정지처분 (형사소송법 제116조)

　　4. 다른 법률에서 보상이 규정되지 않는 경우에 있어서 보전, 압수, 형사소송법 제111e조에 의한 재산압류 및 수색

　　5. 일시적인 운전면허정지

　　6. 일시적인 영업정지

③ 독일 관청의 요청에 의하여 외국에서 행해진 범죄인인도구금, 일시적인 범죄인인도구금, 보전, 압수 및 수색은 전항의 형사처분으로 본다.

제3조(재량규정에 따른 불기소처분의 경우의 보상) 법원 또는 검찰의 재량을 허용하는 규정에 따라 불기소된 경우, 개별사안에 따라 상당한 경우 제2조의 형사처분에 관한 보상이 제공될 수 있다.

제4조(상당한 보상) ① 제2조의 형사처분에 관하여는 다음 각 호의 경우에 개별 사안에 따라 상당한 보상이 제공될 수 있다.

　　1. 법원이 형을 면제한 경우

　　2. 형사법원의 유죄판결에서 부과된 형사제재가 이미 행해진 형사처분보다 경미한 경우

② 제1항 제2호의 형사법원의 유죄판결은, 그 범행이 단지 질서위반이라는 법적 관점에서 형사절차가 도입된 후에 처벌되는 경우에, 동일하게 적용한다.

제5조(보상의 제외) ① 다음 각 호의 경우는 보상하지 아니한다.

    1. 형량산입에 계산된 미결구금, 기타 구금, 일시적인 운전면허정지

    2. 자유박탈적 보안처분이 명해졌거나 자유박탈적 보안처분의 명령이 이미 그 목적을 달성하여 기각된 경우의 구금

    3. 운전면허정지나 영업금지가 종국적으로 명해졌거나 운전면허정지나 영업금지의 종국적인 명령이 그 전제조건이 더 이상 존재하지 않아 기각된 경우의 일시적인 운전면허정지와 일시적인 영업정지

    4. 몰수 또는 추징이 명해졌거나 몰수나 추징의 명령이 범행으로 생성된 물건으로 피해자의 반환청구권이 제거되거나 감경될 수 있어 기각된 경우의 압류와 압수(형사소송법 제111b조 내지 제111d조)

② 피의자가 형사처분을 고의나 중대한 과실로 유발한 경우에도 보상하지 아니한다. 피의자가 진실을 말하지 아니하였거나 상소를 제기하지 아니하였다고 하여 보상하지 않는 것은 아니다.

③ 피의자가 법원의 소환에 응하지 않았거나 형사소송법 제116조 제1항 제1호 내지 제3호의 규정을 위반함으로써 형사처분을 야기한 경우도 보상하지 아니한다.

제6조(보상의 거부) ① 다음 각 호의 경우에 보상의 전부 또는 일부를 거부할 수 있다.

    1. 피의자가 자백하였음에도 불구하고 중요사항이 진실이 아니거나 후에 진술을 번복하고나 중요사항을 말하지 않음으로써 형사처분이 행해진 경우

    2. 피의자가 책임능력이 없거나 소송장애사유가 존재하여 유죄판결이 행해지지 않았거나 소송절차가 중단된 경우

② 법원이 소년범에게 적용되는 규정을 적용하거나 소년범의 경우에 이미 적용된 자유형을 고려한 경우, 자유형에 대한 보상의 전부 또는 일부가 거부될 수 있다.

제7조(보상청구의 범위) ① 보상의 대상은 형사처분을 통해 야기된 재산상의 손해이고, 법원의 판결에 의한 자유형의 경우에는 재산상 이외의 손해도 보상의 대상이다.

② 재산상의 손해는 증명된 손해가 25유로 이상인 경우에만 보상한다.

③ 재산상 이외의 손해는 수형 1일당 25유로로 보상한다.

④ 형사처분이 없었어도 발생할 손해는 보상하지 아니한다.

제8조(형사법원의 재판) ① 법원이 판결이나 결정으로 보상여부에 대하여 재판한다. 공판에서 보상여부의 재판이 가능하지 않으면, 법원은 공판 이외에서 관계자의 증언을 들은 후에 재판한다.

② 보상재판문에는 형사처분의 종류와 경우에 따라서는 형사처분의 시기도 표시한다.

③ 보상의무의 재판에 대해서는 보상청구절차의 종료가 확실한 경우에서도 형사소송법의 규정에 의한 즉시항고가 허용된다. 형사소송법 제464조 제3항 제2문과 제3문이 적용된다.

제9조(검찰의 불기소처분에 따른 절차) ① 검찰이 불기소처분한 경우에, 당해 검찰 소재지의 구(區)법원(Amtsgreicht)이 보상여부를 결정한다. 다음 각 호의 경우에는 공판개시의 권한이 있는 법원이 구(區)법원을 대신한다.

1. 검찰이 공소를 취소한 후에, 검찰이 불기소처분한 경우
2. 주상급법원이 제1심인 사건에서 연방검사나 주법원검사가 불기소처분한 경우

피의자의 신청에 의하여 보상결정은 개시한다. 신청기간은 불기소처분의 송달 후 1개월 내이다. 불기소처분의 송달을 통해 피의자에게 보상신청권, 기간, 관할법원이 통지되어야 한다. 형사소송법 제44조 내지 제46조의 규정이 적용된다.

② 법원의 결정에 대하여 형사소송법에 따른 항고가 허용된다.

③ 피해자의 고소사건인 경우, 기소여부가 보상신청에 의해 결정되는 한, 보상결정은 행해질 수 없다.

제10조(청구권의 신청, 기간) ① 국가의 보상의무가 확정되면, 6개월 내에 제1심의 최후 수사를 행한 검찰청에 보상의 청구를 하여야 한다. 기간 내에 유책하게 청구하지 아니한 경우, 보상하지 아니한다. 검사는 보상권자에게 청구권과 기간을 통지하여야 한다. 기간은 통지의 송달시점부터 기산한다.

② 청구에 대해서는 주(州)법무부가 결정한다. 결정문은 민사소송법의 규정에 따라 청구자에게 교부되어야 한다.

제11조(법률상 부양권자의 보상청구) ① 보상을 받을 자 이외에, 보상자의 법률상 부양의무자에게 보상청구권이 있다. 형사처분으로 인해서 부양이 이행되지 못한 경우에는 보상자의 법률상 부양의무자에게 보상할 수 있다.

② 부양의무자가 알려진 경우, 검찰은 부양의무자에게 청구권과 기간을 통지하여야 한다. 그 외 제10조 제1항이 준용된다.

제12조(보상유효기간의 경과) 보상이 확정된 날로부터 1년간 제10조 제1항의 신청이 행해지지 않은 경우, 보상청구할 수 없다.

제13조(불복, 양도제한) ① 보상금청구에 관한 결정에 대해서는 법정절차(소송)에 의한

다. 이 소는 재판의 송달 후 3개월 이내에 제기되어야 한다. 보상청구에 대하여는 심급에 관계없이 주법원의 민사부가 전적으로 관할한다.

② 신청에 대한 결정시까지 청구권은 양도할 수 없다.

제14조(추가소추) ① 무죄판결이 변경되는 재심이 선고되거나, 불기소처분이나 공소기각 되었던 자에 대하여 동일한 범죄사실로 추후 공소제기 된 경우, 보상의 결정은 효력을 상실한다. 이미 행해진 보상은 환수될 수 있다.

② 무죄판결에 대하여 재심이 청구되거나, 불기소처분이나 공소기각 된 자에 대하여 조사 또는 수사가 재개된 경우, 보상청구에 대한 결정이나 보상지급은 연기될 수 있다.

제15조(보상의무기관) ① 제1심 형사절차가 개시된 법원의 주(州)에 보상의 의무가 있고, 법원에 소송이 개시되지 아니한 경우에는 제9조 제1항에 따라 결정하는 법원의 주(州)에 보상의 의무가 있다.

② 제3자의 위법한 행위로 형사처분이 야기된 경우, 제3자에 대한 보상권자의 청구권은 보상금액의 범위까지 국고에 이전된다. 이전이 보상권자에게 불리하게 적용될 수 없다.

제16조(경과규정) 동법의 시행이전에 공소기각이나 불기소처분 된 경우 또는 공판이 동법의 시행이전에 종료된 경우에는 기존의 법률이 적용된다. 이것은 기존 법률의 최고보상액의 제한에는 적용하지 아니한다. 동법의 시행시 보상청구액에 대하여 법원 또는 법원이외에서 동의한 경우에는 그에 의한다. 이것은 동법의 시행이후에 지급기일이 도달하는 한, 다시 지급하는 경우에는 적용하지 아니한다.

제16a조(동독에서 유죄판결, 자유형, 기타 형사처분에 대한 보상) 제1조와 제2조는 통일되기 이전에 동독에서 행해진 형사법원의 유죄판결, 보안처분, 기타 형사처분에 대하여는 적용하지 아니한다. 통일되기 이전에 동독에서 행해진 형사법원의 유죄판결, 보안처분, 기타 형사처분에 대한 보상의 전제조건은 동법의 시행시까지 동독에서 적용되었던 보상규정에 따른다.

제17조(폐지)

제18조 및 제19조(폐지)

제20조(폐지)

제21조(폐지)

Gesetz über die Entschädigung für Strafverfolgungsmaßnahmen (StrEG)

Vollzitat:

"Gesetz über die Entschädigung für Strafverfolgungsmaßnahmen vom 8. März 1971 (BGBl. I S. 157), das zuletzt durch Artikel 6 Absatz 19 des Gesetzes vom 13. April 2017 (BGBl. I S. 872) geändert worden ist"

Der Bundestag hat mit Zustimmung des Bundesrates das folgende Gesetz bes— chlossen:

§1 Entschädigung für Urteilsfolgen

(1) Wer durch eine strafgerichtliche Verurteilung einen Schaden erlitten hat, wird aus der Staatskasse entschädigt, soweit die Verurteilung im Wiederaufnahmeverfahren oder sonst, nachdem sie rechtskräftig geworden ist, in einem Strafverfahren fortfällt oder gemildert wird.

(2) Absatz 1 gilt entsprechend, wenn ohne Verurteilung eine Maßregel der Besserung und Sicherung oder eine Nebenfolge angeordnet worden ist.

§2 Entschädigung für andere Strafverfolgungsmaßnahmen

(1) Wer durch den Vollzug der Untersuchungshaft oder einer anderen Strafver— folgungsmaßnahme einen Schaden erlitten hat, wird aus der Staatskasse entschädigt, soweit er freigesprochen oder das Verfahren gegen ihn eingestellt wird oder soweit das Gericht die Eröffnung des Hauptverfahrens gegen ihn ablehnt.

(2) Andere Strafverfolgungsmaßnahmen sind

1. die einstweilige Unterbringung und die Unterbringung zur Beobachtung nach den Vorschriften der Strafprozeßordnung und des Jugendgerichtsgesetzes,

2. die vorläufige Festnahme nach §127 Abs. 2 der Strafprozeßordnung,

3. Maßnahmen des Richters, der den Vollzug des Haftbefehls aussetzt (§116 der Strafprozeßordnung),

4. die Sicherstellung, die Beschlagnahme, der Vermögensarrest nach §111e der Strafprozeßordnung und die Durchsuchung, soweit die Entschädigung nicht

in anderen Gesetzen geregelt ist,

5. die vorläufige Entziehung der Fahrerlaubnis,

6. das vorläufige Berufsverbot.

(3) Als Strafverfolgungsmaßnahmen im Sinne dieser Vorschrift gelten die Auslie-
ferungshaft, die vorläufige Auslieferungshaft, die Sicherstellung, die Beschlag-
nahme und die Durchsuchung, die im Ausland auf Ersuchen einer deutschen
Behörde angeordnet worden sind.

§3 Entschädigung bei Einstellung nach Ermessensvorschrift

Wird das Verfahren nach einer Vorschrift eingestellt, die dies nach dem Ermessen
des Gerichts oder der Staatsanwaltschaft zuläßt, so kann für die in §2 genannten
Strafverfolgungsmaßnahmen eine Entschädigung gewährt werden, soweit dies nach
den Umständen des Falles der Billigkeit entspricht.

§4 Entschädigung nach Billigkeit

(1) Für die in §2 genannten Strafverfolgungsmaßnahmen kann eine Entschädigung
gewährt werden, soweit dies nach den Umständen des Falles der Billigkeit
entspricht,

1. wenn das Gericht von Strafe abgesehen hat,

2. soweit die in der strafgerichtlichen Verurteilung angeordneten Rechtsfolgen
geringer sind als die darauf gerichteten Strafverfolgungsmaßnahmen.

(2) Der strafgerichtlichen Verurteilung im Sinne des Absatzes 1 Nr. 2 steht es
gleich, wenn die Tat nach Einleitung des Strafverfahrens nur unter dem re-
chtlichen Gesichtspunkt einer Ordnungswidrigkeit geahndet wird.

§5 Ausschluß der Entschädigung

(1) Die Entschädigung ist ausgeschlossen

1. für die erlittene Untersuchungshaft, eine andere Freiheitsentziehung und für
die vorläufige Entziehung der Fahrerlaubnis, soweit deren Anrechnung auf
die verhängte Strafe unterbleibt,

2. für eine Freiheitsentziehung, wenn eine freiheitsentziehende Maßregel der
Besserung und Sicherung angeordnet oder von einer solchen Anordnung
nur deshalb abgesehen worden ist, weil der Zweck der Maßregel bereits

durch die Freiheitsentziehung erreicht ist,

3. für die vorläufige Entziehung der Fahrerlaubnis und das vorläufige Berufsverbot, wenn die Entziehung der Fahrerlaubnis oder das Berufsverbot endgültig angeordnet oder von einer solchen Anordnung nur deshalb abgesehen worden ist, weil ihre Voraussetzungen nicht mehr vorlagen,

4. für die Beschlagnahme und den Vermögensarrest (§§111b bis 111h der Strafprozeßordnung), wenn die Einziehung einer Sache angeordnet ist.

(2) Die Entschädigung ist auch ausgeschlossen, wenn und soweit der Beschuldigte die Strafverfolgungsmaßnahme vorsätzlich oder grob fahrlässig verursacht hat. Die Entschädigung wird nicht dadurch ausgeschlossen, daß der Beschuldigte sich darauf beschränkt hat, nicht zur Sache auszusagen, oder daß er unterlassen hat, ein Rechtsmittel einzulegen.

(3) Die Entschädigung ist ferner ausgeschlossen, wenn und soweit der Beschuldigte die Strafverfolgungsmaßnahme dadurch schuldhaft verursacht hat, daß er einer ordnungsgemäßen Ladung vor den Richter nicht Folge geleistet oder einer Anweisung nach §116 Abs. 1 Nr. 1 bis 3, Abs. 3 der Strafprozeßordnung zu— widergehandelt hat.

§6 Versagung der Entschädigung

(1) Die Entschädigung kann ganz oder teilweise versagt werden, wenn der Beschuldigte

1. die Strafverfolgungsmaßnahme dadurch veranlaßt hat, daß er sich selbst in wesentlichen Punkten wahrheitswidrig oder im Widerspruch zu seinen späteren Erklärungen belastet oder wesentliche entlastende Umstände verschwiegen hat, obwohl er sich zur Beschuldigung geäußert hat, oder

2. wegen einer Straftat nur deshalb nicht verurteilt oder das Verfahren gegen ihn eingestellt worden ist, weil er im Zustand der Schuldunfähigkeit gehandelt hat oder weil ein Verfahrenshindernis bestand.

(2) Die Entschädigung für eine Freiheitsentziehung kann ferner ganz oder teilweise versagt werden, wenn das Gericht die für einen Jugendlichen geltenden Vorschriften anwendet und hierbei eine erlittene Freiheitsentziehung berücksichtigt.

§7 Umfang des Entschädigungsanspruchs

(1) Gegenstand der Entschädigung ist der durch die Strafverfolgungsmaßnahme verursachte Vermögensschaden, im Falle der Freiheitsentziehung auf Grund gerichtlicher Entscheidung auch der Schaden, der nicht Vermögensschaden ist.

(2) Entschädigung für Vermögensschaden wird nur geleistet, wenn der nachgewiesene Schaden den Betrag von fünfundzwanzig Euro übersteigt.

(3) Für den Schaden, der nicht Vermögensschaden ist, beträgt die Entschädigung 25 Euro für jeden angefangenen Tag der Freiheitsentziehung.

(4) Für einen Schaden, der auch ohne die Strafverfolgungsmaßnahme eingetreten wäre, wird keine Entschädigung geleistet.

§8 Entscheidung des Strafgerichts

(1) Über die Verpflichtung zur Entschädigung entscheidet das Gericht in dem Urteil oder in dem Beschluß, der das Verfahren abschließt. Ist die Entscheidung in der Hauptverhandlung nicht möglich, so entscheidet das Gericht nach Anhörung der Beteiligten außerhalb der Hauptverhandlung durch Beschluß.

(2) Die Entscheidung muß die Art und gegebenenfalls den Zeitraum der Stra—fverfolgungsmaßnahme bezeichnen, für die Entschädigung zugesprochen wird.

(3) Gegen die Entscheidung über die Entschädigungspflicht ist auch im Falle der Unanfechtbarkeit der das Verfahren abschließenden Entscheidung die sofortige Beschwerde nach den Vorschriften der Strafprozeßordnung zulässig. §464 Abs. 3 Satz 2 und 3 der Strafprozeßordnung ist entsprechend anzuwenden.

§9 Verfahren nach Einstellung durch die Staatsanwaltschaft

(1) Hat die Staatsanwaltschaft das Verfahren eingestellt, so entscheidet das Amtsgericht am Sitz der Staatsanwaltschaft über die Entschädigungspflicht. An die Stelle des Amtsgerichts tritt das Gericht, das für die Eröffnung des Hauptverfahrens zuständig gewesen wäre, wenn

1. die Staatsanwaltschaft das Verfahren eingestellt hat, nachdem sie die öffentliche Klage zurückgenommen hat,

2. der Generalbundesanwalt oder die Staatsanwaltschaft beim Oberlandesgericht das Verfahren in einer Strafsache eingestellt hat, für die das Oberlandesgericht

im ersten Rechtszug zuständig ist.

Die Entscheidung ergeht auf Antrag des Beschuldigten. Der Antrag ist innerhalb einer Frist von einem Monat nach Zustellung der Mitteilung über die Einstellung des Verfahrens zu stellen. In der Mitteilung ist der Beschuldigte über sein Antragsrecht, die Frist und das zuständige Gericht zu belehren. Die Vorschriften der §§44 bis 46 der Strafprozeßordnung gelten entsprechend.

(2) Gegen die Entscheidung des Gerichts ist die sofortige Beschwerde nach den Vorschriften der Strafprozeßordnung zulässig.

(3) War die Erhebung der öffentlichen Klage von dem Verletzten beantragt, so ist über die Entschädigungspflicht nicht zu entscheiden, solange durch einen Antrag auf gerichtliche Entscheidung die Erhebung der öffentlichen Klage herbeigeführt werden kann.

§10 Anmeldung des Anspruchs, Frist

(1) Ist die Entschädigungspflicht der Staatskasse rechtskräftig festgestellt, so ist der Anspruch auf Entschädigung innerhalb von sechs Monaten bei der Staatsanwaltschaft geltend zu machen, welche die Ermittlungen im ersten Rechtszug zuletzt geführt hat. Der Anspruch ist ausgeschlossen, wenn der Berechtigte es schuldhaft versäumt hat, ihn innerhalb der Frist zu stellen. Die Staatsanwaltschaft hat den Berechtigten über sein Antragsrecht und die Frist zu belehren. Die Frist beginnt mit der Zustellung der Belehrung.

(2) Über den Antrag entscheidet die Landesjustizverwaltung. Eine Ausfertigung der Entscheidung ist dem Antragsteller nach den Vorschriften der Zivilprozeßordnung zuzustellen.

§11 Ersatzanspruch des kraft Gesetzes Unterhaltsberechtigten

(1) Außer demjenigen, zu dessen Gunsten die Entschädigungspflicht der Staatskasse ausgesprochen worden ist, haben die Personen, denen er kraft Gesetzes unterhaltspflichtig war, Anspruch auf Entschädigung. Ihnen ist insoweit Ersatz zu leisten, als ihnen durch die Strafverfolgungsmaßnahme der Unterhalt entzogen worden ist.

(2) Sind Unterhaltsberechtigte bekannt, so soll die Staatsanwaltschaft, bei welcher

der Anspruch geltend zu machen ist, sie über ihr Antragsrecht und die Frist belehren. Im übrigen ist §10 Abs. 1 anzuwenden.

§12 Ausschluß der Geltendmachung der Entschädigung

Der Anspruch auf Entschädigung kann nicht mehr geltend gemacht werden, wenn seit dem Ablauf des Tages, an dem die Entschädigungspflicht rechtskräftig fes−tgestellt ist, ein Jahr verstrichen ist, ohne daß ein Antrag nach §10 Abs. 1 gestellt worden ist.

§13 Rechtsweg, Beschränkung der Übertragbarkeit

(1) Gegen die Entscheidung über den Entschädigungsanspruch ist der Rechtsweg gegeben. Die Klage ist innerhalb von drei Monaten nach Zustellung der Entscheidung zu erheben. Für die Ansprüche auf Entschädigung sind die Zivilkammern der Landgerichte ohne Rücksicht auf den Wert des Streitgegen−standes ausschließlich zuständig.

(2) Bis zur rechtskräftigen Entscheidung über den Antrag ist der Anspruch nicht übertragbar.

§14 Nachträgliche Strafverfolgung

(1) Die Entscheidung über die Entschädigungspflicht tritt außer Kraft, wenn zuungunsten des Freigesprochenen die Wiederaufnahme des Verfahrens angeordnet oder wenn gegen den Berechtigten, gegen den das Verfahren eingestellt worden war oder gegen den das Gericht die Eröffnung des Hauptverfahrens abgelehnt hatte, nachträglich wegen derselben Tat das Hauptverfahren eröffnet wird. Eine bereits geleistete Entschädigung kann zurückgefordert werden.

(2) Ist zuungunsten des Freigesprochenen die Wiederaufnahme beantragt oder sind gegen denjenigen, gegen den das Verfahren eingestellt worden war oder gegen den das Gericht die Eröffnung des Hauptverfahrens abgelehnt hatte, die Untersuchung oder die Ermittlungen wiederaufgenommen worden, so kann die Entscheidung über den Anspruch sowie die Zahlung der Entschädigung aus−gesetzt werden.

§15 Ersatzpflichtige Kasse

(1) Ersatzpflichtig ist das Land, bei dessen Gericht das Strafverfahren im ersten Rechtszug anhängig war oder, wenn das Verfahren bei Gericht noch nicht anhängig war, dessen Gericht nach §9 Abs. 1 über die Entschädigungspflicht entschieden hat.

(2) Bis zum Betrag der geleisteten Entschädigung gehen die Ansprüche auf die Staatskasse über, welche dem Entschädigten gegen Dritte zustehen, weil durch deren rechtswidrige Handlungen die Strafverfolgungsmaßnahme herbeigeführt worden war. Der Übergang kann nicht zum Nachteil des Berechtigten geltend gemacht werden.

§16 Übergangsvorschriften

Ist vor Inkrafttreten dieses Gesetzes das Verfahren eingestellt oder der Beschuldigte außer Verfolgung gesetzt worden oder ist die Hauptverhandlung, in welcher die der Entscheidung über die Entschädigungspflicht zugrunde liegenden tatsächlichen Feststellungen letztmals geprüft werden konnten, vor diesem Zeitpunkt beendet worden, so sind die bisherigen Vorschriften anzuwenden. Dies gilt nicht für die darin enthaltenen Beschränkungen auf Höchstbeträge. Ist bei Inkrafttreten dieses Gesetzes über die Höhe des Entschädigungsanspruchs bereits gerichtlich oder außergerichtlich bestimmt worden, so hat es dabei sein Bewenden. Dies gilt nicht für wiederkehrende Leistungen, soweit sie nach Inkrafttreten dieses Gesetzes fällig werden.

§16a Entschädigung für die Folgen einer rechtskräftigen Verurteilung, einer freiheitsentziehenden oder anderen vorläufigen Strafverfolgungsmaßnahme in der Deutschen Demokratischen Republik

Die §§1 und 2 finden keine Anwendung auf die Folgen einer strafgerichtlichen Verurteilung, einer Maßregel oder Nebenfolge oder einer freiheitsentziehenden oder anderen vorläufigen Strafverfolgungsmaßnahme, die vor dem Wirksamwerden des Beitritts in der Deutschen Demokratischen Republik erfolgte oder angeordnet wurde. Die Voraussetzungen der Entschädigung für diese Folgen richten sich nach den bis zu diesem Zeitpunkt in der Deutschen Demokratischen Republik geltenden

Vorschriften über die Entschädigung für Untersuchungshaft und Strafen mit Freiheitsentzug (§§369ff. der Strafprozeßordnung der Deutschen Demokratischen Republik), soweit nicht eine Rehabilitierung nach dem Strafrechtlichen Rehabilitierungsgesetz erfolgt oder ein Kassationsverfahren nach den vom 3. Oktober 1990 bis zum Inkrafttreten des Strafrechtlichen Rehabilitierungsgesetzes geltenden Vorschriften abgeschlossen ist. Für Art und Höhe der Entschädigung gelten die Vorschriften des Strafrechtlichen Rehabilitierungsgesetzes entsprechend.

§17 (weggefallen)

§§18 und 19 (weggefallen)

§20 (weggefallen)

§21 (weggefallen)

2. 실체적 규정

실체적 규정에서는 우선 보상청구를 위한 원칙적인 청구조건이 제시된다. 입법방식상 적극적(=청구를 근거 짓는) 요건이 제1조부터 제4조까지 제시된 후, 소극적(=청구를 제외하는) 요건이 제5조와 제6조에서 제시된다.

제1조는 제1항에서 형사법원의 유죄판결에 의해 손해를 입은 자가 보상을 받기 위한 요건을 정하고, 제2항에서는 유죄판결 없이 보안처분이나 기타 처분을 받은 경우에도 형사보상이 가능하다고 규정하고 있다. 제2조는 제1항에서 미결구금 또는 그 외의 형사소추상의 조치에 의해서 손해를 받은 자가 보상을 받기 위한 요건을 정하고, 제2항에서 어떤 조치를 '기타 형사소추처분'에 포함시킬 수 있는가를 규정한다. 나아가 제3항에서는 외국에서 행해진 범죄인인도구금, 일시적인 범죄인인도구금, 물건의 보전·압수 및 수색도 형사소추상의 조치로 간주하고 있다. 독일형사보상법에 의하면 ① 재심 및 기타 형사절차를 통하여 형이 감면된 경우 그리고 미결구금 또는 기타 형사절차에서 석방되거나 불기소처분 또는 공소기각 된 자에 대하여 국가가 보상한다(동법 제1조, 제2조). ② 긴급체포(독일형사소송법 제127조 제2항),

구속영장집행 등과 같은 신체에 대한 강제처분 외에도 재심에서 형이 감면된 경우도 보상대상이 된다는 점과, ③ 압수·수색, 운전면허정지, 영업정지 등과 같이 신체에 대한 강제처분이 아닌 것에 대해서도 보상청구를 인정한다는 점도 독일형사보상법의 특색이다.

제1조와 제2조는 모두 필요적 보상규정인 반면, 제3조 및 제4조는 임의적 보상규정이다. 제3조는 법원 또는 검찰의 재량에 의해 절차가 취하된 경우에, 제2조의 형사소추상의 조치에 대한 보상은 적정한 정도에 한하여 인정된다는 취지를 규정한다. 또한 제4조는 제1항에서 법원이 형을 면제한 경우(제1호)나 형사법원의 유죄판결에서 명해진 형사제재가 이에 대한 형사소추상의 조치보다 가벼울 때에는 상당한 경우에 제2조의 형사소추상의 조치로서 보상을 받을 수 있다고 규정한다(제2호). 한편 종전에는, 검찰의 불기소처분에 대하여는 보상청구권을 인정하지 않았으나 독일형사보상법 제3조에 의해 법원 또는 검찰의 재량에 의해 형사절차가 중지된 경우에도 형사처분이 이미 행하여졌다면 보상함이 상당한 경우에는 보상할 수 있도록 하고 있다.

제5조는 보상을 제외하는 사유를 정하고, 제6조는 보상을 거부하는 사유를 규정한다. 이것은 보상의 제외 및 거부사유를 제4조에 일괄하여 규정하였던 형사보상법안이, 연방참의원의 반대의견, 연방의회법무위원회의 의견에 의해 수정되어 법무위원회의 결정에 의해 두 개의 조문으로 분리규정된 것이다 .

제7조는 보상청구의 범위를 정한다. 재산상의 손해 및 재산상 외의 손해도 보상의 범위에 포함된다.

3. 절차적 규정

제8조는 보상의무에 관한 형사법원의 재판에 대해 제9조는 검찰의 불기소처분에 따른 절차에 관해 규정한다.

제10조는 형사보상청구권의 행사 및 그 기간에 관해 정하고, 제11조는 법률상의 부양권리자의 보상청구권에 관해 정하며, 제12조에는 보상청구권을 일정 기간의 경과 후에는 행사할 수 없다고 규정되어 있다.

제13조는 보상청구권에 관한 재판에 대한 불복의 방식과 양도의 제한을 규정한다. 제14조는 형사보상의 지급이 연기되거나 이미 행해진 형사보상지급이 환수되는 경우를 규정하고 있다. 제15조는 보상의무의 부담자를 규정한다.

제16조는 경과규정이고 제16a조는 통일되기 이전에 동독지역에 행해진 형사처분에 대한 보상에 대해서 적용하지 않음을 규정하고 있다.

Ⅲ. 보상의 요건과 내용

1. 보상요건

독일형사보상법에서는 보상청구를 근거 짓는 원칙으로의 적극적 청구조건들을 제1조부터 제4조에서 규정하고, 제5조와 제6조에서 청구를 제외하는 소극적 전제조건들을 규정한다.

(1) 적극적 요건

독일형사보상법에서 형사보상은 의무적 보상(die obligatorische Entschädigungspflicht des Staates)과 임의적 보상(die fakultative Billigkeitsentschädigung)으로 구분된다. 동법 제1조와 제2조의 보상은 의무적이지만}, 제3조와 제4조의 보상은 임의적이다.[7]

① 의무적 보상

(가) 판결에 대한 보상(독일형사보상법 제1조)

독일형사보상법 제1조는 재심이나 그 밖의 형사절차에서 유죄판결이 '폐기'되거나 형이 '감경'된 경우 이미 '유죄판결에 기하여 집행된 형사제재'에 대한 보상을 규정한다. 따라서 기판력이 발생된 유죄판결의 형사제재가 추후에 공식적인 형사절차에서 피고인에게 유리하게 변경된 모든 경우에 대한 보상의무가 인정되고, 특히 재심 등을 통해 기존의 형벌이 감경된 경우도 형사보상의 대상으로 인정된다. 반면, 아직 기판력이 발생하지 않은 절차의 경우는 상소절차 등을 통해 변경이 가능하기 때문에 이에 포함되지 않는다.[8]

독일에서는 법원에 의하여 선고된 형사제재라면 '형벌'이든 '보안처분'이든 모두 형사보상의 대상이며, '유죄판결 없이' 보안처분이나 기타 부수적 처분이 내려진

---

7 Dieter Meyer, StrEG Kommentar, 10. Aufl., 2017, Vor §§1–6 RN. 1.
8 Dieter Meyer, StrEG Kommentar, 10. Aufl., 2017, §1 RN. 1.

경우도 제1항의 보상규정이 적용된다(독일형사보상법 제1조 제2항).

　독일에서는 신체의 구금 이외의 형사제재에 대해서도 형사보상을 인정하고 있는데, 법원의 재판에 의한 경우에는 보상의 대상을 '손해(Schaden)를 입은 자'라고 규정하여 구금으로 인한 신체자유의 박탈뿐만 아니라 벌금형의 경우에도 형사보상이 가능하다.[9] 그 외에 법원에서 선고된 공무담임권·피선거권·선거권의 상실과 같은 명예형(독일형법 제45조, 제92a조, 제102조 제2항, 제108c조, 제109i조, 제129a조 제6항, 제264조 제6항, 제358조)과 몰수도 형사보상의 대상이 된다.[10]

　보안처분이 내려진 구체적인 경우로서, ① 먼저 형사절차에서 피고인의 책임무능력으로 인해 (형벌의) 유죄선고 없이 보안처분이 선고된 사례들을 생각할 수 있다. ② 몰수가 명해지지만 유죄판결에 이르지 않은 경우(예를 들어 책임무능력을 이유로 하는 무죄의 선고)도 고려된다.[11] ③ 그 외에 대체주의적 형사제재의 입법형식을 취하고 있는 독일의 형사절차에서는 처음부터 보안처분절차(독일형사소송법 제413조 이하)가 행해진 사례들 또한 다루어진다. 왜냐하면 보안처분절차에도 재심을 청구할 수 있기 때문이다(독일형사소송법 제414조 제1항).[12]

　기타 부수적 처분과 관련해서는, 피고인에 대한 유죄판결이나 보안처분과 법률상 연결되거나 판사의 선고에 연결될 수 있는 제재를 다루게 되는데, 유죄선고자에게 단지 독일형법 제64조,[13] 제66조[14]에 따라 보안처분이 선고되었던 경우에, 그러한 부수적 처분이 나타난다. 예컨대 군인신분의 상실, 계급상실을 동반한 병역의 제외가 이에 해당한다.[15]

(나) 기타 형사소추절차에 대한 보상(독일형사보상법 제2조)

　독일형사보상법 제2조는 형사절차가 확정되기 전까지 행해진 임시적인 형사처분에 대한 형사보상을 규정하고 있다.

　먼저 제1항에 의하면, 미결구금이나 기타 형사처분으로 손해를 입은 자는 무죄

9　OLG Stuttgart, NJW 1997, S. 206(Dieter Meyer, Meyer, StrEG Kommentar(8. Aufl.), 2011, §1 RN. 37 재인용).

10　Dieter Meyer,StrEG Kommentar, 10. Aufl., 2017, §1 RN. 43.

11　國立國會圖書館 調査立法考査局, 西ドイツの刑事補償法, 1976, 14면.

12　Dieter Meyer, StrEG Kommentar, 10. Aufl., 2017, §1 RN. 40.

13　제64조(치료시설수용).

14　제65조(보안감호수용).

15　Dieter Meyer, StrEG Kommentar, 10. Aufl., 2017, §1 RN. 43.

판결이나 공소기각재판 또는 불기소처분의 경우에 형사보상을 받는다.

다음으로 제2항에서는 형사보상이 인정되는 기타의 형사처분의 범위를 규정하고 있는데, ① 독일형사소송법과 독일소년법에 따른 임시 구금 및 보호관찰, ② 독일형사소송법 제127조 제2항에 따른 체포, ③ 구속영장의 집행을 정지시키는 법관의 조치(독일형사소송법 제116조),16 ④ 다른 법률에서 보상이 규정되지 않는 경우에 있어서 보전, 압수, 형사소송법 제111e조에 의한 재산압류 및 수색, ⑤ 일시적 운전면허정지, ⑥ 일시적 영업정지가 그 대상이다.

피의자에게 가장 중한 형사처분은 미결구금이다. 미결구금은 판결절차의 수행과 보전을 위한 것이므로, 판결절차의 종국적 종료 후의 확보와 형집행의 목적을 위한 독일형사소송법 제453c조의 보전명령(집행유예 취소절차에서의 가처분)의 집행은 제2조에 해당하는 처분이 아니다.17 또한 추방을 위한 구류는 여기에 해당하지 아니하고, 혹시 검찰이 추방을 위한 구류를 오용하더라도 해당하지 않는다.18

독일형사보상법 제2조 제2항 제4호는 피의자에 대한 형사소추에서만 적용되므로, 형사절차에 따라 '제3자'에게 행해진 유사한 처분들은 제2항 제4호에 해당하지

---

16 **제116조(구속영장의 집행정지)** ① 더 경한 처분으로도 미결구금의 목적을 달성할 수 있다고 기대되는 충분한 이유가 있는 경우에, 법관은 도주위험만을 이유로 한 구속영장의 집행을 정지시킨다. 다음 각 호의 사항을 특히 고려한다.
  1. 정해진 시간에 판사, 형사소추기관 또는 이들이 지정한 근무지에 출두하여야 한다는 지시
  2. 법관의 승인 없이는 주소, 거소 또는 일정지역을 이탈할 수 없다는 지시
  3. 지정된 자의 감독 하에서만 주거를 이탈할 수 있다는 지시
  4. 피의자 또는 제3자에 의한 상당한 담보의 제공
② 더 경한 처분으로도 증거인멸위험을 현저히 감소시킬 것이라는 예상에 충분한 이유가 존재하는 경우 법관은 증거인멸을 사유로 한 구속영장의 집행을 정지시킬 수 있다. 공동피의자, 증인 또는 감정인과 연락하지 않아야 한다는 지시를 고려한다.
③ 피의자의 특정 지시에 따르고 이를 통하여 구금의 목적이 달성된다는 예상에 충분한 이유가 존재하는 경우 법관은 제112a조에 의하여 발부된 구속영장의 집행을 정지시킬 수 있다.
④ 다음 각 호의 1에 해당하는 때에는 법관은 제1항 내지 제3항의 경우 구속영장의 집행을 명한다.
  1. 피의자가 그에게 부과된 의무나 제한을 현저히 위반한 경우
  2. 피의자가 도주의 준비를 하거나 적법한 소환에 대하여 충분한 해명 없이 불응하거나, 기타의 방법으로 그에 대한 신뢰가 정당한 것이 아니었음을 보여주는 경우
  3. 새로이 발생한 상황에 의하여 구금이 필요한 경우
17 Dieter Meyer, StREG Kommentar, 10. Aufl., 2017, §2 RN. 38.
18 Dieter Meyer, StREG Kommentar, 10. Aufl., 2017, §2 RN. 40.

않는다.19 제2항 제4호에 해당하는 처분들은, 독일형사소송법 제94조(압수의 대상), 제102조(정범 또는 공범에 대한 수색), 제111b조 이하(압수), 제111d조(압류명령)에 따른 것, 제111p조에 따른 재산압수, 제99조에 따른 우편압수, 제132조 제3항에 따른 운송수단과 피의자가 이용한 물건, 제290조의 소집조치 혹은 제443조에 따른 재산압수 등이다.20

독일형사소송법 제111a조에 의거한 운전면허의 일시적 정지는 보상의무와 관련하여 실무상 매우 중요하다.21 독일입법자가 운전면허의 정지의 집행에 대한 형사보상을 원칙적으로 인정한 것은, 운전면허정지가 직업적 운전자에게뿐만 아니라 모든 사람에게 개인적 자유의 제한과 더불어 적지 않은 재산상 손해를 유발할 수 있다고 보았기 때문이다. 이 경우에 보상선고의 전제조건은, 독일형사소송법 제111a조에 따른 법관의 결정이 존재하는 것이므로, 법관의 결정에 기초하지 않고서 피의자의 운전면허가 일시정지 되었던 경우는 독일형사보상법 제2조 제2항 제5호가 적용되지 않지만, 동조 동항 제4호의 적용가능성은 남아있다.22

독일형사소송법 제132a조에 의거한 일시적인 영업정지의 명령도 그와 관련된 자에게 경제적으로 상당한 손해를 야기할 수 있기에 형사보상의 대상으로 수용되었다. 이것도 법관의 결정이 존재하는 경우이다.23

한편 독일형사보상법 제2조 제3항에서는 형사보상이 가능한 외국에서의 형사처분을 규정하는데, 독일 형사소추기관의 요청에 의하여 외국에서 행해진 범죄인인도구금, 일시적인 범죄인인도구금, 보전, 압류 및 수색을 독일 형사소추기관에 의한 그에 상응하는 처분과 동일시한 것이다. 피의자의 입장에서는 이러한 행위들도 국가가 행한 것이나 다름없음에도, 형사절차 집행시 우연히 외국에 존재하였기 때문에 그 처분의 주체가 (독일 형사소추기관의 도움요청에 응한) 외국 기관이었다는 이유만으로 피의자를 불이익하게 처우하지 않겠다는 취지로 풀이된다.24 따라서 제2조 제3항은 그 형식요건으로서 독일 형사소추기관의 도움요청을 전제로 하는데, 단지 그러한 때에만 외국에서

19 Dieter Meyer, StrEG Kommentar, 10. Aufl., 2017, §2 RN. 52.
20 Dieter Meyer, StrEG Kommentar, 10. Aufl., 2017, §2 RN. 52.
21 Dieter Meyer, StrEG Kommentar, 10. Aufl., 2017, §2 RN. 67.
22 Dieter Meyer, StrEG Kommentar, 10. Aufl., 2017, §2 RN. 67.
23 Dieter Meyer, StrEG Kommentar, 10. Aufl., 2017, §2 RN. 71.
24 Dieter Meyer, StrEG Kommentar, 10. Aufl., 2017, §2 RN. 75.

행해진 형사처분을 독일 형사소추기관의 준해서 다룰 수 있기 때문이다. 만약 피의자가 국제체포영장에 의해서 외국에서 체포되어 형식적인 범죄인인도절차 없이 독일로 보내진 경우에는, 독일형사보상법 제2조 제3항은 적용되지 않는다.[25] 그리고 피의자가 형사소추를 면하기 위해서 형사절차의 수행 이후에 혹은 그러한 유형의 행위로 인해서 외국으로 도망치고 그로 인해 비로소 독일기관의 요청에 응한 외국기관이 피의자에게 형사처분을 명한 경우라면 제2조 제3항의 보상이 거부될 가능성이 있다.[26]

② 임의적 보상

(가) 불기소처분에 대한 보상(제3조)

가) 의의

독일형사보상법 제3조에 의하면, 법원 또는 검사의 재량을 허용하는 규정에 따라 불기소된 때에는 개별사안에 따라 상당한 경우 제2조의 형사소추처분에 관한 형사보상이 제공될 수 있다. 구법에서는 검사가 (충분한 범죄혐의가 없거나 무책임의 입증으로 인해) 불기소했어야 하는 사례들의 형사보상이 제외되었지만, 독일형사보상법 제3조에서는 피의자에게 상당한 경우 형사보상을 받을 법적 권리가 인정된다.[27]

독일형사보상법 제3조가 적용되는 불기소처분의 대표적 경우는,[28] ① 독일형사소송법 제153조 제1항, 제2항,[29] ② 독일형사소송법 제153b조(불기소; 기소중지),[30]

---

25 Dieter Meyer, StrEG Kommentar, 10. Aufl., 2017, §2 RN. 77.
26 Dieter Meyer, StrEG Kommentar, 10. Aufl., 2017, §2 RN. 76.
27 Dieter Meyer, StrEG Kommentar, 10. Aufl., 2017, §3 RN. 2.
28 Dieter Meyer, StrEG Kommentar, 10. Aufl., 2017, §3 RN. 17.
29 **제153조(경미사건)** ① 경미한 범죄를 대상으로 하는 소송절차에 있어 행위자의 책임이 경하다고 볼 수 있고 형사소추로 인한 공공의 이익이 존재하지 않는 경우, 검사는 공판개시의 관할권이 있는 법원의 동의를 얻어 형사소추를 배제할 수 있다. 최저한도의 가중형이 규정되지 않았고 그 행위로 인하여 발생한 결과가 경미한 범죄에 있어서는 법원의 동의를 필요로 하지 않는다.
② 이미 소가 제기되었다면 법원은 절차의 모든 단계에서 제1항의 요건을 갖추어 검사와 피고인의 동의를 얻어 절차를 중지할 수 있다. 공판이 제205조에서 인용한 사유로 인하여 절차를 진행할 수 없거나 제231조 제2항, 제232조 및 제233조의 경우에 있어 피고인이 출석하지 않은 채로 공판이 진행된 때에는 피고인의 동의를 필요로 하지 않는다. 이 판단은 결정에 의한다. 그 결정에 대하여는 불복할 수 없다.
30 **제153b조(불기소; 공소중지)** ① 법원이 형을 면제할 수 있는 요건이 존재하는 경우, 검사는 공판을 관할하게 될 법원의 동의를 얻어 공소를 제기하지 않을 수 있다.
② 소가 이미 제기된 경우 공판시작까지는 법원이 검사와 피고인의 동의를 얻어 절차를 중지할 수 있다.

③ 독일형사소송법 제153c조(외국에서의 범죄행위),[31] ④ 독일형사소송법 제153d조(정치적 이유에 기한 불기소), ⑤ 독일형사소송법 제153e조(적극적 후회의 경우에 있어서 불기소), ⑥ 독일형사소송법 제154c조(강요나 공갈의 피해자),[32] ⑦ 독일형사소송법 제383조(개시; 기각; 정지),[33] ⑧ 독일형사소송법 제390조(사인소추의 상소)[34] 등이다.

독일형사보상법 제1조와 제2조의 경우는 형사절차의 확정적 종료인 반면, 기소유예처분의 경우는 형사절차의 임의적인 종료이다. 따라서 불기소처분의 경우에 형사보상을 인정함에 있어서는 법정책적·이론적으로 설득력 있게 논증하는 것이 어려웠다.[35] 입법과정에서는 기소유예에 대한 단지 임의적인 보상의무의 필요성을, 피의자의 경미한 책임이 있거나 최소한 중요부분에서 그런 개연성이 있어야만 한다는 규정을 추가하여 정당화하려는 시도가 있었다. 그렇지만 이론상 완전히 정비되지 못한 문제들이 있더라도 실제적인 요구에 의해서 입법이 이루어지기도 하는데, 기소유예처분에 대한 형사보상이 그러한 경우이다.[36]

---

31 **제153c조(외국에서의 범죄행위)** ① 검사는 다음에 해당하는 범죄행위를 소추하지 않을 수 있다.
1. 이 법의 장소적 효력범위 밖에서 수행된 범죄행위 또는 이 법의 장소적 효력범위 밖에서 수행된 범죄행위의 공범으로서 이 법의 효력범위 내에서 수행된 범죄행위
2. 국내에 있는 외국국적의 선박이나 항공기내에서 이루어진 외국인의 범죄행위
3. 외국에서 그 범죄행위로 인한 피의자에 대한 형이 이미 집행되었고, 그 외국의 형을 산입하여 볼 때 국내에서 예상하고 있는 형이 중요하지 않거나 또는 피의자가 그 행위에 관하여 외국에서 무죄의 확정판결을 받은 경우
② 이 법의 장소적 효력범위 밖에서의 활동에 의해 수행된 범죄행위에 대하여 소송의 실행이 독일연방공화국에 대한 중대한 위해를 발생시킬 가능성이 있거나 그 소추가 그 밖의 중대한 공공이익에 반하는 경우 검사는 형사소추를 배제할 수 있다.
③ 제1항 제1호, 제2호 및 제2항의 경우에 있어 소송의 실행이 독일연방공화국에 대한 중대한 위해를 발생시킬 가능성이 있거나 그 소추가 그 밖의 중대한 공공이익에 반하는 경우 소가 이미 제기되었다면, 검사는 절차의 모든 단계에서 소를 취하하고 그 절차를 중지할 수 있다.
32 **제154c조(강요나 공갈의 피해자)** 범죄행위를 공개하겠다는 내용의 협박을 수단으로 한 강요죄 또는 공갈죄(형법 제240조, 제253조)의 경우 검사는 그 공개를 위협당한 범죄행위를 기소하지 않을 수 있으며, 이는 형사처벌이 반드시 필요한 이유가 행위의 중요성 때문이 아닌 경우에 한한다.
33 **제383조(공판개시결정; 기각; 정지)** ② 범죄행위자의 책임이 경미한 경우 법원은 절차를 정지할 수 있다. 이러한 정지는 공판중에도 허용된다. 그 결정에 대하여는 즉시항고할 수 있다.
34 **제390조(사인소추의 상소)** ⑤ 경미성으로 인한 공판정지에 관한 제383조 제2항 제1문과 제2문의 규정은 항소절차에 있어서도 유효하다. 그 결정에 대하여는 불복할 수 없다.
35 Dieter Meyer, StrEG Kommentar, 10. Aufl., 2017, §3 RN. 3.
36 Dieter Meyer, StrEG Kommentar, 10. Aufl., 2017, §3 RN. 3.

나) 상당한 경우

기소유예처분에 대한 형사보상에서 보상의무는 이중으로 규제된다. 원칙적으로 보상의무가 있는지의 문제와 어느 정도까지 보상의무가 존재하는지의 문제가 그것이다. 즉 한편으로는 법원의 자유재량에 따른 형사보상이 보장되어야 하는지 '여부'가 문제되고, 다른 한편으로 법원의 자유재량이 '상당성'을 통해서 제한된다.37 기소유예처분에 대한 형사보상은 전적으로 법원이 결정하는데,38 잠재적 손해가 구체적 사례에서 처분의 집행정도에 비교하여 눈에 띄는 불균형의 상태에 있는 경우에만 예외적으로 보장될 수 있다.39

불기소처분에 대한 형사보상이 인정되기 위해서는 일시적인 형사소추처분의 집행에 대해서 보상을 하는 것이 상당한 경우인지 여부가 검토되어야 하고, 이것이 긍정되어질 때에만 보상선고가 행해질 수 있다. 그렇지 않은 경우 보상은 불필요하고 경우에 따라 거부될 수 있다.40 상당성의 개념은 불명확한 개념으로, 개별사례의 전체적 상황들을 법원이 판단한다. 범죄행위나 행위자에게 존재하는 특별한 ─ 효과적인 형사소추나 추가적인 형사소추의 공적인 이익에 대한 국가의 이익에 관련되는 ─ 상황들이, 즉 보상을 정당한 것으로 보이게 하는 상황들이 인지될 수 있는지 여부가 확정되어야 한다. 이것은 개별사례에서 '비례성원칙'의 문제이다.41 아직까지 독일연방의회에서도 상당성요구에 대한 일반적인 기준들을 세우지 않았고, 예시들을 통해서 그 기준을 설명하는데, 다음의 사례들이 언급된다.42

㉮ 피의자가 매우 오랜 시간 동안 미결구금상태에 있었고 범행의 대부분이 피의자에 의해서 행해진 것이 아니었던 경우.

㉯ 아버지에 의해 임신된 17세 소녀가 아버지에 대한 형사절차에서 위증을 하였고, 위증으로 인한 소녀에 대한 형사절차에서 형 면제의 사유들이 존재했던 경우.

㉰ 종업원이 다른 사람들과 함께 손님을 때리고 돈을 훔쳤다는 혐의로 기소되

---

37 Dieter Meyer, StrEG Kommentar, 10. Aufl., 2017, §3 RN. 1.
38 Dieter Meyer, StrEG Kommentar, 10. Aufl., 2017, §3 RN. 9.
39 Dieter Meyer, StrEG Kommentar, 10. Aufl., 2017, §3 RN. 1.
40 Dieter Meyer, StrEG Kommentar, 10. Aufl., 2017, §3 RN. 32.
41 Dieter Meyer, StrEG Kommentar, 10. Aufl., 2017, §3 RN. 32.
42 Dieter Meyer, StrEG Kommentar, 10. Aufl., 2017, §3 RN. 32.

었으나 오랜 미결구금 후에 종업원이 폭력행위에는 가담하지 아니하였다는 것이 밝혀졌고 다만 손님으로부터 돈을 가져갔다는 혐의가 남아있었는데, 종업원은 손님이 술에 취한 상태에 있었고 목격자의 말과 달리 더 고액권이 있었다고 주장하여 절도의 기소부분은 증명될 수 없었기에 독일형사소송법 제153조, 제154조에 의해 불기소처분된 경우.

언급된 예시들을 보면, 보통 일시적인 형사소추절차의 집행이 불기소시점에 매우 지나친 것으로 판명되는 경우에만 상당한 것으로 간주될 수 있다는 것이 독일입법자의 의도임을 알 수 있다.[43] 따라서 만약 절차가 기소유예되지 아니하고 계속 진행되었다면 어떤 결과가 선고되었을 것인가를 예견해야 할 것이다.[44] 실제 수사기관이 피의자에게 압수된 문서와 자료들을 신속하게 복사한 후 넘겨주었던 경우, 운전면허정지가 단지 몇 일간 집행되었고 피의자가 불기소 후 얼마 되지 않아 새로이 운전면허정지에 해당했던 경우에는 형사보상이 인정되지 않았다.[45]

한편 상당한 경우라고 인정되더라도, 항상 긍정적 보상결정이 행해져야 하는 것은 아니다. 오히려 법률효과측면에서 여전히 보상의 여부와 관련한 재량(임의성)이 법원에 인정된다. 사실관계가 다양하기 때문에, 독일형사보상법은 그 재량에 대한 일반적 기준원칙을 규정하지 않는다. 독일법원이 상당성 판단에 있어서, 보상을 승인하는 것은 예외적이며,[46] 다수의 유사한 사실관계들에서 형사보상을 인정할 만한 특별한 상황이 존재하는 구체적인 사례인지가 문제되었다. 또한 상당성판단에 있어서 단지 부분적인 보상을 인정하는 것도 가능하다. 부분적인 보상은 처분집행의 일정기간에 대해서, 일정한 조치에 대해서, 혹은 배분적으로도 승인될 수 있다.[47]

(나) 상당한 경우의 보상(독일형사보상법 제4조)

독일형사보상법 제4조 제1항에 의하면, 제2조의 기타 형사소추처분과 관련하여 법원이 형을 면제하거나 형사법원의 유죄판결에서 부과된 형사제재가 이미 행해진 형사소추처분보다 경미한 경우에는 개별 사안에 따라 상당한 경우 형사보상이 제공

---

43 Dieter Meyer, StrEG Kommentar, 10. Aufl., 2017, §3 RN. 33.
44 Dieter Meyer, StrEG Kommentar, 10. Aufl., 2017, §3 RN. 33.
45 Dieter Meyer, StrEG Kommentar, 10. Aufl., 2017, §3 RN. 34.
46 Dieter Meyer, StrEG Kommentar, 10. Aufl., 2017, §3 RN. 45.
47 Dieter Meyer, StrEG Kommentar, 10. Aufl., 2017, §3 RN. 46.

될 수 있다.

제4조의 상당한 경우의 보상도 제3조와 유사하게, 제2조의 일반적 전제조건이 충족되어야 하는 것 이외에 '상당성'이 인정되어야 하며, 또한 법원의 임의적 판단 대상이다. 제3조와 관련되어 언급된 상당성의 설명이 제4조에서도 적용되고,[48] 제3조 혹은 제4조에 의한 형사보상이 가능하기 위해서는 제5조의 보상제외사유가 존재하지 않아야 한다.[49]

그런데 제3조는 제2조에 의한 일시적 형사처분의 집행에 대한 의무적 보상을 제한함에 반하여, 제4조는 제2조의 적용범위를 상당히 확장한다. 즉, 제4조는 법원의 유책확정이나 법원에 의해 명해진 다른 법적 결과를 무시하고 보상하는 것을 가능하게 한다. 실체형법과 형사절차법 모두에서 오늘날 일반적으로 지배하는 '비례성원칙'이 형사보상에서도 제4조에 의하여 고려되는 것이다.[50]

제4조에서 말하는 유죄판결은 형사제재가 선고된 유죄판결을 의미하며, 나아가 형의 선고 없는 단순한 유책선고도 제4조 의미의 유죄판결로 간주될 수 있다. 왜냐하면 제4조 제1항 제1호에서 명시적으로 이러한 경우(형의 면제)도 포함하고 있기 때문이다.[51] 피고인의 책임무능력으로 인해 무죄가 선고되어야 하나 보안처분이 명해졌던 경우나 처음부터 단지 보안처분절차만이 행해졌던 경우 등이 이에 해당된다.[52]

(2) 소극적 요건

위의 적극적 요건이 갖추어진 경우라도 형사보상이 제외될 수 있는 경우가 독일형사보상법 제5조와 제6조에 규정되어 있다.

① 보상의 제외(독일형사보상법 제5조)

독일형사보상법 제5조는 보상의 제외사유를 규정하는데, 그 핵심내용은 제5조 제2항 제1문이다. 즉 자신의 고의 혹은 중과실로 형사처분을 유발한 피의자는 국가에 대하여 형사보상을 요구할 수 없다. 이 경우 중과실과 고의의 개념은 형법의 의미에

---

48 Dieter Meyer, StrEG Kommentar, 10. Aufl., 2017, §4 RN. 13.
49 Dieter Meyer, StrEG Kommentar, 10. Aufl., 2017, §4 RN. 10.
50 Dieter Meyer, StrEG Kommentar, 10. Aufl., 2017, §4 RN. 1.
51 Dieter Meyer, StrEG Kommentar, 10. Aufl., 2017, §4 RN. 6.
52 Dieter Meyer, StrEG Kommentar, 10. Aufl., 2017, §4 RN. 7.

서가 아니라, 민사적 의미로 이해된다.53 중과실의 판단에 있어서, 제5조 제1항에 열거된 예시로부터 판단척도가 파생되는데, 입법자의 예시규정에 의하면 판사는 법률의 해석에 있어 완전히 자유로울 수 없으며 열거된 예시사례가 존재하는 경우의 기본사고에 기초해야 하고, 의심스러운 경우는 유사한 사례에 상응하게 해석해야 한다.54

제5조 보상의 제외사유들은 제1조부터 제4조의 모든 구성요건들에 적용되며, 제6조에 의해서 피의자에게 유리하게 결정되는 것까지도 막는다.55 또한 제5조의 제외사유에는 '전부 아니면 전무'(All or Nothing)원칙이 적용되어, 보상의 제외에 관한 전제조건들이 존재하면 보상청구는 전부 가능하지 않다.56

② 보상의 거부(독일형사보상법 제6조)

독일형사보상법 제6조에서는 형사보상이 일부 혹은 전부 거부될 수 있는 경우를 규정하고 있다. 제6조에서 규정된 보상거부의 가능성은 제3조와 제4조에 규정된 '상당한 경우'에 대한 특별관계이다.57 제5조는 보상이 전부 제외되는 사유를 규정한 반면, 제6조는 보상의 전부 또는 일부가 거부될 수 있는 사유를 다룬다.58 이때, 제5조의 보상의 제외는 모든 경우에 제6조의 보상의 거부보다 우선하므로, 제6조에 규정된 행동방식이 고의행위나 중과실행위인 경우에는 제5조에 따라 보상이 전부 제외된다.59 보상제외요건과 보상거부가능성은 단지 주관적 영역에서만 구별되는데, 이것은 피의자가 스스로 결과를 유발하는 경우에서 추정할 수 있는 재산상 불이익을 실제로는 인지하지 못할 수 있다는 일반적 법적사고의 표현이다.60

독일형사보상법 제6조 제1항은 무죄판결에 있어서 비용부담을 규정한 독일형사소송법 제467조61를 포괄적으로 복제한 것이다. 독일형사소송법 제467조에 따르면

---

53 Dieter Meyer, StrEG Kommentar, 10. Aufl., 2017, §5 RN. 1.
54 Dieter Meyer, StrEG Kommentar, 10. Aufl., 2017, §5 RN. 2.
55 Dieter Meyer, StrEG Kommentar, 10. Aufl., 2017, §5 RN. 4.
56 Dieter Meyer, StrEG Kommentar, 10. Aufl., 2017, §5 RN. 5.
57 Dieter Meyer, StrEG Kommentar, 10. Aufl., 2017, §6 RN. 2.
58 Dieter Meyer, StrEG Kommentar, 10. Aufl., 2017, §6 RN. 1.
59 Dieter Meyer, StrEG Kommentar, 10. Aufl., 2017, §6 RN. 2.
60 Dieter Meyer, StrEG Kommentar, 10. Aufl., 2017, §6 RN. 2.
61 **제467조(무죄판결에 있어서의 비용부담)** ① 피고인에게 무죄판결이 선고된 경우, 피고인에 대한 공판절차 개시를 기각하는 경우 또는 피고인에 대한 절차를 종료하는 경우에 체당금과 피고인의 필요적 경비는 국고가 부담한다.
② 피고인의 유책한 해태로 인하여 유발된 소송비용은 피고인에게 부과한다. 이러한 범위 내

법원은 무죄선고의 경우에, 비용을 국가재정에 부과하지 아니할 수 있다. 그러나 독일형사보상법 제6조에서는 형사보상의 특수성이 고려되어 있다. 독일형사보상법 제6조 제1항 제1호(피의자가 자백하였음에도 불구하고 중요사항이 진실이 아니거나 후에 진술을 번복하고나 중요사항을 말하지 않음으로써 형사소추처분이 행해진 경우)에 있어서, 피의자가 자신이 고유한 행동을 통해서 공적 소송을 비난받을 정도로 유빌하였는지 여부를 고려하지 않는다. 그리고 독일형사소송법 제467조는 수사절차에 대한 비용 상환을 포섭하지 않는데, 이와 달리 독일형사보상법 제6조에 의하면 피의자에게 귀속가능한 행동은 더 많은 처분들과도 관련될 수 있다.[62]

보상의 거부될 수 있는 범위는 '전부 혹은 일부'라고 명백하게 규정되어 있다. 부분적인 거부는 생각할 수 있는 모든 경우에 가능하지만, 그 결정에 있어서는 구체적인 절차상황에서 정당하고 합리적이며 무엇보다도 실용적인 해결이라는 것만이 고려되어야 하고, 법원은 자유로운 재량으로 종류와 방식을 전개할 수 있다.[63]

2. 보상내용(보상청구의 범위)

독일형사보상법 제7조는 보상의 내용(보상청구의 범위)을 규정한다. 원칙적으로 형사처분을 통해서 야기된 '25유로 이상의 재산상 손해'만이 보상될 수 있다(동조 제1항, 제2항). 단, 법원의 판결에 의한 자유형에 대해서는 재산상 손해 이외의 손해도 보상이 될 수 있는데, 이 경우 재산상 손해 이외의 손해는 수형 1일당 25유로로 보

에서 피의자에게 발생한 경비는 국고가 부담하지 않는다.
③ 자신이 책임져야 할 범죄행위를 하였다는 자수에 의한 기망으로 피고인에 대한 공소가 제기된 경우 피고인의 필요적 경비는 국고가 부담하지 않는다. 다음 각 호의 경우 법원은 피고인의 필요적 경비를 국고에 부담시키는 것을 배제할 수 있다.
  1. 피고인이 비록 자신의 죄를 인정하였다 하더라도 본질적 사항에 있어 진실에 반하여 또는 자신의 추후의 의견진술과 다르게 진술하여 스스로 책임을 지도록 하거나 중요한 면책적 상황에 관하여 진술하지 않음으로써 공소가 제기되도록 한 경우
  2. 절차상의 장애만을 이유로 범죄행위에 대한 유죄판결이 내려지지 않은 경우
④ 법원의 재량에 따른 절차의 정지를 허용하는 규정에 따라 절차를 정지한 경우 법원은 피고인의 필요적 경비를 국고에 부담시키지 않을 수 있다.
⑤ 선행된 잠정적 정지에 따라 절차가 종국적으로 정지한 경우 피고인의 필요적 경비를 국고에 부과하지 않는다.

62 Dieter Meyer, StrEG Kommentar, 10. Aufl., 2017, §6 RN. 4.
63 Dieter Meyer, StrEG Kommentar, 10. Aufl., 2017, §6 RN. 5.

상하도록 규정되어 있다(동조 제3항). 한정된 범위에서의 실질적 손해보상의 보장이다. 다만 형사처분이 없었어도 발생할 손해는 보상하지 아니하는데(동조 제4항), 이 것은 소위 '추월적 인과성'의 기본원칙들이 적용됨을 명확히 한 것이다.[64]

민법의 일반규정은 보상청구의 범위에 관한 제7조의 규정을 통해 변형되지만, 형사보상청구는 민법의 손해배상청구권의 일반규정에 의하게 된다.[65] 독일형사보상법 제11조는 부양권자에 유리한 보충적 규율도 포함한다. 민법상 일반적 손해배상과 독일형사보상법 제7조의 적용에 따른 형사보상 사이의 차이점은, 형사보상이 현금으로만 행해지고 등가보상은 원칙적으로 고려되지 않는 점이다. 따라서 예를 들어 피의자의 언론을 통하거나 피의자의 공직에의 재임용을 통한 공적인 명예회복 등에서는 등가보상이 필요하다는 의견이 제시되기도 한다.[66]

재산손해의 개념은, 형사보상법이 명시적으로 다르게 규정하지 아니하는 한 민법에 따라 결정된다.[67] 재산손해의 범위와 관련된 대표적 경우를 살펴보면, 형사처분의 집행결과로 인한 실업부조 혹은 사회부조의 상실은 재산손해이다.[68] 반면 체포 중에 발생한 피의자의 재물 분실은 형사보상법의 보호범위에 해당하지 않고,[69] 집행 기간 중 간접적 결과의 방어를 위한 변호사비용은 보상될 수 없다.[70] 형사소추와 관련된 간접적 손해는 원칙적으로 보상내용에 포함되지 않는다.[71]

25유로의 최저보상한계는 재산상 손해의 전체금액에 대한 것이지, 각 개별 처분에 대한 것은 아니다.[72] 전체적으로 25유로에 도달되지 않는지 여부는 구체적 사례에서 법무행정기관과 민사법원에서 다룰 사항이고, 형사법원은 25유로에 도달되지 않은 것으로 보인다면 바로 보상여부에 대하여 결정한다.[73]

형사보상이 가능한 재산상 손해를 25유로 이상인 경우로 제한한 것은 "행정비

64　Dieter Meyer, StrEG Kommentar, 10. Aufl., 2017, §7 RN. 8.
65　Dieter Meyer, StrEG Kommentar, 10. Aufl., 2017, §7 RN. 5.
66　Dieter Meyer, StrEG Kommentar, 10. Aufl., 2017, §7 RN. 7.
67　Dieter Meyer, StrEG Kommentar, 10. Aufl., 2017, §7 RN. 11.
68　Dieter Meyer, StrEG Kommentar, 10. Aufl., 2017, §7 RN. 29.
69　Dieter Meyer, StrEG Kommentar, 10. Aufl., 2017, §7 RN. 18.
70　Dieter Meyer, StrEG Kommentar, 10. Aufl., 2017, §7 RN. 22.
71　Dieter Meyer, StrEG Kommentar, 10. Aufl., 2017, §7 RN. 65.
72　Dieter Meyer, StrEG Kommentar, 10. Aufl., 2017, §7 RN. 59.
73　Dieter Meyer, StrEG Kommentar, 10. Aufl., 2017, §7 RN. 59.

용의 경미한 경우에 사법행정의 부담을 경감하기 위해서"라고 입법이유에서 밝혔다.[74] 이처럼 하한기준으로서 25유로를 설정한 것과 관련하여 그 입법과정에서는, 전체를 위한 매우 경미한 재산상 손해일지라도 형사절차의 피해자가 감내하도록 하는 것은 정당하지 않다는 비판이 제기되었다.[75] 그러나 25유로라는 하한선의 도입 이후 전체비용이 그동안 상당히 상승했기 때문에, 25유로라는 하한선은 오늘날 거의 사용되지 않는다.[76] 오히려 금전가치의 상승 등을 고려하여 하한선을 상향하는 입법론이 제기되기도 한다.[77]

25유로의 하한선은 단지 재산상 손해에만 관련되므로 비물질적 손해는 25유로에 미치지 않는 경우에도 배상될 수 있다. 다만, 독일형사보상법은 단지 제7조 제3항에 언급된 예외의 경우에서만 비재산적 손해의 보상에 대한 청구를 허용하는데, 이것은 형사법원의 판결에 의한 자유박탈에 대한 것이다.[78] 그러나 자유박탈에 대한 보상청구는 이중으로 제한되는데, 첫째 판사에 의해서 명해졌던 자유박탈에 대한 보상만이 인정되며, 둘째 그 정도도 '일수벌금액'(Tagessatzpauschale)의 한계 내에서 인정된다.[79]

Ⅳ. 보상의 절차

1. 보상청구의 절차

형사법원의 유죄판결로 손해를 입은 자나 미결구금·기타 형사소추처분으로 손해를 입은 자(독일형사보상법 제2조 제1항)가 보상청구권자이다.

소송비용결정과 마찬가지로 보상의 문제도 형사절차의 부칙이고, 따라서 원칙적으로 절차를 종국적으로 끝내는 종국재판의 필요적 구성요소이다. 이것은 독일형사보상법에서도 적용되어, 법원이 판결이나 결정으로 보상여부에 대하여 결정하고

---

74 BT-Drs.(독일연방의회보고서) Ⅵ/1512, S. 3.
75 Dieter Meyer, StrEG Kommentar, 10. Aufl., 2017, §7 RN. 58.
76 Dieter Meyer, StrEG Kommentar, 10. Aufl., 2017, §7 RN. 58.
77 Dieter Meyer, StrEG Kommentar, 10. Aufl., 2017, §7 RN. 58.
78 Dieter Meyer, StrEG Kommentar, 10. Aufl., 2017, §7 RN. 61.
79 Dieter Meyer, StrEG Kommentar, 10. Aufl., 2017, §7 RN. 61.

(독일형사보상법 제8조 제1항), 검찰이 불기소처분한 경우에는 당해 검찰 소재지의 법원이 보상여부를 결정한다(독일형사보상법 제9조 제1항). 재심의 경우에 보상청구는 독일법원조직법(GVG) 제140a조에 따른 관할법원이 종국적인 결정을 하고, 전심을 유지하는 경우에도 그러하다.[80]

형사보상의 절차적 규정과 관련해서 독일의 입법자는 독일형사소송법 제464조 이하에서 규정하는 소송비용에 관한 규정과 동일하게 규정했다.[81] 따라서 독일형사소송법상의 소송비용에 관한 해석이 독일형사보상법의 해석에도 이용된다. 소송절차를 종국적으로 종결하는 모든 재판에서 소송비용은 국고에 대한 수수료와 경비를 의미하고(동법 제464a조 제1항 제1문), 필요적 경비는 무엇보다도 변호업무를 위한 소요경비를 포함한다(동조 제2항). 피고인은 그의 유죄가 확정되거나 혹은 보안처분을 받았을 경우 그 비용을 부담한다(동법 제465조 제1항). 피고인이 무죄선고를 받거나 공판심리가 개시되지 않을 경우 그 비용과 필요적 경비는 국고에서 부담하고, 또한 소송장애로 인하거나 기소편의주의원칙에 따라 소송절차가 중지된 경우에도 동일하다(동법 제467조 제1항). 그 밖에 법원은 ① 공판전 피고인이 진실에 반하고 모순되거나 하자 있는 진술을 하여 기소를 유발하였을 경우(동조 제3항 제1호), ② 죄책은 있으나 소송장애 때문에 유죄판결을 선고할 수 없는 경우 혹은 ③ 재량규정에 따라 절차가 중지되었을 경우(동조 제4항, 제153조 이하) 피고인에게 필요적 경비를 부담시킬 수 있다.

보상결정문의 필요적 기재사항도 독일형사보상법에 규정되어 있는데, 보상결정문에 형사보상을 하게 된 형사소추처분의 종류를, 경우에 따라서는 그 시기까지도 기재하도록 하고 있다(독일형사보상법 제8조 제2항).

보상재판에 대해서는 독일형사소송법에 의한 항고(Beschwerde)가 허용된다(독일형사보상법 제8조 제3항, 제9조 제2항). 여기서의 항고는 독일형사소송법 제311조의 즉시항고를 의미한다.[82]

80 Dieter Meyer, StrEG Kommentar, 10. Aufl., 2017, §8 RN. 11.
81 BT-Drs.(독일연방의회보고서) VI/460, S. 8.
82 Dieter Meyer, StrEG Kommentar, 10. Aufl., 2017, §8 RN. 45.

2. 보상금지급의 절차

독일형사보상법 제10조부터 제13조는 형사보상의 결정이 내려진 후의 보상금 지급절차에 대해서 규정하고 있다. 보상금지급청구권자는 원칙적으로 보상청구권자 이나, 보상금지급청구권자의 법률상 부양의무자에게도 보상청구권이 있으므로(동법 제11조 제1항), 검찰에 부양의무자가 알려진 경우, 검찰은 청구권과 기간을 부양의무 자에게 통지하여야 한다(동조 제2항).

국가의 보상의무가 확정되면, 6개월 내에 제1심의 최후 수사를 행한 검찰청에 보상의 청구를 하여야 한다(독일형사보상법 제10조 제1항, 제11조 제2항). 보상청구권자 의 책임 없이 6개월이 경과하면, 보상청구권자는 독일행정절차법(VwVfG) 제32조에 의거하여 원상회복을 청구할 수 있다.[83] 그러나 원상회복청구기간은 보상이 확정된 날로부터 1년으로 제한된다(독일형사보상법 제12조).

보상금청구에 대한 결정에 대해서도 정식의 재판에 대한 불복방법이 사용될 수 있다.[84] 재판청구는 보상금청구에 대한 결정의 송달 후 3개월 이내에 제기되어야 하 고, 보상금청구에 대하여는 심급에 관계없이 주(州)법원의 민사부가 전적으로 관할 한다(독일형사보상법 제13조 제1항). 신청에 대한 재판시까지 청구권은 양도할 수 없 다(동조 제2항).

보상금은 제1심 형사절차가 개시된 법원의 주(州)가 지급한다(독일형사보상법 제 15조 제1항). 제3자의 위법한 행위로 형사처분이 야기된 경우에, 보상금지급기관에게 제3자에 대한 보상권자의 청구권(독일민법 제823조와 제826조의 손해배상청구권)이 보 상금액의 범위까지 이전된다. 그러나 이러한 법정양도가 형사보상권자에게 불리하 게 적용될 수는 없다(독일형사보상법 제15조 제2항).

3. 보상지급결정의 변경

형사보상결정이 내려진 이후에 형사보상이 행해지게 된 사유가 변경될 경우, 즉 무죄판결[85]이나 불기소처분, 공소기각결정 등이 후에 다시 변경될 수 있는 경우

---

83 Dieter Meyer, StrEG Kommentar, 10. Aufl., 2017, §10 RN. 14.
84 Dieter Meyer, StrEG Kommentar, 10. Aufl., 2017, §13 RN. 1.
85 독일형사소송법 제362조에서는 피고인에게 불리한 재심도 인정.

가 발생한다면 형사보상을 하는 것은 부당하게 된다. 이에 대하여 독일형사보상법 제14조에서 규정하고 있다. 무죄판결이 변경되는 재심이 선고되거나 불기소처분이나 공소기각되었던 자에 대하여 동일한 범죄사실로 추후 공소제기된 경우, 보상의 결정은 효력을 상실하며, 이미 행해진 보상은 환수될 수 있다(독일형사보상법 제14조 제1항). 또한 무죄판결에 대하여 재심이 청구되거나, 불기소처분이나 공소기각된 자에 대하여 조사 또는 수사가 재개된 경우, 보상청구에 대한 결정이나 보상지급은 연기될 수 있다(동조 제2항).

Ⅴ. 독일 질서위반법상 형사보상

1. 독일의 질서위반법(Gesetz über Ordnungswidrigkeiten, OWiG)

우리의 경범죄처벌법과 유사하게 형법과 행정법의 중간영역을 규율하는 독일질서위반법은 독일법률에서 질서위반금(Geldbuße)을 규정하고 있는 행위[예를 들어 독일의 집시법(Gesetz über Versammlungen und Aufzüge, Versammlungsgesetz) 제29조 제1항 제1호에 보면 금지된 공공집회에 참여한 사람은 1,000마르크 이하의 질서위반금이 명해질 수 있다]86 또는 독일질서위반법 제3편 제111조 이하에 규정된 질서위반행위들87에

---

86 **Versammlungsgesetz §29**
   (1) Ordnungswidrig handelt, wer
      1. an einer öffentlichen Versammlung oder einem Aufzug teilnimmt, deren Durchführung durch vollziehbares Verbot untersagt ist,
   (2) Die Ordnungswidrigkeit kann in den Fällen des Absatzes 1 Nr. 1 bis 5 mit einer Geldbuße bis tausend Deutsche Mark und in den Fällen des Absatzes 1 Nr. 6 bis 8 mit einer Geldbuße bis zu fünftausend Deutsche Mark geahndet werden(참고: 최근 2008. 12. 8. 개정된 현행규정에서도 화폐단위가 마르크로 표시되어 있다).
87 독일질서위반법 ① 제111조 개인정보의 허위보고(Falsche Namensangabe), ② 제112조 입법기관의 이용주의사항 침해(Verletzung der Hausordnung eines Gesetzgebungsorgans), ③ 제113조 허용되지 않는 군집(Unerlaubte Ansammlung), ④ 제114조 군시설에 진입(Betreten militärischer Anlagen), ⑤ 제115조 수형인과 거래(Verkehr mit Gefangenen), ⑥ 제116조 질서위반행위의 공적 선동(Öffentliche Aufforderung zu Ordnungswidrigkeiten), ⑦ 제117조 금지된 소음(Unzulässiger Lärm), ⑧ 제118조 일반에 대한 부담야기(Belästigung der Allgemeinheit), ⑨ 제119조 성적으로 심하게 불쾌감을 야기하고 부담시키는 행위(Grob anstößige und belästigende Handlungen), ⑩ 제120조 금지된 성매매(Verbotene Ausübung

대해서 적용된다. 질서위반금은 법률에 다른 규정이 없는 한 5유로 이상 1,000유로
이하이다(독일질서위반법 제17조 제1항).[88]

질서위반금 부과절차는 독일질서위반법에서 달리 규정하지 않는 한 형사절차에
대한 법률 즉 독일형사소송법, 독일법원조직법 및 독일소년법원법이 적용되는데(독일
질서위반법 제46조 제1항),[89] 독일질서위반법에서 규정한 특별한 절차는 다음과 같다.

질서위반행위에 대해서는 독일질서위반법에서 별도로 검찰이나 판사에게 부여
된 경우가 아니라면 행정기관이 소추하고(동법 제35조 제1항) 결정한다(동법 제17조 제
2항).[90] 장소적 관할은 질서위반행위가 행해진 지역이나 발견된 지역의 행정기관 또
는 위반금절차의 개시시에 위반행위자의 거주지역의 행정기관에 있다(동법 제37조
제1항).[91] 그러나 질서위반행위가 법적 관점에서 범죄행위라면 법률에 다른 규정이

---

der Prostitution), ⑪ 제121조 위험한 동물키우기(Halten gefährlicher Tiere), ⑫ 제122조 만
취(Vollrausch), ⑬ 제124조 문장의 사용(Benutzen von Wappen oder Dienstflaggen), ⑭
제125조 십자가의 사용(Benutzen des Roten Kreuzes oder des Schweizer Wappens), ⑮
제126조 제복의 남용(Mißbrauch von Berufstrachten oder Berufsabzeichen), ⑯ 제127조 화
폐 또는 유가증권에 사용될 수 있는 물건의 제조 또는 사용(Herstellen oder Verwenden
von Sachen, die zur Geld-oder Urkundenfälschung benutzt werden können), ⑰ 제128조
지폐와 유사한 인쇄물 또는 모사물의 제조 또는 반포(Herstellen oder Verbreiten von
papiergeldähnlichen Drucksachen oder Abbildunge), ⑱ 제130조 기업의 감독의무 해태
(Verletzung der Aufsichtspflicht in Betrieben und Unternehmen). 이에 대해서는 이재일,
독일의 질서위반법, 최신외국법제정보 2008-08, 14~17면 참조.

88 OWiG §17 Höhe der Geldbuße
(1) Die Geldbuße beträgt mindestens fünf Euro und, wenn das Gesetz nichts anderes
bestimmt, höchstens eintausend Euro.

89 OWiG §46 Anwendung der Vorschriften über das Strafverfahren
(1) Für das Bußgeldverfahren gelten, soweit dieses Gesetz nichts anderes bestimmt,
sinngemäß die Vorschriften der allgemeinen Gesetze über das Strafverfahren, namentlich
der Strafprozeßordnung, des Gerichtsverfassungsgesetzes und des Jugendgerichtsgesetzes.

90 OWiG §35 Verfolgung und Ahndung durch die Verwaltungsbehörde
(1) Für die Verfolgung von Ordnungswidrigkeiten ist die Verwaltungsbehörde zuständig,
soweit nicht hierzu nach diesem Gesetz die Staatsanwaltschaft oder an ihrer Stelle
für einzelne Verfolgungshandlungen der Richter berufen ist.
(2) Die Verwaltungsbehörde ist auch für die Ahndung von Ordnungswidrigkeiten zuständig,
soweit nicht hierzu nach diesem Gesetz das Gericht berufen ist.

91 OWiG §37 Örtliche Zuständigkeit der Verwaltungsbehörde
(1) Örtlich zuständig ist die Verwaltungsbehörde, in deren Bezirk
1. die Ordnungswidrigkeit begangen oder entdeckt worden ist oder

없는 한 검찰이 관할하여 소추한다(동법 제40조).[92]

　당사자는 질서위반금고지에 대해서 송달 후 2주 내에 서면이나 조서로 질서위반금을 명한 행정기관에 이의(Einspruch)를 제기할 수 있다(동법 제67조 제1항).[93] 그러면 이의제기 받은 행정기관의 소재지에 있는 구법원의 판사가 이의에 대해서 재판한다(동법 제68조 제1항).[94] 이의제기는 정식재판청구와 유사한 것으로서,[95] 독일형사소송법의 상소일반규정이 적용된다. 구법원에 이의가 적법하게 제기되면 행정기관이 질서위반금고지를 유지할 것인지 철회할 것인지를 검토하고(동법 제69조 제2항), 행정기관은 질서위반금고지를 유지할 경우 서류를 검찰을 통해 법원에 송부하는데(동조 제3항), 소추기관의 업무는 검찰로 이관되며 검찰이 절차를 종결하지 않거나 추가수사를 하지 않는 경우라면 검찰은 서류를 구법원 판사에게 제출한다(동조 제4항). 구법원 판사는 사실관계에 대한 설명이 충분하지 않은 경우 검찰의 동의하에 사건을 행정기관에 반환할 수 있고, 그러면 행정기관이 다시 소추하고 결정한다. 반면 구법원 판사가 질서위반의 혐의에 대해서 부정하는 경우에는 사건을 종국적으로 행정기관에 돌려보내는 반환결정을 할 수 있다. 이 반환결정에 대해서는 불복할 수 없다(동조 제5항).[96]

---

　　2. der Betroffene zur Zeit der Einleitung des Bußgeldverfahrens seinen Wohnsitz hat.

92　OWiG §40 **Verfolgung durch die Staatsanwaltschaft**
　　Im Strafverfahren ist die Staatsanwaltschaft für die Verfolgung der Tat auch unter dem rechtlichen Gesichtspunkt einer Ordnungswidrigkeit zuständig, soweit ein Gesetz nichts anderes bestimmt.

93　OWiG §67 **Form und Frist**
　　(1) Der Betroffene kann gegen den Bußgeldbescheid innerhalb von zwei Wochen nach Zustellung schriftlich oder zur Niederschrift bei der Verwaltungsbehörde, die den Bußgeldbescheid erlassen hat, Einspruch einlegen. Die §§297 bis 300 und 302 der Strafprozeßordnung über Rechtsmittel gelten entsprechend.

94　OWiG §68 **Zuständiges Gericht**
　　(1) Bei einem Einspruch gegen den Bußgeldbescheid entscheidet das Amtsgericht, in dessen Bezirk die Verwaltungsbehörde ihren Sitz hat. Der Richter beim Amtsgericht entscheidet allein.

95　이에 대한 상세한 설명은 조병선, 질서위반법, 1991, 한국형사정책연구원, 127~131면 참조.

96　OWiG §69 **Zwischenverfahren**
　　(2) Ist der Einspruch zulässig, so prüft die Verwaltungsbehörde, ob sie den Bußgeldbescheid aufrechterhält oder zurücknimmt.
　　(3) Die Verwaltungsbehörde übersendet die Akten über die Staatsanwaltschaft an das

한편 이의제기가 받아들여지면, 법률에 다른 규정이 없는 한, 독일형사소송법의 규정에 따라 약식명령에 대한 정식재판청구의 규정이 적용된다(동법 제71조 제1항).[97]

2. 질서위반금절차에서 발생한 재산상 손해에 대한 형사보상

원칙적으로 형사절차에 대한 법률이 질서위반금절차에 적용되므로(독일질서위반법 제46조 제1항), 독일형사보상법 제1조부터 제7조에 규정된 형사보상의 요건에 대한 규정들은 질서위반금절차에도 적용된다.[98] 그러나 질서위반금절차는 사법기관이 아니라 행정기관에 의해서 행해지고 종결되므로, 형사보상여부의 결정과 보상금지급절차에 대한 절차규정에 대해서는 일반적인 형사절차와 다른 별도의 규정이 필요하다.[99] 독일 질서위반법 제110조에 질서위반금절차와 관련된 형사보상이 규정되어 있다.

독일질서위반법 제110조의 규정은 본래 독일형사보상법 제18조로 규정되어 있던 것이 1975년에 삭제되면서 도입된 것이다. 행정기관에 의해서 종료된 질서위반

Amtsgericht, wenn sie den Bußgeldbescheid nicht zurücknimmt und nicht nach Absatz 1 Satz 1 verfährt; sie vermerkt die Gründe dafür in den Akten, soweit dies nach der Sachlage angezeigt ist. Die Entscheidung über einen Antrag auf Akteneinsicht und deren Gewährung (§49 Abs. 1 dieses Gesetzes, §147 der Strafprozessordnung) erfolgen vor Übersendung der Akten.

(4) Mit dem Eingang der Akten bei der Staatsanwaltschaft gehen die Aufgaben der Verfolgungsbehörde auf sie über. Die Staatsanwaltschaft legt die Akten dem Richter beim Amtsgericht vor, wenn sie weder das Verfahren einstellt noch weitere Ermittlungen durchführt.

(5) Bei offensichtlich ungenügender Aufklärung des Sachverhalts kann der Richter beim Amtsgericht die Sache unter Angabe der Gründe mit Zustimmung der Staatsanwaltschaft an die Verwaltungsbehörde zurückverweisen; diese wird mit dem Eingang der Akten wieder für die Verfolgung und Ahndung zuständig. Verneint der Richter beim Amtsgericht bei erneuter Übersendung den hinreichenden Tatverdacht einer Ordnungswidrigkeit, so kann er die Sache durch Beschluß endgültig an die Verwaltungsbehörde zurückgeben. Der Beschluß ist unanfechtbar.

97 OWiG §71 **Hauptverhandlung**

(1) Das Verfahren nach zulässigem Einspruch richtet sich, soweit dieses Gesetz nichts anderes bestimmt, nach den Vorschriften der Strafprozeßordnung, die nach zulässigem Einspruch gegen einen Strafbefehl gelten.

98 Dieter Meyer, StrEG Kommentar, 10. Aufl., 2017, §110 OWiG RN. 4.

99 Dieter Meyer, StrEG Kommentar, 10. Aufl., 2017, §110 OWiG RN. 3.

금절차에 관해서는 일반형사절차에 관한 법률이 아니라 질서위반금절차를 규율하는 법률 자체에 규정하는 것이 훨씬 설득력 있다고 한다.[100]

행정기관이 질서위반금절차를 종료한 경우에 있어서 질서위반금절차로 야기된 재산상 손해에 대한 보상의무에 대해서는 행정기관이 독자적으로 결정한다(독일질서위반법 제110조 제1항). 행정기관이 질서위반금절차를 종료한 경우 보상여부는 행정기관이 관할하지만, 서류가 검찰에 넘겨지고 검찰이 행정기관에 절차를 다시 환송하지 않는 경우(동법 제69조 제4항)에는 행정기관의 관할은 종료된다.[101]

행정기관은 질서위반금절차에서의 형사소추처분의 집행에 대한 보상여부만을 판단하는데, 수사절차에서 명하여져 집행된 형사소추처분은 그 처분이 질서위반금절차에서 허용될 수 있었을 것이고 여전히 질서위반금절차에 작용하는 한에 있어서 소추기관의 결정에 의해서 발생된 것이다.[102] 그 외의 경우는 법원이 결정하는데(독일형사보상법 제9조), 예를 들어 수사절차에서 운전면허의 일시정지가 명해지고 집행되었는데 그 사건이 독일도로교통법 제24a조와 독일질서위반법 제43조에 따라 행정기관에 이관된 경우에는 운전면허 일시정지처분의 집행으로 인한 보상의무에 대해서는 행정기관이 결정하지 않는다.[103] 운전면허의 일시정지는 질서위반금절차에서 허용될 수 없기 때문이다. 반면 운전면허증이 압수되었고 압수가 질서위반금절차에서도 유지될 수 있었다면, 행정기관이 보상의무에 대해서 결정할 수 있다.[104]

보상의 범위는 원칙적으로 독일형사보상법 제7조에 따르는데,[105] 독일형사소송법 제7조에 의하면 형사처분을 통해 야기된 25유로 이상의 재산상 손해에 대해서 보상하고 재산상 손해 이외의 손해는 수형 1일당 25유로로 보상한다. 독일질서위반법 제110조 제1항은 독일형사보상법 제7조보다 확장된 것이지만, 다른 한편으로 질서위반금절차에서 자유박탈의 처분은 발생할 수 없기 때문에 비재산적 손해는 보상의 범위에서 제외되어 있다.

---

100 Dieter Meyer, StrEG Kommentar, 10. Aufl., 2017, §110 OWiG RN. 2.

101 Dieter Meyer, StrEG Kommentar, 10. Aufl., 2017, §110 OWiG RN. 9.

102 Dieter Meyer, StrEG Kommentar, 10. Aufl., 2017, §110 OWiG RN. 10.

103 Dieter Meyer, StrEG Kommentar, 10. Aufl., 2017, §110 OWiG RN. 10.

104 Dieter Meyer, StrEG Kommentar, 10. Aufl., 2017, §110 OWiG RN. 10.

105 Dieter Meyer, StrEG Kommentar, 10. Aufl., 2017, §110 OWiG RN. 19.

행정기관의 보상결정에 대해서는 송달 후 2주 이내에 법원의 재판을 신청할 수 있고, 법원의 결정에 대해서는 즉시항고가 허용된다(독일질서위반법 제110조 제2항).

질서위반금절차에서 발생한 재산상 손해에 대한 형사보상이 결정된 경우 보상지급의 청구에 대해서 행정기관이 결정한다(동조 제3항). 질서위반금고지를 한 행정기관이 우선 독자적으로 보상의 정도에 대해서 결정하고, 이 결정에 대해서는 당사자에게 독일형사보상법 제13조 제1항에 따른 민사법원의 구제방안이 존재한다.[106]

독일 질서위반법

제110조 ① 행정기관이 질서위반금절차를 종료한 경우, 질서위반금절차의 형사처분으로 야기된 재산상손해에 대한 보상의무의 결정은(독일형사보상법 제8조), 행정기관이 독자적으로 한다.

② 행정기관의 결정에 대해서 송달 후 2주 이내에 제62조에 의거한 법원의 재판을 신청할 수 있다. 법원의 재판에 대해서는 즉시항고가 허용된다.

③ 행정기관이 질서위반금절차를 종료한 경우 보상지급의 청구(독일형사보상법 제10조)에 대해서 행정기관이 결정한다.

④ 형사보상법이 달리 규정하지 않은 한, 제1항의 경우에 있어서 (독일형사보상법 제15조) 연방의 행정기관이 절차를 수행한 경우에는 연방에, 그렇지 않은 경우에는 지방의 주에 보상의 의무가 있다.

Gesetz über Ordnungswidrigkeiten (OWiG) §110

(1) Die Entscheidung über die Entschädigungspflicht für einen Vermögensschaden, der durch eine Verfolgungsmaßnahme im Bußgeldverfahren verursacht worden ist (§8 des Gesetzes über die Entschädigung für Strafverfolgungsmaßnahmen), trifft die Verwaltungsbehörde, wenn sie das Bußgeldverfahren abgeschlossen hat, in einem selbständigen Bescheid.

(2) Gegen den Bescheid ist innerhalb von zwei Wochen nach Zustellung der

---

106 Dieter Meyer, StrEG Kommentar, 10. Aufl., 2017, §110 OWiG RN. 18.

> Antrag auf gerichtliche Entscheidung nach §62 zulässig. Gegen die Entscheidung des Gerichts ist sofortige Beschwerde zulässig.
>
> (3) Über den Anspruch auf Entschädigung (§10 des Gesetzes über die Entschädigung für Strafverfolgungsmaßnahmen) entscheidet in den Fällen des Absatzes 1 die Verwaltungsbehörde.
>
> (4) Ersatzpflichtig ist (§15 des Gesetzes über die Entschädigung für Strafverfol−gungsmaßnahmen) in den Fällen des Absatzes 1, soweit das Gesetz nichts anderes bestimmt, der Bund, wenn eine Verwaltungsbehörde des Bundes das Verfahren durchführt, sonst das Land.

제 2 절 · 일본

일본헌법 제40조는 "누구든지 억류 또는 구금된 후 무죄의 판결을 받은 때에는 법률이 정하는 바에 따라 국가에 보상을 요구할 수 있다."고 규정하여 부당하게 억류·구금된 경우 국가에 보상을 요구하는 것이 가능하도록 하고 있다. 종국적으로 범죄자로 판명되지 아니한 자가 불행하게 형사절차에 말려들어 신체의 구속을 받았던 경우 국가로부터 그에 적합한 보상을 받는 것이 헌법상의 권리로 보장되는 것이다.[107] 이 헌법의 규정을 근거로, 1932년부터 시행된 구 형사보상법이 폐지되고, 1950년부터 신 형사보상법이 시행되고 있다.

다른 한편으로 일본 형사소송법 제1편 제16장의 비용보상 제도는 무죄와 부당한 소송의 경우에 고의·과실을 묻지 않고, 그 소송절차에 필요했던 비용의 보상청구권을 인정해, 피고인이었던 자의 보호를 도모하고 있다.

---

[107] 후쿠이 아츠시(福井厚), 형사소송법강의[제5판], 2012, 486면.

Ⅰ. 형사보상법 연혁[108]

1. 구 형사보상법

일본에서 형사보상이 언제부터 문제되기 시작했는지는 확실하지 않다. 다만 형사보상제도의 채용을 적극적으로 주장했다고 하는 의미에서는 1914년 오오바 시게마(大場茂馬) 박사의 '잘못된 판결에 대한 국가의 배상책임'이라는 논문이 최초라고 한다. 그로부터 약 10년이 지난 1923년 7월, 스에히로 이즈타로(末弘厳太郎) 박사가 「개조」(改造)라는 잡지에 '오판배상의 근본원리'라는 제목의 논문을 발표하였고, 이러한 주장에 당시 일본제국의회에서 찬동자가 나타나, 1928년 제56회 일본제국의회에서 미야코 케이자부로(宮古啓三郎) 의원 등에 의해 「형의 집행 또는 구류에 대한 보상에 관한 법률안」이 제출되었다.

이 법률안은 전문 7조로 된 비교적 간단한 것으로서 형의 집행과 구류에 대해 '명령으로 정하는 금액'을 보상하도록 규정하고 있었는데, 특히 '보상'이라는 용어가 사용되었다는 점이 주목된다. 다만 이 법률안은 법률로 제정되지 못한 채 폐기되었다.

계속해서 1929년 제58회 일본제국의회에서는, 오바타 마사이치(小俣政一) 외 2명의 의원에 의해 「국가배상법안」이 제출되었다. 이것은 국가배상 전부를 다룬 것이 아니라, 형의 집행 및 미결구금에 대해 국가가 손해배상을 해야 한다고 규정한 것으로 전문 16조로 이루어졌다. 이때는 '배상'이라는 용어가 사용된 것이 눈에 띈다. 그러나 이 법안도 전년의 법률안과 같이 법률로 제정되지 못한 채 폐기되었다.

위와 같은 제국의회의 움직임에 자극된 일본정부는 1926년경부터 형사보상에 관한 법률안의 작성에 착수했으나 예산문제로 쉽게 법안을 의회에 제출하지 못하다가 1930년 제59회 일본제국의회에 「형사보상법안」을 제출하였다. 이 법률안은 전문 19조로 이루어진 것으로 앞선 법률안보다 훨씬 정비되어 있었으며, 보상금을 구금 1일에 5엔 이내로 한 점과 보상의 소극적 요건 (즉, 무죄 등의 선고가 있어도 보상하지 않는 경우가 상당히 넓게 인정됨) 등이 새로운 점이었다.

이 법률안에 대해서는 비판의 의견이 상당히 있었고 중의원에서 대안이 나오기도 했지만, 결국 보상의 '급여'라는 표현을 삭제하고, 신청이 있는 경우 보상의 결정

---

108 타카다 타쿠지(高田卓爾), 형사보상법(復刻版), 법률학전집 44-3, 1990, 2~9면 참조.

을 관보에 게재해야만 하는 규정을 신설하면서 일본제국의회를 통과했다. 이 형사보상법은 1931년 1월부터 시행되었고, 여러 비판을 받았음에도 개정됨 없이 제2차 세계대전 후까지 사용되었다.

2. 현행 형사보상법

일본은 1945년 8월 제2차 세계대전의 패전 이후 새로운 형사보상법의 제정시까지 상당한 우여곡절을 겪었다. 개정의 첫 단계로서 형사절차에서 불법한 구금이 있었던 경우에는 피의자의 신분으로 구금되었던 기간도 포함하여 구금되었던 기간 전부에 대해 보상하는 내용을 추가한 동시에, 보상의 소극적 요건을 완화하고 상대적인 것으로 하는 안을 세웠지만, 신일본헌법초안에 국가배상에 관한 제17조와 형사보상에 관한 제40조가 새로이 규정되었고, 이 헌법의 취지를 실현하기 위하여 1946년 가을에 「형사보상법의 일부를 개정하는 법률안 요강」이 의결되었다. 그 주요한 점은, ① 현행범 체포나 구인장 집행 등의 경우도 보상한다는 점, ② 헌법 제17조에 따른 국가배상과의 관계에 대해 규정한다는 점, ③ 종래의 보상의 소극적 요건을 상대적인 것으로 한다는 점, ④ 신체구속의 경우 보상금을 1일 20엔 이내로 한다는 점, ⑤ 보상의 결정이 있었던 경우에는 관보 또는 신문지에 게재한다는 점 등이다.

그런데, 형사보상법의 전제가 되어야 할 형사소송법이 신헌법에 의해 전면적인 개정을 필요로 하게 되면서 형사보상법의 개정작업은 현저히 늦어졌다.109 일본형사소송법이 1948년 7월 비로소 성립(1949. 1. 1.부터 시행)되자, 형사보상법 개정작업이 처음으로 궤도를 탔고, 일본정부는 1949년 12월 제4회 국회에 「형사보상법을 개

---

109 제2차 세계대전 이후 일본의 법제도는 미군정의 지도하에 변혁되었고 미국법적 특성이 강한 일본헌법의 제정에 따라 종래 대륙법계의 형사소송법은 근본적인 개정이 필요해졌다. 1946년 3월 헌법개정안 요강의 발표와 동시에 헌법개정에 따른 법률제도의 개혁방향을 검토하기 위해서 1946년 7월 임시법제조사회가 설치되어 1946년 10월 '형사소송법개정안 요강'을 작성하였다. 일본정부는 이 요강을 기초로 하여 1947년 1월 제1차 정부안을 마련하였으나 일본헌법의 시행시기를 맞추기 곤란하자 1947년 4월 응급조치법으로서 '일본국 헌법의 시행에 수반된 형사소송법의 응급적 조치에 관한 법률'을 제정·공포하였다. 그 후 일본정부는 1947년 10월 제2차 정부안을 마련하였고, 법원·검찰·변호사회 등으로 구성된 형소개정협의회에서 제2차 정부안을 심의하여 1948년 5월 최종정부안이 마련되었다. 최종정부안은 제2회 국회에 제출되어 부분적 수정을 거친 후 1948년 7월 성립되고 1948년 10월 공포되어 1949년 1월부터 시행되었다(법무부, 일본 형사소송법·규칙, 2009.12, 4~5면).

정하는 법률안」을 제안하였다. 이 법률안은 전문 20조로 이루어져 있었는데, 법무총재의 제안이유에 의하면 다음의 5가지가 주요한 쟁점이다. ① 헌법 제40조의 취지에 부합하도록 보상원인을 확장하여 형사절차상의 모든 억류·구금 및 형의 집행에 대해서 보상한다. ② 보상불성립요건을 정리하여, 본인이 고의로 임의의 자백을 하거나 그 밖의 유죄증거를 만듦으로써 기소, 억류·구금 등을 당하게 된 경우, 그리고 한 개의 재판에서 경합범죄의 일부에 대해 무죄의 선고를 받았어도 다른 부분에 대해 유죄의 선고를 받은 경우를 상대적 불성립요건으로 한다. ③ 민법의 개정에 부합되도록 보상을 받을 수 있는 유족의 순위 및 유족상호간의 비율을 개정한다. ④ 보상금액을 변경하여, 억류·구금, 형의 집행의 경우에는 1일 200엔 이상 400엔 이하로 하고, 사형집행의 경우에는 1만 엔 이내의 보상에 재산상 손실액을 가산한다. ⑤ 국가배상법에 의해 배상을 받은 경우 그것으로 형사보상할 금액이 충족되었을 때에는 100엔 이내의 명목상 보상을 한다.

그러나 이러한 내용의 형사보상법개정안은 중의원의 해산에 의해 폐기되었고 정부는 다음 해인 1949년 제6회 국회에 전년의 안에 상당부분의 수정을 가한「형사보상법안」을 제출했다. 이 법안은 전문 24조로 이루어졌고, 그 명칭에서 알 수 있듯이, 구법을 폐지하고 새로운 법률을 제정한다는 방침을 세운 것이었다. 전년의 안에 비교해서 다음의 내용이 특별히 제시되었다.

① 보상의 범위를 더욱 확대하여 소년법에 의한 억류·구금, 경제조사청법 제24조의 규정에 의한 경제조사관의 체포, 범죄자예방갱생법 제45조의 인치장에 의한 억류·유치의 경우를 포함하였다. ② 보상청구권자의 사망시 또는 사망자에 대해 보상원인이 발생한 경우 청구권은 상속되는 것으로 하고, 이에 수반하여 보상청구기간을 3년으로 했다(전년 안은 구법과 동일하게 60일이었음). ③ 보상의 소극적 요건에 대해 전년 안에서 "본인이 고의로 임의의 자백을 한 것에 의한 등등"이라고 한 것을 "본인이 수사 또는 재판을 그르치게 할 목적으로 허위의 자백을 해"라고 변경하였다. ④ 사형집행에 대한 보상금액을 1만 엔 이내에서 50만 엔 이내로 변경하였다. ⑤ 국가배상에 의해 전액의 배상을 받은 경우에는 전혀 보상을 하지 않는 것으로 정하였다. ⑥ 보상청구절차의 계수를 인정하였다. ⑦ 보상 결정의 공시는 관보뿐 아니라 신문을 통해서도 하는 것으로 정하였다.

일본국회 심의과정에서는, 일본헌법 제40조와의 관계로부터 보상의 범위가 문제되어, 특히 불기소처분의 경우와 면소 및 공소기각 재판의 경우가 다루어졌고, 면소 및 공소기각의 재판에 대해 "만약 면소 또는 공소기각의 판결을 해야 할 사유가 없었다면 무죄의 판결을 받아야만 할 것으로 인정될만한 충분한 사유가 있는 때에는" 무죄의 경우와 같이 보상을 할 수 있는 수정안이 참의원에서 나와 상하원의 승인을 얻었다. 또한 보상결정의 공시에 관해서 "관보 및 신문에 게재해서"라는 것을 "관보 및 신청인이 선택하는 3종 이내의 신문에 각 1회 이상 게재해서"라고 변경한 수정안도 승인되었다. 일본국회를 통과하여 성립한 새로운 형사보상법은 1950년 1월부터 시행되었다.

일본 형사보상법

쇼와 25년(1950). 1. 1. 법률 제1호

최종개정연월일: 헤이세이 29년(2017). 6. 2 법률 제45호

제1조(보상요건) ① 형사소송법(쇼와 23년 법률 제131호)의 일반절차 또는 재심 혹은 비상상고절차에서 무죄재판을 받은 자가 동법, 소년법(쇼와 23년 법률168호) 또는 경제조사청법(쇼와 23년 법률 제206호)에 의하여 미결의 억류 또는 구금을 당한 경우, 그 자는 국가에 대하여 억류 또는 구금에 대한 보상을 청구할 수 있다.

② 상소권회복에 의한 상소, 재심 또는 비상상고절차에서 무죄재판을 받은 자가 원판결에 의하여 이미 형의 집행을 받거나 형법(메이지 40년 법률 제45호) 제11조 제2항의 규정에 의한 구치를 당한 경우, 그 자는 국가에 대하여 형의 집행 또는 구치에 대한 보상을 청구할 수 있다.

③ 형사소송법 제484조 내지 제486조(동법 제505조에서 준용하는 경우를 포함한다)의 수용장에 의한 억류 및 동법 제481조 제2항(동법 제505조에서 준용하는 경우를 포함한다)의 규정에 의한 유치와 갱생보호법(헤이세이 19년 법률 제88호) 제63조 제2항 또는 제3항의 인치장에 의한 억류 및 유치는 전항의 규정의 적용에 있어서 형의 집행 또는 구치로 본다.

제2조(상속인에 의한 보상청구) ① 전조의 규정에 의해 보상을 청구할 수 있는 자가 그 청구를 하지 않고 사망한 경우에는 보상청구는 상속인이 할 수 있다.

② 사망한 자에 대한 재심 또는 비상상고의 절차에서 무죄재판이 있는 경우 보상청구에 대해서는 사망시 무죄재판이 있었던 것으로 본다.

제3조(보상하지 않을 수 있는 경우) 다음의 경우에는 법원의 건전한 재량에 따라 보상의 일부 또는 전부를 하지 않을 수 있다.

    1. 본인이 수사 또는 심판을 그르치게 할 목적으로 허위의 자백을 하거나 다른 유죄의 증거를 만듦으로써 기소, 미결억류나 구금 또는 유죄재판을 받기에 이른 것으로 인정되는 경우

    2. 하나의 재판에 의하여 경합범의 일부에 대하여 무죄재판을 받는다 하더라도 다른 부분 에 대하여 유죄재판을 받은 경우

제4조(보상의 내용) ① 억류 또는 구금에 의한 보상에 대해서는 전조 및 다음 조 제2항에 규정된 경우를 제외하고는 그 일수에 따라 1일 1,000엔 이상 12,500엔 이하의 비율에 의한 금액의 보상금을 교부한다. 징역, 금고나 구류의 집행 또는 구치에 의한 보상에 있어서도 마찬가지이다.

② 법원은 전항의 보상금의 액수를 정함에 있어서 구속의 종류 및 그 기간의 장단, 본인이 받은 재산상의 손실, 취득할 수 있었던 이익의 상실, 정신상의 고통 및 신체상의 손상, 그리고 경찰, 검찰 및 사법 기관의 고의·과실의 유무, 기타 일체의 사정을 고려해야 한다.

③ 사형집행에 따른 보상에 대해서는 3천만 엔 이내로 법원이 상당하다고 인정하는 금액의 보상금을 지급한다. 그러나 본인의 사망에 의하여 발생한 재산상의 손실액이 증명된 경우에는 보상금액은 그 손실액에 3천만 엔을 가산한 금액의 범위 내로 한다.

④ 법원은 전항의 보상금 액수를 정함에 있어서 동항 단서의 증명된 손실액 외에 본인의 연령, 건강상태, 소득능력 기타 사정을 고려해야 한다.

⑤ 벌금 또는 과료의 집행에 의한 보상에 있어서는 이미 징수한 벌금 또는 과료의 금액에 징수일의 익일부터 보상결정일까지의 일수에 따라 징수일 익일의 법정이율에 의한 금액을 가산한 금액에 상당하는 보상금을 지급한다. 노역장유치의 집행을 한 경우에는 제1항의 규정을 준용한다.

⑥ 몰수의 집행에 따른 보상에 대해서는 몰수물이 아직 처분되지 않은 경우 그 물건을 반환하고, 이미 처분된 경우에는 그 물건의 시가에 상당한 금액의 보상금을 지급하며, 또한 징수한 추징금에 대해서는 그 금액에 징수일의 익일부터 보상결정일까지의 일수에 따라 징수일 익일의 법정이율에 의한 금액을 가산한 금액에 상당하는 보상금을 교부한다.

제5조(손해배상과의 관계) ① 이 법률은 보상을 받을 자의 국가배상법(쇼와 22년 법률

제 125호) 기타 법률이 정하는 바에 의한 손해배상청구를 방해하지 않는다.

② 보상을 받을 자가 동일한 원인에 관하여 다른 법률에 의하여 손해배상을 받은 경우, 그 손해배상금액이 이 법률에 의하여 받아야 할 보상금액과 동일하거나 이를 초과하는 경우에는 보상하지 않는다. 그 손해배상금액이 이 법률에 의하여 받아야 할 보상금액보다 적은 경우에는 손해배상금액을 공제하고 보상금액을 정하여야 한다.

③ 다른 법률에 의하여 손해배상을 받을 자가 동일한 원인에 대하여 이 법률에 의하여 보상을 받은 경우에는 그 보상금액을 공제하고 손해배상금액을 정하여야 한다.

제6조(관할 법원) 보상청구는 무죄재판을 한 법원에 하여야 한다.

제7조(보상청구의 기간) 보상청구는 무죄재판이 확정된 날로부터 3년 이내에 하여야 한다.

제8조(상속인의 소명) 상속인이 보상청구를 하는 경우에는 본인과의 관계 및 동순위 상속인의 존부를 소명할 수 있는 자료를 제출하여야 한다.

제9조(대리인에 의한 보상청구) 보상청구는 대리인에 의하여도 할 수 있다.

제10조(동순위 상속인의 보상청구) ① 보상청구를 할 수 있는 동순위 상속인이 수인인 경우 그 중 1인이 한 보상청구는 전원을 위하여 그 전부에 대하여 한 것으로 본다.

② 전항의 경우 청구한 자 이외의 상속인은 공동청구인으로서 절차에 참가할 수 있다.

제11조(동순위 상속인에 대한 통지) 법원은 상속인에 의한 보상청구가 있은 경우, 다른 동순위의 상속인이 있음을 안 때에는 지체없이 그 동순위의 상속인에게 보상청구가 있었음을 통지해야 한다.

제12조(동순위 상속인의 보상청구 취소) 보상청구를 할 수 있는 동순위 상속인이 수인인 경우 보상청구를 한 자는 다른 전원의 동의없이 청구를 취소할 수 없다.

제13조(보상청구취소의 효과) 보상청구를 한 자가 청구를 취소하면 그 취소를 한 자는 다시 보상청구를 할 수 없다.

제14조(보상청구에 대한 재판) 보상청구가 있는 경우 법원은 검찰과 청구인의 의견을 듣고 결정하여야 한다. 결정의 등본은 검찰과 청구인에게 송달하여야 한다.

제15조(보상청구각하의 결정) 보상청구의 절차가 법령의 방식에 위반하여 보정할 수 없

는 경우 혹은 청구인이 법원의 보정명령에 응하지 아니하는 경우 또는 보상청구가 제7조의 기간을 경과한 후에 있었던 경우에는 청구를 각하하는 결정을 하여야 한다.

제16조(보상 또는 청구기각의 결정) 보상청구가 이유 있는 경우 보상의 결정을 하여야 한다. 이유가 없는 경우에는 청구를 기각하는 결정을 하여야 한다.

제17조(동순위 상속인에 대한 결정의 효력) 보상청구를 할 수 있는 동순위 상속인이 수인인 경우 그 1인에 대한 전조의 결정은 동순위자 모두에 대한 것으로 본다.

제18조(보상청구절차의 중단과 계수) ① 보상청구자가 청구절차 중 사망하거나 상속인의 신분을 상실한 경우 다른 청구인이 없는 경우에는 청구절차는 중단된다. 이 경우 청구를 한 자의 상속인 및 청구를 한 자와 동순위의 상속인은 2개월 이내에 청구절차를 계수할 수 있다.

② 법원은 전항의 규정에 의하여 절차를 계수할 수 있는 자로서 법원에 알려져 있는 자에 대해서는 동항의 기간 내에 청구절차를 계수할 수 있다는 취지를 통지하여야 한다.

③ 제1항의 기간 내에 절차를 계수한다는 취지의 신청이 없는 경우 법원은 결정으로 청구를 각하해야 한다.

제19조(즉시항고 또는 이의신청) ① 제16조의 결정에 대하여는 청구인 및 이와 동순위의 상속인은 즉시항고를 할 수 있다. 단, 그 결정을 내린 법원이 고등재판소인 경우에는 그 고등재판소에 이의신청을 할 수 있다.

② 전항의 즉시항고 및 이의신청에 대한 결정에 대해서는 형사소송법 제405조 각호에 규정된 사유가 있는 경우 최고재판소에 특별항고를 할 수 있다.

③ 제9조 내지 제15조, 제17조 및 전조의 규정은 제1항 및 제2항의 경우에 준용한다.

제20조(보상지급의 청구) ① 보상의 지급은 보상결정을 한 법원에 청구하여야 한다.

② 보상지급을 받을 수 있는 자가 수인인 경우에는 그 중 1인이 한 보상지급청구는 보상 결정을 받은 자 전원을 위하여 그 전부에 대해서 한 것으로 본다.

③ 제11조의 규정은 법원이 보상지급청구를 받은 경우에 준용한다.

제21조(보상지급의 효과) 보상지급을 받을 수 있는 자가 수인인 경우에는 그 중 1인에 대한 보상지급은 그 전원에 대해 한 것으로 본다.

제22조(청구권의 양도 및 압류의 금지) 보상청구권은 이를 양도 또는 압류할 수 없다.

보상지급의 청구권도 마찬가지이다.

제23조(준용규정) 이 법률의 결정, 즉시항고, 이의신청 및 제19조 제2항의 항고에 관하여는 이 법률에 특별한 규정이 있는 경우를 제외하고는 형사소송법을 준용한다. 기간에 관하여도 마찬가지이다.

제24조(보상결정의 공시) ① 법원은 보상결정이 확정된 때에는 그 결정을 받은 자의 신청에 의하여 신속하게 결정의 요지를 관보 및 신청인이 선택하는 3종 이내의 신문에 각 1회 이상 게재하여 공시하여야 한다.

② 전항의 신청은 보상결정이 확정된 후 2개월 이내에 하여야 한다.

③ 제1항의 공시가 있는 경우에는 다시 동항의 신청을 할 수 없다.

④ 제1항 내지 제3항의 규정은 제5조 제2항 전단에 규정된 이유에 의해 보상청구를 기각하는 결정이 확정된 경우에 준용한다.

제25조(면소 또는 공소기각의 경우의 보상) ① 형사소송법의 규정에 의한 면소 또는 공소기각의 재판을 받은 자는, 면소 또는 공소기각의 재판을 할 사유가 없었더라면 무죄 재판을 받았을 것으로 인정되는 충분한 사유가 있는 경우에 국가에 대하여 억류 혹은 구금에 의한 보상 또는 형의 집행이나 구치에 의한 보상을 청구할 수 있다.

② 전항의 규정에 의한 보상에 대해서는 무죄재판을 받은 자의 보상에 관한 규정을 준용한다. 보상결정공시에 대해서도 마찬가지이다.

제26조(도망범죄인의 인도를 청구하는 경우의 보상) 일본이 외국에 대하여 도망범죄인의 인도를 청구하는 경우에도 해당 외국이 범죄인인도를 위하여 한 억류 또는 구금은 형사소송법에 의한 억류 또는 구금으로 본다.

제27조(송출이송을 한 경우의 보상) 국제수형자이송법(헤이세이 14년 법률 제66호) 제2조 제6호의 송출이송을 한 경우, 동조 제8호의 집행국이 동조 제12호의 송출이송 관련 범죄의 징역 또는 금고의 확정재판 집행의 공조로써 한 구금은 일본의 형의 집행으로 본다.

제28조 (국내수형자에 관한 수형자 증인이송을 한 경우의 보상) 국제수사공조 등에 관한 법률(쇼와 55년 법률 제69호) 제19조의 국내수형자에 관한 수형자 증인이송을 한 경우, 당해 국내수형자가 수형자 증인이송으로 이송된 기간의 신체구속은 일본의 형의 집행으로 본다.

◆刑事補償法◆

(昭和二十五年一月一日法律第一号)

最終改正年月日:平成二十九年六月二日法律第四五号

（補償の要件）

第一条　刑事訴訟法（昭和二十三年法律第百三十一号）による通常手続又は再審若しくは非常上告の手続において無罪の裁判を受けた者が同法、少年法（昭和二十三年法律第百六十八号）又は経済調査庁法（昭和二十三年法律第二百六号）によつて未決の抑留又は拘禁を受けた場合には、その者は、国に対して、抑留又は拘禁による補償を請求することができる。

　　2　上訴権回復による上訴、再審又は非常上告の手続において無罪の裁判を受けた者が原判決によつてすでに刑の執行を受け、又は刑法（明治四十年法律第四十五号）第十一条第二項の規定による拘置を受けた場合には、その者は、国に対して、刑の執行又は拘置による補償を請求することができる。

　　3　刑事訴訟法第四百八十四条から第四百八十六条まで（同法第五百五条において準用する場合を含む。）の収容状による抑留及び同法第四百八十一条第二項（同法第五百五条において準用する場合を含む。）の規定による留置並びに更生保護法（平成十九年法律第八十八号）第六十三条第二項又は第三項の引致状による抑留及び留置は、前項の規定の適用については、刑の執行又は拘置とみなす。

（相続人による補償の請求）

第二条　前条の規定により補償の請求をすることのできる者がその請求をしないで死亡した場合には、補償の請求は、相続人からすることができる。

　　2　死亡した者について再審又は非常上告の手続において無罪の裁判があつた場合には、補償の請求については、死亡の時に無罪の裁判があつたものとみなす。

（補償をしないことができる場合）

第三条　左の場合には、裁判所の健全な裁量により、補償の一部又は全部をしないことができる。

　　一　本人が、捜査又は審判を誤まらせる目的で、虚偽の自白をし、又は他の有罪

　の証拠を作為することにより、起訴、未決の抑留若しくは拘禁又は有罪の裁
　判を受けるに至つたものと認められる場合
　二　一個の裁判によつて併合罪の一部について無罪の裁判を受けても、他の部分
　について有罪の裁判を受けた場合

（補償の内容）
第四条　抑留又は拘禁による補償においては、前条及び次条第二項に規定する場合
　を除いては、その日数に応じて、一日千円以上一万二千五百円以下の割合による
　額の補償金を交付する。懲役、禁錮若しくは拘留の執行又は拘置による補償にお
　いても、同様である。
　2　　裁判所は、前項の補償金の額を定めるには、拘束の種類及びその期間の長
　　短、本人が受けた財産上の損失、得るはずであつた利益の喪失、精神上の苦
　　痛及び身体上の損傷並びに警察、検察及び裁判の各機関の故意過失の有無そ
　　の他一切の事情を考慮しなければならない。
　3　死刑の執行による補償においては、三千万円以内で裁判所の相当と認める額
　　の補償金を交付する。ただし、本人の死亡によつて生じた財産上の損失額が
　　証明された場合には、補償金の額は、その損失額に三千万円を加算した額の
　　範囲内とする。
　4　裁判所は、前項の補償金の額を定めるには、同項但書の証明された損失額の
　　外、本人の年齢、健康状態、収入能力その他の事情を考慮しなければならな
　　い。
　5　罰金又は科料の執行による補償においては、既に徴収した罰金又は科料の額
　　に、これに対する徴収の日の翌日から補償の決定の日までの期間に応じ徴収
　　の日の翌日の法定利率による金額を加算した額に等しい補償金を交付する。
　　労役場留置の執行をしたときは、第一項の規定を準用する。
　6　没収の執行による補償においては、没収物がまだ処分されていないときは、
　　その物を返付し、既に処分されているときは、その物の時価に等しい額の補
　　償金を交付し、また、徴収した追徴金についてはその額にこれに対する徴収
　　の日の翌日から補償の決定の日までの期間に応じ徴収の日の翌日の法定利率
　　による金額を加算した額に等しい補償金を交付する。

（損害賠償との関係）

第五条　この法律は、補償を受けるべき者が国家賠償法（昭和二十二年法律第百二十
　　五号）その他の法律の定めるところにより損害賠償を請求することを妨げない。

　　2　補償を受けるべき者が同一の原因について他の法律によつて損害賠償を受け
　　　た場合において、その損害賠償の額がこの法律によつて受けるべき補償金の
　　　額に等しいか、又はこれを越える場合には、補償をしない。その損害賠償の
　　　額がこの法律によつて受けるべき補償金の額より少いときは、損害賠償の額
　　　を差し引いて補償金の額を定めなければならない。

　　3　他の法律によつて損害賠償を受けるべき者が同一の原因についてこの法律に
　　　よつて補償を受けた場合には、その補償金の額を差し引いて損害賠償の額を
　　　定めなければならない。

（管轄裁判所）

第六条　補償の請求は、無罪の裁判をした裁判所に対してしなければならない。

（補償請求の期間）

第七条　補償の請求は、無罪の裁判が確定した日から三年以内にしなければならな
　　い。

（相続人の疎明）

第八条　相続人から補償の請求をする場合には、本人との続柄及び同順位の相続人
　　の有無を疎明するに足りる資料を提出しなければならない。

（代理人による補償の請求）

第九条　補償の請求は、代理人によつてもすることができる。

（同順位相続人の補償の請求）

第十条　補償の請求をすることのできる同順位の相続人が数人ある場合には、その
　　一人のした補償の請求は、全員のためその全部につきしたものとみなす。

　　2　前項の場合には、請求をした者以外の相続人は、共同請求人として手続に参
　　　加することができる。

（同順位相続人に対する通知）

第十一条　裁判所は、相続人から補償の請求を受けた場合において、他に同順位の

相続人があることを知つたときは、すみやかにその同順位の相続人に対し補償の請求のあつた旨を通知しなければならない。

（同順位相続人の補償請求の取消）

第十二条　補償の請求をすることのできる同順位の相続人が数人ある場合には、補償の請求をした者は、他の全員の同意がなければ、請求を取り消すことができない。

（補償請求の取消の効果）

第十三条　補償の請求をした者が請求を取り消したときは、その取消をした者は、さらに補償の請求をすることができない。

（補償請求に対する裁判）

第十四条　補償の請求があつたときは、裁判所は、検察官及び請求人の意見を聞き、決定をしなければならない。決定の謄本は、検察官及び請求人に送達しなければならない。

（補償請求却下の決定）

第十五条　補償請求の手続が法令上の方式に違反し、補正することができないとき、若しくは請求人が裁判所から補正を命ぜられてこれに応じないとき、又は補償の請求が第七条の期間の経過後にされたときは、請求を却下する決定をしなければならない。

（補償又は請求棄却の決定）

第十六条　補償の請求が理由のあるときは、補償の決定をしなければならない。理由がないときは、請求を棄却する決定をしなければならない。

（同順位相続人に対する決定の効果）

第十七条　補償の請求をすることのできる同順位の相続人が数人ある場合には、その一人に対してした前条の決定は、同順位者全員に対してしたものとみなす。

（補償請求手続の中断及び受継）

第十八条　補償の請求をした者が請求の手続中死亡し、又は相続人たる身分を失つた場合において、他に請求人がないときは、請求の手続は、中断する。この場合において、請求をした者の相続人及び請求をした者と同順位の相続人は、二箇月

以内に請求の手続を受け継ぐことができる。

 2 裁判所は、前項の規定により手続を受け継ぐことのできる者で裁判所に知れているものに対しては、同項の期間内に請求の手続を受け継ぐことができる旨を通知しなければならない。

 3 第一項の期間内に手続を受け継ぐ旨の申立がないときは、裁判所は、決定で請求を却下しなければならない。

（即時抗告又は異議の申立）

第十九条 第十六条の決定に対しては、請求人及びこれと同順位の相続人は、即時抗告をすることができる。但し、その決定をした裁判所が高等裁判所であるときは、その高等裁判所に異議の申立をすることができる。

 2 前項の即時抗告及び異議の申立についての決定に対しては、刑事訴訟法第四百五条各号に定める事由があるときは、最高裁判所に特に抗告をすることができる。

 3 第九条から第十五条まで、第十七条及び前条の規定は、前二項の場合に準用する。

（補償払渡の請求）

第二十条 補償の払渡は、補償の決定をした裁判所に請求しなければならない。

 2 補償の払渡を受けることのできる者が数人ある場合には、その一人のした補償払渡の請求は、補償の決定を受けた者全員のためその全部につきしたものとみなす。

 3 第十一条の規定は、裁判所が補償払渡の請求を受けた場合に準用する。

（補償払渡の効果）

第二十一条 補償の払渡を受けることのできる者が数人ある場合には、その一人に対する補償の払渡は、その全員に対してしたものとみなす。

（請求権の譲渡及び差押の禁止）

第二十二条 補償の請求権は、これを譲り渡し、又は差し押えることができない。補償払渡の請求権も、同様である。

（準用規定）

第二十三条 この法律の決定、即時抗告、異議の申立及び第十九条第二項の抗告に

ついては、この法律に特別の定のある場合を除いては、刑事訴訟法を準用する。期間についても、同様である。

（補償決定の公示）

第二十四条　裁判所は、補償の決定が確定したときは、その決定を受けた者の申立により、すみやかに決定の要旨を、官報及び申立人の選択する三種以内の新聞紙に各一回以上掲載して公示しなければならない。

　2　前項の申立は、補償の決定が確定した後二箇月以内にしなければならない。

　3　第一項の公示があつたときは、さらに同項の申立をすることはできない。

　4　前三項の規定は、第五条第二項前段に規定する理由による補償の請求を棄却する決定が確定した場合に準用する。

（免訴又は公訴棄却の場合における補償）

第二十五条　刑事訴訟法の規定による免訴又は公訴棄却の裁判を受けた者は、もし免訴又は公訴棄却の裁判をすべき事由がなかつたならば無罪の裁判を受けるべきものと認められる充分な事由があるときは、国に対して、抑留若しくは拘禁による補償又は刑の執行若しくは拘置による補償を請求することができる。

　2　前項の規定による補償については、無罪の裁判を受けた者の補償に関する規定を準用する。補償決定の公示についても同様である。

（逃亡犯罪人の引渡を請求した場合における補償）

第二十六条　日本国が外国に対し逃亡犯罪人の引渡を請求した場合において、当該外国がその引渡のためにした抑留又は拘禁は、刑事訴訟法による抑留又は拘禁とみなす。

（送出移送をした場合における補償）

第二十七条　国際受刑者移送法（平成十四年法律第六十六号）第二条第六号の送出移送をした場合において、同条第八号の執行国が同条第十二号の送出移送犯罪に係る懲役又は禁錮の確定裁判の執行の共助としてした拘禁は、日本国による刑の執行とみなす。

（国内受刑者に係る受刑者証人移送をした場合における補償）

第二十八条　国際捜査共助等に関する法律（昭和五十五年法律第六十九号）第十九条の国内受刑者に係る受刑者証人移送をした場合において、当該国内受刑者が受

> 刑者証人移送として移送されていた期間における身体の拘束は、日本国による刑
> の執行とみなす。

Ⅱ. 일본형사보상법 개관

1. 개관

일반상소, 상소권회복에 따른 상소, 재심 및 비상상고에 의해 무죄로 된 자는 미결의 억류·구금 또는 형의 집행이나 구치에 대하여 형사보상을 청구할 수 있다(일본형사보상법 제1조). 보상의 대상으로 되는 것은, 첫째로 미결의 억류 또는 구금(미결보상), 둘째로 형의 집행 또는 구치(기결보상)이다. 그 외에 면소 또는 공소기각의 판결을 받은 자도 만약 면소 또는 공소기각의 판결을 해야 할 사유가 없었으면 무죄의 판결을 받을 충분한 사유가 있는 경우에는 보상을 청구할 수 있다(동법 제25조). 다만 이러한 요건을 갖추고 있는 경우에도, 본인이 수사 또는 심판을 그르치게 할 목적으로 허위의 자백을 하거나 다른 유죄의 증거를 만듦으로써 기소, 미결의 억류 또는 구금, 유죄의 재판을 받은 경우이거나 경합범죄의 일부가 유죄인 경우에는 보상을 하지 아니할 수 있다(동법 제3조).

보상의 내용은, ① 신병의 구속에 대해서는 미결, 기결을 불문하고, 1일 1,000엔 이상 12,500엔 이하의 비율로 법원이 사정을 고려해서 정한 금액을 보상한다. ② 사형이 집행된 경우에는 3천만 엔 이내에서 법원이 상당하다고 인정하는 보상을 하지만, 본인의 사망에 따른 재산상의 손실이 증명된 경우에는 그 손실액에 3천만 엔을 가산한 범위 내에서 보상한다(이상의 금액은 1992년(헤이세이 4년) 6월 26일 시행). ③ 벌금·과료의 경우에는 징수한 금액에 법정이율에 따른 일정한 금액을 가산한 금액을 보상하고, 몰수의 경우에는 그 물건을 반납하거나 몰수물이 이미 처분된 경우에는 그 물건의 시가에 동등한 금액을 보상한다(동법 제4조).

보상을 받아야 할 자는, 국가배상법 그 외의 법률에 따른 손해배상을 청구할 수 있으나, 이미 보상을 받은 경우에는 그 한도에서 손해배상액에 충당된다. 반대의 경우도 동일하다(동법 제5조).

보상의 청구권은 본인에게 일신전속적으로 발생하고 상속의 대상이 되지만(동법 제8조), 양도·압류는 금지된다(동법 제22조).

청구를 관할하는 것은 무죄 등의 확정판결을 한 법원이다(동법 제6조). 법원은 결정에 있어서 검사 및 청구인의 의견을 듣지 않으면 아니 되는데(동법 제14조), 사실의 취조를 하는 것도 가능하다(동법 제23조, 일본형사소송법 제43조). 보상청구에 대한 결정으로 ① 청구각하(동법 제15조, 제18조 제3항), ② 청구기각(동법 제16조 후단), ③ 보상(동조 전단)이 가능하고, 청구기각과 보상결정에 대해서는 즉시항고 또는 이의신청이 가능하다(동법 제19조 제1항). 보상결정을 받은 자의 신청이 있는 경우 법원은 확정한 보상결정을 공시하지 않으면 안 된다(동법 제24조).

2. 형사소송법상 비용보상 개관

(1) 무죄판결확정의 경우의 비용보상

무죄의 판결이 확정된 경우 국가는 당해사건의 피고인이었던 자에 대해 그 재판에 필요했던 비용을 보상한다(일본형사소송법 제188조의2 제1항). 무죄의 이유를 불문하고, 일부무죄의 경우도 보상된다. 그러나 형의 면제, 면소, 상소기각 등은 보상의 대상이 아니다. 또한 피고인이 정당한 이유 없이 공판기일에 출두하지 않았기 때문에 생긴 비용 등 피고인의 책임으로 돌려야 할 사유에 의해 생긴 비용(동조 동항 단서)이나, 무죄판결을 받은 자가 수사 또는 심판을 그르치게 할 목적으로 허위의 자백을 하거나 유죄의 증거를 만들었기 때문에 공소제기된 경우의 비용(동조 제2항)은 보상하지 않을 수 있다. 다만 묵비했기 때문에 심리가 지연된 것은 피고인의 책임으로 돌려야 할 사유라고 보지 않는다.[110]

보상은 피고인이었던 자(대리인도 가능)의 청구에 의해, 무죄의 판결을 한 법원의 결정을 통해 실시된다(동법 제188조의3 제1항). 보상청구기간은 무죄의 판결이 확정된 때로부터 6개월 이내이다(동조 제2항). 보상에 대한 결정에 대해서는 피고인이었던 자와 검찰 모두 즉시항고를 할 수 있다(동조 제3항). 일본형사보상법 제19조와 달리, 절차상의 이유로 보상청구가 기각된 때에도 즉시항고가 가능하다.

보상의 대상으로 되는 비용은 다음과 같다.

---

110 후쿠이 아츠시(福井厚), 형사소송법강의[제5판], 2012, 488면.

① 피고인이었던 자 또는 변호인이었던 자의 출두에 필요했던 여비·일당·숙박료(동법 제188조의6 제1항). 그 금액에 대해서는 형사소송비용 등에 대한 법률 중, 증인 및 변호인에 대한 규정이 준용된다. 변호인이 복수였던 경우에는, 사정을 고려해서 대표변호인, 그 외의 일부 변호인에 관한 비용으로 한정할 수 있다(동조 제2항).

② 변호인의 보수액(동조 제1항)은 '형사소송비용 등에 관한 법률' 제8조 제2항이 준용되어 "재판소가 상당하다고 인정하는바"에 의거하여 산정된다.

(2) 검사의 상소에 동반되는 비용보상

검사만이 상소한 경우, 상소가 기각되거나 취하되어 당해 상소에 관련된 원심재판이 확정된 때에는, 이것에 의해 무죄판결이 확정된 경우를 제외하고, 국가는 당해사건의 피고인 또는 피고인이었던 자에 대해 상소에 의한 심급에서 생긴 비용만을 보상한다(동법 제188조의4 제1항 본문). 상소비용의 보상에 대해서도, 피고인 또는 피고인이었던 자의 책임으로 돌려야 할 사유에 의해 생긴 비용을 제외할 수 있다(동조 동항 단서).

보상은 피고인 또는 피고인이었던 자의 청구에 의해 당해 소송 상소심 판결법원이었던 고등재판소 또는 최고재판소의 결정으로 실시한다(동법 제188조의5 제1항).

보상청구기간은 당해 상소에 관련된 원심재판이 확정된 때로부터 2개월 이내이다(동조 제2항). 고등재판소가 했던 보상결정에 대해서는, 즉시항고에 대신하는 것으로서 이의신청(동법 제428조 제2항)을 할 수 있다(동법 제188조의5 제3항).

보상의 범위는 무죄재판에 대한 보상의 범위와 동일하다(동법 제188조의6). 그 외에 보상의 절차 등에 대해서는 일본형사보상법 제1조에 규정하는 보상의 예에 의한다(동법 제188조의7).

Ⅲ. 형사보상법의 실체적 규정

일본의 형사보상법은 전문 28조로 규정되어 있는데, 그 내용은 크게 실체적 규정과 절차적 규정의 두 부분으로 나뉜다. 우선, 실체적 규정은 어떠한 요건하에 보상의 권리의무관계가 성립하는가를 정하는 부분으로서 제1조 내지 제5조 및 제25조 내지 제28조가 이에 해당한다. 다음으로, 절차적 규정은 보상청구시에 어떠한 절차를 진행해야 하는지 혹은 어떠한 절차에 의해 보상의 청구를 부정하는지를 정하는 부분으로서 제6조 내지 제24조가 이에 해당한다.

1. 보상요건

(1) 총론

보상은 '미결의 억류 또는 구금에 대한 보상'과 '형의 집행 및 구치에 대한 보상'으로 나뉜다.

전자는 일본형사소송법의 일반절차 또는 재심, 비상상고의 절차에 의해서 무죄의 판결을 받은 자가 형사보상법, 소년법, 경제조사청법에 의해 미결의 억류·구금을 받은 경우에 인정되는 보상이다(일본형사보상법 제1조 제1항). 후자는 상소권회복에 의한 상소, 재심, 비상상고의 절차에 의해서 무죄의 판결을 받은 자가 원판결에 의해 이미 형의 집행을 받거나 또는 일본형법 제11조 제2항의 구치를 받은 경우에 인정되는 보상이다(동조 제2항). 그리고 일본형사소송법 제484조부터 제486조의 수감장에 의한 억류, 동법 제481조 제2항의 규정에 의한 유치, 갱생보호법(2007년 법률 제88호) 제63조 제2항 또는 제3항의 인치장에 의한 억류·구금은 위의 관계에서는 전부 형의 집행 또는 구치로 간주된다(동조 제3항). 또한 범죄인의 인도에 대한 조약에 의해 일본국이 체약국에 대해 도망범죄인의 인도를 청구한 경우, 체약국이 당해도망범죄인의 인도를 위해 한 억류·구금은 일본형사소송법에 의한 억류·구금으로 간주된다(동법 제26조).

형의 집행 이외에 구류 및 미결의 억류·구금에 대해서도 보상을 인정하는 것은 일본헌법 제40조가 요구하는 바이다. 한편, 재심에서 무죄재판을 받은 경우의 보상에 있어서는 형의 집행이 있었을 것을 요건으로 한다.

(2) 미결의 억류·구금에 대한 보상의 요건

① 무죄의 재판

무죄의 재판이 있어야 한다. '무죄'의 재판이란 일본형사소송법 제336조에 규정된 무죄의 판결을 말하는 것으로 해석되는데, '피고사건이 죄로 되지 않는 경우 또는 피고사건에 대해서 범죄의 증명이 없는 경우'에 무죄가 선고된다. 증거불충분으로 인한 무죄판결도 포함된다.

② 면소와 공소기각의 재판

구 일본형사보상법에서는 무죄 및 예심면소의 선고가 있었던 경우에만 보상이 인정되었을 뿐, 이외의 면소나 공소기각의 재판의 경우에는 보상이 전혀 인정되지 않았다. 그러나 현행 일본형사보상법에 의하면, 무죄판결 이외에 형사소송법에 의한 면소 또는 공소기각의 재판이 있던 때에도, 만약 이러한 판결을 해야만 하는 사유가 없었다면 무죄의 판결을 받아야만 하는 것이라고 인정되는 충분한 사유가 있는 때에는 무죄의 경우와 같이 취급된다(일본형사보상법 제25조).

이때 실무상 매우 문제되는 점은 '무죄의 판결을 받아야 할 것이라 인정받을 충분한 사유가 있다'는 것을 어떻게 해석 및 적용할 것인가이다. 일본형사보상법 제정 당시의 해석에 의하면,111 통상의 공판절차에서 서면심리만으로 무죄의 판결을 받아야 할 것으로 인정되는 충분한 사유가 있는 때, 즉 서면심리에 의해 확실히 무죄라고 판단하는 경우에 한해서 보상이 인정된다고 하고, '충분한 사유'라고 하는 문구도 형사보상의 결정절차가 통상의 공판절차를 예상하고 있지 않은 이유에서 덧붙여진 것이라고 한다.112

③ 미결의 억류 또는 구금

무죄의 재판 외에, 보상은 미결의 억류 또는 구금을 당한 것을 요건으로 한다. 따라서 동일하게 부당한 형사소추가 행해진 경우에도 억류·구금이 전혀 없었던 때에는 보상받을 수 없다. 여기에서 말하는 '억류·구금'은 일본헌법 제40조의 규정을 근거로 하는 것이고, 이 용어는 동일하게 일본헌법 제34조, 제38조에도 사용되고 있는데, '억류'는 일시적인 신체 자유의 구속(예를 들어 체포·구인)을 말하고, '구금'은 계속적인 신체의 구속(예를 들어 구류)을 말하는 것으로 해석된다. 그리고 이로부터 일본형사보상법 제1조 제1항에서 말하는 '미결의 억류·구금'은 명칭의 여하를 불문하고 형사절차에 관해 판결확정에 이르기까지의 모든 신체의 구금을 포함하는 것으로 해석한다. 즉, 구류 이외에 체포영장에 의한 체포는 물론, 현행범 체포도 당연히 포함하므로 구류 없이 체포 또는 구인만이 행해진 경우에도 보상이 인정되고 있다. 그 외에, 예를 들면 소위 감

---

111 요코이 타이조(橫井大三), 新刑事補償法大意, 1950, 161면.
112 타카다 타쿠지(高田卓爾), 형사보상법(復刻版), 법률학전집 44−3, 1990, 42면.

정유치(일본형사소송법 제167조, 제167조의2 참조)도 포함되는 것으로 해석된다.

또한 형사보상법은 일본형사소송법에 의한 미결의 억류·구금에 대한 보상으로부터 한 걸음 더 나아가 일본소년법에 의한 미결의 억류·구금 및 경제조사청법에 의한 미결의 억류·구금에 대해서도 보상을 인정한다.

우선 일본소년법은 소년에 대한 보호처분과 형사처분에 대한 개별적 절차(보호절차와 형사절차)를 규정하고 있다. 보상은 무죄의 재판이 있었던 경우에 한정되고 있으므로, 결국 형사절차로써 사건처리가 끝난 경우의 억류·구금만이 해당된다. 일본소년법에 특별히 정해져 있는 신체구속의 처분으로서는 동행장에 의한 것(일본소년법 제11조 제2항, 제12조, 제13조, 제17조 제2항 참조), 소년감별소송치의 처분에 의한 것(동법 제17조 제1항 제2호, 제3항 제43조) 및 동 송치 경우의 가수용(동법 제17조의2)이 있다. 이러한 것들의 신체구속에 대해서는 절차가 어떠한 경과를 거쳐 진행되었는가를 묻지 않고 – 즉, 보호절차로부터 시작해서 형사절차로 이행한 경우인지, 형사절차로부터 시작해서 보호절차로 이행해 다시 형사절차로 돌아가는 경우인지를 묻지 않고 – 무죄의 판결로 끝난 때는 전부 보상이 인정되고 있다. 반면, 보호절차로 종료한 경우에는 억류·구금이 있어도 보상의 대상이 되지 않는데, 이와 관련하여 형사보상을 사후적인 판단에 기초한 것으로 이해함으로써 일련의 절차는 포괄적으로 형사처분을 지향하는 절차로 해석해야 한다는 견해가 있다.[113]

다음으로 경제조사청법에 의한 미결의 억류·구금이 있으나, 동법은 이미 폐지되었으므로(1952년 법률 제260호 부칙 제2항·제3항), 현재로서는 사실상 그다지 의미는 없다. 다만, 동법시행기간 중의 억류·구금(동법 제24조에 의한 경제조사관이 하는 체포)에 대해서는 물론 보상이 인정된다.

그런데, 미결의 억류 또는 구금을 당했으나, 법원에 의한 무죄의 재판을 받지 않고 절차가 종료한 경우에는 현행법에 따르면 보상은 인정되지 않는다. 예를 들어 검사가 불기소처분을 한 경우와 일본형사소송법 제262조 이하에 의한 소위 준기소절차(우리나라의 '재정신청절차')에서 청구가 기각되어 재판이 진행되지 못한 경우에는, 모두 보상되지 못한다. 하지만, 충분한 혐의가 있음을 이유로 공소제기의 결정이 있었다가 무죄로 된 경우에 형사보상이 인정되는 것과 비교한다면, 이것은 분명 불균형한 일이다. 이 점은 구 일본형사보상법 당시에서도 지적되었던 부분으로, 불

---

113 타카다 타쿠지(高田卓爾), 형사보상법(復刻版), 법률학전집 44-3, 1990, 45~46면.

기소처분의 경우에도 보상해야 한다고 강하게 주장되었다. 또한 현행 일본형사보상법 제정의 심의에 있어서도 의원측으로부터 그러한 주장이 제기되었으나, 정부측은 검사의 불기소처분은 법원의 판단과 같은 명확성을 결한다는 이유에서 원안 그대로 밀고 나간 것이라고 한다.[114]

그 후 일본법무성은 1957년 4월, 법무성 훈령 제1호로서 '피의자보상규정'을 제정해, "피의자로서 억류 또는 구금을 당한 자에 대해, 공소를 제기하지 않는 처분이 있던 경우 그 자가 죄를 범하지 않았다고 인정하기에 충분한 사유가 있는 때에는" 정부가 1일 400엔 이하의 비율에 의한 보상금을 교부하는 것으로 했다(일본피의자보상규정 제2조, 제3조). 이로써 불기소로 된 자가 어떠한 보상도 받지 못하고 방치되는 것은 없어졌으나, '훈령'이라는 법형식이 나타내는 것처럼, 이것은 검찰에 대한 내부적인 명령이고, 검사에게 보상을 할 권한과 의무를 주는 것에 지나지 않는 것으로, 국민의 권리로서의 보상을 인정한 것은 아니다.[115] 따라서 '법률'에서 명확한 권리로 규정하자는 주장이 제기되고 있다.[116]

일본의 피의자보상규정 (법무대신 훈령 제1호, 1957)[117]

제1조(총칙) ① 피의자로서 억류 또는 구금을 당한 자(소년법의 규정에 의해 검찰관에게 송치되기 전에 송치와 관련된 사실로 인해 동법의 규정에 의하여 억류 또는 구금을 당한 자를 포함한다. 이하 같다.)에 대한 형사보상에 관하여는 이 규정이 정하는 바에 의한다.
② 이 규정은 인권존중의 취지에 따라 구체적 사정에 부합하게 합리적으로 운영하여야 한다.

제2조(보상의 요건) 검찰관은 피의자로서 억류 또는 구금을 당한 자에 대하여 공소를 제기하지 아니하는 처분이 있는 경우 그 자가 죄를 범하지 않았다고 인정되기에 충분한 사유가 있는 때는 그 억류 또는 구금에 대한 보상을 한다.

---

114 요코이 타이조(橫井大三), 新刑事補償法大意, 1950, 151~152면, 169면 참조.
115 스즈키 요시오(鈴木義男), 被疑者報償の諸問題, 경찰연구 29권 1호, 76면.
116 타카다 타쿠지(高田卓爾), 형사보상법(復刻板), 법률학전집 44－3, 1990, 47면.
117 김용우, 형사보상법의 문제점과 개선방안, 2003, 35~36면.

제3조(보상의 내용) ① 보상은 억류 또는 구금의 일수에 따라 1일 1천엔 이상 12,500엔 이하의 비율에 의한 금액의 보상금을 본인에게 지급한다.

② 본인이 사망한 경우, 필요한 경우에는 상속인 기타 적당하다고 인정되는 자에게 보상금을 지급할 수 있다.

제4조(보상절차를 개시하는 경우) 보상절차는 다음 각 호의 경우에 행한다.

1. 피의자로서 억류 또는 구금을 당한 자에 대하여 사건사무규정 제72조 제2항에 규정된 "죄가 안됨" 또는 "혐의 없음"의 불기소재정주문에 의하여 공소를 제기하지 아니한 처분이 있은 때

2. 제1호에 규정된 경우 외에, 피의자로서 억류 또는 구금을 당한 자에 대하여 공소를 제기하지 아니하는 처분이 있는 경우에 그 자가 죄를 범하지 아니하였다고 인정하기에 충분한 사유가 있는 때

3. 보상의 신청이 있은 때

제4조의2(보상금액 산정기준) 보상금액을 산정함에 있어서는 구속의 종류 및 그 기간의 장단과 함께 본인이 받은 재산상의 손실, 얻을 수 있었던 이익의 상실 및 정신적인 고통 기타 일체의 사정을 고려하여야 한다.

제4조의3(보상의 전부 또는 일부를 지급하지 아니하는 경우) 다음 각호의 1에 해당하는 경우에는 보상의 전부 또는 일부를 하지 아니할 수 있다.

1. 본인의 행위가 형법 제39조[118] 또는 제41조[119]에 규정한 사유로 죄가 되지 않은 경우

2. 본인이 수사 또는 재판을 그르칠 목적으로 허위의 자백을 하거나 기타 유죄의 증거를 만듦으로써 억류 또는 구금되기에 이른 것으로 인정되는 경우

3. 억류 또는 구금기간 중에 수사(소년법의 규정에 의한 재판을 포함한다.)가 행하여진 다른 사건에 대하여 범죄가 성립한 경우

4. 본인이 사전에 보상을 받을 것을 포기하는 의사를 표시하거나 기타 특별한 사정이 있다고 인정되는 경우

제5조(담당 검찰관) 보상의 심사는 공소를 제기하지 않는다는 처분을 한 검찰관이 소속

---

[118] (심신상실 및 심신미약) **제39조** ① 심신상실자의 행위는 벌하지 아니한다. ② 심신미약자의 행위는 그 형을 감경한다.

[119] (책임연령) **제41조** 14세 미만의 자의 행위는 벌하지 아니한다.

하는 검찰청의 검찰관이 행한다. 다만, 그 검찰청이 구(區)검찰청인 때에는 그 상급 지방검찰청 검찰관이 행한다.

제6조(보상의 심사) ① 보상에 관해서는 보상 여부 및 보상금액을 심사하여야 한다. 이 경우에 보상심사서를 작성한다.

② 보상결정을 하거나 보상신청에 대해 보상을 하지 않는다는 결정을 한 때에는 보상금을 지급받아야 할 자 또는 신청인에 대하여 그 결정의 요지를 통지하여야 한다.

제7조(보상금수령기간) 보상을 받아야 할 자가 제6조의 규정에 의한 통지서를 받은 날로부터 6월 이내에 보상금수령의 신청을 하지 아니한 때에는 보상금을 지급하지 아니한다.

제8조(보상의 공시) 보상금을 지급받은 자(소년 시절에 죄를 범하여 억류 또는 구금을 당한 자를 제외한다.)가 그 보상금을 지급받은 날부터 30일 이내에 보상공시를 신청한 때에는 관보 및 적당하다고 인정되는 신문 또는 양자 중 하나에 보상심사의 요지를 기재하여 공시하여야 한다.

(3) 형의 집행 또는 구치에 대한 보상의 요건

① 상소권회복에 의한 상소, 재심 또는 비상상고의 절차를 통해 무죄의 재판

상소권회복에 의한 상소, 재심 또는 비상상고의 절차를 통해 무죄의 재판을 받은 경우이다(일본형사보상법 제1조 제2항). 일본형사보상법 제25조 제1항에 규정하는 면소·공소기각의 재판이 있었던 경우도 포함된다. 재심 또는 비상상고에 의해서 무죄의 재판을 받은 사람은 미결의 억류·구금에 대해 보상이 인정됨은 앞에서 설명되었다. 따라서 상소권회복에 의한 상소, 재심 또는 비상상고의 절차에 의해서 무죄의 판결을 받은 사람이 미결의 억류·구금과 형의 집행 등을 받은 경우에는, 양자에 대한 보상을 합쳐 청구하는 것이 가능하다.

반면 재심 등에 의해서 원판결이 효력을 잃거나 또는 파기되더라도 새롭게 선고된 판결이 유죄판결인 경우에는 보상은 전혀 받을 수 없는데, 이는 명백하게 편파적인 형사보상이라고 비판된다.[120] 독일의 형사보상법이 재심에 의해서 원판결보다

120　타카다 타쿠지(高田卓爾), 형사보상법(復刻版), 법률학전집 44-3, 1990, 50면.

가벼운 형벌법규에 의해 가벼운 형에 처해진 경우에 보상을 청구할 수 있게 규정한 것(독일형사보상법 제1조 제1항)과 대비된다.

② 형의 집행을 받은 경우 또는 일본형법 제11조 제2항에 의한 구치

형의 집행을 받았거나 일본형법 제11조 제2항에 의해 구치된 경우이다. 일본헌법 제40조가 직접 규정한 것은 자유형의 집행만이나, 일본형사보상법은 벌금, 과료 등 재산형의 집행이 있었던 경우에도 보상을 명시적으로 인정하고 있다(일본형사보상법 제4조 제5항). 재산형의 집행에 대한 보상은 징수액에 법정이율에 상당하는 금액을 가산한 보상금의 교부라 하는 형태를 취한다(동조 제6항). 재산형을 부과한 판결이 번복되어 무죄로 된 경우에, 집행의 대상이 되었던 재산을 본인에게 반환하는 것은 오히려 당연한 것이므로, 이러한 의미에서 재산형의 집행에 대한 보상은 자유형의 집행에 대한 보상과는 다소 성질을 달리한다.

(4) 보상의 소극적 요건

'미결의 억류 또는 구금에 대한 보상'과 '형의 집행 및 구치에 대한 보상' 모두에 소극적 요건이 있다. 소극적 요건이 충족되는 경우에는 보상의 전부 또는 일부를 하지 않는 것이 가능하다(일본형사보상법 제3조).[121]

① 일본형사보상법 제3조 제1호

보상의 전부 또는 일부를 보상하지 않는 것이 가능한 첫 번째 경우는, 본인이 수사·심판을 그르치게 할 목적으로 허위의 자백을 하거나 다른 유죄의 증거를 만들어 기소, 미결의 억류·구금 또는 유죄의 판결을 받게 된 경우이다.

'그르치게 할 목적'으로 하는 것이 필요하므로, 단순히 허위의 자백 또는 그 외의 증거를 만든 것만으로는 부족하고, 잘못된 수사·심판이 행해질 수 있는 것에 대한 단순한 예견 또는 인식만으로도 부족하다. 그러한 수사·심판이 행해지는 것을 적극적으로 의욕하는 것이 필요하다고 해석한다.[122] 이때 주의할 것은, 잘못된 수사·심판을 하는 것은 본인이 아니고 타인이다. 그런 사태가 과연 확실히 발생할지 어떨

---

121 구 일본형사보상법은 다수의 소극적 요건을 두고 그 경우에는 전혀 보상을 하지 않도록 하였기 때문에, 제정 당시부터 강한 비판이 있었다. 또한 소극적 요건은 입법자의 의도하는 바를 넘어 매우 확장해서 해석·적용되었기 때문에 보상이 부당하게 거부되는 경우가 속출하였다.
122 타카다 타쿠지(高田卓爾), 형사보상법(復刻版), 법률학전집 44-3, 1990, 54면.

지는 본인에게 있어서는 모르는 것이기 때문에, 그 사태의 발생을 확정적인 것으로 서 인식해 의욕하는 것까지 필요한 것은 아니다.

'작위'로 하는 것이 필요하므로 단순한 부작위의 경우, 예를 들어 묵비권을 행 사한 경우에는 만약 수사·심판을 잘못되게 할 목적이 있었더라도 위의 요건에는 해 당하지 않는다.

다음으로 다소 문제시 되는 점은, 허위의 자백 또는 유죄증거에 관한 작위와 미 결의 억류·구금 또는 유죄의 재판과의 '인과관계'이다. 예를 들어 당초 짓지도 않은 죄를 떠맡을 목적으로 허위의 자수·자백을 해 구금되었으나, 법정에서 부인해 결국 무죄의 재판을 받은 경우에, 비록 부인을 했다고 하더라도 그 부인 후의 구금에 대 해서 일본형사보상법 제3조 제1호의 적용이 없다고 단언하기는 어렵고, 무죄의 재 판을 받기까지의 구금 전부가 본인의 자백에 기인하는 것으로 보이는 한 일본형사 보상법 제3조 제1호의 적용을 받는다는 견해가 있다.123 반면 이 견해는 인과관계를 소위 조건설적인 의미에서 이해하는 것으로서 부당하다는 견해도 있다. 즉, 피고인 이 법정의 공판절차에서 비로소 부인함으로 인하여 자백 이외의 증거로써 피고인의 혐의를 입증하여야 함에도 불구하고, 법원이 수사절차의 자백에 기초하여 유죄재판 을 행하는 경우, 또는 당초 진범인의 도주를 돕기 위해 허위의 자백을 한 자가 도주 의 완료 시기를 가늠하여 자백을 번복해 자백의 허위를 적극 주장했으나 수사기관 이 이를 받아들이지 않고 구금이 계속되어 기소된 경우 등을 예로 들면서, 이러한 경 우에는 모두 자백과 구금 또는 유죄판결과의 사이에 조건설적 인과관계가 있는 것은 부정할 수 없지만 그렇다고 해서 혐의를 부인한 후의 구금에 대해 전부 일본형사보 상법 제3조 제1호가 적용된다고 하는 것은 불합리하다고 한다. 따라서 당초 수사·심 판을 그르치게 할 목적이 있어 허위의 자백 등을 했어도 공판 또는 수사 단계에서 종 래의 그러한 부당한 행동을 부정하기에 충분하고도 상당한 노력이 행해진 경우, 그 후의 구금 또는 유죄판결에 대해서는 허위의 자백 등과 인과관계가 없으므로 일본형 사보상법 제3조 제1호는 적용될 수 없는 것으로 해석해야 한다는 것이다.124

② 일본형사보상법 제3조 제2호

보상의 전부 또는 일부를 보상하지 않는 것이 가능한 두 번째 경우는, 한 개의

123　요코이 타이조(橫井大三), 新刑事補償法大意, 1950, 60면.
124　타카다 타쿠지(高田卓爾), 형사보상법(復刻版), 법률학전집 44-3, 1990, 54~55면.

재판에서 경합범의 일부에 대한 무죄의 재판을 받았어도 다른 부분에 대해서는 유죄의 재판을 받은 경우이다. 이 경우 경합범의 의미를 실체적 경합으로 좁게 해석하는 견해와 소송법상 한 개의 사건으로 취급되는 상상적 경합의 경우까지 포함하는 것으로 해석하는 견해가 대립한다.[125]

③ 법원의 건전한 재량

위 ①의 경우와 ②의 경우 법원은 건전한 재량에 의해 보상의 전부 또는 일부를 거부할 수 있다. 전부를 거부할 수 있는 경우는, 무죄가 된 혐의가 미결의 억류·구금과 무관한 경우이다. 그렇지 않은 경우에는 단순히 일부의 거부가 인정되는 것이고, '재량'의 명목 하에 전부를 거부하는 것은 위법하다.[126] 반대로, 유죄가 된 혐의가 억류·구금과 무관한 경우에는 애당초 일본형사보상법 제3조 제2호의 적용이 없다. 이러한 경우에는 일부의 거부조차 인정되지 않는다.

미결의 억류·구금이 복수의 혐의에 대해서 행해졌는지, 혹은 하나의 혐의에 대해서만 행해졌는지는 문제되지 않는다. 복수의 혐의에 대해서 억류·구금의 요건이 존재하는 경우에는 그 복수의 혐의에 대해 억류·구금을 하는 것이나, 실제로는 이러한 것(예를 들면 2중 구류)이 행해지는 것은 드물고, 일반적으로 하나의 혐의에 대한 억류·구금은 복수의 혐의에 대한 수사 또는 심판을 위해서 이용되었다고 보기 때문이다.[127]

2. 보상내용

(1) 억류, 구금에 대한 보상

① 총설

억류 또는 구금에 대한 보상에 대해서는 1일 1,000엔 이상 12,500엔 이하의 비

---

125 타카다 타쿠지(高田卓爾), 형사보상법(復刻版), 법률학전집 44−3, 1990, 57면. 상상적 경합범까지 포함하는 견해의 논거는 다음과 같다: 일본형사보상법은 구 일본형사보상법과 다르게 "무죄의 재판"이라고 하고 있으므로, 재판의 이유 중 일부에 대해서 무죄의 판단을 하고 있는 경우도 형사보상을 받을 수 있는 것이라고 보고, 경합범은 일본형법 제9장의 표제에서 말하는 광의의 경합범을 의미하는 것으로 해석하여 상상적 경합범까지 포함하는 것이 정당하다.
126 타카다 타쿠지(高田卓爾), 형사보상법(復刻版), 법률학전집 44−3, 1990, 57면.
127 타카다 타쿠지(高田卓爾), 형사보상법(復刻版), 법률학전집 44−3, 1990, 58면.

율로 일수에 따른 금액을 보상한다(일본형사보상법 제4조 제1항). 형사보상의 방법은
다양할 수 있지만, 일본은 구 일본형사보상법부터 '금전보상'이라는 형태만을 취하
고 있다.

금전보상의 방식을 취할 때, 최고액과 최저액은 어떠한 이유에서 결정된 것인
가? 구법과 달리 - 구 일본형사보상법은 구금 1일에 대해 5만 엔 이내로 결정하는
것뿐이었다. - 현행 일본형사보상법은 금액을 최고액과 구분하여 최저액을 새로이
규정하였다. 단순히 최고액을 규정하는 것만으로는 법원의 재량의 범위가 너무 넓
어서 낮은 액의 보상이 될 우려가 있기 때문이라고 추측된다.[128] 형사보상을 손해배
상의 한 종류라고 해석할 경우, 본인의 주관적·객관적 사정 등에 따라 보상액에 차
등을 두는 것이 적당하지만 그 차등이 두드러지면 곤란하다. 한편 보상금액의 정도
와 관련하여, 국가재정과의 관계를 고려하더라도 국민일반의 생활정도를 넘는 금액
을 보상하는 것이 공정하다.

② 보상금액의 결정방법

보상금액의 최고액과 최저액의 사이에서 법원은 어떻게 구체적인 금액을 결정
할 것인가? 이에 대해 법률은, 구속의 종류 및 기간의 장단, 본인이 받는 재산상의
손실, 얻을 예정이었던 이익의 상실, 정신상의 고통 및 신체상의 손상, 경찰, 검찰,
법원 각 기관의 고의, 과실 유무 그 외의 일체의 사정을 고려해야 한다고 규정한다
(일본형사보상법 제4조 제2항).

보상금액의 결정기준에 대하여 일본의회의 심의에서 심도있게 검토된 것은 경
찰 등 기관의 고의·과실 유무를 추가한 점이다. 이는 형사보상이 무과실 책임이라
는 시각에서 보면 문제가 있기 때문이다. 고의·과실의 유무가 산정기준으로 유지된
이유는 첫째, 보상의 요건에 고의 또는 과실이 존재하지 않고, 둘째, 보상금액 산정
단계에서 고의 또는 과실의 유무를 고려한다는 것은 형사보상의 본질과는 별개의
문제이고, 셋째, 해당 기관의 고의·과실 유무는 절차의 불법성에 영향을 끼치는 것
으로 이는 보상금액의 대소를 결정하는 기준이 된다는 점이다.[129]

---

128 타카다 타쿠지(高田卓爾), 형사보상법(復刻版), 법률학전집 44-3, 1990, 62면.
129 타카다 타쿠지(高田卓爾), 형사보상법(復刻版), 법률학전집 44-3, 1990, 63면.

(2) 형의 집행 또는 구치에 대한 보상

① 징역, 금고, 구류의 집행 또는 구치에 대한 보상

억류, 구금에 대한 보상이 동일하게 적용된다.

② 사형의 집행에 대한 보상

사형집행에 대해서는 3천만 엔 이내에서 법원이 상당하다고 인정하는 금액의 보상금을 지급한다. 다만 본인의 사망에 의해 발생한 재산상의 손실액이 증명된 경우, 보상금액은 그 손실액에 최대 3천만 엔을 가산한 금액의 범위 내이다(일본형사보상법 제4조 제3항). 3천만 엔이라는 금액은 규정의 전후관계에서 보면 정신적 손해에 관한 보상금(위자료)으로 해석된다.[130]

그리고 보상금액을 산정함에 있어서 앞의 재산상의 손실액 이외에, 본인의 연령, 건강상태, 수입능력 그 밖의 사정을 고려한다. 구 일본형사보상법에서는, 사형의 집행에 의한 보상에 대해서는 현행 일본형사보상법과 같은 구체적인 금액을 전혀 규정하지 않고 "구치로 인한 보상 외에 재판소에서 상당하다고 인정하는 보상금을 지급한다."고 되어 있었다(구 일본형사보상법 제5조 제3항). 그러나 법원의 재량에 일임하는 것은 적당하지 않기 때문에 입법자들이 구 일본형사보상법과 달리 규정한 것이라고 한다.[131]

규정의 해석상 다소 의미가 있는 것은 일본형사보상법 제4조 제3항과 제4항의 관계이다. 제3항 단서에 규정된 재산상 손실과 관련하여 그 증명된 손실액이 반드시 보상되어야만 한다면, 제4항은 3천만 엔 이내라는 위자료의 산정에 대해서만 규정하는 것이 된다. 그러나 위자료의 산정에 있어서 증명된 재산상의 손실액을 고려하는 것은 적절하지 못하고, 본인의 연령, 건강상태, 수입능력이라는 사정은 오히려 재산상 손실액의 증명에서 고려되어야 하는 것이므로, 이러한 사정을 위자료 산정의 기준으로 규정하는 것은 합리적이지 않다. 그렇다면, 제4항을 재산상 손실에 관한 규정으로 보아, 재산상 손실이 증명되어도 연령 등의 사정을 고려하여 손실액 이하의 보상액을 정하는 것이 가능하다고 할 수 있는가? 문리적으로는 이런 해석이 가능할 수 있지만, 이것도 확실하진 않다. 제4항의 규정은 오히려 삭제되어야 한다

---

130 타카다 타쿠지(高田卓爾), 형사보상법(復刻版), 법률학전집 44-3, 1990, 65면.
131 타카다 타쿠지(高田卓爾), 형사보상법(復刻版), 법률학전집 44-3, 1950, 65면.

고 비판된다.132

사형의 집행에 의한 보상은 위와 같지만, 그것은 사형의 집행 그 자체에 관한 보상이기 때문에 그것 이외의 보상은 별개이다. 즉 사형의 집행을 받은 자가 미결의 억류, 구금을 받거나 일본형법 제11조 제2항에 의해 구치되었을 경우에는 각각에 대해서의 보상이 별도로 행해져야 한다.

③ 벌금. 과료의 집행에 따른 보상

이미 징수했던 벌금, 과료의 액에 이것에 대한 징수일의 다음 날부터 보상 결정일까지의 기간에 대해 징수일 익일의 법정이율에 의한 금액을 가산하여 보상금을 지급한다(일본형사보상법 제4조 제5항 전단). 노역장 유치의 집행을 했을 때에는 억류 또는 구금에 대한 보상의 경우와 동일하게 보상한다(동조 후단). 구 일본형사보상법에서는 단순히 징수한 벌금·과료의 금액을 환부할 뿐 가산은 인정되지 않았다(구 일본형사보상법 제5조 제4항). 이점에 있어서 현행 일본형사보상법은 크게 진보한 것이다.

'보상의 결정일'이라는 것은, 구체적으로는 보상결정서에 기재된 날짜를 의미한다. 결정서의 송달일이나 결정의 확정일이 아니다. 따라서 보상결정에 대해 항고가 있는 경우에도 항고가 기각되었다면 원결정의 날짜가 '보상의 결정일'이다. 반면 항고심에서 보상액이 변경된 경우에는 그 결정일이 '보상의 결정일'이다. 항고에서 처음 보상이 인정되었던 경우도 마찬가지이다.

④ 몰수의 집행에 대한 보상

몰수물이 아직 처분되지 않았을 때에는 그 물건을 환부하고, 이미 처분된 경우에는 그 물건의 시가에 해당하는 금액을 지급한다(일본형사보상법 제4조 제6항 전단). 징수한 추징금에 대해서는 그 금액에 징수일의 다음 날부터 보상 결정일까지의 기간에 대해 징수일 익일의 법정이율에 의한 금액을 가산한 금액을 보상금으로 지급한다(일본형사보상법 제4조 제6항 후단).

몰수 가능한 압수물로 멸실·파손의 우려가 있는 것이나 보관이 어려운 것들에 대해서는 환가처분이 인정되고(일본형사소송법 제122조, 제125조 제4항, 제179조, 제222조 제9항), 몰수의 재판이 있을 때에는 검찰이 몰수물을 처분해야 한다(동법 제496조). 몰수물이 이미 처분되었을 때에는 '그 물건의 시가에 해당하는 금액'을 교부하기 때

132　타카다 타쿠지(高田卓爾), 형사보상법(復刻版), 법률학전집 44−3, 1990, 65면.

문에 환가처분 또는 공매(동법 제497조 제2항)로 받은 금액과 반드시 일치하지는 않는다.

(3) 보상청구권

① 보상청구권자

보상청구권은 미결의 억류, 구속 또는 형의 집행 등을 받은 자에게 발생한다. 이것은 일본형사보상법 제1조, 제25조 등의 규정에서 명확하다. 이 보상청구권은 양도 및 압류가 금지된다(일본형사보상법 제22조 전단).

보상청구권을 손해배상청구권의 일종이라고 보는 시각에서는 민법의 일반원칙에 의해 양도를 허가해도 지장이 없을 것이다. 그러나 형사보상은 단순한 재산상의 손해배상이 아니라 본인이 받은 고통에 대한 위자료의 성질도 존재하기 때문에 권리자체를 유통할 수 없게 하는 것이 바람직하여 양도와 압류를 금지했다.[133]

② 상속대상의 여부

보상청구권자가 청구를 하지 않고 사망한 경우에는 상속인이 보상청구를 할 수 있다(일본형사보상법 제2조 제1항). 보상청구권이 상속되는 것이라면 본인이 사망한 후에 무죄의 재판이 있는 경우에 청구권은 어떻게 되는 것인가의 문제가 생기는데, 이 경우에 대해서 일본형사보상법은 "사망했을 때에 무죄의 재판이 있었다고 본다."(동조 제2항)라는 규정을 두어 입법적으로 해결하고 있다.

③ 보상청구기간

무죄재판의 확정일로부터 3년 이내에 보상의 청구를 하지 않으면 보상청구권은 소멸한다(일본형사보상법 제7조). 이는 제척기간이다. 구 일본형사보상법에서는 60일이었는데(구 일본형사보상법 제9조), 3년으로 연장되었다. 이것은 민법에 있어서 불법행위에 의한 손해배상청구권의 소멸시효기간(일본민법 제724조 제1호)과 같다.

기간의 계산에 대해서는 일본형사소송법의 규정에 의한다(일본형사보상법 제23조 후단). 즉, 일본형사소송법 제55조에 의해 계산된다.

---

133 타카다 타쿠지(高田卓爾), 형사보상법(復刻版), 법률학전집 44-3, 1990, 67면.

(4) 국가배상법에 의한 국가배상과의 관계

① 형사보상을 받는 자는 국가배상법, 기타 법률이 정하는 바에 의하여 손해배상을 청구할 수 있다(일본형사보상법 제5조 제1항).

일본국가배상법은 "국가 또는 공공단체의 손해배상책임에 대해 민법 이외의 다른 법률에 특별히 정한 것이 있을 때에는 그 정하는 바에 의한다."라고 규정하고 있다(동법 제5조). 형사보상을 일종의 국가배상으로 보면 형사보상법은 — 특별한 규정이 없는 한 — 위의 이른바 "민법 이외의 다른 법률"에 해당하는 것이 되어, 그 결과 형사보상을 받아야 하는 요건이 갖추어진 경우는 일본국가배상법에 의한 배상은 받을 수 없게 된다. 이것을 방지하기 위해서 일본형사보상법 제5조 제1항의 규정이 생긴 것이다. 또한, 이 규정은 일본국가배상법 이외의 법률의 존재도 예상하고 있지만, 그 외의 법률은 존재하지 않는다고 한다.134

② 형사보상을 받아야 하는 자가 동일한 사유로 다른 법률에 의해 손해배상을 받은 경우에 있어서, 그 손해배상액이 형사보상법에 의해 받아야만 하는 보상금액과 동일하거나 이것을 넘는다면 형사보상은 인정되지 않는다. 손해배상액이 형사보상법에 의해 받아야 하는 보상금액보다 적을 때에는 손해보상금액을 차감해서 형사보상금액을 정한다(일본형사보상법 제5조 제2항).

③ 그 밖의 법률에 의해 피해보상을 받아야 하는 자가 동일한 사유로 일본형사보상법에 의해 보상을 받은 경우에는 형사보상금액을 차감해서 피해보상의 금액을 정한다(일본형사보상법 제5조 제3항).

④ 국가가 형사보상을 한 경우, 형사보상의 원인과 관련된 공무원에게 고의 또는 중대한 과실이 있을 때, 국가가 그 공무원에 대하여 보상금에 관한 청구권(구상권)이 발생하는가의 논의가 있다. 일본형사보상법의 제정과정에서 참의원 법무위원회는 구상권이 없다는 명문의 규정을 두려고 했지만, 중의원 법무위원회에서는 해석상 당연하므로 명문의 규정을 요하지 않는다고 하였다. 결국 정부가 중의원의 견해에 동조함으로써 참의원은 수정을 그만 두었다고 한다.135

---

134 타카다 타쿠지(高田卓爾), 형사보상법(復刻版), 법률학전집 44−3, 1990, 70면.
135 타카다 타쿠지(高田卓爾), 형사보상법(復刻版), 법률학전집 44−3, 1990, 72면.

Ⅳ. 형사보상법의 절차적 규정

1. 보상청구의 절차

(1) 관할기관

보상의 청구를 관할하는 것은 무죄의 재판을 한 법원이다(일본형사보상법 제6조). 면소·공소기각의 재판에 대한 보상의 경우 역시 그 재판을 했던 법원이 관할한다(동법 제25조 제2항).

무죄 등의 '재판'은 확정재판을 의미하는 것으로 해석된다. 이는 보상이 청구에 의해 행해진다는 사실에 비추어 보면 의심의 여지가 없다. 따라서 경합범죄 등의 경우에 일부가 제1심에서 무죄가 되어 그대로 확정되고 그 밖의 일부는 상소심에서 무죄로 되어 확정된 경우, 보상은 각각의 법원이 관할하게 된다. 이러한 방법은 실무상 불편을 초래할 수 있다. 입법론으로는 관련사건의 처리규정(일본형사소송법 제3조, 제5조)과 같은 방식을 생각할 수 있지만, 가장 사정을 잘 알고 있는 법원을 통해 처리한다는 원칙에서 부득이한 결론이라고 한다.[136]

이것은 과형상 일죄의 경우에도 마찬가지이다. 과형상 일죄의 경우에 유죄의 부분에 대해 상소가 있을 때는 전부가 상소심의 심판대상이 되므로, 상소심에서 무죄의 재판이 있으면 전체에 대한 보상을 상소 법원이 관할하게 된다. 상소가 기각되었을 때에는 무죄부분에 대한 보상을 원심 법원이 관할하게 된다.

(2) 보상의 청구

① 청구권자

보상의 청구를 할 수 있는 자는, 우선 미결의 억류, 구금 또는 형의 집행을 받은 사람이다. 본인이 사망한 경우에는 상속인이 청구권을 갖는다. 보상의 청구는 대리인에 의해서도 가능하다(일본형사보상법 제9조). 법인이 청구권자인 경우에는 법인의 대표자가 본인에 준한다.[137]

---

136 타카다 타쿠지(高田卓爾), 형사보상법(復刻板), 법률학전집 44-3, 1990, 76면.
137 요코이 타이조(橫井大三), 新刑事補償法大意, 1950, 109면.

② 청구의 방식

보상의 청구를 어떠한 방식으로 할 것인가에 대해서는 일본형사보상법에 규정되어 있지 않다. 구 일본형사보상법에는 서면을 사용해야 한다는 점과 호적등본을 첨부해야 한다는 점이 규정되어 있었다(구 일본형사보상법 제6조 제2항). 현행 일본형사보상법의 입법취지는 하위 법령에 넘기는 것일지도 모르지만, 규칙 등 하위법령에도 이 점에 관한 규정은 없다. 이로 인해 변호사를 통하지 않고서 보상금을 받는 것은 매우 어렵다고 한다.[138]

상속인이 보상의 청구를 할 경우, 본인과의 친족관계 및 동순위 상속인의 유무를 소명할 자료를 제출해야 한다. 동순위 상속인의 유무를 소명하는 자료는 보상청구와 동순위 상속인과의 법률관계를 확실히 해두기 위해 필요하다. 소명자료는 따로 제한하지 않으나 주로 생각되는 것은 호적등본이라고 한다.

③ 동순위 상속인의 청구

보상청구가 가능한 동순위 상속인이 다수 있을 경우 그 중 한 명의 보상청구는 전원을 위해 그 전부에 대하여 한 것으로 본다(일본형사보상법 제10조 제1항). 이 경우 청구한 자 이외의 상속인은 공동청구인으로서 절차에 참가할 수 있다(동조 제2항). 보상청구권의 존부 및 범위는 본래 무죄 등의 재판을 받은 본인에 대해 결정되는 것이지 상속인에 대해 결정되는 것은 아니므로 상속인의 수나 상속인 전부 또는 일부가 보상청구절차에 참여했는지 여부에 관계 없이 동일한 보상결정을 해야 한다는 관념에서, 일종의 유사필요적공동소송의 형태를 취한 것이라고 한다.[139]

따라서 한 명의 상속인이 보상청구를 했을 때는 동순위 상속인 전원을 대신해 그 상속인의 상속분과 관계없이 전부의 보상에 대해 청구가 있었다고 보게 되고 그밖의 동순위 상속인은 기존의 보상청구와 별개로 독립하여 청구하는 권리를 잃고 단지 공동청구인으로서 절차에 참가하는 것이 인정되는 것이다. 이 경우 별도로 참가기간이 정해져 있지 않으므로, 보상청구에 대한 결정이 있을 때까지 참가가 허용된다. 참가의 구체적 절차 역시 규칙 등 하위법령에 규정되어 있지 않다.

상속인이 보상청구를 한 경우, 법원은 그 밖의 동순위 상속인이 있다는 것을 알

---

138 요코야마 코우이치로(横山晃一郎), 형사보상법의 연혁과 운용의 문제점, 법률시보 31권 12호, 1959, 194면 각주 5.

139 요코이 타이조(横井大三), 新刑事補償法大意, 1950, 110면.

았을 때에는 신속하게 그 동순위 상속인에게 보상청구가 있다는 것을 통지해야 한다(일본형사보상법 제11조). 이 통지는 일본형사보상법 제10조와 관련한 참가의 기회를 주기 위한 것이다. 동순위 상속인의 유무는 제출된 소명자료에 의해 알 수 있다.

④ 보상청구의 취소

보상의 청구를 한 사람은 청구를 취소할 수 있지만, 그 취소를 한 사람은 다시 보상을 청구할 수 없다(일본형사보상법 제13조). 즉 보상청구권을 상실한다. 그러나 이 효과는 실제로 취소한 사람에게만 발생하므로 그 외의 청구권자에게는 영향이 없다.

그런데 보상청구를 할 수 있는 동순위 상속인이 다수 있을 경우, 보상의 청구를 한 사람은 그 밖의 전원의 동의가 없으면 청구의 취소를 할 수 없다(동법 제12조). 이 때 취소에 동의한 그 밖의 사람도 취소의 효과로서 청구권을 잃게 되는가라는 문제가 있는데, 취소에 동의하는 것이 청구권자의 지위를 잃는 것을 의미하지 않으므로 보상청구의 기간(일본형사보상법 제7조) 이내라면 취소에 동의한 자가 다시 보상청구할 수 있다고 한다. 전원의 동의를 필요로 하게 한 이유는, 상속인의 한 명에게 청구권을 일임한 경우 그 사람이 사정에 의해 청구를 취소하는 것을 무조건 허용하면 다른 사람이 청구권을 부당하게 박탈당하는 결과를 피하기 위해서라고 한다.[140] 또한 보상청구취소의 효과(일본형사보상법 제13조)를 동순위 상속인의 보상청구의 취소(일본형사보상법 제12조) 규정 다음에 규정하면서 '그 취소를 한 자'라고 표현한 것을 보면 역시 취소를 한 그 자에게만 효과를 규정한 것이라고 해석하는 것이 타당하다.[141]

그 밖에 동순위 상속인 전원의 동의가 있었는지 여부는 앞에서의 소명자료를 토대로 판단할 수밖에 없는바, 법원에 알려지지 않은 동순위 상속인이 존재하여 그 동의가 결여된 경우가 생길 수 있다. 그러나 그 경우에도 이미 이루어진 취소의 효력에는 영향이 없는 것으로 본다.[142]

⑤ 보상청구절차의 중단과 계수

보상의 청구를 한 사람이 청구의 절차 중에 사망하거나 상속인인 신분을 잃은 경우 및 그 밖의 청구인이 없는 경우 – 즉, 공동청구인으로서 절차에 참가한 사람

---

140 요코이 타이조(橫井大三), 新刑事補償法大意, 1950, 114면.
141 타카다 타쿠지(高田卓爾), 형사보상법(復刻版), 법률학전집 44-3, 1990, 79면.
142 타카다 타쿠지(高田卓爾), 형사보상법(復刻版), 법률학전집 44-3, 1990, 79면.

도 없을 때 – 에 청구의 절차는 중단된다. 이 경우 청구한 사람의 상속인 및 청구한 사람과 동순위의 상속인은 2개월 이내에 청구의 절차를 계수할 수 있다(일본형사보상법 제18조 제1항).

청구인이 사망한 경우에는 위와 같은 규정이 없어도 그의 상속인이 새롭게 청구하는 것이 가능하겠지만 그 때 이미 청구기간이 경과했다면 청구권이 존재하지 않게 된다. 일본형사보상법 제18조 제1항은 이러한 경우에 의미를 갖는 것이다. 이 계수의 기회를 부여하기 위해서 법원은 알고 있는 계수할 수 있는 사람에게 소정기간 내에 절차의 계수가 가능함을 통지하지 않으면 안 된다(동조 제2항).

2개월이라는 기간은 절차의 중단이 있었을 때부터 기산된다. 그리고 중단은 법적 사유가 있으면 당연히 발생하기 때문에 청구인의 사망 또는 상속인에 신분상실의 시점에서 기산된다.

2개월의 기간 내에 절차계수의 신청이 없을 때는 법원은 결정으로 청구를 각하한다(동조 제3항). 이 경우 각하결정등본의 송달을 누구에게 해야 하는가의 문제에 있어서, 청구인이 사망했을 때는 그 상속인에게, 상속인의 신분상실의 경우에는 그 신분상실한 상속인에게 송달한다.143

(3) 보상청구에 관한 심리 및 재판

① 총설

보상의 청구가 있으면 법원은 검찰 및 청구인의 의견을 듣고 결정을 해야 한다(일본형사보상법 제14조 전단). 결정에 대해서는 일본형사소송법의 규정이 준용되기 때문에(동법 제23조) 구두변론을 거치는 것이 필요하지 않고(일본형사소송법 제43조 제2항) 서면으로 심리한다. 다만 필요한 경우 사실의 조사를 할 수 있고(동조 제3항), 사실의 조사에 있어서 필요하다면 증인심문을 하고 감정을 명령할 수 있다(일본형사소송규칙 제33조 제3항). 검찰의 의견을 듣는 것은 검찰의 당사자로서의 직무가 아니라 공익의 대표자로서의 직무(일본검찰청법 제4조)이다. '의견을 듣는다'는 것은 의견을 진술할 기회를 주는 것을 의미하므로 상당한 유예기간 내에 의견을 말하지 않으면 그대로 결정을 해도 지장이 없다.

결정의 등본은 검찰 및 청구인에게 송달하지 않으면 안 된다(일본형사보상법 제

---

143   요코이 타이조(橫井大三), 新刑事補償法大意, 1950, 126면.

14조 후단). 보상청구에 관한 재판을 받는 것은 청구인이기 때문에 청구인에 대한 등본의 송달에 의해 결정의 효력이 생긴다. 검찰에 대한 송달은 단지 검찰의 참고를 위한 것뿐이고 결정의 효력발생에는 관계가 없다. 또한 청구인은 공동청구인으로서 참가한 사람 모두를 포함한다.[144]

② 청구각하의 결정

법령상의 방식에 위반한 보상청구의 절차가 보정이 안 될 때, 청구인이 법원으로부터 보정을 명령받고 이에 응하지 않을 때 또는 소정기간의 경과 후에 보상청구가 있었을 때에는 청구를 각하하는 결정을 하게 된다(일본형사보상법 제15조). 앞서 보았듯이 청구의 방식에 대해서는 규정된 것이 거의 없기 때문에, 방식위반으로 각하되는 것은 상속인이 청구하는 경우에 소정의 소명자료(동법 제8조)를 첨부하지 않았을 경우 정도이다. 관할법원 위반의 경우도 (방식이라는 용어의 일반적 의미에서 보면 포함되지 않는 것으로 생각할 수 있지만) 넓은 의미에서 포함시킬 수 있다고 한다.[145] 이것은 용이하게 보정할 수 있는 사항이고, 보정을 명령해도 응하지 않을 경우는 각하되어도 어쩔 수 없기 때문이다.

청구절차가 중단된 후 3개월 이내에 계수의 신청이 없을 때에도 마찬가지로 청구각하의 결정을 한다(동법 제18조 제3항).

③ 보상의 결정 및 청구기각의 결정

보상의 청구가 이유 있을 때는 보상의 결정을, 이유 없을 때는 청구를 기각하는 결정을 한다(일본형사보상법 제16조). 청구에 관한 재판에서 ⓐ 청구가 적법하고, ⓑ 일본형사보상법 제1조 또는 제25조의 보상의 적극적 요건을 갖추고 ⓒ 일본형사보상법 제3조의 소극적 요건이 존재하지 않는 경우나 그것이 존재해도 재량에 의해 보상이 인정되는 경우라면, 청구의 이유가 있는 경우이다. 그 반대의 경우에는 청구의 이유가 없는 것이 되지만, 그 외에도 다른 법률에 의해 받은 손해배상금액이 형사보상에 의한 보상액과 같거나 보상액을 초과하는 경우(일본형사보상법 제5조 제2항 전단)에도 청구의 이유가 없는 것이 된다.

한편 구 일본형사보상법에서는 형의 집행 또는 구치에 대한 보상과 함께 구류

---

144 타카다 타쿠지(高田卓爾), 형사보상법(復刻版), 법률학전집 44-3, 1990, 81면.
145 요코이 타이조(橫井大三), 新刑事補償法大意, 1950, 118면.

에 대한 보상의 청구가 있은 경우에는 주문을 구별해서 결정을 하도록 되어 있었으나(구 일본형사보상법 제10조 제3항), 현행 일본형사보상법에는 이와 같은 주문의 구별에 관한 규정이 없다. 현행 일본형사보상법은 어느 쪽의 결정에 대해서도 불복제기를 인정하고 있어서 주문구별의 실익이 없고, 그 밖에 주문을 구별해야 할 이유가 없기 때문에 주문구별의 규정을 폐지한 것이다.

④ 결정에 대한 불복제기

보상의 결정 및 청구기각의 결정에 대해서는, 청구인 및 이와 동순위의 상속인은 즉시항고 – 그 결정을 한 법원이 고등재판소일 때는 항고 대신 이의신청 – 를 할 수 있다(일본형사보상법 제19조 제1항). 구 일본형사보상법에서는 청구기각의 결정에 대해서만 불복제기가 인정되었으나(구 일본형사보상법 제1조), 현행 일본형사보상법은 보상의 결정에 대해서도 인정했다. 이는 인정된 보상금액에 대해 불복할 수 있는 길을 열어두기*위해서라고 한다.[146] 다만, 청구각하의 결정(일본형사보상법 제15조, 제18조 제3항)에 대해서는 불복제기가 인정되지 않는다.

주의할 점은, 불복제기는 청구인뿐 아니라 절차에 참가하지 않은 동순위 상속인도 할 수 있다는 것이다. 이것은 보상의 청구를 할 수 있는 동순위 상속인이 수인인 경우 그중 한 명에 대해서 행한 보상의 결정 및 청구 기각의 결정은 동순위자 전원에 대해 한 것으로 간주되는 것(동법 제17조)과 조응된다.

불복제기의 방법은 즉시항고이다. 이에 대해서는 일본형사소송법의 규정(일본형사소송법 제422조, 제423조, 제425조, 제426조, 제427조)이 준용된다(일본형사보상법 제23조 전단). 일본형사소송법은 고등재판소의 결정에 대한 항고는 허용하지 않고, 대신에 항고를 할 수 있는 고등재판소의 결정에 대해서는 같은 재판소에 이의신청하는 것을 인정하고 있다(일본형사소송법 제428조). 일본형사보상법도 이와 같은 취지에 따라 고등재판소의 결정에 대한 이의신청을 인정했다.[147] 이러한 이의신청에 대해서도 일본형사소송법의 규정(제433조 제2항, 제434조)이 준용된다(일본형사보상법 제23조 전단). 즉시항고 또는 이의신청에 대한 결정에 일본형사소송법상의 상고 사유(일본형사소송법 제405조)가 있을 때에는 최고재판소에 특별항고를 할 수 있다(일본형사보상법 제19조 제2항).

---

146 요코이 타이조(橫井大三), 新刑事補償法大意, 1950, 127면.
147 타카다 타쿠지(高田卓爾), 형사보상법(復刻版), 법률학전집 44-3, 1990, 84면.

불복제기에 대해서는 형사소송상의 상소불가분의 원칙이 적용된다. 따라서 미결의 억류, 구금에 대한 보상청구와 형의 집행에 대한 보상청구가 포괄적으로 한 개의 청구로 이해되는 이상, 일부가 인정되지 않았다는 점에 대해 불복을 제기하였다고 하더라도 그 전체가 심판의 대상이 되는 것이다. 청구금액보다 낮은 보상액을 인정한 결정에 대해 불복을 제기한 경우에도 동일하다. 불복제기를 받은 법원은 직권으로 청구에 대한 결정을 할 수 있고, 불이익변경은 허용되지 않는다고 해석된다.[148]

이상의 즉시항고, 이의신청 및 특별항고에 대해서는 일본형사보상법 제9조에서 제15조까지 그리고 제17조 및 제18조의 규정{제9조(대리인에 의한 보상청구), 제10조(동순위 상속인의 보상청구), 제11조(동순위 상속인에 대한 통지), 제12조(동순위 상속인의 보상청구 취소), 제13조(보상청구취소의 효과), 제14조(보상청구에 대한 재판), 제15조(보상청구각하의 결정), 제17조(동순위 상속인에 대한 결정의 효력), 제18조(보상청구절차의 중단과 계수)}이 준용된다(일본형사보상법 제19조 제3항).

2. 보상지급의 절차

(1) 보상지급의 청구

보상의 결정이 확정되면 보상지급의 청구권이 발생한다. 보상지급은 본래 보상절차의 한 단계라고 볼 수 있지만, 구 일본형사보상법은 협의의 보상절차와 보상지급절차를 별개의 단계로서 규정했다.

그것은 전자가 보상청구에 대한 재판의 단계임에 비하여, 후자는 (공시를 포함해서) 재판의 절차를 요하지 않는 법원의 행정사무라는 성질적인 차이가 있기 때문이다. 현행 일본형사보상법도 양자를 구분하고 있다. 이렇듯 보상지급(및 공시)은 사법행정절차에 해당하기 때문에, 이것에 관여하는 법원도 사법행정기관으로서의 법원(대표자는 법원장)으로서 행위하는 것이고, 심판기관으로서의 법원은 이것에 관여하지 않는다. 보상의 지급은 보상의 결정을 한 법원에 청구해야 한다(일본형사보상법 제20조 제1항). 지급의 방식에 대해서는 일본형사보상법에 규정이 없다.

몇 명이 지급청구권을 갖는가에 관한 직접적인 규정은 없다. 그러나 청구인으

148 타카다 타쿠지(高田卓爾), 형사보상법(復刻版), 법률학전집 44-3, 1990, 84면.

로서 보상의 결정을 받은 사람이 지급청구권을 갖는다는 것은 분명하다. 또한 지급청구권도 상속의 대상이 되는 것으로 해석되므로 그 상속인이 다수 있다면 그 전원이 청구권자가 된다. 다수의 동순위상속인 중 한 명이 보상청구를 한 경우에는 보상의 결정은 동순위자 전원에 대해 한 것으로 간주되기 때문에(동법 제17조) 동순위자 전원이 보상금지급을 청구할 수 있다.[149] 이 경우 그 중 한 명이 했던 보상지급의 청구는 보상의 결정을 받은 자 전원을 위해서 한 것으로 본다(동법 제20조 제2항). 이것은 보상청구의 경우와 동일하게 각 상속인의 상속분에 대한 고려 없이 간단하게 처리하려는 취지이다. 또한 지급청구권은 이것을 양도하거나 압류할 수 없다(동법 제22조 후단). 그 취지는 보상청구권의 경우와 동일하다.

보상청구에 대해서는 대리인에 의해 가능하다는 규정(동법 제9조)이 있지만, 지급청구에 대해서는 명문규정이 없음에도 적극적으로 해석한다.[150] 지급의 기간에 대해 구 일본형사보상법은 보상의 결정이 송달된 때로부터 1년 이내로 되어 있었지만(구 일본형사보상법 제13조), 현행 일본형사보상법은 이 점에 대해 어떠한 제한도 하지 않고 있다. 따라서 일반적인 시효기간의 제한이 적용된다.

(2) 보상지급의 효과

보상의 지급을 받을 수 있는 자가 다수인 경우에는, 그 중 한 명에 대한 보상의 지급은 그 전원에 대한 것으로 간주된다(일본형사보상법 제21조). 보상지급에 대한 법률관계를 간단명료하게 처리하고자 하는 것이다.[151]

지급의 청구를 받은 법원은, 상속인 간의 분배요구의 기회를 주기 위해 동순위 상속인에게 지급의 청구가 있었다는 취지를 통지해야만 하는 것으로 규정되어 있다(동법 제20조 제3항).

(3) 보상결정의 공시

보상의 결정이 확정된 경우 법원은 그 결정을 받은 사람의 신청에 의해 신속하게 결정의 요지를 관보 및 신청인이 선택하는 3종 이내의 신문에 각 1회 이상 게재

---

149 타카다 타쿠지(高田卓爾), 형사보상법(復刻版), 법률학전집 44-3, 1990, 86면.
150 타카다 타쿠지(高田卓爾), 형사보상법(復刻版), 법률학전집 44-3, 1990, 87면.
151 타카다 타쿠지(高田卓爾), 형사보상법(復刻版), 법률학전집 44-3, 1990, 87면.

해서 공시해야 한다(일본형사보상법 제24조 제1항). 그런데 일본형사소송법은 재심에 있어 무죄의 선고가 있을 때에는 그 판결을 관보 및 신문에 게재해야 한다고 규정하고 있고(일본형사소송법 제453조), 이것은 잘못된 판결로 유죄를 선고받은 자의 명예를 회복하려는 취지에 의한 것으로 일본에서는 치죄법 이래 같은 제도가 채용되어 왔다. 이처럼 무죄판결의 공시 이외에 더 나아가 형사보상의 공시를 인정하는 이유는, 재심 이외의 방법에 의한 무죄의 선고에 대해서는 공시가 인정되지 않으며, 또한 국가로부터 보상받은 것을 크게 알리는 것은 억울하게 유죄선고를 받은 자의 정신적 피해를 회복하는 데에 도움이 되기 때문이라고 한다. 그러나 이러한 공시제도는 구 일본형사보상법 당시는 너무 활용이 안 되었고, 현행 일본형사보상법에서도 그 신청 수는 비교적 적다고 한다.[152]

공시의 신청권자는 보상의 결정을 받은 자이다. 보상의 청구를 한 자와 동순위 상속인이 다수 있을 때는 보상의 결정은 그 전원에 대해 한 것으로 간주되기 때문에 (일본형사보상법 제17조) 이들 전원이 신청권을 갖는다. 그러나 다수의 사람에게 신청권이 있어도 그 중 한 명의 신청에 의해 공시가 된다면 목적은 달성되기 때문에 재차 다른 자로부터 신청을 받을 필요는 없다. 한번 공시가 있었을 때는 다시 공시의 신청을 할 수 없게 되어 있는 것(동법 제24조 제3항)은 그 때문이다.

공시의 신청은 보상의 결정이 확정된 후 2개월 내에 해야만 한다(동조 제2항). 구 일본형사보상법에는 이에 대한 아무런 규정도 없었기에 결정 후 언제든지 신청을 할 수 있고, 또한 보상청구의 청구서에 공시에 관한 사항을 조건부로 기재하여도 유효한 것으로 해석되었다. 현행 일본형사보상법의 해석으로도 보상의 결정이 확정되기 전에 보상청구의 청구서에 공시에 관한 사항을 조건부로 제기하는 것을 부정할 필요는 없다.[153]

이미 다른 법률에 의해 손해배상 받은 것을 이유로 하는 청구기각의 결정이 확정된 경우에도 공시가 인정된다(동조 제4항). 이것은 실질적으로는 형사보상을 받을 수 있는 경우이므로, 보상의 결정이 있는 경우와 동일하게 다루자는 취지이다.

---

152 타카다 타쿠지(高田卓爾), 형사보상법(復刻版), 법률학전집 44−3, 1990, 88면.
153 타카다 타쿠지(高田卓爾), 형사보상법(復刻版), 법률학전집 44−3, 1990, 89면.

제3절 · 그 외 국가

Ⅰ. 프랑스

1. 의의

프랑스에서는 1895년에 치죄법(Code d'instruction criminelle)의 개정에 의해 재심보상형태의 형사보상이 처음으로 인정되었다. 치죄법 제446조에 형사보상규정이 존재했고, 동규정이 수정을 거쳐 1959년 프랑스형사소송법(Code de procédure pénale) 제626조로 흡수되었다.[154]

이후 1970. 7. 17. 시민의 개인적 권리보장을 강화하는 법률 제70-643호에 의해서 프랑스형사소송법 제149조부터 제150조에 부당한 구속에 대한 형사보상제도가 도입되었다. 부당한 구속의 결과에 대한 형사보상의 도입 당시에는 이것을 청구하기 위해서는 "예외적인 특별히 중한 피해"(un préjudice manifestement anormal et d'une particulière gravité)가 증명되어야 했고, 구속에 대한 형사보상은 쉽게 인정되지 않았다. 이에 대한 비판이 이어져 1996. 12. 30. 프랑스형사소송법의 개정에서 이러한 요건이 삭제되었다.[155]

이후 큰 변화 없이 현재 프랑스형사소송법에는 제626-1조에서 재심보상을, 제149조부터 제150조에서 구속에 대한 보상을 규정하여 두 가지 유형(재심보상과 구속에 대한 보상)이 존재한다.

2. 보상의 대상

(1) 보상의 요건

프랑스형사소송법은 제1권 제3편 제1장 제7절 제4관 구속에 대한 보상(De laréparation à raison d'une detention)에서 구속보상에 대한 내용을 기재하고 있다. 프랑스형사소송법 제149조에 의하면, 구속된 후 불기소 결정, 형 면제, 무죄의 재판이 확정

---

154 타카다 타쿠지(高田卓爾), 형사보상법(復刻板), 법률학전집 44-3, 1990, 14면 각주 4).
155 윤지영·정진수·서주연, 형사보상제도의 운영현황과 개선방안, 2016, 86면.

된 경우에는 형사보상청구권이 발생하는데, 다만 ① 책임무능력인 경우, ② 사면인 경우, ③ 본범을 도주시킬 목적으로 자진하여 소추되거나 과실로 대신 소추된 경우, ④ 석방 이후 공소시효가 완성된 경우에는 형사보상이 인정되지 않는다(프랑스형사소송법 제149조 제1항). 대법원 소속의 구속보상위원회(Commission nationale de réparation des détentions)는 부당한 구속에 대한 형사보상의 요건을 규정한 프랑스형사소송법 제149조를 열거규정으로 해석하므로 프랑스형사소송법 제149조에 규정된 예외 사항에 해당되지 않는 한 부당한 구속을 당한 자는 형사보상청구권을 보유하게 된다.[156]

구속에 대한 형사보상의 청구권자는 부당한 구속의 당사자이므로 당사자 이외의 자에게는 부당한 구속으로 인하여 입은 간접적인 피해에 대한 형사보상청구권이 인정되지 않는다. 그리고 당사자의 구속에 형사보상청구가 가능한 사유와 그 이외의 사유가 함께 있는 경우에는 보상규정이 적용되지 않는데, 예를 들어 구속과 동시에 전자감시장비부착처분을 받은 당사자에 대해서는 형사보상청구권이 부정되었다.[157]

한편 프랑스형사소송법 제3권 제2편 제7장 판결에 대한 보상(De laréparation à raison d'une condemnation)에는 재심보상이 규정되어 있다. 프랑스형사소송법 제626-1조 제1항에 따르면, 재심에 의해서 무죄가 확정된 자는 유죄판결로 입은 물질적·정신적 손해배상액 전부를 청구할 권리를 갖는다. 프랑스형사소송법 제626-1조 제2항에 따르면,[158] 재심보상의 경우 구속보상과 다르게 "누구라도 유죄판결로 손해를 입었음을 증명할 수 있는 자는 전항과 동일한 요건하에 손해배상을 청구할 수 있다"고 규정되어 있다. 즉, 재심보상의 경우에는 판결의 당사자뿐만 아니라 피해를 입은 사람들까지도 보상의 권리가 확장되어 있다.[159]

(2) 보상의 내용

재심보상과 구속보상 모두 재산상의 손해뿐만 아니라 정신상의 손해[160]까지도

---

156 윤지영·정진수·서주연, 형사보상제도의 운영현황과 개선방안, 2016, 88면.

157 윤지영·정진수·서주연, 형사보상제도의 운영현황과 개선방안, 2016, 88면.

158 Article 626-1 ② Peut également demander une réparation, dans les mêmes conditions, toute personne justifiant du préjudice que lui acausé la condamnation(제626-1조 ② 누구라도 유죄판결로 손해를 입었음을 증명할 수 있는 자는 전항과 동일한 요건 하에 손해배상을 청구할 수 있다).

159 윤지영·정진수·서주연, 형사보상제도의 운영현황과 개선방안, 2016, 92면.

160 2000년 개정 이전에는 정신상의 손해는 보상의 대상이 아니라고 규정되었던 듯하다. '타카다

보상범위에 포함되어 있다(프랑스형사소송법 제149조 제1항, 제626조 제1항).

　　재산상의 손해에 대한 보상은 광범위하게 인정되는데, 예를 들어 당사자가 구속을 이유로 실직했을 경우라면 소득수입에 대한 재산적 피해보상은 구속기간뿐만 아니라 석방 후 새로운 직장을 찾기 위한 기간까지 이루어지며, 보상금액도 순수임금뿐만 아니라 퇴직연금이나 각종 수당 등을 포함한 전체 수입이 그 대상이다.161 그리고 석방에 직접적으로 관련된 변호사수임료도 보상되고, 가족이 구속된 당사자를 면회하기 위해서 지출할 교통비 등도 보상된다.162 다만 피해는 구속으로 인한 자유박탈과 직접적인 인과관계가 있음이 증명되어야 하는데, 구속된 후 해고된 청구인의 경우에 실직으로 인한 피해는 청구인의 구속이 실직의 유일하고 직접적인 사유일 경우에만 형사보상이 인정되고 있다.163

　　프랑스에서는 정신상의 손해에 대한 형사보상도 인정되는데, 정신적으로 보상받을 만한 침해로는 자신의 도움이 필요한 아내에게 도움을 줄 수 없는 장소에 있었다는 고통, 심한 정신과질환, 그리고 감금기간 동안 가족(자녀)이 치렀던 임시적인 조치 등이 보상의 내용이다.164

　　한편 재심보상이든 구속보상이든 프랑스법원조직법 제781－1조 제2항, 제3항 규정165이 적용되는데, 동조항은 사법부 공무원(판사 포함)의 중과실이나 거부로부터

타쿠지(高田卓爾), 형사보상법(復刻版), 법률학전집 44－3, 1990, 12면'과 '김용우, 형사보상법의 문제점과 개선방안, 2003, 9면'은 "재산상의 손해만을 의미한다"고 설명하고 있는데, 이는 2000년 개정 이전의 법률을 대상으로 한 설명이다.

161　윤지영·정진수·서주연, 형사보상제도의 운영현황과 개선방안, 2016, 90면.

162　윤지영·정진수·서주연, 형사보상제도의 운영현황과 개선방안, 2016, 91면.

163　윤지영·정진수·서주연, 형사보상제도의 운영현황과 개선방안, 2016, 90면.

164　Jean-François Renucci, Code de procédure pénale, 51ᵉ édition, 2010, dalloz, p. 472.

165　**Article L. 781－1** ① L'Etat est tenu de réparer le dommage causé par le fonctionnement défectueux du service de la justice. Cette responsabilité n'est engagée que par une faute lourde ou par un déni de justice(국가는 판사의 부적절한 관리로 인한 피해를 복구할 의무가 있다. 이 책임은 단지 중과실 또는 판사의 거부로부터 나온다).

② La responsabilité des juges, à raison de leur faute personnelle, est régie par le statut de la magistrature en ce qui concerne les magistrats du corps judiciaire et par des lois spéciales en ce qui concerne les juges composant les juridictions d'attribution(판사의 책임은, 그 개인적 과실의 비율로, 사법부의 상태와 법관구성에 관한 특별법에 따른다).

③ L'Etat garantit les victimes des dommages causés par les fautes personnelles des juges et autres magistrats, sauf son recours contre ces derniers(국가는 판사와 기타 공무원의 개인적 과실로 인한 손해의 피해자를, 이를 막기 위한 상소 없이, 보호한다).

발생하는 손해를 국가가 배상할 의무를 규정한 것이다. 즉 사법부 공무원의 불법행위로 인한 국가배상책임을 규정한 것이라고 볼 수 있고, 이와 별개로 형사보상청구권이 성립함을 규정하고 있다.[166]

3. 보상의 절차

구속보상의 경우에 구속의 당사자는 불기소결정이나 무죄판결이 선고된 관할 항소법원(고등법원)의 수석부장판사에게 형사보상을 청구할 수 있는데, 불기소결정이나 무죄판결이 선고되면 당사자에게 형사보상청구권이 고지된다(프랑스형사소송법 제149조 제1항). 형사보상청구서는 불기소결정이나 무죄판결이 확정된 날로부터 6개월 이내에 제출되어야 한다(프랑스형사보상법시행령 제R26조). 형사보상청구에 대해서는 관할 항소법원(고등법원) 수석부장판사가 결정하는데(프랑스형사소송법 제149-1조), 심리는 청구인의 이의가 없는 한 공개하고 청구인의 요구가 있으면 청구인이나 변호인이 심리절차에서 진술을 할 수 있다(동법 제149-2조). 손해산정은 형사소송법에 규정된 감정제도를 활용하여 평가할 수 있도록 규정하고 있다(동법 제149조 제1항). 항소법원(고등법원)의 수석부장판사의 형사보상결정에 대해서는 통지로부터 10일 이내에 대법원 소속의 구속보상위원회에 이의를 제기할 수 있다(동법 제149-3조 제1항 제1문). 구속보상위원회는 대법원장 또는 그 대리인이 위원장이 되고 대법원 소속의 부장판사나 판사 중 2인이 위원이 되는데(동조 제3항), 구속보상위원회의 결정에 대해서는 불복이 허용되지 않는다(동조 제1항 제2문).

재심보상의 경우에는 청구인의 거주지를 관할하는 항소법원(고등법원)의 수석부장판사가 구속보상절차에 따라 형사보상절차를 진행한다(동법 제626-1조 제4항). 유죄판결에 대한 무죄의 재심판결의 경우에 재심청구인이 형사보상을 청구하면 유죄판결의 선고가 있었던 지역의 읍·면·동에 무죄판결을 게시한다(동조 제6항).

---

[166] 한상훈·김정환, "형사보상제도의 비교법적 연구", 형사법 개정 연구 자료집 Ⅲ-1, 2010, 565면.

4. 구상권

(1) 역사적 발전배경[167]

형사절차에서 무고를 하거나 위증을 하는 자는 형사사법기관보다 잘못된 형사판결에 기여한 정도가 큰데, 실제로 프랑스의 경우에는 이러한 자들을 상대로 하는 구상권 규정이 존재한다.

프랑스에서는 일찍부터 형사보상의 필요성에 관한 논의가 존재하였지만, 19세기 후반에 이르러 입법이 되었다.[168] 즉, 1808년 제정된 「Code d'instruction criminelle de 1808」(이하 '치죄법'이라고 한다)에서는 형사보상이 인정되지 않았고 1895년에서야 치죄법의 개정에 의해 재심보상이 인정되었는데, 이 때 프랑스는 국가가 고발인 또는 위증인에 대하여 구상할 수 있다고 규정하였다.[169] 이 구상권은 형사소송법이 전면개정되면서도 유지되었고, 프랑스형사소송법 제150조와 제626조의1에 규정되어 있다.[170]

프랑스가 구상권 규정을 둔 것은 19세기 말 프랑스형사소송법의 특성에 기인한다. 증인의 경우, 법관은 추가적인 설명을 요청하는 것 외에는 증인에게 질문하거나 발언을 중지시킬 수 없었다.[171] 당시 프랑스 법정에서는 법관들이 증인에게 길게 신

---

167 김정환·박성현, "형사보상에서 국가배상법의 구상권 규정의 준용 필요성", 형사정책 제31권 제3호, 2019.10, 203~205면.

168 김정환, 형사보상의 역사와 본질, 서울法學 제18권 제2호, 2010.11, 63~64면

169 **치죄법 제446조.** (Ainsi modifié, L. 8 juin 1895.) L'arrêt ou le jugement de révision d'où résultera l'innocence d'un condamné pourra, sur sa demande, lui allouer des dommages-intérêts, à raison du préjudice que lui aura causé la condamnation.
(https://ledroitcriminel.fr/la_legislation_criminelle/anciens_textes/code_instruction_criminelle_1929/code_1808_2.htm 2019.8.10. 검색).

170 룩셈부르크 또한 구상권 규정을 두고 있다. 룩셈부르크는 1795년부터 1815년까지 프랑스의 통치하에 있었고, 1808년 프랑스의 치죄법을 적용하였다. 룩셈부르크는 1981년 4월이 되어서야 형사보상을 입법하였고, 프랑스와 마찬가지로 형사보상에 대한 구상권의 규정을 두었다.

171 **치죄법 제317조.** Les témoins déposeront séparément l'un de l'autre, dans l'ordre établi par le procureur général. Avant de déposer, ils prêteront, à peine de nullité, le serment de parler sans haine et sans crainte, de dire toute la vérité et rien que la vérité.
치죄법 제319조. Le témoin ne pourra être interrompu: l'accusé ou son conseil pourront le questionner par l'organe du président, après sa déposition, et dire, tant contre lui que contre son témoignage, tout ce qui pourra être utile à la défense de l'accusé.

문을 하는 것이 일반적이었고, 전문증거 등도 대체로 증거능력이 인정되었다.[172] 증
인은 때로는 자신의 인생 전반을 증언하는 등 자유롭게 증언하였다는 기록도 있
다.[173] 소를 제기할 수 있는 권한은 법률로 정한 공무원들에게만 있었지만, 범죄가
민법상 불법행위에도 해당하는 경우에는 청구를 하는 자가 민사소송과 형사소송을
통합하여 진행할 수 있었다.[174]

따라서 프랑스형사소송법의 구조상 증인의 증언은 재판에서 영향력이 매우 컸
으며 증거의 큰 부분을 차지하였다. 배심원 제도를 바탕으로 형성된 영·미식 형사
증거법에서는 배심원들이 잘못된 증거로 인해 오판에 빠지는 위험을 제거하기 위해
배우자 증언배제, 전문증거배제, 피고인의 전력과 관련된 증거배제 등 엄격한 증거
능력 제한제도를 운용하는 것과는 달리, 증거자유의 원칙(Principe de la liberté des
preuves)을 채택하고 대부분의 형사재판을 직업판사가 담당한 프랑스에서는 증거능
력과 관련하여 별도의 규정을 두고 있지 않았다.[175] 또한 민사소송을 제기하는 자가
형사소송과 병합심리를 할 수 있었던 점을 보면 프랑스에서는 무고를 한 자, 위증을
한 자가 형사절차에 끼치는 영향이 매우 높았다고 볼 수 있다.

(2) 현행규정[176]

프랑스형사소송법은 구속보상과 재심보상 모두에 대해서 구상권을 규정하고 있
다. 구속보상에 대해 프랑스형사소송법 제150조는 형사보상책임의 주체를 국가로
하고, 악의의 고발 또는 위증으로 인하여 구속되었거나 또는 구속이 연장된 경우에
는 국가가 그 고발인 또는 위증자에게 구상할 수 있다고 규정하면서 그 보상금은 형

---

172 Edmond Kelly, The French Law of Evidence, American Law Review Vol. 19, 1885.6, 388면.
173 Frederic R. Coudert, French Criminal Procedure, The Yale Law Journal Vol. 19, 1910.3, 335면.
174 **치죄법 제1조.** L'action pour l'application des peines n'appartient qu'aux fonctionnaires auxquels elle est confiée par la loi. L'action en réparation du dommage causé par un crime, par un délit ou par une contravention, peut être exercée par tous ceux qui ont souffert de ce dommage.
175 유주성, 프랑스 형사증거법상 증거자유주의에 관한 연구, 비교형사법연구 제16권 제2호, 2014. 12, 100면.
176 김정환·서치원, 형사보상에 있어서 구상권 도입의 필요성, 비교형사법연구 제21권 제3호, 2019.10, 212~213면.

사사법 비용으로 취급하고 있다.177 마찬가지로 재심보상에 대해서도 프랑스형사소송법 제626-1조의 제5항은 "손해배상은 국가의 부담으로 하며, 국가는 자기의 귀책사유로 인하여 유죄판결을 선고하게 한 사소청구인, 고발인 또는 위증자에 대하여 구상권을 행사할 수 있으며 그 보상금은 형사사법 비용으로 간주하여 이를 지급한다"고 규정하고 있다.178

프랑스의 형사보상제도가 형사보상의 원인이 되는 잘못된 구속 및 판결이 악의의 사소청구인, 고발인, 또는 위증자에게 기인한 경우 구상권을 행사할 수 있도록 한 것은 그 잘못된 구속과 판결의 책임이 형사사법기관이 아닌 사소청구인, 고발인 또는 위증자에게 있는 것이라는 판단이 전제된 것이라고 볼 수 있다.

5. 운영현황

프랑스에서 유죄판결이 확정된 사건이 재심을 통해 무죄판결을 받을 가능성은 매우 희박하므로 재심을 통한 보상은 드물다. 2015년부터 2019년 사이에 재심사건은 4건에 불과하고, 그 가운데 2건은 재심이 인용되지 않았다.179

구속에 대한 형사보상의 운영현황은, 구금(détention provisoire)과 관련된 법률·통계·교도행정 자료들을 수집하여 연간 보고서를 작성하는 업무를 맡고 있는 (법무부 산하의) 구속위원회(Commission de suivi de la détention provisoire)의 보고서에 나타나 있다. 이에 의하면 2003년부터 2005년까지는 구속에 대한 보상의 청구건수가

---

177 **Article 150** L'indemnité allouée en application dela présente sous-section est à la charge de l'Etat, sauf le recours de celui-ci contre le dénonciateur de mauvaise foi ou le faux témoin dont la faute auraitprovoqué la détention ou sa prolongation. Elle est payée comme frais de justicecriminelle(**제150조** 본장의 규정에 따라 지급되는 보상은 국가가 부담한다. 다만, 악의의 고발 또는 위증으로 인하여 구속되었거나 또는 구속이 연장된 경우에는 국가가 그 고발인 또는 위증자에게구상할 수 있다. 보상금은 형사사법 비용으로 취급한다).

178 **Article 626-1** ⑤Cette réparation est à la charge de l'Etat, sauf recours contre la partiecivile, le dénonciateur ou le faux témoin par la faute desquels la condamnationa été prononcée. Elle est payée comme frais de justice criminelle,correctionnelle et de police(**제626-1조** ⑤ 손해배상은 국가의 부담으로 한다. 국가는 자기의 귀책사유로 인하여 유죄판결을 선고하게 한 사소청구인, 고발인 또는 위증자에 대하여 구상권을 행사할 수 있다. 손해배상은 형사재판비용으로 간주하여 이를 지급한다).

179 https://www.courdecassation.fr/autres_juridictions_commissions_juridictionnelles_3/reexamen_condamnations_7458/decisions_7077/decisions_7078 (2019. 5. 26. 접속).

증가하였으나 2005년 이후로는 감소하고 있다. 2005년 645건이던 청구건수가 2012년 478건으로 약 25.9% 감소하였는데, 그 원인은 구속건수 자체가 감소하였기 때문이라고 한다.[180] 한편 2012년 항소법원에 접수된 구속에 대한 보상의 청구건수는 478건이고 2012년에 이루어진 총 결정건수는 525건이었는데, 그 중 청구가 인용된 보상건수는 429건으로 이는 전체 결정의 82%를 차지하고 총 보상금액은 822만 유로에 이른다. 청구인이 국가의 사법대리인이 제시한 보상합의에 동의한 경우에는 금액을 파악하는 것이 불가능하므로, 항소법원에서 결정한 보상금액 822만 유로에는 보상합의로 인한 금액이 제외되어 있다.[181] 프랑스의 형사보상의 통계는 다음과 같다.[182]

연도	총 청구 건수	결정							이의 제기
		총 결정 건수	각하	청구 취하	청구 기각	청구 인용	총 보상 금액 (M€)	평균 금액 (€)	
2012	478	525	28	67	1	429	8,227	19178	43
2013	480	438	11	68	5	354	5,291	14948	60
2014	553	474	24	66	9	375	7,838	20902	82
2015	521	528	22	54	8	444	9,179	20673	71
2016	487	567	19	32	5	511	11,596	22693	61

---

180 윤지영·정진수·서주연, 형사보상제도의 운영현황과 개선방안, 2016, 94면.

181 윤지영·정진수·서주연, 형사보상제도의 운영현황과 개선방안, 2016, 95면. 한편 2017년에 구속보상위원회에 결정된 보상금액은 총 288만 유로이었다(Ministère de la justice, Les chiffres-clés de la justice, 2018, 34면).

182 Rapport-COMMISSION DE SUIVI DE LA DÉTENTION PROVISOIRE, 2018, http://www.justice.gouv.fr/art_pix/rapport_csdp_2018.pdf.

Ⅱ. 미국

1. 의의

영미법계의 국가에서는 일반적으로 국가배상이라는 개념이 발전되지 않았고 형사보상이라는 개념도 희박하였다.[183] 미국의 경우 1938년 '미국에서 부당한 유죄평결을 받은 사람의 구제에 관한 법률'이 연방차원의 형사보상에 관한 법률로서 제정되었고, 1941년 캘리포니아주, 1943년 위스콘신주, 1945년 일리노이주 등에서 개별적인 형사보상법률이 제정되었는데, 이러한 형사보상법률은 절차나 요건이 까다롭고 보상액도 제한적이었다.[184] 1980년대 후반 DNA 증거로 인한 사후적인 무죄방면이 나타나면서 형사보상이 주목되었고 2010년에는 미국의 28개 주가 형사보상에 관한 법률을 규정하고 있다.[185]

2. 현행 연방형사보상법 규정

현행 미국연방정부의 형사보상제도는 연방법 제28편 제2513조(28 U.S.C. 2513)에 규정되어 있다.

(1) 요건[186]

미국연방정부로부터 형사보상을 받기 위해서는 다음의 요건이 충족되어야 한다.

첫째, 연방법률위반으로 유죄평결을 받아 자유형을 복역한 후 당해 유죄평결이 권한 있는 항소법원이나 연방대법원에 의해 파기되거나 재심 또는 청문에 의하여 무죄로 판결되어야 한다. 대통령의 사면에 의하여 석방되는 경우도 이에 포함된다.

둘째, 청구인은 연방정부 등에 대해서 당해 범죄를 범하지 않았거나 발생한 범죄에 관여하지 않았음을 법원의 증명서를 통해서 스스로 입증하여야 한다. 신청인의 유죄평결이 파기되었으나 그 파기의 이유가 범죄사실이 합리적 의심이 없을 정

---

183 김용우, 형사보상법의 문제점과 개선방안, 법제현안 제2003−6호, 2003.12, 9면.

184 한상훈·김정환, 형사보상제도의 비교법적 연구, 형사법 개정 연구 자료집 Ⅲ−1, 2010.12, 467면.

185 윤지영·정진수·서주연, 형사보상제도의 운영현황과 개선방안, 2016, 59면.

186 한상훈·김정환, 형사보상제도의 비교법적 연구, 형사법 개정 연구 자료집 Ⅲ−1, 2010.12, 468~
471면.

도로 입증되지 못하였다는 것이면 법원이 신청인에게 무죄증명서를 발급하는 이유가 될 수 없다. 또한 단순히 신청인에 대한 공소가 기술적인 이유에서 무죄로 되거나 형식요건을 갖추지 못하여 기각되는 경우는 포함되지 않으므로, 제1심법원에서 유죄평결을 받았으나 항소심에서 공소시효가 완성되었다는 이유로 제1심의 유죄평결을 파기한 경우 신청인이 실제 범죄행위에 가담하였다고 인정할 수 있는 상당한 증거가 존재한다면 형사보상은 인정되지 않는다. 법원은 신청인이 기소되어 유죄평결을 받았던 범죄사실의 무죄인지 여부에 대해서 심리하고 판단할 광범위한 권한을 가진다.

셋째, 청구인은 자신이 무죄라는 점 이외에 자신에 대한 공소제기가 자신의 잘못이나 과실에 의해서 야기되지 않았음을 입증하여야 한다. 이것은 일반적으로 판사의 결정문이나 의견서에 근거하여 입증하여야 하고, 배심재판이나 배심원의 평결을 근거로 하지는 않는다.

신청인이 법원으로부터 무죄증명서를 발급받기 위해서는 신청인 자신이 그러한 사실을 입증하여야 하는데, 신청인에 대한 실체적 무죄를 증명하기 위한 심리절차에서는 파기된 유죄의 제1심재판에서 제출되었던 증거뿐만 아니라 그 외의 관련성 있는 증거도 조사될 수 있다.

(2) 관할과 절차[187]

신청인의 무죄가 입증되었는지, 자격이 있는지 등에 대한 심리 및 재판권은 연방청구법원(U.S. Court of Federal Claims)에 있다. 연방청구법원은 신청인에 대한 보상여부나 보상액을 심사할 수 있을 뿐이고, 신청인에 대한 유죄평결 자체를 파기할 수는 없다.

연방청구법원의 절차에 대한 규정은 연방법 제2501조 이하와 연방청구법원규칙에 규정되어 있는데, 형사보상의 청구는 청구사유가 발생한 날로부터 6년 이내에 제기되어야 한다. 다만 소제기에 법적 장애가 있을 경우에는 당해 사유가 소멸된 때로부터 3년 이내에 소를 제기하여야 한다. 연방청구법원에서는 연방정부가 피고가 되고, 배심원 없이 직업판사들의 심리와 결정으로 진행된다. 연방청구법원의 재판에 대한 불복은 연방순회항소법원에 제기할 수 있다(연방법 제1295조).

---

187 한상훈·김정환, 형사보상제도의 비교법적 연구, 형사법 개정 연구 자료집 III-1, 2010.12, 471면.

부당하게 유죄평결을 받아 구금되었던 사람이 재심을 받아 무죄로 확정되기 이전에 사망한 경우에 유족은 형사보상을 청구할 자격이 없다. 본래 주권면제에 의하여 배상이 인정되지 않는 것임에도 예외적으로 형사보상법에 의하여 보상금을 제공하는 것이기 때문이다.

(3) 보상액188

형사보상금은 1938년 '미국에서 부당한 유죄평결을 받은 사람의 구제에 관한 법률'이 제정된 이후 복역기간에 관계없이 총액이 5,000달러로 제한되었으나, 2004년 보상액이 대폭 증가되었다. 현재 보상액은 사형선고를 받은 사람에 대하여는 1년에 100,000달러를 초과할 수 없고 그 이외의 자유형을 복역한 사람에게는 1년에 50,000달러를 초과할 수 없는데, 구체적인 보상액은 연방민사소송절차에 따라 결정된다(연방법 제2513e조).

Ⅲ. 영국

1. 의의

영국의 형사보상제도는 종래 전적으로 내무장관의 재량에 맡겨진 보상체계인 시혜적 조치(ex gratia scheme)에서 발전하여 「1988년 형사정의법」(Criminal Justice Act)에 관련 조항을 신설함으로써 법령에 따른 보상체계를 정립한 데 의의가 있다.189 그러나 시혜적 조치는 2006년에 이르러서야 폐지되었고 2011년까지는 시혜적 조치에 따른 보상이 진행되기도 하였다.190

영국의 현행 형사보상제도는 형사정의법을 통한 법령에 따른 보상체계(statutory compensation scheme)로 일원화되었으나,191 그럼에도 불구하고 형사정의법에 따른 형사보상이 원활히 이루어지고 있지는 않다. 보상청구인원 자체도 많지 않고 보상

---

188   한상훈·김정환, 형사보상제도의 비교법적 연구, 형사법 개정 연구 자료집 Ⅲ-1, 2010.12, 472면.
189   윤지영·정진수·서주연, 형사보상제도의 운영현황과 개선방안, 2016, 47면.
190   윤지영·정진수·서주연, 형사보상제도의 운영현황과 개선방안, 2016, 49면.
191   Sally Lipscombe and Jacqueline Beard, Miscarriages of justice: compensation schemes, House of Commons Library, 2015, 3면.

이 지급되는 비율 또한 낮은 편이어서 결과적으로 보상인원이 적고 보상액도 충분하지 못하다는 평가를 받고 있다. 이는 보상제도를 운용하고 있는 정부나 형사사법기관의 소극적인 태도 때문인 것으로 보인다. 2014년 영국 정부는 형사보상의 요건을 더욱 좁게 해석하는 조항을 신설하였으며, 형사보상의 결과에 대한 사법심사를 통해 보상 결정을 받는 경우는 매우 드문 것으로 나타난다.[192]

2. 현행 형사정의법 규정

영국에서 형사보상은 형사정의법 제133조에 규정되어 있다. 유죄판결을 받았으나 그 후 새로운 사실 또는 새로 발견된 사실에 의해 합리적인 의심의 여지가 없는 입증으로 유죄판결이 파기되었거나 사면을 받았을 경우에는 법무장관이 피해자나 유족에게 보상을 해야 한다. 다만, 그 알려지지 않은 사실을 비공개한 것이 전체적으로 또는 부분적으로 그에게 책임이 있었다는 것이 증명되는 경우에는 그러하지 아니한다(형사정의법 제133조 제1항).

형사보상의 청구기간은 원칙적으로 유죄판결이 파기되거나 사면을 받은 날로부터 2년 이내이나(동조 제2항), 법무부장관이 인정하는 정당한 이유가 있는 경우에는 그 기간 이후의 청구가 허용된다(동조 제2A항). 형사보상의 여부는 법무장관이 결정하며(동조 제3항), 보상을 받을 권리가 있다고 인정되는 경우 법무장관이 임명한 판사가 보상액을 결정하게 된다(동조 제4항).

Ⅳ. 북한[193]

1. 의의

근래에는 북한의 형사사법제도에 대해 북한에서 발간된 자료도 직접 확인할 수 있게 되어 북한의 형사사법제도에 대한 연구가 활발해지고 있다. 비록 형사사법제

---

192 윤지영·정진수·서주연, 형사보상제도의 운영현황과 개선방안, 2016, 2면.
193 상세한 내용은 김정환, 북한 형사보상제도의 존부 확인을 통한 북한 형사소송제도의 이해, 형사법연구 제31권 제1호, 2019.3., 239~267면 참조.

도의 실제적인 운영에 대해 북한에서 발간한 자료는 없으므로 북한의 형사법규정이 어떻게 해석되고 적용되는지 그리고 형사사법기관이 실제 어떻게 운영되는지는 확인되지는 않지만, 북한의 공식적인 법전인 '조선민주주의인민공화국 법전'194 및 북한에서 발간되는 법학학술지인 '김일성종합대학학보(력사, 법학)'와 '정치법률연구'를 통해 북한의 형사법자료를 직접 확인할 수 있다. 이러한 자료들을 통해 북한에도 판사, 검사, 변호사라는 소송주체의 개념이 존재하고, 수사와 공판의 분리 및 심급제 등 체계를 갖춘 형사사법제도가 있음을 알 수 있다.

북한 형사소송법을 보면 수사기관에 의한 체포·구속제도가 존재하고 법원의 재판에 대한 불복수단인 상소제도와 재심제도가 존재한다. 이와 같이 체포·구속과 재판에 대한 불복수단이 존재하면, 체포·구속이나 형집행 후 불복수단에 의해서 사후적으로 범죄혐의에서 벗어난 사람에 대해서 국가가 그 피해를 보상하는 '형사보상제도를 필요로 하게 된다. 국가기관의 직권적인 소추절차에 따른 형사절차가 확립된 이후, 18세기 자유민권사상이 형사절차에 정착하면서 유럽에서 19세기 형사보상이 입법되기 시작하였고,195 현재 형사보상제도는 국제형사재판소규정(ICC) 제85조196에 규정될 정도로 보편적인 제도이기 때문이다.

그런데 북한의 '조선민주주의인민공화국 법전'을 보면,197 형법·형사소송법·자금세척방지법·도로교통법·의료법·공중위생법 등이 존재하지만 형사보상을 직접적으로 규정한 법률은 찾아볼 수 없다. 아직까지 북한의 형사보상제도에 대해서 다룬 논문이나 자료를 찾아볼 수 없는 상황에서, 체계를 갖춘 형사사법제도가 존재하는 북한에서 형사보상제도가 존재하지 않는 것인지, 만약 형사보상제도가 존재하지 않는다면 그 이유는 무엇인지를 검토해 본다.

---

194 북한에서 2004. 6. 대중적인 법전의 편찬을 통해 주요법률들이 공개되면서 북한 사법제도의 윤곽을 파악할 수 있게 되었다고 한다(이백규, "북한의 사법제도와 형사법 개관", 2015, 37면).

195 김정환, 형사보상의 역사와 본질, 서울법학 제18권 제2호, 61~65면.

196 Rome Statute of the International Criminal Court Article 85(Compensation to arrested or convicted person). 국제형사재판소규정 제85조에 대해서는 김헌진, ICC 규정과 형법, 2006, 186~187 참조.

197 조선민주주의인민공화국 법전(증보판), 법률출판사, 2016.

2. 북한의 형사보상에 대한 기존의 설명

북한헌법에 형사보상에 대한 명시적 규정이 없으므로 북한에서는 형사보상제도 자체가 존재하지 않는 것으로 전제하고 통일 이후에 형사보상제도는 시행되어야 한다고 논의되기도 한다.198 그런데 '2018 북한인권백서'에 의하면 일부 북한이탈주민들은 북한에도 형사보상제도가 존재한다고도 한다.

> 체포나 구속이 되어 수사, 예심 또는 재판을 받았으나 혐의가 없는 것으로 밝혀져 석방이 되거나 무죄판결을 받아 석방이 되었을 경우 체포나 구속으로 인한 피해에 대하여 보상을 하는 제도가 있느냐는 질문에 대해서는 전체 응답자 50명 중 3명(6%)이 그와 같은 제도가 있다고 대답하였으며, 그중 2명은 제도는 있으나 실제로 보상을 청구하는 경우는 없다고 대답하였다. … 형사보상제도와 관련하여 북한은 2000년 유엔 자유권위원회에 제출한 자유권규약 이행보고서에서 형사보상규정(Regulation on Criminal Compensation)에 대해 언급한 바 있다. 북한은 보고서에서 동 규정 제2조에 '국가는 수사, 예심 또는 사법기관에 의하여 무고하게 체포 및 구속되거나 처벌을 받은 개인의 정신적·육체적 고통과 재산 손실을 보상하도록 한다.'고 규정되어 있다고 밝혔다.199

북한에 독자적인 형사보상에 대한 법률은 현재 확인되지 않는다. 북한에서 발간한 '조선민주주의인민공화국 법전'을 살펴보더라도 형사보상을 독립적으로 규정한 법률은 확인되지 않는다.200 다만 검찰기관과 재판기관에 의한 침해에 대한 구제수단이 '신소'라는 제도로 존재하는데, 북한에서 형사보상이 존재한다는 설명은 신소를 통해서 검찰기관과 재판기관에 의한 침해를 구제할 수 있음을 근거로 주장하

---

198 박학모·임석순·오영근·전지연·이용식·이승호·한영수·정승환·이진국·류부곤·김선택·윤정인, 통일시대의 형사정책과 형사사법통합 연구(Ⅲ), 한국형사정책연구원, 2017, 874~875면: "북한헌법 내에서는 형사보상제도에 대한 근거규정을 발견할 수 없다. 그러나 형사절차의 진행과정에서 불가피하게 발생한 개인의 피해에 대하여 국가가 보전해주어야 한다는 관념은 19세기 후반부터 세계 각국이 형사보상제도로 입법화되었고, 헌법상 기본권으로 보장하는 국가도 있고, 법률상 권리로 인정하는 국가도 있지만, 우리의 경우 제헌헌법 당시부터 헌법상 기본권으로 강력하게 보장하고 있는 것이다. 따라서 통일형법질서를 형성할 때에도 죄 없이 생명과 신체 등 개인의 실존과 밀접하게 관련된 중대한 법익을 침해당한 개인에게 국가가 정당한 보상을 지급하는 제도를 포함함으로써, … 바람직하겠다."
199 대한변호사협회, 2018 북한인권백서, 2018, 85면.
200 조선민주주의인민공화국 법전(증보판), 법률출판사, 2016, 2~5면 차례 참조.

는 것이 아닐까 추측된다.

북한의 신소청원법에 의하면 기관, 단체의 사업이나 개별 주민의 사업에 대한 개선의견을 제기하는 것이 '청원'으로(북한 신소청원법 제2조) 우리의 청원제도와 유사하고, 국가기관이나 공무원의 행위로 인해 발생한 주민의 권리와 이익에 대한 침해를 예방하거나 회복시켜 줄 것을 요구하는 것이 '신소'로서 행정심판과 유사하다고 설명된다.201 신소제기의 요건을 보면 신소의 대상이 넓은 특징이 있다. "검찰사업, 검찰일꾼의 사업방법, 작풍과 관련한 신소"도 가능하고 "재판. 중재, 공증과 관련한 신소"도 가능하다(동법 제22조). 검찰사업, 검찰일꾼의 사업방법은 '검찰기관'이 처리하고 재판, 중재, 공증은 '재판기관'이 처리하는데, "재판 또는 법적 제재를 받은 것과 관련된 신소"는 최고인민회의 상임위원회가 직접 처리할 수 있다.

그러나 북한 이탈주민들에 의하면 신소를 제기했다가 자신이나 가족에게 해가 되지 않을까 하여, 신소를 하고 싶어도 하지 않는다고 한다.202 북한에서 신소를 제기한 경우 주민등록에 신소자로 기록되어 불평불만자로 분류되므로 간부가 되려는 사람은 신소를 제기하지 않으며, 신소가 받아들여지지 않는 경우에는 상대방으로부터 보복을 당하기도 하고 열악한 환경으로 이직되는 일도 있다고 한다.203

신소가 실제 적극 활용되기 어려움은 규정상으로도 확인할 수 있다. 북한 신소청원법 제12조에 의하면, "신소청원자는 과학적인 자료와 객관적 사실을 가지고 신소청원을 하여야 한다. 자료나 사실을 과장 날조하여 신소청원을 하는 행위는 할 수 없다." 따라서 신소청원을 할 때는 반드시 기명으로 하여야 하고 증거도 충분하여야 하며, 증거 없이 신소할 경우에는 처벌을 받는다고 한다.204 신소의 경우 신소제기

201 임성택, 북한의 행정구제절차(신소·청원)에 대한 검토, 북한법연구 제13호, 2011, 139면.
202 이규창·정광진, 북한형사재판제도 연구: 특징과 실태, 통일연구원, 2011, 147면. 다만 신소는 적극적으로 활용되지 않을 뿐 사용되고는 있다고 한다. 신소청원의 경험이 있는 북한이탈주민 15명(신소제기시점이 2000년 이전 8명, 2000년 이후 7명)을 면접 조사한 결과에 의하면, (총 15건 중) 신소청원이 해결된 경우도 7건이 있었다(이금순·전현준, 북한주민 인권의식 실태연구, 통일연구원, 2010, 113면). 북한이탈주민의 증언에 의하면, 신소가 받아들여지도록 하기 위해서는 당 공위직이나 보위부 등 권력기관의 인맥이 동원되어야 하고, 인맥이 없는 경우에는 뇌물이 동원된다고 한다(이금순·전현준, 북한주민 인권의식 실태연구, 2010, 130면). 다만 이 가운데 당에 제기한 것이 10건, 보안기관에 제기한 것이 3건 등으로 검찰기관과 재판기관에 제기한 경우는 없었다(이금순·전현준, 북한주민 인권의식 실태연구, 2010, 112면 참조).
203 이규창·정광진, 북한형사재판제도 연구: 특징과 실태, 2011, 146면.
204 이금순·전현준, 북한주민 인권의식 실태연구, 2010, 123면.

자가 정확한 자료를 준비하여 제출하여야 한다면, 형사사법기관의 고의·과실에 관계없이 청구할 수 있는 형사보상이라는 제도와 신소는 본질적으로 상이한 것이다.

3. 평가(형사보상의 본질에 부합하는 형사보상제도의 부존재)

북한에 형사보상제도가 존재하는지 여부에 대해서 단정하기 어렵다. 사후적으로 무죄임이 밝혀진 사람이 수사절차나 재판절차에서 구금되었거나 형의 집행을 받은 경우에 국가가 그 피해를 보상해 주는 형사보상을 규정한 북한의 법률은 확인되지 않으면서도, 체포·구속으로 인한 피해를 보상하는 제도가 있다는 북한이탈주민의 진술이 있고 검찰과 재판의 업무와 관련된 침해와 법적 제재의 침해에 대한 불복절차인 신소가 존재하기 때문이다.

그러나 형사보상의 본질이 부합하는 형사보상이 북한에 존재하는지 여부에 대해서는 존재하지 않는다고 답할 수 있다. 그 이유는 첫째, 형사보상개념의 전제가 되는 무죄추정의 원칙이 인정되지 않기 때문이다. 형사절차에서 '무죄추정원칙'의 인정을 전제로 하여 형사사법기관의 고의·과실 여부에 관계없이 사후적으로 무죄라고 확정된 사람이 수사와 재판을 통해 받은 침해를 구제해 주는 것이 형사보상이다. 그런데 북한에서는 집단주의 원칙에 기초하여 무죄추정의 원칙이 부정된다. 북한의 수사기관은 범죄자에 대하여 응당한 증오감을 가지고 범죄자를 반드시 처리한다는 계급적 사명을 수행하므로, 형사소송에서 피의자와 피고인은 처음부터 "형사책임을 물을 대상으로, 계급투쟁의 대상"이라고 한다.205 이와 같은 시각에서 무죄추정의 원칙도 부정된다.206

---

205 리재도, 피심자, 피소자의 소송상 지위, 김일성종합대학학보 사회과학(력사, 법학) 제39권 제8호, 1993, 69면. 다만 피고인의 소송당사자 지위를 부정할 수는 없기에 피의자와 피고인은 "집단주의사회가 허용하는 범위 안에서 소송관계자"로서 권리를 가질 뿐이라고 한다(리재도, 같은 논문, 70면).

206 집단주의 원칙에 기초하여 무죄추정의 원칙을 부정하는 북한의 형사소송제도는 주민의 법에 대한 인식에도 영향을 미칠 수 있다. 2011년 북한이탈청소년 119명과 남한청소년 358명을 대상으로 조사한 바에 의하면, "북한이탈청소년들은 주로 법이 국가의 통치방법으로서 국민의 질서 준수와 의무를 명시한 것이므로 그에 복종하고 따라야 하며 죄를 짓지 말아야 한다는 인식을 강하게 지니고" 있는 반면, "남한청소년들은 법을 불공평하고 신뢰할 수 없는 것이며, 강제적이며 엄격하다고 보는 경향"을 나타내었다(이순형·김창대·진미정, 북한이탈청소년과 남한청소년의 도덕성, 법의식과 권위 인식, 2014, 127면).

둘째, 인민참심원제도에 의해서 행해진 재판에 대해서 사후적인 보상을 인정하기 어렵기 때문이다. 북한의 인민참심원제도는 해방 후 인민재판제도[207]의 수립과 함께 발생한 것으로서,[208] 인민참심원제도는 북한헌법에도 명시되어 있는데, 북한헌법 제163조에 의하면 특별한 경우 외에 재판은 판사 1명과 인민참심원 2명으로 구성된 재판소가 하도록 규정되어 있다. 북한 재판소구성법에 따르면 제1심재판소는 특별한 경우 외에는 판사인 재판장과 인민참심원 2명으로 구성되지만(동법 제9조), 제2심재판소는 판사 3명으로 구성되며(동법 제14조), 비상상소사건과 재심사건을 심리하는 재판소는 최고재판소의 판사 3명으로 구성된다(동법 제15조).[209] 북한에서 재판소의 판결, 판정은 재판 또는 판사회의에 참가한 판사, 인민참심원들의 다수가결로 채택한다(동법 제17조). 다수의 의견에 동의하지 않는 판사나 인민참심원은 의견서를 낼 수 있다(북한 형사소송법 제341조). 인민참심원들은 판사와 동등한 권한을 가지고 재판심리의 전체과정에 적극적으로 참가하면서 사건에 대해서 각자의 자유로운 확신과 판단에 따라 문제해결에 참가한다고 한다.[210] 북한 자료에 의하면 인민참심원제도는 "가장 인민적인 재판담당자제도"라고 칭송된다.[211] 재판에 있어서 인민참심원의 실질적인 권한행사여부가 가능한지와 관계없이, 북한정부는 인민참심원제

---

[207] 인민재판이란 공식적으로는 '현지공개재판'이라고 하는데, 북한 형사소송법 제285조(현지공개재판의 조직)에 "재판소는 군중을 각성시키고 범죄를 미리 막기 위하여 현지에서 재판심리를 조직할 수 있다. 이 경우 기관, 기업소, 단체의 대표가 범죄자의 행위를 폭로규탄하게 할 수 있다."고 규정되어 있다. 중국으로의 도강이나 탈북시도, 절도 등 주로 경제범에게 현지공개재판을 하고, 정치범에게는 현지공개재판을 하지 않는다고 한다(이규창·정광진, 북한형사재판제도 연구: 특징과 실태, 2011, 70면).

[208] 김혁철, 우리 공화국 인민참심원제도의 발생과정, 김일성종합대학학보(력사, 법률), 제60권 제1호(루계 제483호), 2014, 108면.

[209] 제1심 재판에 비법률전문가인 인민참심원이 필요적으로 참여하게 하고 최고 2심제를 취하여 한 차례의 상소만 허용하는 것은 정치주의적 소송제도의 표현이라고 평가하기도 한다(최종일, 남·북한 형사소송법의 비교, 법학논총 제7집, 1990.9, 267면).

[210] 김혁철, 우리 공화국 인민참심원제도의 발생과정, 김일성종합대학학보(력사, 법률), 제60권 제1호(루계 제483호), 2014, 39면.

[211] 김혁철, 우리 공화국 인민참심원제도의 발생과정, 김일성종합대학학보(력사, 법률), 제60권 제1호(루계 제483호), 2014, 38면: "인민참심원제도는 위대한 주체사상을 재판사업에 철저히 구현하여 모든 재판사건을 근로인민대중을 중심에 놓고 근로인민대중의 자주적 요구와 리익의 견지에서 처리해나갈 수 있도록 담보하는 세상에서 가장 인민적인 재판담당자제도이다. 인민참심원제도는 무엇보다도 재판소의 구성에서 국가와 사회의 주인으로서의 근로인민대중의 지위를 확고히 보장하고 있는 가장 인민적인 재판담당자제도이다."

도라는 일반인의 재판참여를 통해 정치교육적 효과를 달성할 수 있다는 점[212]과 당성이 강한 주민들만이 인민참심원으로 선출될 수 있는 현실에서 인민참심원제도는 당에 의한 재판통제를 가능하게 하고 있다고 평가된다.[213]

셋째, 집단주의원칙에서는 개인의 보호를 위한 형사보상을 인정하기 어렵기 때문이다. 북한헌법 제63조에서는 "조선민주주의인민공화국에서 공민의 권리와 의무는 《하나는 전체를 위하여, 전체는 하나를 위하여》라는 집단주의원칙에 기초한다." 고 하여, 개인의 이익보다는 집단전체의 이익을 우선하고 있다. 집단주의 원칙을 바탕으로 하는 권리에 대한 개념에서는 개인의 기본적 권리의 보장에는 근본적인 한계가 있게 된다.[214] 전제군주주의를 극복하고 계몽적 인도주의와 자연법사상을 바탕으로 탄생한 형사보상이 개인보다는 전체를 우선시하는 북한에서 존재하기는 어렵다.

---

212 이백규, 북한의 사법제도와 형사법 개관, 2015, 40면.
213 통일연구원, 북한인권백서 2017, 2017, 113면.
214 이효원, 북한의 형사법과 형집행제도, 교정담론 제3권 제1호, 2009, 69면.

/ 형사보상의 개선과제 /

제1절 · 형사보상의 내용과 대상의 확대

Ⅰ. 구금에 대한 일액보상금

1. 현행 일액보상금

형사보상법 제5조는 보상내용을 규정하고 있는데, 구금에 대한 보상을 할 때에는 그 구금일수(拘禁日數)에 따라 1일당 보상청구의 원인이 발생한 연도의 「최저임금법」에 따른 일급(日給) 최저임금액 이상 대통령령으로 정하는 금액 이하의 비율에 의한 보상금을 지급한다(동조 제1항). 노역장유치의 집행에 대한 보상에 관해서도 마찬가지이다(동조 제5항). 구금에 대한 보상금액을 산정할 때에는 ① 구금의 종류 및 기간의 장단, ② 구금기간 중에 입은 재산상의 손실과 얻을 수 있었던 이익의 상실 또는 정신적인 고통과 신체 손상, ③ 경찰·검찰·법원의 각 기관의 고의 또는 과실 유무, ④ 그 밖에 보상금액 산정과 관련되는 모든 사정을 고려하여야 한다(동조 제2항).

형사보상법 제5조에 따르면 구금에 대한 일액보상금은 '보상청구의 원인이 발생한 연도의 「최저임금법」에 따른 일급(日給) 최저임금액 이상 대통령령으로 정하는 금액 이하'에서 법원이 모든 사정을 고려하여 산정된다. 이와 관련하여 형사보상법 시행령에는 형사보상법 "제5조 제1항에 따른 구금에 대한 보상금의 한도는 1일당 보상청구의 원인이 발생한 해의 「최저임금법」에 따른 일급(日給) 최저임금액의 5배로 한다."고 규정되어 있다(형사보상법시행령 제2조).

그러나 현행 일액보상금은 형사보상으로서 충분하지 못하다. 마약사범으로부터 수차례 뇌물을 받고 범죄를 감춰준 혐의로 (마약사범의 진술에 기하여) 기소되어 제1심재판에서 10월의 징역형이 선고되었으나 항소심에서 마약사범의 진술의 신빙성에 문제가 있어 항소심 공판검사도 백지구형을 하고 무죄선고가 확정된 경찰관의 경우에 있어서, "2년간 소송비용 등으로 1억 원이 넘는 돈을 썼다. 형사보상제도가 있지만 최저임금 기준으로 지급되는 보상금만으로는 실질적 피해 회복이 되지 않는다. … 다만 확실한 것은 검찰의 잘못된 기소로 그와 가족이 입은 정신적 피해는 보상받을 방법이 없다는 것이다."[1]

2. 일액보상금 제한에 대한 헌법재판소의 논의[2]

구금에 대한 일액보상금 제한에 대해 2010년 헌법재판소에서 논의되었다. 헌법재판소결정에 따르면, 형사보상청구권은 법률이 정하는 바에 의하여 행사되도록 규정하고 있으므로 본질적 내용의 침해가 아닌 이상 입법자에게 일정한 입법재량이 부여된 것이며, 이러한 전제에서 형사보상법에서 구금으로 발생한 손해의 전부가 아니라 일정한 범위 내에서만 형사보상금을 지급하도록 한 것은 형사보상의 본질적 내용의 침해가 아니라고 판단되었다.[3] 구체적 내용은 다음과 같다.

① 청구인들의 의견

청구인들은, 우선 형사보상의 근거규정인 헌법 제28조가 "국가에 정당한 보상을 청구할 수 있다"고 규정한 것을 완전한 보상으로 이해해서, 구금으로 인한 상태를 만회하여 구금 전의 상태로 회복시킬 수 있는 보상을 규정한 것이라고 이해한다. 이러한 입장에서 보면, 형사보상법과 형사보상법시행령이 보상액의 상한을 규정(최저임금법상 일급최저금액의 5배)한 것은 형사보상청구자의 구속 당시의 소득상태와 아무 관련이 없는 기준을 적용한 것으로 부당하다고 본다. 또한 구금으로 인한 일실이익 등 재산상 손해와 현실적으로 발생한 신체적·정신적 손해 등의 일부에 대해서만

---

1 류인하, 비리 누명 쓴 경찰의 무죄 투쟁기, 주간경향 1359호(2020. 1. 6.), 36면.
2 김정환, 형사보상에 있어 일액보상금의 제한 – '헌재결 2008헌마514, 2010헌마220(병합)'을 바탕으로 –, 형사법연구 제23권 제1호, 2011, 340~343면.
3 헌재 2010. 10. 28. 선고 2008헌마514, 2010헌마220(병합).

보상하게 되는데, 이러한 결과는 결국 구금으로 인한 손해에 대하여 완전한 보상을 받지 못하게 하여 헌법 제28조의 형사보상청구권을 침해하는 것이라고 한다.

② 법무부장관의 의견

이에 대하여 법무부는 헌법 제28조의 의미를 다르게 이해한다. 헌법 제28조에서는 "법률이 정하는 바에 의하여 국가에 … 청구할 수 있다"고 규정하고 있기 때문에, 입법자에게 광범위한 입법형성의 자유가 존재한다고 본다. 그리고 형사보상은 국가의 무과실 행위에 대하여 공평의 관점에서 손실을 보상하는 것으로서 재산권의 수용에 따른 손실보상과 다른 것이고, 무제한적인 보상은 국가재정의 부담으로 되며, 개인의 수입에 따라 보상금을 달리하는 것은 형평의 문제를 발생시킨다는 것을 근거로 하여, 형사보상법 제4조 제1항과 형사보상법시행령 제2조는 헌법 제28조에 반하지 않는다고 한다.

③ 헌법재판관 다수의 의견

헌법재판소는 2008헌마514, 2010헌마220(병합) 결정에서 헌법 제28조 형사보상의 본질과 규정형식에 대하여 판단하였다. 형사절차에서 구금은 "불가피하게 내재되어 있는 위험"으로서 수사나 공판과정에서 구금되었던 자가 확정적으로 무죄판단을 받는 경우에, 이러한 위험이 실현된 것이라고 한다. 이때 형사절차에 내재된 위험이라도 그 부담을 무죄판결을 선고받은 자 개인에게 지워서는 아니 되고, 형사사법절차를 운영하는 국가가 위험에 의하여 발생되는 손해에 대응한 보상을 하여야 하는 것이고, 헌법 제28조가 이를 구체적으로 보장한 것이라고 본다. 다만 형사보상청구권은 법률이 정하는 바에 의하여 행사되도록 규정하고 있으므로, 본질적 내용의 침해가 아닌 이상 입법자에게 일정한 입법재량이 부여된 것이라고 본다.

이러한 전제에서 형사보상법에서 구금으로 발생한 손해의 전부가 아니라 일정한 범위 내에서만 형사보상금을 지급하도록 한 것이 형사보상의 본질적 내용의 침해인지 여부를 판단하여, 결론적으로 일정한 범위 내에서만 형사보상금을 지급하도록 한 것은 형사보상의 본질적 내용의 침해가 아니라고 본다.

그 논거로는 첫째, 형사보상은 국가배상과 그 취지가 다르다는 점을 든다. 국가배상은 위법·부당한 행위를 전제로 하는데, 이는 과실책임의 원리에 의하여 고의·과실로 인한 위법행위와 인과관계 있는 모든 손해를 배상하는 것이다. 반면 형사보상은 형사사법절차에 내재하는 불가피한 위험에 대하여 형사사법기관의 귀책사유를 따지지 않고 보상하는 것으로서, 구금사유와 무죄판결선고의 사유는 매우 다양하므로 그 모든 경우에 구금이 위법·부당하다고 단정할 수 없어, 형사보상의 범위도 손해배상의 범위와 동일할 필요가 없다고 한다.

둘째, 헌법 제28조 형사보상에서 규정하는 "정당한 보상"은 헌법 제23조 제3항 손실보상에서 규정하는 "정당한 보상"과 다르다는 점을 논거로 든다. 토지수용 등과 같은 재산권의 제한은 물질적 가치에 대한 제한으로서 제한되는 가치의 범위가 객관적으로 산정될 수 있어 이에 대한 완전한 보상이 가능하나, 형사보상에서 문제되는 신체의 자유에 대한 제한인 구금으로 인하여 침해되는 가치는 객관적으로 산정할 수 없으므로 어느 정도의 보상이 완전한 보상인지 단정할 수 없다고 한다. 그렇기에 헌법 제23조 제3항(손실보상)에서는 "정당한 보상을 지급하여야 한다"라고 규정했으나, 헌법 제28(형사보상)에서는 "정당한 보상을 청구할 수 있다"라고 표현을 달리했다고 한다. 결국 신체의 자유를 제한한 것에 대한 사후적 손해의 배상에 있어, 그 침해되는 가치를 객관적으로 평가하기 어려워 그에 대한 보상을 어떻게 할 것인가는 국가의 경제·사회·정책적 사정들을 참작하여 입법재량으로 결정할 사항이라고 보았다.

④ 헌법재판관 소수(조대현, 김종대)의 의견

구금되어 수사를 받거나 재판을 받은 피의자나 피고인이 종국적으로 무죄판결되었더라도 헌법과 법률이 정한 적법한 절차와 방식에 따라 이루어진 경우에는 구금 자체가 불법이라고 할 수 없다고 본 점은 다수의견과 같다. 그러나 형사보상의 본질을 다수의견과 다르게 본다. 무고한 사람을 국가형사사법기관이 구금했다면, 그 구금으로 인해 개인이 입은 손해에 대해 국가는 마땅히 책임을 져야 하고 개인은 손해의 보상을 청구할 권리를 가진다는 것이 국민주권을 기본원리로 하는 우리 헌법에서 자명한 것이고, 이를 특별히 헌법 제28조에서 구체적인 기본권으로 규정한 것이라고 본다. 특히 1980년 개정 헌법에서 현행과 같이 "… 정당한 보상을 청구할 수 있다"고 규정하여 정당한 보상을 강조하고 있는데, 정당한 보상이란 헌법 제23조 제3항 손실보상에서의 정당한 보상과 마찬가지로 (구금으로 인한) 손해 전부를 완전하게 보상하는 것을 의미한다고 본다. 신체의 자유의 가치가 객관적인 재산적 가치로 산정하기 곤란하다는 것이 신체의 자유에 대한 제한(구금)으로 인한 손해의 객관적인 재산적 가치를 산정할 수 없음을 의미하지는 아니한다고 본다.

이에 덧붙여, 신속하고 안정적인 형사보상의 지급과 형사보상지급의 법률관계를 조기에 확정하여 예산수립의 불안정을 제거하고 국가재정을 합리적으로 운영하며, 지나친 형사보상금액을 방지하여 국가재정부담을 방지하기 위하여, 보상금의 상한을 대통령령에 위임한 것은 정당하다는 헌법재판소 다수견해에 대하여 반론을 제시한다. 신속한 보상은 보상지급절차와 관련되는 것이지 보상금의 상한설정과 관련되는 것이 아니며, 형사보상청구건수를 예측할 수 없는 상황에서 보상금의 상한설정이 예산수립의 안정에 도움이 되지 아니한다고 반론한다.

결국 현실적으로 형사보상금의 상한을 설정한 것은 지급되는 형사보상금액이 많아짐에 따른 국가재정의 부담을 방지하기 위한 것으로 볼 수밖에 없는데, 국가는 이러한 방식이 아니라 보상금액이 많아지면 그만큼 재정을 확충하거나 형사사법절차를 보다 더 신중하고 철저하게 운용하여 무고한 사람의 구금을 줄여야 한다고 한다. "형사보상청구권이 인정되는 자에게 보상금을 지급하는 것은 헌법에 따라 국가가 이행하여야 할 당연한 의무"이기 때문이라고 한다.

3. 헌법재판소의 논증[4]

논증은 근거설정을 통해 타인에게 확신을 갖게 만들고자 하는 것이다. 법적 논증은 객관적인 논거개념과 논증자의 관점에서 행하는 주관적 논거개념으로 구분할 수 있다.[5] 형사보상의 내용에 대한 헌법소원청구인들의 논증과 법무부장관의 논증은 주관적 논거개념을 토대로 한 것으로 볼 수 있고, 이를 바탕으로 판단하는 헌법재판소의 규범적 법적 논증은 객관적 논거개념을 토대로 하는 (혹은 해야 하는) 것이라고 볼 수 있다. 그런데 형사보상의 내용에 대한 헌법재판소(다수견해)의 판단이 객관적 논거개념을 바탕으로 하여 이루어졌고, 다른 사람들에게 형사보상의 내용에 대한 확신을 갖게 했는지가 의문이다.

헌법재판소(다수견해)의 형사보상내용에 대한 합헌논증은 크게 두 가지 논거에 입각해 있다. 하나는 형사보상의 본질이고, 다른 하나는 행정편의 내지 국가재정부

---

4 김정환, 형사보상에 있어 일액보상금의 제한－'헌재결 2008헌마514,2010헌마220(병합)'을 바탕으로－, 형사법연구 제23권 제1호, 2011, 343~345면.

5 울프리드 노이만 저/윤재왕 역, 법과 논증이론, 2009, 182면.

담이다. 형사보상은 국가배상과 그 취지가 다르며 손실보상과도 성질이 달라 헌법 조문의 규정이 다르게 표현되었다는 점은, 형사보상의 본질을 논거로 한 것이다. 신속하고 안정적인 형사보상의 지급과 합리적인 국가재정의 운용, 지나친 형사보상금액을 방지하여 국가재정부담을 방지한다는 점은 행정편의 내지 국가재정을 논거로 한 것이다.

이 중 후자의 논거(행정편의 내지 국가재정부담)는 헌법재판소 소수견해가 밝혔듯이 타당성을 인정하기 어렵다. 이 논거는 보상금을 집행하는 행정부의 주관적 논거개념으로서는 인정할 수 있으나 법적 논증의 개념인 객관적 논증개념으로 보기는 어렵기 때문이다. 특히 재판관의 판결도 하나의 행위("힘을 바탕으로 하고, 힘을 변환시키고 또한 힘을 행사하는 그런 행위"6)라고 할 수 있는데, '행위에 대한 근거설정'은 '주장에 대한 근거설정'과 원칙적으로 같지 않다. 주장에 대한 근거설정은 그 주장 내용이 왜 존재하는가에 대한 근거(원인요소)를 제시함을 의미하나, 행위에 대한 근거설정은 이 행위를 정당화하려는 시도를 의미한다.7 신속한 보상은 보상금의 상한설정과 관련되는 것이 아니라 보상금지급절차와 관련된 것이고, 2011년도 국가예산이 309조 1천억 원에 달하는 나라에서 형사사법기관에 의해 무고하게 구금당하고 형집행을 당한 국민에게 100억 원8도 안 되는 보상금을 지급하는 것에 대하여 국가재정부담을 언급하는 것은 궁색한 변명일 뿐이며, 행위(판결)에 대한 근거설정이 아니라 단순한 주장에 대한 근거설정일 뿐이다. 국가배상의 지급이나 손실보상의 지급에 있어서는 일당 일정액수로 그 부담금의 상한을 제한하는 입법을 하지 않으면서, 형사보상의 지급에 있어서만 국가의 재정부담이라는 궁색한 이유를 제시하는 것은 형사보상의 제한을 정당화하는 논거라고 볼 수 없다.

다음으로 구 형사보상법 제4조 제1항(현행 형사소송법 제5조 제1항) 및 동시행령 제2조에서 형사보상의 내용을 일당 5천 원 이상 일급최저임금액의 5배 이내로 제한한 것의 합헌성을 인정한 헌법재판소 다수견해의 합헌논거 중 형사보상 내용결정의 헌법상 법률유보규정이 손실보상의 헌법상 법률유보규정과 표현이 다르다는 점을 살펴보자. 손실보상에 있어서는 "법률로서 하되, 정당한 보상을 지급하여야 한다"고

---

6 Müller · Christensen · Sokolowski 저/ 이덕연 역, 법텍스트와 텍스트작업, 2005, 저자서문 viii.
7 올프리드 노이만 저/윤재왕 역, 앞의 책, 13~14면.
8 법무연감 2009에 보면, 2008년도에 약 60억 8천만 원의 보상금을 지급했다.

규정(헌법 제23조 제3항)한 반면 형사보상에 있어서는 "법률이 정하는 바에 의하여 국가에 정당한 보상을 청구할 수 있다"고 규정(헌법 제28조)하고 있다. 비록 양자가 '정당한 보상'이라는 용어를 사용하지만, 양자는 보상의 대상이 다르므로 정당한 보상에 대하여는 다르게 규정할 수 있는 입법재량을 부여하고 있고, 이것이 위와 같이 다르게 표현되었다는 것이다. 형사보상의 대상은 신체자유권의 침해인 반면, 손실보상의 대상은 재산권의 침해이기에 정당한 보상의 내용이 다르다는 것이다. 결국 이 것은 형사보상의 본질이 손실보상과 다르기에 그 보상내용이 다르게 된다는 것으로서, 형사보상의 본질을 어떻게 이해하느냐의 문제이다.

따라서 현행 형사보상법이 형사보상의 내용(일액보상금)을 제한하는 규정에 대한 합헌 논거는 형사보상의 본질이 유일한 객관적 논거이고 동시에 이것에 귀결된다.

4. 소결[9]

형사보상의 본질에 대한 논의의 핵심은 형사보상의 내용과 관련된다. 형사보상에 대한 이해에 따라 보상의 내용(혹은 범위)이 달라지기 때문이다.

① 국가배상의 일종 혹은 손실보상의 일종으로 이해하는 경우

형사보상을 국가배상으로 이해한다면, 현행 국가배상법에 의하여 생명·신체에 대한 침해와 물건의 멸실·훼손으로 인한 손해에 관해서는 배상금액의 기준에 의하고, 그 밖의 손해에 대해서는 불법행위와 상당인과관계가 있는 범위 내의 손해를 배상하는 것(국가배상법 제3조 제1항 내지 제4항)이 기준으로 제시될 수 있다. 즉 형사보상도 일종의 국가배상이라고 이해하는 한, 그것은 비재산적, 재산적인 모든 손해의 배상이라고 생각하지 않으면 안 되며, 적어도 원칙적으로는 이러한 완전 배상을 원칙으로 해야만 한다. 이와 같은 관점에서 보면, 현재와 같은 하루에 얼마까지라고 하는 기준은 부당한 입법이라고 판단할 수 있다.

한편 형사보상을 손실보상으로 이해하게 되면, 정신적 고통은 보상의 범위에 포함되지 않게 될 것이다. 손실보상과 관련하여 헌법 제23조 제3항에서 공공필요에 의한 재산권의 수용·사용·제한에 대하여는 법률이 정하는 바에 의하여 정당한 보

---

9 김정환, 형사보상에 있어 일액보상금의 제한－'헌재결 2008헌마514,2010헌마220(병합)'을 바탕으로－, 형사법연구 제23권 제1호, 2011, 356~359면의 내용을 수정·보완.

상을 지급하도록 규정하고 있는데, '정당한 보상'을 완전보상으로 이해하는 견해(완전보상설)와 상당한 보상으로 이해하는 견해(상당보상설), 그리고 절충적인 견해가 대립하고 있으나,[10] 어떤 견해에 의하더라도 시장가격에 의한 완전한 시가보상과 부대적 손실(예컨대 영업상 손실의 보상, 이전료보상 등)의 보상 이상을 그 내용으로 하지 아니하며, 정신적 고통은 보상되지 아니한다.[11]

독일의 통설과 판례도 형사보상을 손실보상 혹은 희생보상(Aufopferungsentschädigung)의 특수문제(Spezialfrage)로 이해한다.[12] 형사사법절차라는 일반의 이익을 위해 개인이 특별한 희생자로 된 것이라고 본다. 비록 형사절차는 다른 국가고권작용의 영역과 다르므로 형사보상을 손실보상(Schadensausgleich)의 문제가 아니라 원상회복(Wiedergutmachumg)의 문제라고 여겼음에도, 결국에는 손실보상이 강조되었다고 한다.[13] 독일에서는 이러한 형사보상의 본질에 대한 이해와 관련하여 보상내용(보상금액)이 문제되기보다는 오히려 보상대상에 대하여 논의되었다. 진실로 무책한 자만이 보상의 대상이 되어야 하는지, 법률망의 흠결로 무죄를 선고하는 자까지도 보상해야 하는지가 역사적으로 다루어지며 발전되었다.

그렇다면 형사보상의 본질을 손실보상의 일종으로서 이해하는 경우에, 현행 형사보상법 제5조 제1항에서처럼 보상의 상한을 제한하는 것이 그 본질에 부합하는가? 논리적으로 그렇지는 않다. 손실보상의 내용이 완전한 배상이 아니라서, 비록 국가배상의 내용보다 그 범위가 작을 수 있다 하더라도, 처음부터 상한액을 정해 놓을 것은 아니다. 이는 독일의 경우에 형사보상을 손실보상의 일종으로 이해하면서도, 형사보상의 상한을 규정하지 않은 것에서도 확인할 수 있다. 따라서 형사보상을 손실보상으로 보는 관점에서도, 현행 형사보상법 제5조 제1항처럼 상한을 제한하는 입법은 부당한 입법이라 할 수 있다.

② 제3의 손해전보제도로 이해하는 경우

헌법재판소 다수견해는, 비록 명확히 밝히지는 않았으나, 형사보상을 국가배상

---

10 이에 대해서는 김성수, 일반행정법(제2판), 2004, 661면 이하 참조.
11 박균성, 프랑스 행정법상의 행정상 손해전보책임의 근거, 국가배상제도의 제문제(법무자료 제141집), 1991, 813면.
12 Dieter Meyer, StrEG Kommentar, 10. Aufl., 2017, Einleitung RN. 12.
13 Dieter Meyer, StrEG Kommentar, 10. Aufl., 2017, Einleitung RN. 13.

이나 손실보상이 아닌 제3의 손해전보제도로 이해하는 듯하고, 이러한 본질에 따를 때 완전한 보상을 할 필요는 없으므로 보상금이 일반국민의 생활정도를 넘지 않도록 일당보상금액을 일급최저임금액의 5배 이내로 제한한 것은 헌법에 위반되지 않는다는 것이다. 앞서 형사보상제도를 국가배상제도나 손실보상제도와 달리 독립적 성격의 제도로 이해함이 타당하다고 보았다.[14] 그러나 형사보상에 있어 일당보상금액을 일급최저임금액의 5배 이내로 제한하는 것에 동의할 수 없다.[15]

형사보상제도가 국가배상제도나 행정상 손실보상제도가 아닌 제3의 손해전보제도라는 의미는, 이 제도들이 전혀 다른 특성의 제도라는 의미가 아니다. 형사보상제도는 국가기관의 주관적 위법(고의나 과실)의 존재를 요구하지 않는다는 점에서 국가배상제도와 다르다는 것이지, 객관적 위법(무고한 자의 구금이나 형집행)이 존재한다는 점에서는 유사하다. 형사보상제도는 또한 재산권의 침해가 주로 문제되는 것이 아니라는 점에서 행정상 손실보상제도와 다르다는 것이지, 국가기관의 주관적 위법이 없더라도 피해를 입은 국민에게 보상한다는 점에서는 유사하다. 즉 한편으로는 국가배상제도의 특성을, 다른 한편으로는 행정상 손실보상제도의 특성을 가지고 있는 제도가 형사보상제도이다. 따라서 형사보상을 제3의 손해전보제도라고 이해하는 입장에서 형사보상의 내용은 일면 국가배상이나 손실보상과 다른 측면이 있고, 일면 같은 측면이 있다.

이때 국가배상금액이나 손실보상금액의 산정에 있어 일당보상금액을 일정액수 이내로 제한하지 않는 것과 달리 형사보상금액의 산정에 있어서는 제한하는 것은,

---

14 앞의 제1장 제1절 Ⅲ. 5. 참조.

15 김웅, 검사내전, 2018, 125~133면: "30년간 택시를 운전한 모범 운전자였다. … 횡단보도에서 신호를 위반하고 폭주하다 보행자를 들이받아 전치 8주의 중상을 입힌 사고였다. 할아버지는 계속 신호위반이 아니라 보행자가 무단횡단했다고 피해자에게 책임을 전가했다. … 몇 달 동안 경찰 조사가 진행되면서 할아버지가 신호위반한 것으로 판명되었고, 결국 구속되었다. … 결국 택시가 신호위반을 했다는 증거를 찾을 수 없었고, 단순한 무단횡단 보행자 사고에 불과했다. 택시공제조합에 가입한 할아버지는 공소권 없음 처분을 받았다. 그리고 그날 늦게 구속이 취소되었다. … 나중에 할아버지는 형사피의자보상 청구를 했다. … 형사피의자보상을 담당하는 법무부 담당자가 전화로 청구를 기각해야 하는 내용으로 답변서를 작성해 달라고 했다. 그래서 보상청구를 인용해야 한다면서 할아버지는 실제로 억울한 구금을 당한 것이라고 말해주었다. 그래서 청구가 바로 인용되었고 할아버지는 형사피의자보상을 받았다. 물론 보상을 받아도 일용직 일당 정도에 불과하다. 머리 깨뜨려놓고 반창고 값 던져주는 것이다."

형사보상이 국가배상이나 손실보상과 다르다는 측면이 아니다. 형사보상법 제6조 제1항에서 형사보상 이외에 다른 법률에 의한 (손해)배상청구가 가능하도록 한 규정과 같은 것이 형사보상이 국가배상이나 손실보상과 다르다는 특징이 작용하는 대표적인 내용이다.

　　형사보상에 있어 신체구속에 대하여 일당보상금액을 제한하는 것은 형사보상제도의 제3의 손해전보제도로서의 특징에서 기원하는 것이 아니라, 형사보상의 본질을 법률상의 의무가 아니라 국가의 은사(혹은 구제의무)로 보는 것에서 기원하는 것이다. 앞서 형사보상의 본질과 관련되어 설명되었던 논의는 모두 형사보상을 국가의 법률상의 의무라고 보는 입장에서 구체적인 법률상의 의무의 내용이 무엇인지에 관한 논의들이다.16 형사보상의 본질을 국가의 단순한 구제의무로 보는 입장은, 유럽에서 형사보상제도가 도입된 초창기에 존재하던 시각이다. 국가가 형사사법기관에 의해 고의나 과실 없이 침해를 받은 자를 구제할 의무를 부담한다는 것이다. 이에 따르면 "국가는 배상하느냐 않느냐에 있어서 자유이므로 그의 수여에 있어서 여러 가지 조건을 붙일 수 있으며 또한 반드시 실제에 발생한 손해에 합당한 배상을 할 필요가 없게 된다."17

　　현재 우리 헌법 제28조에서 명시적으로 형사보상제도를 규정하고 있으므로, 형사보상제도는 법률상의 의무임이 명확해졌고, 이를 국가의 은사나 구제의무라고 볼 수는 없다. 그렇다면 형사보상은 실제에 발생한 손해에 합당한 보상을 하는 것이 법률상의 의무라고 할 수 있고, 이는 형사보상의 본질을 국가배상으로 보든, 손실보상으로 보든, 제3의 손해전보로 보든 상관없는 것이다. 국가은사의 사고가 극복된 오늘날, 우리와 일본의 형사보상제도의 모범이 되었던 독일·프랑스의 경우에 신체의 침해에 대하여 일당한도금액을 제한하지 아니하고 가능한 모든 손해를 보상의 내용으로 인정하는 것도 앞서 확인하였다.

　　결국 형사보상의 본질을 근거로 하여 구 형사보상법(현행 형사보상법 제5조 제1항)의 합헌성을 논증한 헌법재판소의 견해(다수견해)는 정당성을 가질 수 없는 법적 논증이다.

16　김정환, 형사보상의 역사와 본질, 서울법학 제18권 제2호, 2010, 68면 이하 참조.
17　김남진, 형사보상청구권, 사법행정 6권 2호, 1965, 10면.

Ⅱ. 압수에 대한 형사보상[18]

1. 현행 형사보상의 대상

1959년 제정되어 시행된 형사보상법은 2020년까지 10차례의 개정을 통해 점차 보상기준이 완화되고 청구대상이 확대되었다. 형사보상법을 사용함에 있어서 우선 검토하게 되는 것은 동법의 적용대상, 즉 보상을 받을 수 있는 경우인가 하는 점인데, 형사보상법 제2조·제4조·제26조·제27조·제29조에서 형사보상의 대상에 대하여 규정하고 있다.

이를 살펴보면, 첫째, '무죄재판의 확정을 받은 피고인'이 '미결구금 또는 원판결에 의한 구금·형 집행을 받았을 경우'에 형사보상을 받을 수 있다(제2조). 다만 이 경우에도 형사책임무능력자이기에 무죄판결을 받은 경우, 본인이 수사나 심판을 그르칠 목적으로 거짓 자백을 하거나 다른 유죄의 증거를 만듦으로써 기소·미결구금·유죄재판을 받은 경우 또는 1개의 재판으로 경합범의 일부에 대하여 무죄재판을 받고 다른 부분에 대하여 유죄재판을 받은 경우에는 형사보상의 대상에서 제외된다(제4조).

둘째, '면소 또는 공소기각재판의 확정을 받은 피고인'이 면소 또는 공소기각의 재판을 할 사유가 없었더라면 무죄재판을 받을 현저한 사유가 있었을 경우에 '구금'에 대하여 형사보상을 받을 수 있다(제26조 제1항 제1호).

셋째, '치료감호청구기각재판을 확정 받은 피치료감호청구인'이 '구금을 받은 경우'에 검사가 공소를 제기하지 아니하고 치료감호만을 청구한 치료감호사건이 범죄로 되지 않거나 범죄사실의 증명이 없어 청구기각의 확정판결을 받은 때에는 형사보상의 대상이 된다(동조 동항 제2호).

넷째, '구금되었던 피의자'가 검사로부터 종국적인 '불기소처분'을 받은 경우에는 형사보상의 대상이 된다(제27조 제1항 본문). 다만 ① 기소유예의 경우, ② 본인이 수사 또는 재판을 그르칠 목적으로 거짓 자백을 하거나 다른 유죄의 증거를 만듦으로써 구금된 경우, ③ 구금기간 중에 다른 사실에 대하여 수사가 이루어지고 그 사실에 관하여 범죄가 성립한 경우, 또는 ④ 보상을 하는 것이 선량한 풍속이나 그 밖

---

18 김정환, 형사보상에 있어서 보상대상의 확대, 형사법연구 제27권 제1호, 2015, 81~103면의 내용을 수정·보완.

에 사회질서에 위배된다고 인정할 특별한 사정이 있는 경우에는 형사보상의 대상에서 제외된다(제27조 제1항 단서, 제2항).

다섯째, 군사재판에서도 일반재판과 마찬가지로 형사보상의 대상이 준용된다(제29조).

이렇듯 현행법상 형사보상의 대상에 있어서 가장 큰 특징은, 형사보상의 대상을 신체의 구금 위주로 인정한다는 점이다. 헌법재판소는 헌법 제28조의 형사보상청구권은 "이미 신체의 자유를 침해받은 자에 대하여 사후적으로 구제해 주는 기본권"이라고 이해하고 있다.19 신체의 구금이 있었다면 판결선고 후뿐만 아니라 판결선고 전의 미결구금도 보상대상에 포함된다. 근래에는 형벌로서의 구금이나 수사단계에서의 구금 이외에, 보안처분의 형태로서의 구금인 치료감호까지 그 대상으로 인정하고 있다. 그러나 구금상태에서 무죄나 불기소처분을 받은 경우라도 보상의 대상에서 제외되는 예외가 넓게 인정되며, 모든 형태의 구금에 대하여 형사보상이 이루어지고 있지는 않다. 예컨대 소년법상의 보호처분에 따른 구금에 대하여는 형사보상을 인정하지 않고 있다.

현행 형사보상법에서는 형벌(대표적으로 벌금형) 집행의 경우를 제외하고는 구금이외의 침해형태를 형사보상의 대상으로 규정되어 있지 않기 때문에, 압수와 같은 대물적 강제처분에 대해서는 형사보상이 가능하지 않다. 2010년에는 형사피의자가 불기소처분을 받거나 형사피고인으로서 무죄재판을 받은 경우 구금의 여부에 관계없이 형사보상을 청구할 수 있도록 하는 것을 내용으로 하는 형사보상법 개정안이 발의되기도 하였으나, 이에 대해 법무부는 반대하였고,20 개정안은 입법으로 연결되지 않았다.

2. 독일의 경우

독일형사보상법 제2조 제2항 제4호에서는 독일형사소송법 제111d조와 제111o조에 따른 보전(Sicherstellung), 압류(Beschlagnahme), 압수(Arrest)를 형사보상의 대상에 포함시키고 있는데, 우리의 (광의의) 압수라고 볼 수 있다. 압류(Beschlagnahme)

---

19 헌재 2010. 7. 29. 선고 2008헌가4.
20 인터넷 법률신문, 법무부 "형사보상대상 확대 반대", 2010.07.08자.

는 우리의 일반적인 좁은 의미의 압수(압류)를 의미하고, 보전(Sicherstellung)이라 함은 본래 임의로 제출한 경우를 포함하는 상위개념[21]이나 형사보상에 있어서는 임의제출물의 압수를 의미하며, 압수(Arrest)는 독일형법 제73a조와 제74c조에서 규정된 몰수(Einziehung)나 추징(Verfall)을 위해 행해지는 긴급압수(dringlicher Arrest)[22]를 의미하기 때문이다.

형사보상의 대상으로서 압수는 독일형사소송법 제111d조에 의한 경우를 전제로 하는데, 이 규정에 의하면 대체가치물의 몰수나 추징, 벌금형, 장래에 발생할 형사소송비용을 위한 긴급압수(dringlicher Arrest)가 명해질 수 있다. 이때 벌금형이나 장래에 발생할 형사소송비용을 위한 긴급압수는 피의자에게 유죄판결이 행해진 경우에 비로소 명해질 수 있으나 집행비용이나 경미한 액수의 보전을 위해서는 긴급압수가 행해지지 않는다. 그리고 독일형사소송법 제111o조에 의하면, 재산형 선고를 위한 조건들이 존재한다고 인정할 근거들이 있다면 재산형을 위한 긴급압수가 명해질 수 있다. 따라서 문언을 형식적으로 보면 독일형사보상법에서 인정하는 압수는 몰수물에 대한 압수와 (경미하지 않은) 재산형의 집행을 위한 압수의 경우에 한정되는 것으로 보인다. 하지만 독일형사보상법 제2조 제2항 제4호는 증거대상의 임의제출이나 압류를 규정한 독일형사소송법 제94조와 우편물의 압수를 규정한 제99조에도 적용된다고 해석된다.[23] 결국 독일에서는 몰수물의 압수와 증거물의 압수 모두에 대하여 형사보상의 대상으로 인정하고 있다.

3. 소결[24]

공판중심주의에 따라 수사기관이 작성한 신문조서에 대한 증거능력 인정요건이 강화되는 등의 사유로 물적 증거의 중요성이 강조되면서 물적 증거의 수집을 위한 압수수색의 비중 또한 높아짐에 따라 수사기관의 압수수색 남용사례를 언론에서 쉽게 접할 수 있다.[25] "죄를 범하였다고 의심할 만한 상당한 이유"를 요하는 체포영장

---

21 Klaus Volk 저/김환수·문성도·박노섭 공역, 독일 형사소송법, 2009, 94면 참조.
22 Diethelm Klesczewski 저/김성돈 역, 독일형사소송법, 2012, 285면 참조.
23 Dieter Meyer, StrEG Kommentar, 10. Aufl., 2017, §2 RN. 52.
24 김정환, 형사보상에 있어서 보상대상의 확대, 형사법연구 제27권 제1호, 2015, 83면과 101~102면.
25 경찰이 유병언 전 세모그룹 회장을 추적하기 위해 이동통신사의 스마트폰 내비게이션 접속자

이나 구속영장에 비하여 압수의 경우에는 "범죄수사에 필요한 때"로 영장의 요건이 완화되어 있다(형사소송법 제200조의2 제1항, 제201조, 제215조). 그렇기에 체포나 구속의 경우에는 혐의를 긍정하는 객관적이고 합리적인 근거가 있을 것을 요하나 압수의 경우에는 그보다는 낮은 수준의 소명으로 가능하다는 것이 실무의 태도이고,[26] 압수영장은 비교적 쉽게 발부되고 있다.

법원이 발부한 영장의 통계를 보면,[27] 압수 · 수색 · 검증영장의 발부율은 2013년에는 약 91.6%, 2014년에는 약 91.7%에 달하고, 일부기각의 형태로 발부된 경우까지 포함시킨다면 2013년에는 청구된 것 중 약 99.1%가 발부되었고 2014년에도 약 99.1%가 발부되었다. 발부된 압수 · 수색 · 검증영장의 숫자는 발부된 구속영장과 체포영장을 합한 숫자의 3배가 넘는다. 이전의 통계를 보면 압수 · 수색 · 검증영장의 발부율은 더욱 높은데, 2005년 97.8%, 2006년 94.5%, 2007년 91.7%, 2008년 91.0%에 달한다.[28]

대상물을 소유 · 소지 · 보관하는 자의 법익을 현저히 침해하게 되는 압수는 피압수자에게 큰 부담이기에 형사소송법에서는 압수에 대하여 다양한 집행절차상의 제한규정을 두어 집행과정을 규제하고 있으며, 형사절차를 위반한 압수의 경우에는 위법수집증거배제법칙에 따라 압수물과 압수조서에 대한 증거능력이 배제될 수 있

들의 인적 정보를 확보하면서 유 전 회장과 아무 관계없는 시민들의 정보까지 무작위로 압수수색한 사실이 드러났다는 기사(한겨레 2014.10.13.자 기사, http://news.zum.com/articles/16823395), 카톡 · 밴드 등에 대한 무차별 압수수색과 감청이 넘쳐난다는 기사(미디어 충청 2014.10.15.자 기사(http://www.cmedia.or.kr/2012/view.php?board=total&nid=79919) 등 다 언급할 수 없을 정도의 압수수색남용에 대한 기사를 볼 수 있다.

26 법원행정처, 법원실무제요 형사[Ⅰ], 2014, 256 · 348면.

27 대한민국 법원 홈페이지, 대국민서비스 법원통계월보 자료, 2015. 1. 26. 홈페이지 방문(http://www.scourt.go.kr/portal/justicesta/JusticestaViewAction.work?gubunyear=2014).

종류 연도	구속영장			체포영장			압수 · 수색 · 검증영장		
	청구	발부	기각	직권발부	발부	기각	발부	일부기각	기각
2013	30,804	25,136	5,561	25,123	44,819	607	151,925	12,396	1,479
2014	35,764	28,438	7,299	30,818	47,372	662	166,036	13,421	1,613

28 김경수, 압수수색 대상의 특정성에 관한 비판적 검토, 성균관법학 제22권 제3호, 2010, 8면. 이러한 압수 · 수색 · 검증영장발부율도 2006년 압수수색에 대한 과잉수사라는 사회적 비판의 배경에서 당시 이용훈 대법원장이 압수수색영장을 구속영장처럼 엄격하게 심사해야 한다고 지적한 것을 계기로 압수수색검증영장의 기각률이 2배 가까이 증가한 것이라고 한다(노정환, 현행 압수수색제도에 대한 비판적 고찰, 법조 제643호, 2010, 7면).

다. 그러나 위법한 압수를 당한 국민이 입은 침해에 대한 보상이 그 증거능력의 배제만으로 충분한가에 대한 의문이 있다. 국가기관의 위법한 압수·수색에 대하여 국가인권위원회에 진정하는 국민들이 있는데, 위법한 압수를 행한 국가기관에 대해 국가인권위원회가 시정 권고하는 것으로 국민이 입은 침해가 충분히 보상되는 것도 아니다. 위법한 압수로 인한 개인의 재산권 및 사생활의 침해에 대한 보전은 이루어지지 않기 때문이다.

이러한 상황에서 압수로 인하여 발생하는 침해는 계속 증가할 것이므로 그 침해의 회복을 위해서 형사보상제도를 이용하는 방안을 생각해 보게 된다. 무죄나 면소, 공소기각의 재판을 받은 피고인이나 불기소처분을 받은 피의자에게 구금 등의 여부와 관계없이 압수에 대한 형사보상의 도입이 가능하다는 것은 헌법규정, 형사보상의 본질, 외국의 입법례를 통해서 논증된다.

첫째, 압수에 대한 형사보상의 도입은 형사보상을 규정하고 있는 헌법규정과 모순되지 않는다. 헌법 제28조에서는 형사피의자와 형사피고인으로서 구금된 경우만을 형사보상의 대상으로 규정하고 있으므로 구금 이외의 압수와 같은 대물적 강제처분에 대하여는 형사보상을 도입할 수 없다고 주장할 수 있지만, 형사보상청구권을 명시한 헌법규정은 형사보상청구권이 국민의 기본권임을 분명히 하는 의미에서 그 보상의 최소의 대상을 규정한 것이라고 이해해야 한다. 그렇지 않으면 현행 형사보상법에서 재산형(벌금형)의 집행을 형사보상의 대상으로 규정하고 있는 것을 설명할 수 없기 때문이다. 우리 헌법과 마찬가지로 일본헌법 제40조에서도 형사보상의 대상을 신체의 구금으로 규정하고 있지만, 일본 역시 보상의 대상을 신체의 구금에 한정하지 않고 재산형에 대해서까지 인정한다(일본형사보상법 제1조 제2항).

둘째, 압수로 인하여 국민이 입은 손해를 보전하는 것이 형사보상의 본질에 부합한다. 형사보상은 전제주의와 국가절대주의의 극복을 통해 비로소 인정되기 시작했는데, 국가가 무고한 국민을 해하는 것은 크든 작든 모두 자연법 위반이라는 자연법 정신이 1789년 프랑스혁명을 계기로 독일에서 입법으로 이어졌고, 처음에는 재심보상만을 인정하던 것에서 점차 그 적용범위가 확대되어 왔다.[29] 국가형사사법작용에 의하여 발생한 국민의 작은 손해라도 국가가 보전하는 것이 실정법 이전의 자연법 정신이라는 것을 고려한다면, 형사사법기관의 고의·과실이 없더라도 객관적으

---

29 김정환, 형사보상의 역사와 본질, 서울법학 제18권 제2권, 2010, 79면.

로 위법한 결과나 특별한 위험의 실현이 발생한 경우에 이를 국가가 보상하는 것이 형사보상의 본질이다.[30] 이러한 형사보상의 본질에 비추어 보면, 형사보상의 대상을 현행처럼 형의 집행과 구금에 대해서만 제한할 필요는 없다.

셋째, 우리 형사보상제도의 모태가 되었던 독일과 일본의 형사보상의 대상에 대하여 살펴보았을 때, 독일은 압수에 대하여도 형사보상을 인정한다. 비록 일본의 경우 형집행 이외의 대물적 강제처분에 대하여 형사보상을 인정하지 않지만, 우리와 일본의 모범이 되었던 독일의 경우에는 법원에 의해 선고된 형벌뿐만 아니라 보안처분에 대해서도 형사보상이 이루어지며(독일형사보상법 제1조) 미결구금이 아닌 형태의 형사소추처분에 대해서도 형사보상의 대상으로 인정하여 체포·구속 이외에도 보호관찰·압수·수색 등에 대하여 형사보상을 인정하고 있다(동법 제2조).

Ⅲ. 소년보호처분에 대한 형사보상

1. 소년보호처분

1958. 7. 24. 제정된 소년법은 총칙, 보호사건, 형사사건, 벌칙의 4부분으로 구성되어 있는데, 원칙적으로 교화·개선을 위한 보호처분을 적용하고 있으며 형사처분의 특칙(구속영장의 제한, 사형과 무기형의 완화, 부정기형)을 두고 있다. 소년법에서 말하는 소년이란 10세 이상 19세 미만인 자이고(동법 제2조), 소년사건은 소년보호사건과 소년형사사건으로 구분되는데, 소년보호사건에서는 보호적·교육적 시각에서 보호처분으로 처리되는 반면, 소년형사사건은 일반 형사소송절차에 따라 처리된다. 다만 수사단계에서는 보호처분과 형사처분 모두가 고려되고, 소년보호절차의 개시 후에 소년형사사건으로 변경되거나(동법 제7조), 소년형사절차의 개시 후에 소년보호사건으로 변경될 수 있다(동법 제50조). 즉 소년사건은 소년보호사건과 소년형사사건으로 구별되어 있으면서도 양자는 서로 바뀔 수 있다.

소년보호사건의 대상에는 범죄소년, 촉법소년, 우범소년이 있다. 형법 제9조에서는 만 14세가 되지 아니한 자의 행위는 벌하지 아니한다고 하여 형사미성년자를

---

30 김정환, 형사보상의 역사와 본질, 서울법학 제18권 제2권, 2010, 80면.

규정하고 있다. 이에 따라 14세 미만자의 행위는 책임이 부인되어 벌금형이나 징역형 등의 형사처벌이 불가능하나, 소년법에서 이들을 촉법소년이라고 하여 이들에 대한 보호처분을 규정하고 있다. 촉법소년이란 형법과 기타 법령에 저촉되는 행위를 한 10세 이상 14세 미만인 소년이다(동법 제4조 제1항 제2호). 한편 집단적으로 몰려다니며 주위 사람들에게 불안감을 조성하는 성벽 또는 술을 마시고 소란을 피우거나 유해환경에 접하는 성벽, 정당한 이유 없이 가출하는 것 중 하나의 사유가 있는 10세 이상 19세 미만의 소년 중 장래 형벌 법령에 저촉되는 행위를 할 우려가 있는 소년을 우범소년이라고 한다(동조 동항 제3호).

경찰은 촉법소년과 우범소년을 발견한 때에는 직접 관할 소년부에 송치하여야 하고(동조 제2항), 경찰이 범죄소년을 검거한 때에는 검사에게 송치하여야 한다. 검사가 경찰로부터 송치된 소년사건을 수사한 결과 보호처분에 해당하는 사유가 있다고 인정하는 경우에는 범죄소년을 관할 소년부에 송치한다(동법 제49조 제1항). 또한 검사가 직접 인지한 범죄소년의 사건에 대해서도 보호처분에 해당하는 사유가 있다고 인정하는 경우에는 관할 소년부에 송치하게 된다. 그 외에 범죄소년·촉법소년·우범소년을 발견한 보호자 또는 학교·사회복리시설·보호관찰소의 장은 이를 관할 소년부에 통고할 수 있다(동법 제4조 제3항). 2017년 소년보호사건의 기관별 송치비율을 보면, 검사송치가 70.4%, 경찰송치가 22.7%, 법원송치가 3.3%, 통고가 1.0%이다.[31] 한편 소년범죄자에 대한 검찰의 처리현황을 보면, 2017년의 경우 불기소가 53.9%이고 소년보호송치가 35.3%이다.[32]

소년보호사건은 가정법원 소년부나 지방법원 소년부에서 처리된다. 소년부 판사가 심리 결과 보호처분을 할 수 없거나 할 필요가 없다고 인정하면 그 취지의 결정(불처분결정)을 하고, 이를 사건 본인과 보호자에게 알려야 한다(동법 제29조). 반면 소년부 판사가 심리 결과 보호처분을 할 필요가 있다고 인정하면 결정으로써 처분을 하는데, 경우에 따라 처분 상호 간에 전부 또는 일부를 병합할 수 있다. 처분의 종류는 감호위탁부터 장기소년원송치까지 10가지가 규정되어 있다(동법 제32조 제1항). 소년의 보호처분은 그 소년의 장래 신상에 어떠한 영향도 미치지 아니하며(동조 제6항), 보호처분을 받은 소년에 대하여는 그 심리가 결정된 사건은 다시 공소를 제기하거

---

31 법무연수원, 2018 범죄백서, 2019, 606면.

32 법무연수원, 2018 범죄백서, 2019, 596면.

나 소년부에 송치할 수 없다(동법 제53조). 2017년 법원에 접수된 소년보호사건의 처분현황을 보면, 보호처분 70.7%, 불처분 8.7%, 심리불개시 16.5%이다.33 2017년 소년원의 신수용인원은 2,450명이고 1일평균 수용인원은 1,168명이다.34

한편 소년부 판사는 사건을 조사 또는 심리하는데 필요한 경우 소년의 감호에 관하여 소년분류심사원에 위탁하는 임시조치를 결정할 수 있는데(동법 제18조 제1항), 현재 소년분류심사원은 서울 1개 지역에만 존재하고, 소년분류심사원이 설치되지 않는 지역은 소년원에서 그 기능을 대행하고 있다. 소년분류심사원은 분류심사결과 통지서를 작성하여 심리의 자료로 사용할 수 있도록 소년법원에 송부하고 해당 소년이 소년원송치처분을 받는 경우에는 그 분류심사서의 사본을 소년원에 송부한다.35 2017년 9,793명에 대한 소년분류심사가 이루어졌는데, 그 중 상담조사가 42.7%이고 57.3%가 수용분류심사이다.36

2. 형사보상의 필요성

소년보호사건은 형사사건이 아니어서 소년보호사건에 대한 형사보상의 규정이 존재하지 않는다. 그런데 소년보호사건의 심리절차에서 소년분류심사원에 감호위탁(소년법 제18조)되어 수용분류심사를 받은 소년에 대해서 소년부 판사는 심리 불개시의 결정(동법 제19조)을 할 수 있고 심리결과 불처분 결정(동법 제29조)을 할 수도 있다. 또한 보호처분에 대한 항고재판에서 원결정이 취소되어 소년원 송치 등이 취소될 수도 있다(동법 제45조). 이러한 경우 국가의 구금시설에 수용된 것에 대한 형사보상의 필요성이 제기된다.37

일본의 경우에는 1991. 3. 29. 일본최고재판소가 소년보호사건에서 비행사실이 없음을 이유로 심리불개시결정과 불처분결정을 받은 소년의 신체 구금에 대한 형사

---

33 법무연수원, 2018 범죄백서, 2019, 609면.
34 법무연수원, 2018 범죄백서, 2019, 635면.
35 법무연수원, 2018 범죄백서, 2019, 624면.
36 법무연수원, 2018 범죄백서, 2019, 629면.
37 소년보호처분에 대한 형사보상의 필요성을 인정하는 견해로는 박영규, 소년범의 인권에 관한 고찰, 소년보호연구 제28호, 2015, 110면; 이승현, 소년보호사건에서 보상제도의 도입방안, 소년보호연구 제12호, 2009, 65면; 최종식, 소년보호사건과 형사보상문제, 소년보호연구 제1호, 1999, 319면.

보상은 일본헌법이나 일본형사보상법의 해석으로 불가능하다고 결정하였고, 이후 1991. 4. 9. 일본 참의원 법무위원회에서 소년보호처분에 대한 형사보상이 입법론으로 제기되었으며,[38] 1992. 6. 26. 일본 소년보상법이 제정·공포되어 1992. 9. 1.부터 시행되고 있다.[39] 일본 소년보상법에 의하면 전부 또는 일부의 심판사유가 인정되지 않고 당해 심판사유에 관하여 신체의 구속이 존재하는 경우에 형사보상이 인정된다 (일본 소년보상법 제2조 제1항). 특히 일본에서 소년보상은 형사보상과 달리 당사자의 신청을 요건으로 하지 않고 당해 가정재판소가 직권으로 하도록 되어 있다(동법 제5조 제1항).

한국의 실무에서 소년보호처분에 대한 형사보상의 문제가 직접적으로 다루어지지는 않았다. 다만 소년법의 보호처분의 위헌성이 2015년 헌법재판소에서 다루어졌는데, 헌법재판소는 "소년원 수용기간을 항고심 결정에 의한 보호기간에 산입하지 않더라도 이는 무죄추정원칙과는 관련이 없으므로 이 사건 법률조항은 무죄추정원칙에 위배되지 않는다."고 판단하였다.[40] 소년보호처분에 대한 형사보상을 인정하지 않는 논거는 "소년보호사건은 소년의 개선과 교화를 목적으로 하는 것으로서 통상의 형사사건과는 구별되어야 하고, 법원이 소년의 비행사실이 인정되고 보호의 필요성이 있다고 판단하여 소년원 송치처분을 함과 동시에 이를 집행하는 것은 무죄추정원칙과는 무관하다."는 것이었다. 이러한 입장에서는 형사사건에서 무죄추정의 원칙에 근거하는 형사보상이 소년보호처분에 대해서도 인정될 여지가 없을 것이다.

그러나 소년보호처분은 소년이 건전하게 성장하는 것을 돕는 것을 목적으로 하는 복지적·행정적 기능도 있지만, 반사회성 있는 소년에 대한 강제조치를 수반하므로 사법적 기능도 함께 존재한다.[41] 소년보호사건에서도 일반 형사사건의 제도들, 예를 들어 증인신문, 감정, 통·번역(소년법 제26조) 외에 압수, 수색, 검증이 행해지고 (동법 제27조), 소년분류심사원에 위탁된 소년에게 보조인이 없을 때에는 국선보조인을 선정하도록 한 것(동법 제17조의2) 등이 존재한다. 즉 소년법은 일반형사법과 공통된 가치 위에서 소년보호의 이념에 따라 형사제재의 완화와 확장을 추구하고 있다.[42]

---

38 최종식, 소년보호사건과 형사보상문제, 소년보호연구 제1호, 1999, 297~298면
39 최종식, 소년보호사건과 형사보상문제, 소년보호연구 제1호, 1999, 297면
40 헌재 2015. 12. 23. 선고 2014헌마768. 앞의 제3장 제3절 II 1 참조.
41 법원행정처, 법원실무제요 소년, 2014, 3면.
42 한국소년법학회, 소년법, 2006, 38면.

소년법의 보호처분의 위헌성이 다루어진 헌법재판소결정에서 제시된 반대견해43
의 논거처럼 "소년원 수용처분의 경우 일정기간 시설에 감금하여 신체의 자유를 제
한한다는 점에서 사실상 형사처벌과 같은 효과가 있으며, 소년법상 항고가 집행정
지의 효력이 없고 산입되지 않는 수용기간의 상한이 없으므로 항고심 심리가 지연
될 경우에는 그 수용기간이 부당하게 장기화될 우려가 있으며, 소년보호처분과 같
은 보안처분의 일종인 치료감호에 있어서는 형 집행기간에 산입하는 규정이 있는
점과 비교하여 볼 때" 소년보호처분에 대한 형사보상은 필요하다.

제 2 절 · 명예회복제도의 개선[44]

I. 현행 형사보상취지의 원칙적 유지

형법 제58조 제2항 및 형사소송법 제440조의 규정과 비교할 때, 형사보상법에
규정된 명예회복제도의 특징은, 피고인이 무죄라는 점에 대해 충분히 알릴 수 있도
록 무죄재판서 전체를 게재한다는 점이다. 단편적으로 무죄라는 사실을 알리는 것
에 만족하지 않고 사람들에게 어떤 이유로 무죄가 되는지에 대해 알려준다. 단순히
어떠한 결론이 있다는 공지는 인간의 마음까지 설득하기는 어렵기 때문이다. 그러
나 A의 상황에서 B의 이유로 C에 의해 이러한 결론을 갖게 되었다는 설명을 들으면
다른 반응을 얻을 수 있다. 설명을 이해하고 그것이 논리적이라고 생각하면 인정할
수 있게 되는 것이다. 따라서 무죄 피고인의 명예회복을 위해서 피고인이 원하는 정
당한 경우라면 사건에 대해 충분히 이해할 수 있는 정보의 제공이 있어야 한다.

그 외에 법무부 홈페이지를 통해 무죄재판서 게재를 실행함으로써 얻는 이점도
유지해야 한다. 법무부 홈페이지에 무죄재판서를 게재한다는 것은 신뢰도를 높여준
다. 공인된 국가기관에서 인정한 정보는 사람들에게 신뢰성 있게 다가오기 때문이
다. 한 사람이 무죄임에도 불구하고 형사사건으로 인해 명예훼손을 받은 경우 다른

---

43 재판관 이정미, 재판관 김이수, 재판관 이진성, 재판관 안창호의 반대의견.
44 김정환·최자연, 형사보상법에서 명예회복제도의 의미와 개선방향, 형사정책 제30권 제3호,
   2018.12, 254~260면의 내용을 수정·보완.

사회의 구성원이 믿을 수 있는 통로로 정보를 제공해야 한다. 이를 통해 형사사건에서 무죄가 확정된 피고인에게 신뢰성이 보장된 명예회복제도를 이용할 수 있을 것이다.

Ⅱ. 명예회복제도에 대한 법원의 의무적 안내

형사보상법상 명예회복이 도입된 이래 지속적인 이용률 저조문제에 대한 지적[45]에도 불구하고 홍보가 부족한 상황이 주목된다. 이는 무죄의 결과를 공시해야 하는 주체가 누구인지에 대한 문제와 연결해볼 수 있다. 형사보상법상 명예회복은 무죄인 피고인에게 기소를 감행한 검찰이 속한 법무부 스스로 공개하기를 요구한다. 즉, 법무부는 스스로 검찰의 잘못을 공개하여야 하는 것이다. 이로 인해 무죄재판서 게재 청구에 대한 홍보는 저조할 수밖에 없을 것으로 보인다. 활발한 제도이용을 위해서는 무죄판결시 형사절차에서 형사보상법의 적용에 대해 보다 구체적인 설명과 홍보가 필요하다.

이와 관련하여 신뢰를 줄 수 있는 명예회복제도에 대해 법원이 안내하도록 강제하여 명예회복의 기회를 모든 무죄 피고인이 가질 수 있도록 하는 방법이 있다. 현재 명예회복제도로 이용되고 있는 무죄재판서 게재 청구는 무죄판결을 받은 피고인이 직접 신청해야 한다. 그런데 무죄판결을 확정 받은 피고인에게 무죄재판서 게재 청구를 알리도록 하는 규정은 존재하지 않는다. 공시의 주체가 검찰청이기 때문에 법원에는 어떠한 의무도 존재하지 않고 법원에서 홍보의 필요성을 느끼지 않음은 당연하다. 재판 중 법원이 재판과정에서 송달을 해야 하는 자신의 편리를 위해 피고인의 주소지 변경 등에 대해 강조하는 것과 달리 형사보상법상 명예회복제도를 알린다고 법원의 업무가 수월해지는 것은 아니기 때문이다. 또한 무죄 확정시 피고인에게 재판서 등본, 확정증명서, 형사보상청구 안내문은 송달(재판예규 제1425호)하나, 형사보상법상 명예회복에 대한 안내는 이루어지지 않고 있다.[46]

따라서 무죄판결이 확정된 경우 법원에게 형사보상법상 명예회복의 존재와 절

45 윤지영·정진수·서주연, 형사보상제도의 운영현황과 개선방안, 연구총서, 2016, 143면.
46 국민권익위원회, 무죄 피고인 형사보상 및 명예회복 제도의 실효성 제고 방안, 2013.8.

차를 알리도록 강제한다면, 무죄 피고인은 보다 적극적으로 자신의 권리를 행사할 수 있게 될 것이다. 무죄 피고인이 형사보상법상 명예회복을 이용함과는 별론으로 모든 무죄판결을 받은 피고인이 재판으로 인해 받은 명예훼손을 회복할 기회를 갖게 되는 것이다. 이를 통해 국가기관의 잘못된 소제기로 인해 피해를 본 무죄 피고인에게 국가의 다른 한 축을 담당하는 사법부가 무죄 피고인의 편의를 위해 그 책임을 다할 수 있다.

Ⅲ. 명예회복 심의위원회 도입

1. 심의위원회의 기대효과

명예회복의 방법·기대효과에 따른 세분화된 조치가 강구되어야 한다. 현재 형사보상법상 명예회복은 피고인의 청구에 의해 이루어지는데 이러한 청구는 명예회복 방법이 다양할 때 더 의미를 가질 수 있고, 이는 명예회복을 위한 심의위원회 구성을 통해 가능하다.[47] 이 기관을 통해 무죄 피고인별로 적절한 명예회복제도를 제공해야 한다. 무죄재판서 게재로는 자신의 무죄를 알리기에 충분하지 않은 경우도 있고 과도한 경우도 있을 수 있다. 따라서 무죄 피고인의 관련 사건의 확산 정도, 재판을 받음으로 인한 사회활동의 장애 정도, 무죄 피고인별 희망 명예회복 방법 등

---

[47] 유사한 기관으로 언론중재위원회의 선거기사 심의위원회가 있다. 선거기사 내용이 불공정하다고 판단되는 경우 보도에 대한 시정을 심의한다. 또한 반론보도를 청구할 경우 심의하여 반론보도 게재 여부를 결정한다. 심의·의결은 자체심의 혹은 후보자의 시정요구로 시작된다. 혹은 선거 후보자가 언론사에 반론보도를 청구했지만 협의되지 않는 경우도 선거기사심의위원회가 작동하게 된다. 선거기사심의위원회는 시정요구사항, 자체심의사항, 회부사항을 정하여 정정, 반론보도 경고결정, 주의결정, 권고결정을 하게 된다. 심의시 1. 선거기사의 양적, 질적 정도와 비중, 2. 해당 매체의 발행부수, 발행주기, 배포범위 등에 따른 영향력, 3. 선거기사의 게재 시기, 4. 언론사의 심의기준 반복 위반 여부, 5. 기타 선거에 영향을 미치고자 하는 언론사의 의도성 여부를 고려하며, 특히 정정보도문, 반론보도문 등을 게재할 때 기존의 잘못된 기사의 일자와 제목을 명확히 언급하여 보도를 바로잡고 있다(http://www.pac.or.kr/kor/pages/?p=14). 한편, 방송통신심의위원회는 권익보호국을 통해 명예를 훼손당하는 등 기본권을 침해하는 정보에 대해 피해 당사자 및 그 대리인의 신청에 의해 해당 정보를 심의하여 삭제, 접속차단 등의 조치를 취하고 있다(https://remedy.kocsc.or.kr/ddms/req/viewReqRevwGuide.do).

을 고려하여 심의하도록 해야 한다. 이를 통해 국가의 잘못된 소제기로 인해 겪지 않아도 되었을 피해를 본 무죄 피고인에게 정상적인 생활을 되찾도록 책임을 다할 수 있다.

명예회복 심의위원회 도입은 무죄 피고인의 피해최소화와, 잘못된 소추에 대한 진정한 명예회복이 가능하도록 할 것이다. 특히 명예회복 심의위원회를 검찰, 법원과 독립된 기관으로 설치한다면 기존의 형사보상법상 명예회복에 대한 소극적인 태도를 극복함과 동시에, 명예회복 심의위원회의 공신력을 보장하여 사람들의 신뢰를 유지하는 데에 기여할 수 있다. 사안에 따른 개별적인 맞춤형 해결방안을 모색하기 때문에 억울한 재판을 받은 무죄 피고인에게도 무죄재판서 게재 청구뿐만 아니라 다양한 명예회복의 기회가 주어질 것이며, 궁극적으로 무죄인 피고사건에 대한 명예훼손 피해 감축에도 기여할 수 있을 것이다. 직접 기소를 한 검찰청이 아닌 명예회복 심의위원회가 홍보를 주도하기 때문에 무죄판결을 확정 받은 자라면 적극적인 홍보를 통해 형사보상법에 대한 이해를 갖게 될 수 있을 것이다. 또한 검찰의 수사과정에 기초한 보도로 타인의 명예를 훼손한 책임에 대해서도 엄밀히 검토해볼 수 있게 된다. 이로 인해 검찰은 명예회복 심의위원회를 통해 무죄 피고인의 명예회복을 위한 책임범위를 결정받기 때문에 언론 및 앞으로 발생할지 모르는 명예훼손 상황에 대해서도 긴장하게 된다.

2. 심의시 고려사항

(1) 무죄 피고인 관련 사건에 대한 확산정도 고려

심의위원회에서는 사건의 확산정도, 즉 얼마나 많은 사람들에게 무죄 피고인의 명예가 훼손될 수 있는 사실이 도달했는지에 따라 명예회복 방법을 결정해야 한다. 성범죄와 같이 사회적으로 더욱 민감하게 반응하는 범죄는 사회적 파장이 큰 만큼 일단 알려지게 되면 그에 대한 확산정도가 매우 크다. 특히 인터넷 기반 언론매체의 발달로 매우 빠르고, 넓게 그리고 지속적으로 확산되고 있다.[48] 지난 2012년 9월 1일 조선일보는 엉뚱한 사람을 성폭행범이라며 얼굴까지 신문 1면에 공개하였다. 개그

---

[48] 이천현, 언론매체를 통한 범죄피해자의 신원공개 실태 및 방지대책, 경찰논총 제1권 제1호, 2006, 105면.

맨 지망생이었던 그는 피의자 얼굴공개로 인해 전국적으로 자신의 잘못이 없음에도 범죄자가 된 것이었다.[49] 이는 비가역적 피해로 언론에 대한 위험성을 보여주는 대표적 사례이다.

형사사건과 언론의 연결은 피할 수 없어 명예에 큰 영향을 끼치는데, 이러한 경우 사람들이 인식한 범죄에 대해 그 오해가 풀릴 수 있을 정도로 그 확산된 정도를 고려하여 정보를 정정해야 한다. 단순히 무죄재판서 게재만으로는 부족하고 언론에 적극적으로 무죄판결에 대한 공지를 하도록 해야 하는 것이다. 형사소송법 제440조의 경우 언론에 대한 보도를 규정하고 있지만 어떤 언론을 통해 알릴 것인지 등에 대한 선택권은 없다. 그러나 많은 사람들에게 확산된 잘못된 정보를 정정하려면 구독자 수가 높거나 노출도가 높은 매체가 필요할 것이다. 반면, 무죄 피고인의 재판 사실 자체가 알려지지 않은 경우도 있다. 이 경우에는 대대적인 정보정정이 필요하지 않다. 따라서 형사사건에 대한 확산의 정도에 따라 명예회복을 위한 정보 공개의 범위를 정할 필요가 있다.

(2) 재판을 받음으로 인한 사회활동의 장애 정도 고려

심의위원회에서는 재판을 받음으로 인해 개인의 가정, 직장, 일반적인 대인관계에 장애를 준 정도를 고려하여 적절한 명예회복 방법을 강구해야 한다. 범죄사건에 대한 언론의 보도가 있을 경우 당사자뿐만 아니라 그 사건에 직·간접적으로 관련된 사람들까지 명예훼손이나 인격권이 침해당할 수 있다.[50] 방송심의에 관한 규정에 따르면 제22조에서 "방송은 범죄사건 관련자의 이름, 주소, 얼굴, 음성 또는 그 밖의 본인임을 알 수 있는 내용공개에 신중을 기하"도록 규정하고 있지만, 판결 확정 전의 피고인에 대해서는 명확히 규정을 두고 있지 않아 개인의 신상정보 공개에 대한 주의의 정도가 낮다. 그런데 일단 두려움과 관련된 이슈에 대해 인식하게 되면 그 인식은 쉽게 사라지지 않는다.[51] 이로 인해 무죄 피고인은 의심받고 있는 혐의가 알려짐에 따라 사회활동에 장애가 생기게 된다.

---

49 장수경, 조선 오보 피해자 "내가 얼굴공개 당해보니…", 한겨레 신문, 2012년 9월 10일.

50 류병관, 언론의 범죄보도에 있어 범죄피해자의 프라이버시권보호에 관한 연구, 피해자학연구 제18권 제1호, 2010, 279면.

51 구교태, 범죄피해 두려움 관련 요인에 대한 연구(직간접적 경험을 중심으로), 사회과학담론과 정책 제9권 제1호, 2016, 113면.

그러나 경우에 따라서는 불특정 다수가 아닌 자신이 속한 사회집단 내에서 오해가 풀리길 바라는 경우도 존재할 것이다. 예를 들어, 무죄 피고인이 직장 내에서 횡령 혐의로 재판을 받은 결과 무죄가 확정된 경우 직장 내 사람들에게 무죄를 알림으로써 문제를 해결할 수 있다. 무죄 피고인이 명예훼손으로 인해 생긴 직접적인 사회활동의 장애는 직장 내에 무죄판결 안내로 극복할 수 있는 것이다. 이러한 경우 무죄판결의 언론 보도나 불특정 다수에게 자신의 재판 사실을 알리는 무죄재판서 게재는 불필요하다. 오히려 자신이 속한 집단 내에서 업무에 장애가 있는 부분만을 조속히 해결하는 것 외의 무죄판결 공개는 형사재판을 받은 사실이 불필요하게 재언급되는 것에 불과하다. 따라서 어느 영역의 사회활동에서 장애가 생겼고 그 장애에 대한 적합한 해결방법이 무엇인지 고민하여 조치를 취하도록 해야 한다.

형사보상법상 명예회복은 무죄 피고인의 타인간의 관계에서 발생할 수 있는 문제를 해결하기 위해 만들어진 만큼 무죄 피고인 별로 명예의 회복이 필요한 사유에 대해 구체적으로 조사하여 정상적인 사회활동으로의 복귀가 가능하도록 조치해야 할 것이다.

(3) 무죄 피고인이 희망하는 방법 고려

형사재판에서 무죄를 확정 받은 피고인은 스스로 자신에게 가장 적합한 명예회복 방법을 고민할 것이다. 현재 시행되고 있는 형사보상법상 명예회복의 경우 그 방법이 하나이고 무죄재판서 게재 후 1년이 지나면 더 이상 확인이 불가능하다. 최진녕 대한변협 대변인은 "성범죄나 뇌물·사기사건 등의 경우 본인이 명예회복을 했다는 것보다 더 좋지 않은 낙인이 찍힐 가능성이 있어 제도 이용에 조심스럽다."며 "죄의 특성이나 당사자의 상황을 종합적으로 고려해 당사자의 선택권을 최대한 보장해주는 방향으로 개선돼야 한다."고 말했다.[52] 언론중재위원회의 시정요구에 따르면 후보자가 선거기사 내용이 불공정하다고 생각하는 경우 선거기사심의위원회에 시정을 직접 요구한다. 이때 시정 요구 이유와 원하는 보도문을 직접 접수받아 이를 심의·의결한다.[53] 요구사항을 구체적으로 작성하여 제출하도록 함으로써 피해당사

---

52 이승윤, "무죄재판서 게재 청구절차 바꾸자"유인태 의원 '형사보상법'개정안 발의, 법률신문, 2014.6.26.
53 언론중재위원회 선거기사심의위원회 시정요구서.

자 자신이 원하는 방법으로 잘못된 정보를 정정할 수 있도록 하는 것이다.

　이렇듯 자신의 무죄를 알려 명예를 회복하고자 하는 피고인이 원하는 방법으로 심의위원회에서 명예회복을 위한 조치를 취해줄 때 비로소 명예회복제도가 실효성 있다고 인정받을 것이다.

제 3 절 · 구상권의 도입[54]

Ⅰ. 구상권 도입의 가능성

　형사보상제도에 구상권을 두지 않은 이유는 단순히 형사사법기관의 구금이 불법행위를 구성하는 경우에는 국가배상청구가 가능하기 때문인 것으로 판단되지만 이러한 차이는 국가배상제도와 달리 형사보상 제도에 구상권을 두지 않아야만 하는 본질적인 근거가 될 수는 없다. 헌법 제28조가 보장하는 형사보상청구권은 '법률이 정하는 바에 의하여' 행사되므로 그 내용은 법률에 의하여 정해지게 된다. 이 과정에는 입법자에게 일정한 입법재량이 인정되며, 형사보상의 구체적 내용과 금액 및 절차에 관한 사항은 입법자가 정하여야 할 사항이다. 따라서 형사보상제도에 있어서 구상권 도입 역시 입법재량에 해당한다고 볼 수 있다.

　형사보상의 경우에도 국가배상과 마찬가지로 형사사법기관의 고의·중과실이 있는 경우 구상권 규정을 두는 것은 국가배상의 성격이 내재한 형사보상의 본질, 구상권의 본질, 외국의 입법례를 통해서 충분히 가능하다는 것을 확인할 수 있다.

　첫째, 형사보상제도는 고의·과실을 전제하지 않고 형사사법작용의 특성상 발생할 수밖에 없는 위험에 대해 보상하는 점에서 국가배상과 구분되지만, 형사사법기관의 불법행위가 존재하는 경우 형사보상청구권과 국가배상청구권이 경합하므로 형사보상에는 국가배상의 성격이 내재된 측면이 있다.[55] 따라서 형사보상제도의 경우

54　김정환·서치원, 형사보상에 있어서 구상권 도입의 필요성, 비교형사법연구 제21권 제3호, 2019.10, 215~225면의 내용을 수정·보완.

55　형사보상을 제3의 보상제도로 이해하는 김정환, "형사보상에 있어서 보상대상의 확대", 형사법연구 제27권 제1호, 2015, 94면에 따르면 형사보상은 국가배상의 측면을 포함하고 있다. 형사사법기관이 고의·과실로 무고한 국민을 구금한 경우와, 고의·과실 없이 무고한 국민을

에도 국가배상제도와 마찬가지로 공무원의 고의 또는 중대한 과실이 있는 경우 구상할 수 있도록 정할 수 있다.

둘째, 형사사법기관의 고의 또는 과실로 인하여 잘못된 구금이 발생하고 이에 대한 형사보상이 이루어진 경우라면 귀책이 있는 자가 궁극적으로 책임을 지는 것이 과실책임의 원칙과 형평의 원칙이라는 구상권의 본질에 비추어 보았을 때 타당하다. 형사보상제도라고 하여 구상권을 부정하고 고의·중과실이 있는 가해자는 면책시켜 이를 사회적인 비용으로 처리하여야 할 이유는 없다.

셋째, 형사보상제도를 운용하고 있는 프랑스와 대만의 형사보상법을 살펴보면, 프랑스의 형사보상법은 사소청구인, 고발인 또는 위증자에 대한 구상권을 명문으로 인정한다. 또한 대만에서는 공무원에게 고의·중과실이 있다면 형사보상을 한 주체가 국가배상법에 따라 구상을 청구할 수 있도록 하고 있다.

Ⅱ. 구상권 도입의 필요성

정책은 효율성(efficiency)과 경제성(economy)뿐만 아니라 정책이 당초 의도한 목표를 달성할 수 있어야 한다는 유효성(effectiveness)을 요구한다.[56] 형사보상제도에 있어서 구상권 도입 역시 구상권을 도입하여 의도하는 목표가 무엇인지에 대한 검토, 그러한 목표를 달성할 수 있는지(유효성)에 대한 검토 및 구상권을 도입하는 경우 초래될 수 있는 문제점이 검토되어야 한다. 여기서 구상권 도입의 정책적 목표는 크게 3가지로 정리할 수 있다. 첫째 형사사법기관의 무분별한 구금에 대한 통제, 둘째 형사보상제도의 재정 부담의 완화, 셋째 정의와 형평의 실현이 바로 그것이다. 형사보상제도에 있어서 구상권을 도입하는 것이 이러한 목표에 유효한지를 살펴보면 다음과 같다.

구금한 경우 모두 본래부터 발동해서는 안 되는 국가권력으로 인하여 손실을 입게 했다는 점에서 객관적 차이가 없기 때문이다.

56 임동혁, "성과감사에대한 기본적 연구-성과감사의 개념, 주제, 판단기준, 방법에 대하여", 감사논집 제8호, 2003, 83면.

1. 구상권 도입을 통한 형사사법기관의 무분별한 구금에 대한 통제

형사보상제도는 기본적으로 형사사법기관의 무리한 구금이나 잘못된 판결을 줄이는 것에 기여할 수 있다. 형사보상제도는 검찰조직에 영향을 줄 수 있는 정부(법무부)에 일정한 부담을 주므로 형사사법기관에 대한 간접적인 통제효과를 가지고 있다. 하지만 형사사법기관에 대한 직접적인 통제 효과를 갖고 있지 못하기 때문에 형사사법기관의 권한남용을 방지하는 정책 수단으로 활용될 수 없다는 한계가 있다.[57] 구상권이 존재하지 않는 현행 형사보상제도의 경우 형사보상법 제4조에서 정하는 '보상하지 아니할 수 있는 경우'가 아닌 한 구금되었던 자가 법률이 정하는 불기소처분을 받거나 무죄판결을 받은 경우 대부분 국가에 의한 상당한 보상을 받을 수 있다. 이 경우 정부에게는 일정한 무과실 책임이 성립하지만, 법무부가 형사보상에 따른 책임을 전적으로 부담하면서 법원과 수사기관 등 형사사법기관은 잘못된 구금에 따른 형사보상에 대해 어떠한 책임도 부담하지 않는 상황에 놓이게 된다. 일반적으로 자신의 귀책으로 타인에게 발생한 손해에 대해 어떠한 책임도 부담하지 않는 상황은 손해의 발생을 피하기 위하여 요구되는 주의의무의 태만을 유발하여, 손해를 초래할 수 있는 행위가 사회적 최적 수준보다 과잉되는 문제가 발생한다고 본다.[58]

구상권이 없어 형사보상에서 형사사법기관의 책임이 존재하지 않는 상황이 초래할 수 있는 문제는, ① 형사사법기관이 잘못된 구금을 줄이기 위한 충분한 사전적 주의를 기울이지 않는다는 것과 ② 이에 따라 형사사법기관의 구금이 과잉된다는 점이다. 형사사법기관이 잘못된 구금을 줄이기 위하여 충분한 주의를 기울이지 않고 있으며 형사사법기관의 구금이 과잉된 상태라면, 형사보상제도의 구상권 도입은 이를 적절하게 통제하는 정책적 효과를 가질 수 있을 것이다.

검찰이 스스로 무죄가 확정된 형사사건에 대하여 수사와 공소를 담당한 검사의 과실 여부를 평가하는 무죄평정에 따르면 검사의 과오로 선고되는 무죄판결의 숫자는 한 해에 1,000건이 넘는다. 2017년 전체 무죄평정 7,340건 중 1,115건이 검사의 과오

---

57 Unell, Ephraim, "A Right Not to Be Framed: Preserving Civil Liability of Prosecutors in the Face of AbsoluteImmunity," Geo. J. Legal Ethics 23 (2010), 968면.

58 Shavell, Steven, "Strict liability versusnegligence," The Journal of Legal Studies 9.1 (1980), 12면.

로 인하여 무죄판결이 선고된 것으로 집계되었다.[59] 이는 전체 무죄평정의 15.2%가 검사의 과오에서 비롯되었다는 것을 의미한다. 심지어 이러한 통계는 검사의 과오로 인한 무죄평정을 과소집계하고 있을 가능성이 있다. 검사의 과오 여부는 대검찰청이나 고등검찰청에서 수사자료 등을 검토하여 판단하는데, 통계를 집계한 기관이 검사가 소속된 기관이며, 법원과의 견해 차이에 대해서는 법원의 소명이 없었기 때문이다. 결국 보수적으로 집계하더라도 2017년에는 1,115건 이상의 사건이 검사의 과오로 인하여 기소된 후에 무죄판결이 선고되었다.

무죄선고율 역시 제1심 형사공판사건으로 한정한다면 3.4%로 결코 적지 않은 숫자이다.[60] 특히 재심이 아닌 일반 구속사건에서 무죄 선고가 나와 집행된 형사보상금이 증가하는 추세에 있으며 전체 형사보상금 집행에서 차지하는 비중도 2017년 기준 24.15%이다. 이는 검찰이 무리하게 구속 수사를 이어가다 결국 법원에서 무죄

---

[59] 무죄 등 사건 평정 현황 (법무부, 2018년도 국정감사 법제사법위원회 위원 요구자료(12), 2018, 90면)

구분 / 연도	평정 건수	과오없음 (법원과의 견해차)	검사과오							
			계	수사검사 과오						공판검사 과오
				수사 미진	법리 오해	사실 오인	증거판단 잘못	의율 착오	기타	공소유지 소홀
2017	7,340 (100)	6,225 (84.8)	1,115 (15.2) (100)	571 (51.2)	464 (41.6)	0 (0.0)	37 (3.3)	0 (0.0)	41 (3.7)	2 (0.2)

[60] 제1심형사공판사건 재판결과별 누년비교표 (법원행정처, 2018 사법연감, 2018, 683면)

구분 / 연도	합계	생명형	자유형	자격형	재산형	선고유예	무죄	형의면제 면소	공소기각 판결 결정	관할 위반	소년부 송치	기타
2013	260,155 (100.0)	2 (0.0)	108,519 (41.7)	3 (0.0)	81,442 (31.3)	3,923 (1.5)	32,543 (12.5)	420 (0.2)	6,527 (2.5)	7 (0.0)	2,689 (1.0)	24,080 (9.3)
2014	267,077 (100.0)	1 (0.0)	125,448 (47.0)	6 (0.0)	85,606 (32.0)	4,037 (1.5)	21,014 (7.9)	407 (0.1)	6,138 (2.3)	10 (0.0)	2,082 (0.8)	22,328 (8.4)
2015	257,984 (100.0)	0 (-)	133,153 (51.6)	3 (0.0)	78,283 (30.3)	3,624 (1.4)	11,858 (4.6)	335 (0.1)	5,879 (2.3)	4 (0.0)	1,981 (0.8)	22,864 (8.9)
2016	268,510 (100.0)	0 (-)	148,194 (55.2)	11 (0.0)	79,488 (29.6)	3,186 (1.2)	9,080 (3.4)	316 (0.1)	5,431 (2.0)	4 (0.0)	1,721 (0.6)	21,079 (7.9)
2017	266,433 (100.0)	0 (-)	149,995 (56.3)	2 (0.0)	78,591 (29.5)	3,369 (1.3)	8,916 (3.4)	348 (0.1)	5,610 (2.1)	2 (0.0)	1,428 (0.5)	18,172 (6.8)

주: 1. ( ) 내 수는 구성비(%)임. 2. 자유형에는 집행유예도 포함되어 있음

를 선고받는 경우가 적지 않다는 것을 의미한다. 따라서 형사보상에 있어 구상권이 도입된다면 형사사법기관의 무분별한 구금을 통제하여 잘못된 판결을 줄이고, 불구속 수사 원칙을 강화하는데 기여할 것으로 판단된다.

2. 형사보상제도의 재정적 부담 완화

형사보상금 예산 편성액은 꾸준히 증가해 왔지만 여전히 실제 집행액은 예산 편성액을 크게 상회하고 있다. 최근의 형사보상금 집행현황을 보면 다음과 같다.

〈표 1〉 최근 5년간 형사보상금 집행 현황[61]   (단위: 백만 원, %)

	예산액 (A)	이·전용 등	예비비	예산현액	집행액 (B)	집행률 (B/A)
2013	11,000	0	46,672	57,672	57,672	524.3
2014	14,000	0	74,185	88,185	88,166	629.8
2015	20,000	5,200	27,775	52,975	52,975	264.9
2016	25,000	940	5,829	31,769	31,769	127.1
2017	27,500	2,297	6,245	36,042	36,039	131.1
2018 (8월말)	33,213	0	0	33,213	24,847	74.8

2017년 예산 편성액인 275억 원은 역대 가장 큰 규모의 예산이지만, 2013년 이후 실제 집행액이 가장 낮았던 2016년 317억 원에도 미치지 못한다. 또한 실제 집행액을 예산액으로 나눈 집행률을 살펴보면, 매해 형사보상의 집행액은 예산액을 상회하고 있음을 확인할 수 있는데 이는 형사보상이 만성적인 예산부족 상태에 있는 것으로 볼 수 있다. 이에 따라 형사보상금 예산이 소진되면 형사보상금 지급이 지체되는 현상도 나타나게 된다. 형사보상에 필요한 예산이 부족한 경우 법무부는 예비비를 신청하여 피해자에게 형사보상금을 지급해야 하는데, 예비비의 경우에는 승인 과정이 오래 걸리기 때문이다. 국회 법제사법위원회는 형사보상금에 대한 예산 과소편성에 대하여 법무부에 여러 차례 주의 조치를 취하기도 하였다.[62]

---

61 국회예산정책처, 예산안분석시리즈 Ⅱ 2019년도 예산안 위원회별 분석(국회운영위원회·법제사법위원회), 2018, 93면.
62 국회예산정책처, 예산안분석시리즈 Ⅰ 2017년도 예산안 위원회별 분석(국회운영위원회·법제

형사보상제도에 구상권을 도입한다면 형사보상제도의 재정적 부담을 완화할 수 있을 것이다. 첫째로 전술한 바와 같이 구상권 도입을 통하여 형사사법기관의 무분별한 구금에 대한 통제가 강화된다면 형사보상금의 지급 대상이 되는 사건의 발생 자체가 줄어들어서 형사보상금 지급액이 감소할 수 있다. 둘째로 수사와 기소, 재판을 담당하거나 그에 관계된 공무원의 고의 또는 중대한 과실로 형사보상이 이루어진 경우 이들 공무원에게 직접 구상하여 형사보상 재정을 충당할 수 있다. 즉, 형사보상에 있어 구상권 도입을 통하여 형사보상 대상사건의 발생 자체를 줄이고 구상권 행사를 통해 형사보상의 재정적 부담을 완화할 수 있을 뿐만 아니라, 만성적인 예산 부족으로 형사보상금 지급이 지체되는 현상을 완화하여 억울하게 구금된 자의 권리구제에도 도움이 될 것으로 판단된다.

3. 국가배상제도와의 불균형이 초래할 수 있는 문제 해결

형사보상청구권은 의무자인 국가의 협력을 요하지 않고, 권리자가 일방적으로 권리를 행사하기만 하면 권리의 목적을 달성할 수 있는 점에서 일종의 형성권으로 볼 수 있으며,[63] 실제로 형사보상제도가 활성화되기 시작한 2010년부터 2017년까지 8년간 지방법원의 형사보상 청구 인용률은 98.1%에 이른다.[64] 한편 형사보상청구는

사법위원회), 2016, 72면.
[63] 헌법재판소, 헌법재판소결정해설집 2010년, 헌법재판소, 2011, 244면.
[64] 형사보상청구사건 누년비교표 – 지방법원 (법원행정처, 2018 사법연감, 2018, 708면)

구분 연도	무죄선고인원	신청인원 (접수)	처리				인용률 (%)
			계	인용	기각	기타	
2008	5,110	252	250	222	19	9	88.8%
2009	7,389	289	251	216	14	21	86.1%
2010	22,382	11,956	8,349	8,230	37	82	98.6%
2011	49,006	33,025	41,908	41,732	73	103	99.1%
2012	61,429	44,413	41,908	41,732	73	103	99.6%
2013	33,540	27,072	37,046	36,850	88	108	99.5%
2014	22,074	15,889	17,789	17,605	79	015	99.0%
2015	13,008	8,689	12,517	12,280	89	148	98.1%
2016	10,212	5,657	6,125	5,804	126	195	94.8%
2017	10,190	4,729	5,810	5,571	112	127	95.9%

재심을 통해 무죄가 확정된 사람들이 다수를 차지하고 있다. 전체 형사보상 지급건수에서 재심사건이 차지하는 비율은 2015년 87%, 2016년 77%를 차지하였고, 다소 감소한 2017년에도 형사보상금 집행 중 재심사건 무죄는 지급액 기준으로 65.5%, 지급건수 기준으로 69.1%라는 여전히 압도적인 비중을 차지하고 있다.[65] 형사보상의 취지가 형사사법기관에 의하여 위법한 처분을 받을 경우 공무원의 고의·과실의 입증을 전제로 하는 국가배상의 구제는 어렵기 때문에 공무원의 고의·과실의 입증없이도 그 보전을 가능하게 하는 것임을 감안하면,[66] 이러한 경향은 당연한 귀결이라고 판단된다.

형사사법기관의 고의·중과실로 인하여 잘못된 구금이나 재판이 이루어진 경우 마땅히 이에 대한 책임을 묻는 것이 법치주의 사회의 궁극적인 목적이 되는 사회정의의 실현에 부합할 것이다. 형사사법기관 공무원의 직무상 불법행위로 인하여 잘못된 구속 또는 판결이 이루어진 경우 이에 대하여 국가배상청구가 가능하고, 국가배상청구가 인용되는 경우 구상권을 행사할 수 있으니 문제가 없다고 생각할 수 있지만, 문제는 형사보상제도가 확대되면서 재심사건에서 국가배상제도보다 간이한 절차인 형사보상제도를 우선적으로 이용하거나, 오직 형사보상제도만을 이용하는 경향이 나타난다는 점이다.

그런데 국가배상제도의 경우에는 구상권이 존재하나, 형사보상제도에서는 구상

---

65 2015년 – 2018년 6월 형사보상금 집행 현황 (법무부, 2018년도 국정감사 법제사법위원회위원 요구자료(15), 2018, 588면)

(단위: 백만 원)

구분		연도	2014	2015	2016	2017	2018. 6
합계		건수	34,366	14,547	8,713	7,374	2,626
		지급액	88,164	52,975	31,769	36,038	16,666
피고인 보상	구속사건 무죄	건수	429	479	327	368	225
		지급액	9,108	8,618	7,329	8,702	4,364
	재심사건 무죄	건수	29,612	12,714	6,721	5,097	1,442
		지급액	76,060	42,253	21,610	23,628	10,333
피의자보상		지급액	14	14	23	19	5
		건수	29	38	88	104	6
무죄비용보상		지급액	4,311	1,340	1,642	1,890	953
		건수	2,967	2,066	2,742	3,604	1,963

66 김정환, 형사보상법 제정의 과정과 논의, 연세법학 제33권, 2019, 41면.

권이 존재하지 않는다. 이러한 상황에서 귀책이 있는 공무원에게 구상을 할 수 있는 법적 근거가 없는 형사보상에 대한 선호가 더해지면 귀책이 있는 공무원에게 그 책임을 물어 사회정의를 실현할 수 없다는 문제가 발생할 수밖에 없다. 특히 과거사 사건 중에는 국가기관이 국민에게 누명을 씌워 불법행위를 자행하고, 소속공무원들이 조직적으로 관여하였으며, 사후에도 조작·은폐함으로써 오랜 기간 진실규명이 불가능한 경우가 많다. 이 같은 과거사 사건 등에서 국가배상청구는 공무원의 고의·중과실을 입증해야 할 뿐만 아니라 정부 측의 상소로 법적 분쟁이 길어지는 경우가 비일비재하다. 최초의 유죄 확정판결로부터 상당한 시간이 흐른 과거사 사건의 특성과 수사기관의 기록이나 정보에 대한 피해당사자의 접근이 제한되어 있다는 것을 감안하면 국가배상청구에서 승소하고, 구상권을 행사할 수 있게 하여 사회정의를 실현하는 것은 대단히 어려운 일이다. 따라서 형사보상제도를 통하여 과거사 사건의 피해자가 지난한 송사를 거치지 않고도 쉽게 그 피해를 보상받을 수 있도록 하고, 피해당사자에 비해 수사기관의 정보나 기록에 대한 접근이 훨씬 보장된 정부가 귀책이 있는 공무원에게 구상권으로 그 책임을 묻도록 하는 것이 합당하다.

Ⅲ. 입법방안

1. 입법논의

형사보상의 원인이 되는 잘못된 구금 및 판결은 ① 잘못된 고소·고발과 위증, ② 수사기관의 무분별한 구속 수사와 기소, ③ 법원의 오판에서 그 이유를 찾을 수 있다. 프랑스가 형사보상제도에 있어 악의의 고발인 또는 위증자에게 구상권을 행사할 수 있도록 한 것은 귀책이 형사사법기관이 아닌 악의의 고발인 또는 위증자에게 있다는 판단이 전제되어 있다고 볼 수 있다.

우리나라의 경우에도 2007년 5월 29일 최병국 의원 등 15인이 발의한 형사보상법 전부개정법률안(의안번호 6694)[67]과 2009년 4월 23일 최병국 의원 등 17인이 다시 발의한 형사보상법 전부개정법률안(의안번호 4664)[68]에는 고소, 고발인에 대한 구

---

67 최병국의원 발의, 형사보상법 전부개정법률안, 6694(2007. 5. 29.) [임기만료폐기].

68 최병국의원 발의, 형사보상법 전부개정법률안, 4664(2009. 4. 23.) [임기만료폐기].

상권[69]이 규정되어 있었으나 임기만료로 폐기되었다. 이후 2009년 9월 11일 박지원 의원 등 84명이 찬성하여 발의된 형사보상법 일부개정법률안(의안번호 5991)[70]에는 고소, 고발인에 대한 구상권 내용이 빠졌다.[71]

2. 입법유형

형사보상에 있어서 구상권 규정 신설과 관련하여 이루어진 국내의 논의와 프랑스, 대만 등 외국의 제도를 고려하였을 때 형사보상에 있어 구상권의 도입방안을 크게 3가지 유형으로 나누어 생각해 볼 수 있다.[72]

첫째, 특별법 제정을 통하여 구상권을 인정하는 방안이다. 이에 대하여는 주로 과거사 재심사건에 대한국가배상청구와 관련하여 논의가 있었다. 민주사회를 위한 변호사모임은 2016년 한국인권보고서[73]에서 진실화해를 위한 과거사정리 기본법 일부개정법률안에 가해행위자에 대한 구상권 행사규정을 신설할 것을 주장하였다. 구체적으로 보면, 진실화해를 위한 과거사정리 기본법 제36조 제3항을 추가하여 "정부는 가해자에게 고의 또는 중대한 과실이 있으면 그 가해자에게 구상권을 행사하여야 한다."고 규정할 것을 제시하였다.[74] 경기도 의회 역시 2016년 2월 12일 과거

---

69 **제32조(구상권행사)** 제31조 제1항에 따라 국가가 보상을 한때에는 국가는 당해 수사기관의 관련 공무원이나 고소·고발인에게 구상할 수 있다.

70 박지원의원 발의, "형사보상법 일부개정법률안", 5991(2009. 9. 11.) [임기만료폐기]].

71 **제27조의2(구상권)** 이 법에 따라 국가가 보상을 하는 경우에 수사와 기소, 재판을 담당하거나 그에 관계된 공무원에게 고의 또는 중대한 과실이 있으면 국가는 그 공무원에게 구상(求償)할 수 있다.

72 각 의안 및 국가의 구상권 도입방식 정리

		발의 일시	구상권 관련 규정의 존부	고소·고발인에 대한 구상	형사사법기관에 대한 구상
국내	최병국의원 발의, "형사보상법 전부개정법률안" 6694	2007. 5. 29	O	O	O
	최병국의원 발의, "형사보상법 전부개정법률안", 4664	2009. 4. 23.	O	O	O
	박지원의원 발의, "형사보상법 일부개정법률안", 5991	2009. 9. 11.	O	X	O
해외	프랑스 형사보상법		O	O	O
	대만 형사보상법		O	X	O

73 민주사회를 위한 변호사모임, 2016 한국 인권 보고서, 2016. 41면.

74 진화위법 제36조 제3항과 제4항을 다음과 같이 신설한다. **제36조(피해 및 명예회복)** ③ 정부

사 정리를 위하여 그 가담자들에 대하여 국가가 부담한 손해배상금의 구상권 청구를 제도화하는 과거사 재심사건 가해자 공직 금지 및 배상법안 마련을 촉구하는 건의안을 발의하였다.[75] 이러한 경우가 실제 입법으로 이어진 적은 없지만 특별법에 구상권 행사를 임의규정이 아닌 기속규정으로 둔다면 특정한 사안에서 국가의 구상권 행사를 강제하여 실질적인 효과가 발생할 수 있다.

둘째, 형사보상법에서 구상권을 직접 규정하는 방안이다. 형사보상을 독립된 별개의 법률로 규정하고 있는 독일, 일본, 우리나라와 달리 프랑스는 형사소송법 속에 형사보상을 규정하면서,[76] 구속에 대한 형사보상의 내용이 담긴 프랑스형사소송법 제1권 제3편 제1장 제7절 제4관 구속에 대한 보상과, 재심에 대한 형사보상의 내용이 담긴 프랑스형사소송법 제3권 제2편 제7장 판결에 대한 보상에서 각각 구상권을 규정하고 있다. 또한 국회에서 논의된 형사보상에 있어서 구상권 도입과 관련하여 발의된 법률안들 역시 형사보상법에 구상권에 대한 내용을 직접 규정하는 방식을 취하고 있다.

셋째, 형사보상법에서 국가배상법에 따른 절차를 밟도록 규정하는 방안이다. 대만은 형사보상이 이루어진 경우 형사보상을 한 국가기관은 책임이 있는 공무원에게 국가배상법에 따른 절차를 밟도록 법으로 정하고 있다. 즉 국고 부담으로 형사보상을 한 후 공무원의 고의 또는 중대한 과실이 있는 경우 보상을 한 국가기관이 국가배상법에 따른 구상을 청구하는 방식이다. 우리나라는 이미 국가배상제도에서 구상권에 대해 규정하고 있는바, 무리 없이 도입할 수 있는 방안이라고 판단된다.

3. 대만의 형사보상법상 구상권[77]

대만의 형사보상법상 구상권규정은 다음과 같다.[78]

는 가해자에게 고의 또는 중대한 과실이 있으면 그 가해자에게 구상권을 행사하여야 한다.
④ 정부는 희생자의 유해발굴과 피해자 추도사업을 하여야 한다.

[75] 윤재우 의원 대표발의(발의자 36명), "과거사재심사건 가해자 공직 금지 및 배상법안 마련 촉구 건의안", 840(2016. 2. 12.).

[76] 김용우, 형사보상법의 문제점과 개선방안, 법제현안 제148호, 2003, 7면.

[77] 김정환·서치원, 형사보상에 있어서 구상권 도입의 필요성, 비교형사법연구 제21권 제3호, 2019.10, 213~215면의 내용을 수정·보완.

[78] 김정환·박성현, 형사보상에서 국가배상법의 구상권 규정의 준용 필요성, 형사정책 제31권 제3호, 2019.10, 206면.

> **대만 형사보상법 제34조[79]**
>
> 보상경비는 국고에서 부담한다.
>
> 제1조에 열거된 법률집권직무를 수행하는 공무원이 고의나 중대한 과실로 법을 위반하여 그에 대해서 보상한 자와 보상기관은 보상 후, 국가배상법의 규정에 따라 해당 공무원에 대해 청구해야 한다. 전항의 구상권은 보상금을 지급한 날부터 2년간 행사하지 않으면 시효로 소멸한다.
>
> 구상권을 행사하려면, 사유의 경중과 모든 사정을 심사하고 참작하여 일부 또는 전부를 구상할 것을 결정해야 한다. 피구상자가 수인인 경우에는 사정을 고려하여 그 구상금액을 각각 정하여야 한다.

대만의 경우에는 중화민국시절 국민정부가 북벌을 통한 중국통일을 추진하던 시절 원옥배상운동이 전개되었고 1947년 전국사법행정검토회에서 형사보상법(刑事補償法)의 제정을 결의하였으나, 1959년에 비로소 원옥보상법(冤獄賠償法)이 공포되었다.[80] 이후 5차례 개정을 통해 그 적용범위가 확대되고 배상금액이 상향되었다.[81] 현재 형사보상법이라는 명칭을 가진 대만형사보상법은 원옥보상법이 부분적으로 위헌으로 판단되면서[82] 2011년 6월 13일에 개정되어 동년 7월 6일에 공표된 것이다.

대만형사보상법 제1조에 의하면 형사소송법, 군사재판법, 소년사건처리법으로 기소된 자가 수사나 재판 과정에서 구금이 되고 이후 불기소결정 또는 무죄선고가 확정된 경우 보상을 청구할 수 있다. 또한 동법 제3조에 따라 잘못된 구금에 대한 보상은 하루에 최소 3,000 대만달러, 최대 5,000 대만달러에서 결정된다. 2009년부

---

79 **第34條** 補償經費由國庫負擔。依第一條所列法律執行職務之公務員，因故意或重大過失而違法，致生補償事件者，補償機關於補償後，應依國家賠償法規定，對該公務員求償。　前項求償權自支付補償金之日起，因二年間不行使而消滅。行使求償權，應審酌公務員應負責事由輕重之一切情，決定一部或全部求償。被求償者有數人時，應斟酌情形分別定其求償金額。

80 증건원/주정니, 從冤獄賠償到刑事補償的法治歷程, 중국사연구 제80집, 2012.10, 354면.

81 증건원/주정니, 從冤獄賠償到刑事補償的法治歷程, 중국사연구 제80집, 2012.10, 354면.

82 대만 사법원 대법관은 〈석자670호해석(釋字第六七零號解釋)〉을 통해 고의나 중대한 과실로 인하여 압류, 수용, 유치가 집행된 경우 배상을 청구할 수 없도록 한 원옥배상법 제2조 제2관이 피해자의 책임의 경중, 손실의 크기를 고려하지 않고 일률적으로 배상을 하지 않도록 하여 헌법에 어긋난다고 판단하였다(증건원/주정니, 從冤獄賠償到刑事補償的法治歷程, 중국사연구 제80집 2012.10, 354면).

터 2018년까지 10년간 대만의 형사보상금 지급현황을 보면,**83** 지방법원에서는 총 808명이 형사보상을 받아 그 보상금액이 206,741,633 대만달러였고, 고등법원에서는 총 347명이 형사보상을 받아 그 보상금액이 217,903,300 대만달러이었다.**84**

　대만은 형사보상법에 독자적인 구상권을 규정하고 있지는 않지만, 대만형사보상법 제34조는 형사보상은 국고 부담으로 이루어진다고 새기면서, 공무원의 고의 또는 중대한 과실로 인하여 보상이 이루어진 경우 보상을 한 주체는 책임이 있는 공무원에게 국가배상법이 정하는 절차에 따른 청구를 하도록 하고 있다. 따라서 공무원에게 중대한 과실 또는 고의가 있는 경우 대만국가배상법 제2조에 따라 구상을 청구할 수 있다.

　다만 대만국가배상법 제13조에서 재판 또는 기소 의무가 있는 공무원은 직무로 인하여 국민의 자유 또는 권리를 침해하는 경우, 직무에 관하여 범죄를 저지른 것으로 기소나 재판에 연루된 경우에 한하여 이 법의 규정을 따른다고 정하여, 형사사법기관의 책임의 범위를 엄격하게 제한한다. 따라서 판사와 검사 등 형사사법기관에 속한 공무원의 경우에는 직무유기나 명예훼손 등으로 재판이나 기소에 연루된 경우

83　대만의 형사보상금 지급현황 (대만 사법원, 중화민국 107년 2018 사법통계연보, 2019, 109면, 261면)

(단위: 대만 달러, 명)

연도	지방법원		고등법원	
	인원	보상금액	인원	보상금액
2009	65	19,213,400	22	8,562,400
2010	75	25,256,500	26	15,615,000
2011	77	22,934,500	33	15,966,400
2012	124	27,639,700	62	39,998,700
2013	106	22,493,000	56	34,676,500
2014	78	17,379,000	39	18,916,500
2015	72	19,681,500	22	8,423,800
2016	69	22,176,700	27	8,173,000
2017	69	14,375,733	36	39,394,300
2018	73	15,591,600	24	28,176,700
합계 (2009~2018)	808	206,741,633	347	217,903,300

84　이는 2019년 9월 7일자 환율인 '1 대만 달러=38.24 대한민국 원'을 기준으로 지방법원의 경우 7,905,179,821원, 고등법원의 경우 8,331,968,482원이며, 총합은 약 162억(16,237,148,303)원에 해당한다. 같은 기간 대한민국 형사보상금 총지급액은 4,056억 원으로 대만의 약 25배에 해당한다.

에 한하여 무분별한 기소나 잘못된 판결에 따라 이루어진 형사보상에 대한 책임을 지게 된다. 이러한 대만국가배상법 제13조에 대하여 대만 법무부는 재판의 독립을 보장해야 하고, 법의 적용과 증거의 선택에 대해서는 다양한 의견이 있을 수 있으므로 이에 대하여 법관이나 검사에게 책임을 지우는 것은 타당하지 않기 때문이라고 밝히고 있다.[85] 하지만 이러한 대만국가배상법 제13조는 형사사법기관에 속한 공무원의 귀책으로 형사보상이 이루어진 경우에도 사실상 그 책임을 면책시켜 대만형사보상법 제34조의 입법 취지를 몰각시키고 있다는 비판을 받고 있다.[86]

실제 사례를 보면 형사사법기관의 공무원이 재판이나 기소에 연루되는 일은 매우 적다. 예를 들어 타이페이 지방법원의 경우 형사사법기관의 책임과 관련하여 총 125건의 형사고소가 조사되었고, 이 중 77건이 직무유기와 명예훼손에 해당하였다. 그리고 77건 중 단 1건만이 검사에 의하여 기소가 이루어졌고, 나머지는 모두 사소청구였다. 재판의 결과 오직 1건만 유죄의 판결을 받았으며, 2건은 관할 위반, 3건은 거부, 나머지 71건의 사소청구는 받아들여지지 않았다.[87] 즉 대만국가배상법 제13조가 형사사법기관에 속한 공무원의 책임을 묻기 위해서는 '직무와 관련한 범죄로 기소나 재판에 연루될 것'을 요구하는 것이 사실상 형사사법기관에 속한 공무원에 대하여 폭넓은 면책을 인정하고 있다.

4. 소결(국가배상법의 구상권 규정의 준용)

특별법 제정을 통하여 구상권을 인정하는 방안은 사실상 제한적인 사안에 한하여 적용이 가능하므로, 형사보상에 있어 구상권을 일반적으로 규정하는 방안으로는 적절하지 못하다. 따라서 형사보상에 있어 구상권을 도입한다면 그 방법은 형사보상법에서 직접 구상권을 규정하는 방식 혹은 대만과 같이 형사보상법에서 보상주체에게 국가배상법에 따른 절차를 밟도록 규정하는 방식이 적절하다.

이 중 형사보상법에서 구상권을 직접 규정하는 방식은 이미 국회에서 여러 차례

85　法務部, 國家賠償法第13條釋憲案法務部研析意見, 法律字 第10603501050號, 2017, https://mojlaw.moj.gov.tw/LawContentExShow.aspx?type=e&id=Z00000%2C法律%2C1060350105
0%2C20170307(2019. 9. 7. 검색).

86　FOLLAW 2019. 2. 21.자 기사(https://follaw.tw/f-comment/f02/19279).

87　FOLLAW 2019. 2. 21.자 기사(https://follaw.tw/f-comment/f02/19279).

논의가 된 방식이다. 국가배상제도의 경우에도 가해 공무원에게 구상권을 행사하는 경우 국가를 당사자로 하는 소송에 관한 법률(이하 '국가소송법'이라 한다)에 따른 절차를 밟아야 하므로88 형사보상의 경우에도 형사사법기관의 고의·중과실이 구상권 행사 과정 중 법원에서 다투어질 수 있다. 그런데 국가배상제도는 정부가 패소하여 피해자의 국가배상청구가 인용된 경우에만 고의 또는 중대한 과실이 있는 공무원에게 구상권을 행사할 수 있는 반면에 형사보상제도는 형사사법기관의 고의 또는 과실을 전제하지 않고 이루어지므로 국가배상제도와 비교했을 때 형평성 문제가 발생할 수 있다. 즉 형사보상제도의 경우에는 형사사법기관에 속한 공무원의 고의 또는 중대한 과실이 있다고 하더라도 형사사법기관의 구금이나 재판이 불법행위를 구성하는지 여부에 대하여 법원의 판단을 거치지 않고 바로 구상권을 청구하는 것은 부적절하다.

결론적으로 형사보상이 이루어진 이후 형사사법기관에 속한 공무원의 고의 또는 중대한 과실이 있는 경우 보상주체가 국가배상법에 따른 구상권 청구를 하게 하는 방식이 가장 적절하다고 판단된다. 이러한 방식의 경우 이미 국가배상제도에서 구상권을 두고 있으므로 새로운 절차를 만들 필요가 없고, 고의 과실을 전제하지 않는 형사보상에 바로 구상권을 인정하는 경우 불거질 수 있는 형평성 문제도 없기 때문이다. 형사보상법에서 국가배상법에 따른 절차를 밟도록 규정하는 방안은 검찰에 대한 민주적 통제라는 법무부 본연의 역할 및 국가의 기능을 입법·행정·사법으로 분립하여 견제와 균형을 이루고자 하는 권력분립의 원칙에도 부합한다고 생각한다. 따라서 법원이든 검찰이든 형사사법기관에 속한 공무원의 고의 또는 중대한 과실로 형사보상이 이루어진 경우 국가배상제도가 정한 절차에 따라 법무부가 궁극적인 책임이 있는 공무원에게 구상하는 제도를 마련해야 한다. 형사보상에 있어 구상권 도입은 단순히 보상금 지급 건수나 지급액 증가와 같은 국가재정의 문제일 뿐만 아니라, 사회의 형평과 정의의 문제이기도 하기 때문이다.89

---

88 국가를 당사자로 하는 소송업무 처리지침 제6조 제2항에 따르면 구상권을 행사하기로 결정한 경우 가해자가 임의변제하지 않을 때에는 즉시 지급명령 신청을 하거나 또는 소를 제기하여야 한다.

89 하지만 우리나라의 경우 대만과 다르게 형사보상의 보상주체가 법무부이며 국가소송법 제2조(국가를 당사자 또는 참가인으로 하는 소송에서는 법무부장관이 국가를 대표한다)에 따르면 법무부장관이 국가를 대표하므로, 법무부에 국가배상청구를 하도록 하는 것이 어렵다는 문제가 있다. 따라서 대만과 같이 보상을 한 기관이 국가배상을 청구하는 방식으로 구상권을 도입하는 경우 국가배상청구 주체에 대한 논의가 추가적으로 필요하다.

부   록

형사보상 및 명예회복에 관한 법률 (약칭: 형사보상법)

[시행 2018. 3. 20] [법률 제15496호, 2018. 3. 20, 일부개정]

제1장 총칙

제1조(목적) 이 법은 형사소송 절차에서 무죄재판 등을 받은 자에 대한 형사보상 및 명예회복을 위한 방법과 절차 등을 규정함으로써 무죄재판 등을 받은 자에 대한 정당한 보상과 실질적 명예회복에 이바지함을 목적으로 한다.

제2장 형사보상

제2조(보상 요건) ① 「형사소송법」에 따른 일반 절차 또는 재심(再審)이나 비상상고(非常上告) 절차에서 무죄재판을 받아 확정된 사건의 피고인이 미결구금(未決拘禁)을 당하였을 때에는 이 법에 따라 국가에 대하여 그 구금에 대한 보상을 청구할 수 있다.

② 상소권회복에 의한 상소, 재심 또는 비상상고의 절차에서 무죄재판을 받아 확정된 사건의 피고인이 원판결(原判決)에 의하여 구금되거나 형 집행을 받았을 때에는 구금 또는 형의 집행에 대한 보상을 청구할 수 있다.

③ 「형사소송법」 제470조제3항에 따른 구치(拘置)와 같은 법 제473조부터 제475조까지의 규정에 따른 구속은 제2항을 적용할 때에는 구금 또는 형의 집행으로 본다.

제3조(상속인에 의한 보상청구) ① 제2조에 따라 보상을 청구할 수 있는 자가 그 청구를 하지 아니하고 사망하였을 때에는 그 상속인이 이를 청구할 수 있다.

② 사망한 자에 대하여 재심 또는 비상상고의 절차에서 무죄재판이 있었을 때에는 보상의 청구에 관하여는 사망한 때에 무죄재판이 있었던 것으로 본다.

제4조(보상하지 아니할 수 있는 경우) 다음 각 호의 어느 하나에 해당하는 경우에는 법원은 재량(裁量)으로 보상청구의 전부 또는 일부를 기각(棄却)할 수 있다.

1. 「형법」 제9조 및 제10조제1항의 사유로 무죄재판을 받은 경우
2. 본인이 수사 또는 심판을 그르칠 목적으로 거짓 자백을 하거나 다른 유죄의 증거를 만듦으로써 기소(起訴), 미결구금 또는 유죄재판을 받게 된 것으로 인정된 경우

3. 1개의 재판으로 경합범(競合犯)의 일부에 대하여 무죄재판을 받고 다른 부분에 대하여 유죄재판을 받았을 경우

제5조(보상의 내용) ① 구금에 대한 보상을 할 때에는 그 구금일수(拘禁日數)에 따라 1일당 보상청구의 원인이 발생한 연도의 「최저임금법」에 따른 일급(日給) 최저임금액 이상 대통령령으로 정하는 금액 이하의 비율에 의한 보상금을 지급한다.

② 법원은 제1항의 보상금액을 산정할 때 다음 각 호의 사항을 고려하여야 한다. 〈개정 2018. 3. 20.〉

1. 구금의 종류 및 기간의 장단(長短)
2. 구금기간 중에 입은 재산상의 손실과 얻을 수 있었던 이익의 상실 또는 정신적인 고통과 신체 손상
3. 경찰·검찰·법원의 각 기관의 고의 또는 과실 유무
4. 무죄재판의 실질적 이유가 된 사정
5. 그 밖에 보상금액 산정과 관련되는 모든 사정

③ 사형 집행에 대한 보상을 할 때에는 집행 전 구금에 대한 보상금 외에 3천만원 이내에서 모든 사정을 고려하여 법원이 타당하다고 인정하는 금액을 더하여 보상한다. 이 경우 본인의 사망으로 인하여 발생한 재산상의 손실액이 증명되었을 때에는 그 손실액도 보상한다.

④ 벌금 또는 과료(科料)의 집행에 대한 보상을 할 때에는 이미 징수한 벌금 또는 과료의 금액에 징수일의 다음 날부터 보상 결정일까지의 일수에 대하여 「민법」 제379조의 법정이율을 적용하여 계산한 금액을 더한 금액을 보상한다.

⑤ 노역장유치(勞役場留置)의 집행을 한 경우 그에 대한 보상에 관하여는 제1항을 준용한다.

⑥ 몰수(沒收) 집행에 대한 보상을 할 때에는 그 몰수물을 반환하고, 그것이 이미 처분되었을 때에는 보상결정 시의 시가(時價)를 보상한다.

⑦ 추징금(追徵金)에 대한 보상을 할 때에는 그 액수에 징수일의 다음 날부터 보상 결정일까지의 일수에 대하여 「민법」 제379조의 법정이율을 적용하여 계산한 금액을 더한 금액을 보상한다.

제6조(손해배상과의 관계) ① 이 법은 보상을 받을 자가 다른 법률에 따라 손해배상을 청구하는 것을 금지하지 아니한다.

② 이 법에 따른 보상을 받을 자가 같은 원인에 대하여 다른 법률에 따라 손해배상을 받은 경우에 그 손해배상의 액수가 이 법에 따라 받을 보상금의 액수와 같거나 그보다 많을 때에는 보상하지 아니한다. 그 손해배상의 액수가 이 법에 따라 받을 보상금

의 액수보다 적을 때에는 그 손해배상 금액을 빼고 보상금의 액수를 정하여야 한다.

③ 다른 법률에 따라 손해배상을 받을 자가 같은 원인에 대하여 이 법에 따른 보상을 받았을 때에는 그 보상금의 액수를 빼고 손해배상의 액수를 정하여야 한다.

제7조(관할법원) 보상청구는 무죄재판을 한 법원에 대하여 하여야 한다.

제8조(보상청구의 기간) 보상청구는 무죄재판이 확정된 사실을 안 날부터 3년, 무죄재판이 확정된 때부터 5년 이내에 하여야 한다.

제9조(보상청구의 방식) ① 보상청구를 할 때에는 보상청구서에 재판서의 등본과 그 재판의 확정증명서를 첨부하여 법원에 제출하여야 한다.

② 보상청구서에는 다음 각 호의 사항을 적어야 한다.

   1. 청구자의 등록기준지, 주소, 성명, 생년월일

   2. 청구의 원인이 된 사실과 청구액

제10조(상속인의 소명) 상속인이 보상을 청구할 때에는 본인과의 관계와 같은 순위의 상속인 유무를 소명(疏明)할 수 있는 자료를 제출하여야 한다.

제11조(상속인의 보상청구의 효과) ① 보상청구를 할 수 있는 같은 순위의 상속인이 여러 명인 경우에 그 중 1명이 보상청구를 하였을 때에는 보상을 청구할 수 있는 모두를 위하여 그 전부에 대하여 보상청구를 한 것으로 본다.

② 제1항의 경우에 청구를 한 상속인 외의 상속인은 공동청구인으로서 절차에 참가할 수 있다.

③ 법원은 제1항의 경우에 보상을 청구할 수 있는 같은 순위의 다른 상속인이 있다는 사실을 알았을 때에는 지체 없이 그 상속인에게 보상청구가 있었음을 통지하여야 한다.

제12조(보상청구의 취소) ① 같은 순위의 상속인이 여러 명인 경우에 보상을 청구한 자는 나머지 모두의 동의 없이 청구를 취소할 수 없다.

② 보상청구를 취소한 경우에 보상청구권자는 다시 보상을 청구할 수 없다.

제13조(대리인에 의한 보상청구) 보상청구는 대리인을 통하여서도 할 수 있다.

제14조(보상청구에 대한 재판) ① 보상청구는 법원 합의부에서 재판한다.

② 보상청구에 대하여는 법원은 검사와 청구인의 의견을 들은 후 결정을 하여야 한다.

③ 보상청구를 받은 법원은 6개월 이내에 보상결정을 하여야 한다. 〈신설 2018. 3. 20.〉

④ 제2항에 따른 결정의 정본(正本)은 검사와 청구인에게 송달하여야 한다. 〈개정 2018. 3. 20.〉

제15조(직권조사사항) 법원은 보상청구의 원인이 된 사실인 구금일수 또는 형 집행의 내용에 관하여 직권으로 조사를 하여야 한다.

제16조(보상청구 각하의 결정) 법원은 다음 각 호의 어느 하나에 해당하는 경우에는 보상청구를 각하(却下)하는 결정을 하여야 한다.

    1. 보상청구의 절차가 법령으로 정한 방식을 위반하여 보정(補正)할 수 없을 경우

    2. 청구인이 법원의 보정명령에 따르지 아니할 경우

    3. 제8조에 따른 보상청구의 기간이 지난 후에 보상을 청구하였을 경우

제17조(보상 또는 청구기각의 결정) ① 보상의 청구가 이유 있을 때에는 보상결정을 하여야 한다.

② 보상의 청구가 이유 없을 때에는 청구기각의 결정을 하여야 한다.

제18조(결정의 효과) 보상청구를 할 수 있는 같은 순위의 상속인이 여러 명인 경우에 그 중 1명에 대한 제17조의 보상결정이나 청구기각의 결정은 같은 순위자 모두에 대하여 한 것으로 본다.

제19조(보상청구의 중단과 승계) ① 보상을 청구한 자가 청구절차 중 사망하거나 상속인 자격을 상실한 경우에 다른 청구인이 없을 때에는 청구의 절차는 중단된다.

② 제1항의 경우에 보상을 청구한 자의 상속인 또는 보상을 청구한 상속인과 같은 순위의 상속인은 2개월 이내에 청구의 절차를 승계할 수 있다.

③ 법원은 제2항에 따라 절차를 승계할 수 있는 자로서 법원에 알려진 자에게는 지체 없이 제2항의 기간 내에 청구의 절차를 승계할 것을 통지하여야 한다.

④ 제2항의 기간 내에 절차를 승계하는 신청이 없을 때에는 법원은 청구를 각하하는 결정을 하여야 한다.

제20조(불복신청) ① 제17조제1항에 따른 보상결정에 대하여는 1주일 이내에 즉시항고(卽時抗告)를 할 수 있다.

② 제17조제2항에 따른 청구기각 결정에 대하여는 즉시항고를 할 수 있다.

제21조(보상금 지급청구) ① 보상금 지급을 청구하려는 자는 보상을 결정한 법원에 대응하는 검찰청에 보상금 지급청구서를 제출하여야 한다.

② 제1항의 청구서에는 법원의 보상결정서를 첨부하여야 한다.

③ 보상결정이 송달된 후 2년 이내에 보상금 지급청구를 하지 아니할 때에는 권리를 상실한다.

④ 보상금을 받을 수 있는 자가 여러 명인 경우에는 그 중 1명이 한 보상금 지급청구는 보상결정을 받은 모두를 위하여 그 전부에 대하여 보상금 지급청구를 한 것으로 본다.

제21조의2(보상금 지급기한 등) ① 보상금 지급청구서를 제출받은 검찰청은 3개월 이내에 보상금을 지급하여야 한다.

② 제1항에 따른 기한까지 보상금을 지급하지 아니한 경우에는 그 다음 날부터 지급하는 날까지의 지연 일수에 대하여 「민법」 제379조의 법정이율에 따른 지연이자를 지급하여야 한다.

[본조신설 2018. 3. 20.]

제22조(보상금 지급의 효과) 보상금을 받을 수 있는 자가 여러 명인 경우에는 그 중 1명에 대한 보상금 지급은 그 모두에 대하여 효력이 발생한다.

제23조(보상청구권의 양도 및 압류의 금지) 보상청구권은 양도하거나 압류할 수 없다. 보상금 지급청구권도 또한 같다.

제24조(준용규정) 이 법에 따른 결정과 즉시항고에 관하여는 이 법에 특별한 규정이 있는 것을 제외하고는 「형사소송법」의 규정을 준용한다. 기간에 관하여도 또한 같다.

제25조(보상결정의 공시) ① 법원은 보상결정이 확정되었을 때에는 2주일 내에 보상결정의 요지를 관보에 게재하여 공시하여야 한다. 이 경우 보상결정을 받은 자의 신청이 있을 때에는 그 결정의 요지를 신청인이 선택하는 두 종류 이상의 일간신문에 각각 한 번씩 공시하여야 하며 그 공시는 신청일부터 30일 이내에 하여야 한다.

② 제6조제2항 전단에 규정된 이유로 보상청구를 기각하는 결정이 확정되었을 때에는 제1항을 준용한다.

제26조(면소 등의 경우) ① 다음 각 호의 어느 하나에 해당하는 경우에도 국가에 대하여 구금에 대한 보상을 청구할 수 있다.

  1. 「형사소송법」에 따라 면소(免訴) 또는 공소기각(公訴棄却)의 재판을 받아 확정된 피고인이 면소 또는 공소기각의 재판을 할 만한 사유가 없었더라면 무죄재판을 받을 만한 현저한 사유가 있었을 경우

  2. 「치료감호법」 제7조에 따라 치료감호의 독립 청구를 받은 피치료감호청구인의 치료감호사건이 범죄로 되지 아니하거나 범죄사실의 증명이 없는 때에 해당되어 청구기각의 판결을 받아 확정된 경우

② 제1항에 따른 보상에 대하여는 무죄재판을 받아 확정된 사건의 피고인에 대한 보상에 관한 규정을 준용한다. 보상결정의 공시에 대하여도 또한 같다.

제27조(피의자에 대한 보상) ① 피의자로서 구금되었던 자 중 검사로부터 공소를 제기하지 아니하는 처분을 받은 자는 국가에 대하여 그 구금에 대한 보상(이하 "피의자보상"이라 한다)을 청구할 수 있다. 다만, 구금된 이후 공소를 제기하지 아니하는 처분을 할 사유가 있는 경우와 공소를 제기하지 아니하는 처분이 종국적(終局的)인 처분이 아니거나 「형사소송법」 제247조에 따른 것일 경우에는 그러하지 아니하다.

② 다음 각 호의 어느 하나에 해당하는 경우에는 피의자보상의 전부 또는 일부를 지

급하지 아니할 수 있다.

    1. 본인이 수사 또는 재판을 그르칠 목적으로 거짓 자백을 하거나 다른 유죄의 증거를 만듦으로써 구금된 것으로 인정되는 경우

    2. 구금기간 중에 다른 사실에 대하여 수사가 이루어지고 그 사실에 관하여 범죄가 성립한 경우

    3. 보상을 하는 것이 선량한 풍속이나 그 밖에 사회질서에 위배된다고 인정할 특별한 사정이 있는 경우

③ 피의자보상에 관한 사항을 심의·결정하기 위하여 지방검찰청에 피의자보상심의회(이하 "심의회"라 한다)를 둔다.

④ 심의회는 법무부장관의 지휘·감독을 받는다.

⑤ 심의회의 관할·구성·운영, 그 밖에 필요한 사항은 대통령령으로 정한다.

제28조(피의자보상의 청구 등) ① 피의자보상을 청구하려는 자는 공소를 제기하지 아니하는 처분을 한 검사가 소속된 지방검찰청(지방검찰청 지청의 검사가 그러한 처분을 한 경우에는 그 지청이 속하는 지방검찰청을 말한다)의 심의회에 보상을 청구하여야 한다.

② 제1항에 따라 피의자보상을 청구하는 자는 보상청구서에 공소를 제기하지 아니하는 처분을 받은 사실을 증명하는 서류를 첨부하여 제출하여야 한다.

③ 피의자보상의 청구는 검사로부터 공소를 제기하지 아니하는 처분의 고지(告知) 또는 통지를 받은 날부터 3년 이내에 하여야 한다.

④ 피의자보상의 청구에 대한 심의회의 결정에 대하여는 「행정심판법」에 따른 행정심판을 청구하거나 「행정소송법」에 따른 행정소송을 제기할 수 있다.

⑤ 심의회의 보상결정이 송달(제4항의 심판을 청구하거나 소송을 제기한 경우에는 그 재결 또는 판결에 따른 심의회의 보상결정이 송달된 때를 말한다)된 후 2년 이내에 보상금 지급청구를 하지 아니할 때에는 그 권리를 상실한다.

제29조(준용규정) ① 피의자보상에 대하여 이 장에 특별한 규정이 있는 경우를 제외하고는 그 성질에 반하지 아니하는 범위에서 무죄재판을 받아 확정된 사건의 피고인에 대한 보상에 관한 이 장의 규정을 준용한다.

② 다음 각 호의 어느 하나에 해당하는 자에 대한 형사보상에 대하여는 이 장의 규정을 준용한다. 이 경우 "법원"은 "군사법원"으로, "검찰청"은 "군검찰부"로, "심의회"는 「국가배상법」 제10조제2항에 따른 특별심의회 소속 지구심의회(地區審議會)로, "법무부장관"은 "국방부장관"으로 본다. <개정 2016. 1. 6.>

    1. 군사법원에서 무죄재판을 받아 확정된 자

2. 군사법원에서 제26조제1항 각 호에 해당하는 재판을 받은 자

3. 군검찰부 군검사로부터 공소를 제기하지 아니하는 처분을 받은 자

제3장 명예회복

제30조(무죄재판서 게재 청구) 무죄재판을 받아 확정된 사건(이하 "무죄재판사건"이라 한다)의 피고인은 무죄재판이 확정된 때부터 3년 이내에 확정된 무죄재판사건의 재판서(이하 "무죄재판서"라 한다)를 법무부 인터넷 홈페이지에 게재하도록 해당 사건을 기소한 검사가 소속된 지방검찰청(지방검찰청 지청을 포함한다)에 청구할 수 있다.

제31조(청구방법) ① 제30조에 따른 청구를 할 때에는 무죄재판서 게재 청구서에 재판서의 등본과 그 재판의 확정증명서를 첨부하여 제출하여야 한다.

② 상속인에 의한 청구 및 그 소명에 대하여는 제3조 및 제10조를 준용한다. 이 경우 "보상"은 "게재"로 보며, 같은 순위의 상속인이 여러 명일 때에는 상속인 모두가 무죄재판서 게재 청구에 동의하였음을 소명할 자료를 제출하여야 한다.

③ 대리인에 의한 청구에 대하여는 제13조를 준용한다. 이 경우 "보상"은 "게재"로 본다.

④ 청구의 취소에 대하여는 제12조를 준용한다. 이 경우 "보상"은 "게재"로 본다.

제32조(청구에 대한 조치) ① 제30조에 따른 청구가 있을 때에는 그 청구를 받은 날부터 1개월 이내에 무죄재판서를 법무부 인터넷 홈페이지에 게재하여야 한다. 다만, 청구를 받은 때에 무죄재판사건의 확정재판기록이 해당 지방검찰청에 송부되지 아니한 경우에는 무죄재판사건의 확정재판기록이 해당 지방검찰청에 송부된 날부터 1개월 이내에 게재하여야 한다.

② 다음 각 호의 어느 하나에 해당할 때에는 무죄재판서의 일부를 삭제하여 게재할 수 있다.

1. 청구인이 무죄재판서 중 일부 내용의 삭제를 원하는 의사를 명시적으로 밝힌 경우

2. 무죄재판서의 공개로 인하여 사건 관계인의 명예나 사생활의 비밀 또는 생명·신체의 안전이나 생활의 평온을 현저히 해칠 우려가 있는 경우

③ 제2항제1호의 경우에는 청구인의 의사를 서면으로 확인하여야 한다. 다만, 소재불명 등으로 청구인의 의사를 확인할 수 없을 때에는 「민법」 제779조에 따른 가족 중 1명의 의사를 서면으로 확인하는 것으로 대신할 수 있다.

④ 제1항에 따른 무죄재판서의 게재기간은 1년으로 한다.

제33조(청구에 대한 조치의 통지 등) ① 제32조제1항에 따라 무죄재판서를 법무부 인터

넷 홈페이지에 게재한 경우에는 지체 없이 그 사실을 청구인에게 서면으로 통지하여야 한다.

② 제30조의 청구에 따른 집행절차 등에 관한 세부사항은 대통령령으로 정한다.

제34조(면소 등의 경우) ① 제26조제1항 각 호의 경우에 해당하는 자는 확정된 사건의 재판서를 게재하도록 청구할 수 있다.

② 제1항에 따른 청구에 대하여는 무죄재판사건 피고인의 무죄재판서 게재 청구에 관한 규정을 준용한다.

제35조(준용규정) 다음 각 호의 어느 하나에 해당하는 자에 대한 명예회복에 대하여는 이 장의 규정을 준용한다. 이 경우 "법원"은 "군사법원"으로, "검찰청"은 "군검찰부"로, "법무부장관"은 "국방부장관"으로 본다.

　　1. 군사법원에서 무죄재판을 받아 확정된 자

　　2. 군사법원에서 제26조제1항 각 호에 해당하는 재판을 받은 자

부칙 〈제15496호, 2018. 3. 20.〉

이 법은 공포한 날부터 시행한다.

형사보상 및 명예회복에 관한 법률 시행령 (약칭: 형사보상법 시행령)
[시행 2011. 11. 24] [대통령령 제23160호, 2011. 9. 29, 일부개정]

제1조(목적) 이 영은 「형사보상 및 명예회복에 관한 법률」에서 위임된 사항과 그 시행에 필요한 사항을 규정함을 목적으로 한다.
[전문개정 2011. 9. 29.]

제2조(보상의 한도) 「형사보상 및 명예회복에 관한 법률」(이하 "법"이라 한다) 제5조제1항에 따른 구금(拘禁)에 대한 보상금의 한도는 1일당 보상청구의 원인이 발생한 해의 「최저임금법」에 따른 일급(日給) 최저임금액의 5배로 한다.
[전문개정 2011. 9. 29.]

제3조(피의자보상심의회의 구성) 법 제27조제3항에 따른 피의자보상심의회(이하 "심의회"라 한다)는 그 심의회가 설치된 지방검찰청의 차장검사를 위원장으로 하고, 다음 각 호의 사람 중에서 법무부장관이 임명하거나 위촉하는 위원 4명으로 구성한다.

　　1. 해당 지방검찰청 소속 공무원

　　2. 법관 자격을 가진 사람

　　3. 의사

[전문개정 2011. 9. 29.]

제4조(심의회 위원장) 심의회의 위원장(이하 "위원장"이라 한다)은 심의회의 업무를 총괄하고, 심의회를 대표한다.

[전문개정 2011. 9. 29.]

제5조[심의회의 의사(議事)] ① 위원장은 심의회를 소집하고, 그 회의의 의장이 된다.

② 심의회의 회의는 위원장을 포함한 재적위원 과반수의 출석과 출석위원 3분의 2 이상의 찬성으로 의결한다.

③ 보상금을 결정할 때 액수에 관한 의견이 세 가지 이상으로 나누어져 각각 3분의 2에 이르지 못하는 경우에는 3분의 2에 이르기까지 최저금액의 의견 수에 차례로 많은 금액의 의견 수를 더하여 그 중 가장 많은 금액의 의견에 따른다.

[전문개정 2011. 9. 29.]

제6조(위원 수당) 심의회의 회의에 출석한 위원에게는 예산의 범위에서 수당을 지급한다.

[전문개정 2011. 9. 29.]

제7조(법무부장관의 지휘·감독) ① 법무부장관은 각 심의회를 지휘·감독하기 위하여 필요한 명령이나 조치를 할 수 있다.

② 법무부장관은 제1항에 따른 직무를 수행하기 위하여 필요하다고 인정할 때에는 소속 직원 또는 각급 검찰청의 검사로 하여금 각 심의회의 업무처리를 감사(監査)하게 할 수 있다.

[전문개정 2011. 9. 29.]

제8조(보상청구서) ① 법 제28조제2항에 따른 피의자 보상청구서(이하 "청구서"라 한다)에는 다음 각 호의 사항을 적고 청구인이 기명날인하거나 전자서명을 하여야 한다.

　　1. 청구인의 성명, 주소, 생년월일 및 직업

　　2. 청구의 취지 및 이유

　　3. 청구 연월일

② 청구서에는 청구이유를 소명할 수 있는 증거자료를 첨부하여야 한다. 이 경우 심의회는 「전자정부법」 제36조제1항에 따른 행정정보의 공동이용을 통하여 청구인의 주민등록표 등본을 확인하여야 하며, 청구인이 확인에 동의하지 아니하는 경우에는 이를 첨부하게 하여야 한다.

[전문개정 2011. 9. 29.]

제9조(필요한 조사) ① 위원장이나 위원장의 명을 받은 사람은 보상결정에 필요한 조사

를 할 수 있고, 관계 공무원이나 관계 기관에 사실을 조회하거나 필요한 자료의 제출을 요청할 수 있다.

② 제1항의 요청을 받은 공무원이나 관계 기관의 장은 정당한 사유 없이 요청에 따르지 아니하거나 회신을 지체해서는 아니 된다.

[전문개정 2011. 9. 29.]

제10조(결정 및 통지) ① 보상결정은 믿을 수 있는 증거자료에 의하여 이루어져야 한다.

② 보상결정서에는 다음 각 호의 사항을 적고 회의에 출석한 위원이 기명날인하여야 한다.

    1. 청구인의 성명, 주소 및 생년월일

    2. 결정주문(決定主文)

    3. 결정의 이유

    4. 결정 연월일

③ 심의회가 보상결정을 하였을 때에는 보상결정서 원본을 보관하고 청구인에게 보상결정통지서와 보상결정서 정본(正本) 1부를 보내야 한다.

[전문개정 2011. 9. 29.]

제11조(피의자 보상 지급의 청구) 제10조제3항에 따른 보상결정통지서를 받은 청구인이 보상금을 받으려면 다음 각 호의 사항을 적은 청구서를 보상결정을 한 심의회가 설치되어 있는 지방검찰청에 제출하여야 한다.

    1. 청구인의 성명, 주소 및 생년월일

    2. 보상결정의 사건번호 및 결정주문

    3. 청구 연월일

[전문개정 2011. 9. 29.]

제12조(무죄재판서 게재 전담부서의 지정) 법무부장관은 법 제30조에 따른 무죄재판사건의 재판서(이하 "무죄재판서"라 한다) 게재 업무를 효율적으로 처리하기 위하여 필요하면 해당 업무를 담당할 전담부서를 지정할 수 있다.

[본조신설 2011. 9. 29.]

제13조(전담직원의 지정 등) ① 법 제30조에 따른 무죄재판사건을 기소한 검찰청(지방검찰청 지청을 포함한다)의 장은 무죄재판서 게재 업무를 담당할 전담직원을 지정할 수 있다.

② 제1항의 전담직원은 무죄재판서 게재에 관한 장부를 작성하고, 매년 1회 이상 그 업무처리 상황을 법무부장관에게 보고하여야 한다.

[본조신설 2011. 9. 29.]

부칙 〈제23160호, 2011. 9. 29.〉

이 영은 2011년 11월 24일부터 시행한다.

형사보상 및 명예회복에 관한 법률 시행 지침
[시행 2018. 6. 8.] [대검찰청예규 제953호, 2018. 6. 7., 폐지제정.]

제1장 총 칙

제1조(목 적) 이 지침은 형사보상 및 명예회복에 관한 법률(법률 제10698호, 2011. 5. 23. 이하 "법"이라 한다) 및 형사보상 및 명예회복에 관한 법률 시행령(대통령령 제23160호, 2011. 9. 29. 이하 "영"이라 한다)의 시행에 관하여 필요한 사항을 규정함을 목적으로 한다.

제2장 형사보상 및 피의자 보상

제2조(피의자보상심의회의 관할 및 명칭)

1. 각 지방검찰청에 두는 피의자보상심의회(이하 "심의회"라 한다)의 관할구역은 검찰청법 제3조 제4항의 규정에서 정한 당해 지방검찰청 및 소속지청의 관할구역에 의한다.

2. 심의회의 명칭은 "○○지방검찰청 피의자보상심의회"라 한다.

제3조(심의회 구성) 심의회 위원장(이하 "위원장"이라 한다)은 영 제3조에 따라 임명 또는 위촉하는 위원4인을 검찰총장을 경유하여 법무부장관에게 추천하여야 한다. 해임 또는 해촉을 건의할 때는 같다.

제4조(사무직원) 1. 심의회에 그 사무를 담당하기 위하여 간사 1인과 서기 약간 명을 둔다.

2. 간사와 서기는 위원장의 추천으로 소속공무원 중에서 심의회가 설치된 지방검찰청 검사장이 임명한다.

3. 간사는 위원장의 명에 의하여 심의회의 사무를 처리하고 심의회에 출석하여 발언할 수 있다.

4. 서기는 간사를 보조한다.

제5조(보상청구) 1. 영 제8조의 규정에 의한 피의자 보상청구서는 별지 제1호 서식에 의한다.

2. 심의회의 간사는 청구서의 흠결여부를 지체없이 조사하고 이를 수리한 후 심의회

에 보고하여야 한다.

제6조(필요한 조사와 보상결정)

1. 심의회가 피의자 보상청구를 받은 때에는 지체없이 관계기록과 증거자료등의 조사 및 관계기관에 대한 사실조회 등 필요한 조사를 하여야 한다. 관계기록을 보관하고 있는 지청은 위원장의 요청에 따라 관계기록을 지체없이 심의회에 송부하여야 한다.

2. 심의회는 피의자 보상청구를 받은 날로부터 1개월내에 심의를 완료하고 보상에 관한 결정을 하여야 한다.

3. 심의회가 보상에 관한 심의를 한 때는 별지 제2호 서식에 의한 피의자 보상심의회 회의록을 작성하여야 한다. 피의자보상심의회 회의록에는 위원장 및 참석한 위원의 의견요지를 기재하고 위원장 및 간사가 기명·날인하여야 한다.

4. 심의회가 보상에 관한 결정을 할때는 별지 제3호 서식에 의한 피의자 보상에 관한 결정서에 위원장 및 참석한 위원이 기명·날인하여야 한다.

제7조(보상에 관한 결정통지)

1. 영 제10조 제3항의 규정에 의한 보상결정통지는 별지 제4호 서식에 의하고 보상청구 기각결정통지는 별지 제5호 서식에 의한다.

2. 청구인에게 송부할 "보상에 관한 결정서"의 정본에는 "정본이다"라는 고무인을 찍고 심의회의 간사가 서명·날인하고, 심의회의 인을 찍어야 한다.

3. 보상결정 또는 보상청구 기각 결정통지는 간사가 청구인에게 직접 교부하고 수령증을 받거나 배달증명 우편으로 송부하여야 하며, 수령증 등은 보상사건기록에 편철한다.

제8조(보상금 지급) 1. 영 제11조의 규정에 의한 보상금 지급 청구서는 별지 제6호 서식에 의한다.

2. 보상금지급청구를 받는 지방검찰청은 지급청구를 받은 때로부터 10일이내 보상금을 지급하여야 한다. 다만 예산이 재 배정되어 있지 않을 때에는 예산의 재 배정을 받아 지체없이 보상금을 지급하여야 한다.

제9조(유의사항) 법 제29조 제1항에 의하여 피의자 보상에 대하여는 "보상결정의 관보에의 공시"(법 제25조 제1항)등 그 성질에 반하지 않은 범위내에서 무죄의 재판을 받은자에 대한 보상에 관한 법의 규정이 준용됨을 유의하여야 한다.

제10조(행정사항) 1. 심의회에 별지 제7호 서식에 의한 피의자보상처리부를 비치하고, 소정의 사항을 기재하여야 한다.

2. 사건번호는 피의자 보상처리부의 진행번호로서 사건마다 일련번호를 붙이되, 연

도별로 접수연도와 접수번호를 "○년 보상 제○호"로 표시한다.

3. 심의회는 매분기 별지 제8호 서식에 의한 형사보상금(무죄의 재판을 받은 자에 대한 보상금) 및 피의자 보상금(불기소처분을 받은 자에 대한 보상금)의 지급통계를 검찰총장(공판송무과장 참조)에게 보고하여야 한다.

제3장 무죄 등 재판서 게재

제11조(전담직원의 지정) 검찰청의 장(지청장을 포함한다)은 영 제13조 제1항에 의한 무죄 등 재판서 게재 업무를 담당하기 위해 전담검사 1인과 전담직원 1인을 각 지정하여야 한다.

제12조(청구서의 제출) ① 청구인이 법 제30조 및 제34조에 의하여 무죄 등 재판서 게재 청구를 하는 때에는 다음 각 호의 서류를 제출하여야 한다.

1. 필요적 구비서류

    (1) 무죄 등 재판서 게재 청구서 1통

    (2) 무죄 등 재판서의 등본과 그 재판의 확정증명서 각 1통

    (3) 상속인에 의한 청구의 경우: (1),(2)호 기재 각 서류, 같은 순위의 상속인 유무를 소명할 수 있는 자료, 상속인 모두 무죄 등 재판서 게재 청구에 동의하였음을 소명할 자료

2. 추가적 구비서류

    (1) 청구인이 무죄재판서 중 일부 내용의 삭제를 원하는 경우: 무죄 등 재판서 일부 삭제 게재 청구서 1통

    (2) 청구인의 소재불명 등으로 무죄재판서 일부 내용 삭제에 관한 청구인의 의사를 확인할 수 없는 경우: 민법 제779조에 따른 가족 중 1명이 작성한 무죄 등 재판서 일부 삭제 게재 청구서 및 779조의 가족관계를 확인할 수 있는 서류 각 1통

    (3) 면소 및 공소기각 재판서 게재를 청구하는 경우: 법 제26조 제1항 제1호 '현저한 사유'에 대한 소명의 내용을 담은 의견서 1통

② 전담직원은 청구인이 자연인인 경우「전자정부법」제36조 제1항에 따른 행정정보의 공동이용을 통하여 주민등록표등본을 확인하여 첨부하여야 하며, 청구인이 확인에 동의하지 아니하는 경우에는 이를 첨부하도록 요구할 수 있다.

③ 전담직원은 청구인이 법인인 경우「전자정부법」제36조 제1항에 따른 행정정보의 공동이용을 통하여 법인등기부등본을 확인하여 첨부한다.

제13조(청구서의 접수) ① 전담직원은 무죄 등 재판서 게재청구가 있는 경우 다음 사항

을 확인한 후 접수한다.

1. 청구서 기재사항 중 누락된 부분이 있는지 여부 및 구비서류 첨부 여부

2. 대리인이 청구할 때에는 위임인 표시가 되어있는지 여부

3. 법인이 청구인이 되는 경우에는 법인의 대표자 명시 여부

② 전담직원은 필요적 구비서류가 미비되었을 때에는 청구인에게 이를 반려하여 보완토록 요구하고, 추가적 구비서류가 미비되었을 때에는 일단 접수한 후 청구인에게 추후 보완토록 요구하여야 한다.

③ 전담직원은 필요적 구비서류가 완비된 청구서는 접수 즉일로 문서처리인을 찍어 별지 제14호에 의한 무죄 등 재판서 게재 처리부에 등재하고, 연도별로 진행번호를 부여한 후 청구서 등 관련서류를 구비하여 전담검사에게 보고하여야 한다.

제14조(청구에 대한 검토) ① 전담검사는 청구서 등 관련서류를 검토하여 청구의 적부 및 무죄 등 재판서의 등본과 그 재판의 확정증명서의 진위여부를 확인한다.

② 전담검사는 청구인이 제출한 가족관계증명서, 첨부된 주민등록표등본 또는 법인등기부등본 등에 의하여 적법한 청구권자인지 여부를 확인한다.

③ 전담검사는 법 제32조 제2항 2호 및 제26조 제1항에서 규정한 다음 각 호의 사항에 관하여 검토한 후, 무죄 등 재판서의 게재여부 및 그 범위에 대하여 결정한다.

1. 무죄재판서의 공개로 인하여 사건 관계인의 명예나 사생활의 비밀 또는 생명·신체의 안전이나 생활의 평온을 현저히 해칠 우려가 있는지 여부

2. 「형사소송법」에 따라 면소 또는 공소기각의 재판을 받아 확정된 피고인이 면소 또는 공소기각의 재판을 할 만한 사유가 없었더라면 무죄재판을 받을 만한 현저한 사유가 있었는지 여부

3. 「치료감호법」 제7에 따라 치료감호의 독립 청구를 받은 피치료감호청구인의 치료감호 사건이 범죄로 되지 아니하거나 범죄사실의 증명이 없는 때에 해당되어 청구기각의 판결을 받아 확정되었는지 여부

④ 전담검사는 위 ③항의 결정을 함에 있어 소속검찰청 부장검사, 차장검사, 검사장의 결재를 받아야 한다.

제15조(청구에 대한 조치 및 통지 등) ① 무죄 등 재판서의 게재방법은 다음 각 호에 의한다.

1. 피고인의 성명을 제외한 인적사항(주민등록번호, 직업, 주거 및 등록기준지)은 첫 글자를 제외하고는 "00"으로 표시하되, 청구인이 원하는 경우 피고인의 인적사항을 전부 게재할 수 있다.

2. 법 제32조 제②항 제1호의 경우 청구인이 명시적으로 삭제의사를 밝힌 부분을

확인하여 삭제한 후 재판서를 게재한다.

  3. 법 제32조 제②항 제2호의 경우 전담검사가 삭제하도록 지정한 부분을 확인하여 삭제한 후 재판서를 게재한다.

② 전부무죄 재판서는 위 ①항의 방법에 따라 게재하고, 일부무죄 재판서는 유죄부분을 삭제한 다음 게재한다.

③ 전담직원은 별지 제12호 서식에 의하여 무죄 등 재판서 게재 사실을 청구인에게 통지한다.

④ 전담직원은 별지 제13호 서식에 의하여 무죄재판서 게재 불허가 사실을 청구인에게 통지한다.

제16조(정기보고 등) ① 검찰청의 장(지청장을 포함한다)은 반기별로 무죄 등 재판서 게재 청구 사건 처리현황을 별지 제15호 서식에 의거 검찰총장(공판송무부장 참조)에게 보고하여야 한다.

② 검찰총장은 위 ①항과 같이 취합한 결과를 법무부장관에게 송부한다.

부칙 〈제953호, 2018. 6. 7.〉

제1조(시행일) 이 예규는 2018년 6월 8일부터 시행한다

제2조(재검토기한) 「훈령·예규 등의 발령 및 관리에 관한 규정」(대통령훈령 제248호)에 따라 이 예규의 법령이나 현실 여건의 변화 등을 검토하여 이 예규의 폐지, 개정 등의 조치를 하여야 하는 기한은 2021년 6월 7일까지로 한다.

제3조(종전 예규의 폐지) 종전의 형사보상법 시행지침(대검 예규 제778호)은 이를 폐지한다.

참고서식

피의자보상청구서

형사보상 및 명예회복에 관한 법률 제28조 제2항의 규정에 의하여 피의자보상을 청구합니다.

청구인	성 명	(서명 또는 날인)	주민등록번호	
	직 업		전 화 번 호	
	주 소			
대리인	성 명	(서명 또는 날인)	주민등록번호	
	주 소		청구인과 관 계	
사 건 번 호	검찰청(지청) 20 년 형제 호			
죄 명				
구 속 일 자	20 . . .구속	구 속 장 소		
석 방 일 자	20 . . .석방	석 방 장 소		
청 구 취 지	국가는 청구인에게 금 원을 지급하라.			
청 구 이 유	청구인은 위의 피의사건으로 구금(구속)되었다가 불기소( )의 결정을 받고 석방 되었던바, 청구인의 일 구금에 대한 피의자 보상금 지급을 청구함			

첨 부 서 류: 1. 주민등록등본 1부
　　　　　　　 2. 증거자료(출소증명서, 소득금액증명 등 첨부)

20   .   .   .

○○검찰청피의자보상심의회 위원장　　　 귀하

담당자 확 인	처분일자	20 . . .	처분요지	불기소( )

210mm×297mm
신문용지 54g/m²

(별지 제2호 서식)

피의자 보상심의록 회의록

20   년도 제   회   피의자보상심의회 회의

일   시 : 20   년 월 일(시 분～ 시 분)

장   소 :

사건번호 : 20   년 보상   제   호

청 구 인 :

출석위원 및 의견요지

구 분	성 명	직 위	의 견 요 지	비 고
위원장				
위 원				
위 원				
위 원				
위 원				

20   년   월   일

○○지방검찰청 피의자보상심의회   위원장   인

간 사   인

(별지 제3호 서식)

피의자 보상에 관한 결정서

20   년 보상 제   호

청구인	성 명	
	생 년 월 일	
	주 소	
결정주문		
이유		
관련사건	○○ 지방검찰청 20 년 형제 호	

위와 같이 결정함.

20   .   .   .

○○ 지방검찰청 피의자 보상심의회

위원장   인
위 원   인
위 원   인
위 원   인
위 원   인

2305-2310711 일
1988. 4. 1. 승인

190mm×268mm
인쇄용지(2급) 60g/㎡

(별지 제4호 서식)

○○ 지방검찰청 피의자 보상심의회

20   년 보 상 제   호

수 신

제 목   보상결정통지

       1. 귀하가 당 보상심의회에 청구한 피의자 보상에 관하여 별지 "피의자 보상에 관한 결정서' 정본과 같이 결정되었으니 주민등록증, 도장 등을 지참하여 ○○지방검찰청에 피의자 보상금 지급청구를 하시기 바랍니다.

       2. 이 보상결정통지서가 송달된 후 2년이내에 보상지급의 청구를 하지 아니하면 형사보상 및 명예회복에 관한 법률 제28조 제5항의 규정에 의하여 그 권리가 상실됩니다.

       3. 보상에 대한 당 심의회의 결정에 대하여는 형사보상 및 명예회복에 관한 법률 제28조 제4항에 의하여 행정심판법에 따른 행정심판을 청구하거나 행정소송법에 따른 행정소송을 제기할 수 있습니다.

첨 부 : 피의자 보상에 관한 결정서 정본   1부.   끝.

20   .   .   .

○○지방검찰청 피의자 보상심의회   인

2305-2310711 일
1988. 4. 1. 승인

190mm×268mm
신문용지 54g/㎡

(별지 제5호 서식)

○○ 지방검찰청 피의자 보상심의회

20 년 보상 제　　　호

수 신

제 목　보상청구 기각결정 통지

　　　1. 귀하가 당 심의회에 청구한 피의자 보상에 관하여 피의자 보상을 하지 아니하기로 결정되었음을 알려드립니다.

　　　2. 당 심의회의 결정에 대하여는 형사보상 및 명예회복에 관한 법률 제28조 제4항의 규정에 의하여 행정심판법에 따른 행정심판을 청구하거나 행정소송법에 따른 행정소송을 제기할 수 있습니다.

첨　부 : 피의자 보상에 관한 결정서 정본　1부.　끝.

20 ．　．　．

○○지방검찰청 피의자 보상심의회　　　인

(별지 제6호 서식)

피의자 보상금 지급 청구서

청구인은 20   년 보상 제   호 보상결정에 대하여 아무런 이의가 없어 형사보상 및 명예회복에 관한 법률 시행령 제11조 규정에 의하여 피의자 보상금의 지급을 받고자 청구합니다.

청구인	성 명	(서명 또는 날인)	전 화 번 호	
	주 소			
	주민등록번호			
대리인	성 명	(서명 또는 날인)	주민등록번호	
	주 소		청 구 인 과 관 계	
보상결정사건번호	20 년 보 상 제 호			
결 정 주 문	청구인에게 금 월을 지급한다.			
수 령 인 은 행 계 좌 번 호	은행명		예금주	
	계좌번호			

20 .   .   .

○ ○ 지 방 검 찰 청 검 사 장 귀하

210mm×297mm
신문용지 54g/㎡

2305-23107411 일
1988. 4. 1. 승인

190mm×268mm
신문용지 54g/㎡

(별지 제7호 서식)

피 의 자 보 상 처 리 부

진 행 번 호		20 년 보상 제 호	20 년 보상 제 호
수 리			
청구인	성 명		
	주 민 등 록 번 호		
	등 록 기 준 지		
	주 거		
	직 업		
관련 피의 사건	검 찰 청		
	사 건 번 호		
	죄 명		
	구 속 일	20 . . .	20 . . .
	석 방 일	20 . . .	20 . . .
	결 정 일	20 . . .	20 . . .
	처 분 내 용	불기소 ( )	불기소 ( )
기록송부 요청		20 . . .	20 . . .
보상 결정	결 정 년 월 일	20 . . .	20 . . .
	결 정 주 문	금 원 보상	금 원 보상
	결 정 통 지	20 . . .	20 . . .
	결 정 통 지 송 달	20 . . .	20 . . .
기 록 반 환		20 . . .	20 . . .
보 상 금 지 급 신 청		20 . . .	20 . . .
보 상 금 지 급		20 . . .	20 . . .
비 고			

2305-23107511 비
1988. 4. 1. 승인

190mm×268mm
인쇄용지(특급) 70g/㎡

(별지 제8호 서식)

보상금 지급 통계

1. 형사보상금

구분\기관별	청 구		지 급		예산배정액
	인 원	금 액	인 원	금 액	
○○검찰청 계					
본청					
지청					

2. 피의자보상금

구분\기관별	청 구			처 리					보상금지급청구		예산배정액
	계	이 월	신 수	지급결정	지급기각결정	청구취하	이 송	처리중	지 급	미 지 급	
○○ 감찰청 계											
본청											
지청											
지청											

※ 작성요령.

1. 청구란은 [인원/청구액] 을 기재한다.
2. 처리의 지급결정란에는 [인원/결정액] 을 기재한다.
3. 지급기각결정, 청구취하, 이송, 처리중에는 [인원/청구액] 을 기재한다.
4. 보상금 지급청구란에는 [인원/지급(미지급)액] 을 기재한다.

268mm X 190mm
인쇄용지(2급) 60g/㎡

2305-23107611 일
1988. 4. 1. 승인

(별지 제9호 서식)

무죄 등 재판서 게재 청구서

형사보상 및 명예회복에 관한 법률 제30조 및 제34조 규정에 의하여 무죄 등 재판서를 법무부 홈페이지 인터넷 게재를 청구합니다.

청구인	성 명		직 업	
	주민등록번호		전 화 번 호	
	주 소			
대리인	성 명		전 화 번 호	
	주민등록번호		청 구 인 과 관 계	
	주 소			
법 원 번 호		○○법원 　　　년 고단·합(노, 도) 제 　　　　　호		
죄 명				
선 고 일 자		． ． ． 선고	선 고 기 간	
확 정 일 자		． ． ． 확정	게 재 기 간	． ． ．~ ． ． ． (1년)
게 재 범 위		1. 재판서 전부 (　　　) 2. 재판서 일부 삭제 (　　　) ※ 재판서 일부 삭제 후 게재를 원하는 경우 별지 제10호 청구서 별도 작성		
첨부서류		1. 재판서등본 1부 2. 확정증명서 1부		

20 　．　．　．

위 청구인(대리인)　　　　　　㊞

○ ○ 지 방 검 찰 청 검 사 장 귀 하

210mm×297mm
신문용지 54g/㎡

(별지 제10호 서식)

무죄 등 재판서 일부 삭제 게재 청구서

청구인은 형사보상 및 명예회복에 관한 법률 제32조 제2항 제1호의 규정에 의하여, 다음 사건의 재판서를 게시함에 있어 아래 부분을 삭제한 후 게재할 것을 청구합니다.

법원번호		○○법원　　　　년 고단·합(노, 도) 제　　　　호
신청인	성 명	
	주 소	
	생년월일	
삭제부분		

20 .　　.　　.

위 청구인(대리인)　　　　　　인

○○지방검찰청　　 검사장　 귀하

210mm×297mm
신문용지 54g/m²

(별지 제11호 서식)

	검 사 장
	차장검사
	부장검사

무죄 등 재판서 게재 청구에 대한 결정서

형사보상 및 명예회복에 관한 법률 제30조 및 제32조, 제34조의 규정에 의하여 아래와 같이 무죄 등 재판서의 법무부 홈페이지 인터넷 게재여부 및 그 범위를 결정합니다.

법 원 번 호	○○법원 년 고단·합(노, 도) 제 호		
죄 명			
선 고 일 자	. . . 선고	선 고 내 용	
확 정 일 자	. . . 확정	게 재 기 간	· · · ~ · · · (1년)
게 재 허 가 여 부			
게 재 범 위			
삭 제 범 위			
재판서 게재 불허가 사유			

위와 같이 결정함.

　　　　　　　　　　　　　　　　　　　　　. . .

　　　　　　　　　　　　　　　　　검사　　　　　(인)

(별지 제12호 서식)

무죄 등 재판서 게재 통지서

형사보상 및 명예회복에 관한 법률 제30조 및 제34조에 의하여 귀하께서 게재를 청구하신 아래 사건의 무죄 등 재판서가 법무부 인터넷 홈페이지(www.moj.go.kr)에 게재되었음을 알려드립니다.

법 원 번 호	○○법원 년 고단·합(노, 도) 제 호
피 고 인 명	
죄 명	
게 재 기 간	. . . ~ . . . (1년)

20   .   .   .

○○지방검찰청   검사장

210mm×297mm
신문용지 54g/㎡

(별지 제13호 서식)

재판서 게재 불허가 통지서

1. 형사보상 및 명예회복에 관한 법률 제34조에 의하여 귀하께서 법무부 인터넷 홈페이지에 게재를 청구하신 재판서는 아래와 같은 사유로 재판서를 게재하지 아니하기로 결정하였음을 알려드립니다.

2. 아래 결정에 대하여 행정심판법에 의한 행정심판을 청구하거나 행정소송법에 의한 행정소송을 제기할 수 있습니다.

법 원 번 호	○○법원 년 고단·합(노, 도) 제 호
피 고 인 명	
죄 명	
게재 불허가 사유	

20 .   .   .

○○지방검찰청   검사장

210mm×297mm
신문용지 54g/㎡

(별지 제14호 서식)

무죄 등 재판서 게재 처리부

	진행번호	제 호	제 호
	접수일자	20 . . .	20 . . .
청구인	성 명		
	주민등록번호		
	주 소		
	연 락 처		
관련 피의 사건	사 건 번 호	20 형제 호	20 형제 호
	법 원 번 호	○○법원 고단(합) 호	○○법원 고단(합) 호
	죄 명		
	선 고 일 자		
	선 고 내 용		
	확 정 일 자		
재 판 서 게 재 허 가 여 부			
일부 삭제 관련	일부삭제청구 여 부		
	삭 제 범 위		
재판기록 수령일자		20 . . .	20 . . .
게 시 시 작 일 자		20 . . .	20 . . .
게 시 종 료 일 자		20 . . .	20 . . .
비 고			

210mm×297mm
신문용지 54g/㎡

(별지 제15호 서식)

무죄 등 재판서 게재청구 처리현황 보고

20 년 월

(단위 : 건수)

청별 \ 구 분	청구		게재	미게재	처리중
	구수	신수			
합계					
○○지방검찰청					
○○본청					
○○지청					
○○지청					

※ 구수는 전년도 미제임

210mm×297mm
신문용지 54g/㎡

판례색인

사항색인

[저자 약력]

김정환

현재 연세대학교 법학전문대학원 교수(형사법담당)

연세대학교 법학전문대학원 부교수
서울시립대학교 법학전문대학원 부교수, 조교수
국민대학교 법과대학 조교수, 전임강사
한국형사법학회 정암형사법학술상
한국보호관찰학회 학술상
연세법학회 학술장려상
연세대학교 법학전문대학원 우수강의교수상, 우수지도교수상
서울시립대학교 강의우수교수상
연세대학교 법학전문대학원 교학부원장
서울시립대학교 법학전문대학원 학생지도센터장
한국형사법학회, 한국비교형사법학회, 한국형사정책학회, 한국보호관찰학회 상임이사
법무부 특정경제사범 관리위원회 위원
대검찰청 과거사진상조사단 조사단원
서울고등검찰청, 서울서부지방검찰청 형사상고심의위원회 위원
서울지방경찰청 수사이의심사위원회 위원
국회입법조사처 조사분석지원위원
독일 괴팅엔대학교 법학박사, 법학석사
연세대학교 법학석사, 법학사
대원외국어고등학교 졸업

형사보상론

초판발행   2020년 5월 30일

지은이   김정환
펴낸이   안종만·안상준

편 집   김선민
기획/마케팅   조성호
표지디자인   박현정
제 작   우인도·고철민·조영환

펴낸곳   (주) **박영사**
              서울특별시 종로구 새문안로3길 36, 1601
              등록 1959. 3. 11. 제300-1959-1호(倫)

전 화   02)733-6771
f a x   02)736-4818
e-mail   pys@pybook.co.kr
homepage   www.pybook.co.kr
ISBN   979-11-303-3648-0 93360

정 가   28,000원